続・ニヤーヤ学派の仏教批判

ニヤーヤブーシャナ知覚章解読研究

山上證道著

平樂寺書店

はしがき

前著「ニヤーヤ学派の仏教批判——ニヤーヤブーシャナ知覚章の解読研究——」は、ニヤーヤブーシャナ知覚章において展開されるニヤーヤ学派対仏教徒の大規模な知覚論争の個所を三か所(合計 70 ページ余り)選びだして、それらを翻訳注解することにより、ニヤーヤ学派と仏教徒との知覚理論をめぐる論争のポイントを明確にしようとしたものであった。その結果、ニヤーヤブーシャナ知覚章の 100 ページあまりが未訳の状態で残ってしまった。今回は、その未訳の部分を翻訳・注釈して出版したものである。

知覚章全体を俯瞰したとき、この文献の特徴がいくつか指摘できる。

まず、すでに前著において述べたことであるが、バーサルヴァジュニャ自身、ニヤーヤ論者として異端的な立場にあったことである。活躍の舞台がカシミール地方であったこともあり、同地方で活躍したジャヤンタバッタとともに、ヴァーツヤーヤナ、ウッドヨータカラ、ヴァーチャスパティミシュラといったいわば正統的なニヤーヤ文献とは別の解釈学派を形成していたと思われる。しかし、ジャヤンタバッタとはことなってバーサルヴァジュニャは、ニヤーヤ理論の重要な点でニヤーヤスートラなど基本文献の記述にはみられない見解を提示している。

一つには、認識手段を知覚、推論、証言の三しか認めず、類推は推論に内包されるとする。また、六項目の実在物の一としてニヤーヤ学やヴァイシェーシカ学が伝統的に容認してきた運動を、属性に内包せしめたり、属性として学派で容認されてきた多くを別個の存在として否定している。このように伝統的見解に異を唱えるのみでなく、自らの著作ニヤーヤサーラの記述を自注であるニヤーヤブーシャナにおいて訂正、修正しているケースもみられる。このような姿勢から窺い知れることは、他の論者、特に、仏教論理学派の論者と論陣を張っていくために、ニヤーヤ学自身が変革を迫られているというバーサルヴァジュニャの危機感である。さまざまな学派の論者と激しい論争が交わされていく時代にあって、自分こそ最新のニヤーヤ学を先導するものとしての自負心が感じ取れる。

さらに彼の思想の特徴は解脱論においてもみられる。苦(duḥkha)の消滅を解脱として重視するニヤーヤ学にあって、バーサルヴァジュニャは、楽(sukha)志向の解脱思想を表明しているのである(本書 173-174 ページ注釈 536 参照)。また、最高神(シヴァ神)への言及も随所に見られ(本書 145~146, 187, 236, 301 ページ参照)、シヴァ教徒としての立場がきわめて鮮明に読み取れることも注目されねばならない。

このようないくつかの特記すべき特徴があるとはいえ、この文献を読んで最も印象に残るのは、やはり、前著で紹介した 70 ページにわたる仏教批判の部分以外の個所で、機会あるごとにわざわざ仏教を名指しで非難の対象として挙げていることである。たとえば、

(1) この論書(ニヤーヤブーシャナ)の著作の目的が、十六原理の真知による解脱の獲得にあることを説くにあたり、「仏教などの教えにより心乱された人たちの間違いを正して解脱に導く」という記述が添えられる。(本書 37 ページ参照)

(2) 無神論者・仏教徒が最高神を容認しない愚かさを指摘し、最高神には生類に対する罰と救済という目的があることを仏教徒は知らないからであると述べる。(本書 145 ページ参照)

(3) 虚無論者・仏教中観学派が、ニヤーヤ学の論証式を構成する「実例」の存在を容認しないというなら、他者非難は不可能となり、容認すれば仏教自身の主張・無自性空に反するという自己矛盾をもたらす、と指摘した

ニヤーヤバーシュヤが引用される。(本書148~149ページ参照)

(4) 定説の一種である暫定的容認の定説の説明では、これは仏教徒が自分たちの名声や利益を求めて使用するプラサンガ(帰謬)論法のようなものではないと揶揄している。(本書157~158ページ参照)

(5) ニヤーヤ学が主張する感官と対象との結合(sambandha)を否定する仏教徒は、自らの刹那滅理論立証のために「実在の本質を介した結合関係」(svabhāvapratibandha)という結合関係を容認するという自己矛盾をきたしていると非難する。(本書240~241ページ参照)

(6) 知覚知が生ずるに際して、感官の対象への到達・接触を否定する仏教説にたいして徹底した反論を展開する。(本書241~250参照)

(7)「もし、ニヤーヤ学の主張どおり、感官と対象との結合関係が認識の手段であるとするなら、感官は対象認識とともに対象のすべての属性・ダルマも同時に認識することになってしまう」という仏教サイドからの批判を逆手に取って、ダルマ・ダルミン（属性をもつもの）一体説の仏教にこそ、そのような問題が生ずることを指摘する。(本書269~272ページ参照)

以上、仏教徒を敵対視した数々の発言からしても、前著において述べたように、ニヤーヤブーシャナという文献は、仏教徒、主にダルマキーティを中心とした仏教論理学派を批判するために著作されたということは明白である。今回、知覚章全体の翻訳と注釈を出版するにあたって、『続・ニヤーヤ学派の仏教批判——ニヤーヤブーシャナ知覚章の解読研究——』というタイトルをつけた所以である。また、前著では、翻訳の前に、細目・要旨を設けて内容理解の一助としたが、要旨の内容が翻訳と重複することも多く、今回は詳細な細目を作成して、「ニヤーヤブーシャナ知覚章——詳細目次——」として翻訳の前に提示するにとどめた。

なお、詳細目次や翻訳文中にみられる[33.17-38.17]や(83.04)などの数字は、ニヤーヤブーシャナのテキストのページ数と行数を示すものである。

翻訳文中にこれが挿入されている場合は、テキストの位置確認の便宜をはかるためである。詳細目次には、その項目が翻訳されている本書のページ数を、テキストのページ数、行数の直後に(　)枠内に太字で提示した。

また、マニュスクリプトの異同については、どれを採用するか判断できない場合、また、どちらでもよい場合は、異同をそのまま記すのみとした。

2021年10月21日

山上　證道

目　　次

はしがき　i
目　　次　v
略号および参考文献　vi
初出誌一覧　xvii

ニヤーヤブーシャナ知覚章 —— 詳細目次 —— ---------- 1

ニヤーヤブーシャナ知覚章 —— 翻訳と注釈 —— ---------- 21

1　序論 —— 著作の目的と意義 —— ---------- 23

2　認識手段(pramāṇa)論 ---------- 41

3　知覚(pratyakṣa)論 ---------- 205

ANALYSIS OF THE FIRST CHAPTER (*pratyakṣapariccheda*) OF THE NYĀYABHŪṢAṆA ---------- 347

索　　引 ---------- 369

あとがき ---------- 407

略号および参考文献(前著との重複あり)

[NBhūṣ テキスト・マニュスクリプト]

B Manuscript (Photocopy) of NBhūṣ, Banaras Hindu University Ms. Serial No.3C/2433, Accession No. C6.

P Manuscript (Photocopy) of NBhūṣ, Śrīhemacandrācārya Jaina Jñāna Mandira, Pāṭaṇa, Ms. No.10717.

T Text of *Nyāyabhūṣaṇa* of Bhāsarvajña, ed. by Svāmī Yogīndrānanda, Varanasi 1968.

[一次資料・テキスト]

AbhKBh *Abhidharmakośabhāṣya*, Abhidharmakośa & Bhāṣya of ācārya Vasubandhu with Sphuṭārthā Commentary of ācārya Yaśomitra Part 1, *Bauddha Bhārati Series* 5, Varanasi, 1970.

BS *Brahmasūtra*

BSŚBh *Brahmasūtra Śaṅkarabhāṣya* ed. by J.L.Shastri, Motilal Banarsi-dass, 1980.

DhP *Dharmottarapradīpa* see NBṬ

HB Dharmakīrti's *Hetubinduḥ* Teil 1 Tibetischer Text und rekonstruierter Sanskrit-Text bei Ernst Steinkellner, Wien, 1967.

Kār *Kārikāvalī* of Viśvanātha with Muktāvalī, Dinakarī and Rāmarūdrī, *Kashi Sanskrit Series*, 6, 1951.

KauṭAŚ　*Kauṭaliyārthaśāstra* of Śrī Viṣṇugupta, ed. by V.N.S.Venkatanathacharya, University of Mysore, 1960.

Kir　*Kiraṇāvalī* of Udayanācārya, *Gaekwad's Oriental Ser.* 154, Baroda, 1971.

LSK　*Laghusiddhāntakaumudī*, The LAGHUKAUMUDI, A SANSKRIT GRAMMAR, BY VARADARAJA with an English version, commentary and references by JAMES R. BALLANTYNE, Motilal Banarsidass, 1967.

NAv　*Nyāyāvatāra* Siddhasena's Nyāyāvatāra and Other Works ed. by A.N.Upadhye, Bombay, 1971.

NB　*Nyāyabindu*, see NBṬ

NBh　*Nyāyabhāṣya*, see NV.

NBhūṣ　*Nyāyabhūṣaṇa* of Bhāsarvajña, ed.by Svāmī Yogīndrānanda, Varanasi, 1968.

NBṬ　*Nyāyabinduṭīkā* with *Dharmottarapradīpa, Tibetan Sanskrit Series*, Patna, 1955, 2nd edition, 1971.

NK (GJG)　*Nyāyakandalī* of Śrīdhara, see PBh (GJG).

NK (VSS)　*Nyāyakandalī* of Śrīdhara, see PBh (VSS).

NKo　*Nyāyakośa*, *Bombay Sanskrit & Prakrit Series*,49. Poona, 1978.

NM I & II(KSS)　*Nyāyamañjarī* of Jayantabhaṭṭa, *Kashi Sanskrit Series*, 106, Benares, 1934.

NMG　Cakradhara's *Nyāyamañjarīgranthibhaṅga*,Ahmedabad,1973.

NM(M) I　*Nyāyamañjarī* of Jayantabhaṭṭa with Ṭippaṇi Vol.1, Mysore, 1969.

NMu　*Nyāyamukha*（因明正理門論）of Dignāga.

NMukt　*Nyāyamuktāvalī*, the commentary of Aparārkadeva on *Nyāyasāra* of Bhāsarvajña, ed. by S.Subrahmanya Sastri, Government Oriental Manuscripts Library, Madras, 1961.

NR　*Nyāyaratnākara*, see ŚV

NS　*Nyāyasūtra*.

NSāra　*Nyāyasāra* of Bhāsarvajña, see NBhūṣ

NSāraV　*Nyāyasāravicāra* of Bhaṭṭarāghava, ed. by Uma Ramana Jha, Jammu, 1976.

NV　*Nyāyavārttika*, Nyāyadarśanam, Calcutta, 1936.

NVTṬ　*Nyāyavārttikatātparyaṭīkā*, see NV.

NVV I & II　*Nyāyaviniścayavivaraṇa* of Sri Vādirāja Sūri, Vol.1 & 2 ed. by Mahendra Kumar Jain, Benares, 1949, 1954.

PāṇS　*Pāṇīni Sūtra*

PBh (GJG)　*Praśastapādabhāṣya* (*Padārthadharmasaṃgraha*) with commentary *Nyāyakandalī*, ed. by Śrīdhara Bhatta, *Ganganatha Jha Granthamala*, Varanasi, 1977.

PBh (VSS)　*The Bhāṣya of Praśastapāda* together with the *Nyāyakandalī* of Śrīdhara ed. by Vindhyeśvarīprasāda Dvivedin, *Vizianagram Sanskrit Series*, 1895.

PKM　*Prameyakamalamārttaṇḍa* of Prabhācandra, Bombay, 1941.

PS　*Pramāṇasamuccaya* of Dignāga.

PV　*Pramāṇavārttika* of Dharmakīrti, *Bauddha Bharati Series* 3, Varanasi, 1968.

PVBh　*Pramāṇavārttikabhāṣya* of Prajñākaragupta, ed. by R.Sankṛtyāyana, *Tibetan Sanskrit Works Series*, Patna, 1953.

PVin I　*Pramāṇaviniścaya* of Dharmakīrti, I Kapitel: Pratyakṣam by Tilman Vetter, Wien, 1966.

SDS　*Sarvadarśanasaṃgraha*, *Government Oriental Series* Class A, No.1, Poona, 1978.

ŚV　*Ślokavārttika* of Kumārilabhaṭṭa with the Commentary *Nyāyaratnā-*

kara oīf Śr Pārthasārathi Miśra, ed. by Svāmī Dvārikādāsa Śāstrī, Varanasi, 1978.

ŚVV　*Ślokavārttikavyākhyātātparyaṭīkā* of Uṃveka Bhaṭṭa, ed. by S.K. Ramanatha Sastri, *Madras University Sanskrit Series* No13, Madras, 1940.

SK　*Siddhānta Kaumudī* of Bhaṭṭoji Dīkṣita edited and translated into English by Late Śrīśa Chandra Vasu Vol.1-2.1906, Reprinted by Motilal Banarsidass, Vol.1

TarS　*Tarkasaṃgraha* of Aṇṇaṃbhaṭṭa ed. by Y.V.Athalye, *Bombay Sanskrit Series* 55, 1930.

TBh　*Tarkabhāṣā* of Keśavamiśra with the commentary of Cinnaṃbhaṭṭa, *Bombay Sanskrit and Prakrit Series* No.84, 1937.

TBV　*Tattvabodhavidhāyinī* I & II, *Saṃmatitarkaprakaraṇam* with *Tattvabodhavidhāyinī* ed. by Sukhalāla Saṃghavi and Becaradāsa Dośi, Amadāvāda, Kyoto Reprinted, 1984.

TS　*Tattvasaṃgraha* of Śāntarakṣita with the Commentary of *Pañjikā* of Kamalaśīla, *Bauddha Bharati Series* 1, Varanasi, 1968.

TUS　*Tattvopaplavasiṃha* of Śrī Jayarāsibhaṭṭa ed. by Sukhlalji Sanghavi and Rasiklal C. Parikh, *Bauddha Bharati Series* 20, Varanasi, 1987.

VP I　*Vākyapadīya* of Bhartṛhari with the commentaries Vṛtti and Paddhati of Vṛṣabhadeva, Kāṇḍa I, edited by K.A.Subramania Iyer, Poona, 1966.

VP III　*Vākyapadīya* of Bhartṛhari with the commentary of Helārāja Kāṇḍa III, Part I, edited by K.A.Subramania Iyer, Poona, 1963.

VS　*Vaiśeṣikasūtra* of Kaṇāda, *Gaekward's Oriental Series* No.136, Baroda, 1961.

VS(U)　*Vaiśeṣikasūtropaskāra* of Śaṅkaramiśra, *Kashi Sanskrit Series*. No.18, Vanarasi, 1969.

VV　*Vibhramaviveka* of Maṇḍanamiśra, Schmithausen, L: Mandanamiśra *Vi-*

bhramavivekaḥ, Wien, 1965.

Vyo　*Vyomavatī* of Vyomaśiva (together with PBh), *Chowkhamba Sanskrit Series*, Benares, 1930.

WZKS　Wiener Zeitschrift für die Kunde Südasiens.

WZKSO　Wiener Zeitschrift für die Kunde Süd- und Ostasiens.

Ybh　*Yogabhāṣya* of Vyāsa, see YS

YS　*Yogasūtra* of Patañjali, Pātāñjalayogasūtrāni, *Ānandāśrama Sanskrit Series* No.47.

［二次資料・参考文献――欧文］

Bhatt,G.P.[1962]　*Epistemology of the Bhāṭṭa School of Pūrva Mīmāṃsā*, Varanasi, 1962.

Bhattacharya,D.[1958]　*History of Navyanyāya in Mithila*, Darbhanga,1958.

Bijalwan,C.D.[1977]　*Indian Theory of Knowledge based upon Jayanta's Nyāyamañjarī*. New Delhi, 1977.

Chatterjee,S.[1965]　*The Nyāya Theory of Knowledge*, University of Calcutta, 1965.

Faddegon,B.[1918]　*The Vaiśeṣika-System*, Amsterdam, 1918.

Franco,E [1987](1)　"Bhāsarvajña and Jayarāśi : The Refutation of Scepticism in the Nyāyabhūṣaṇa" *Berliner Indologische Studien*, Band 3, 1987.

――――[1987](2)　*Perception, Knowledge and Disbelief, A Study of Jayarāśi's Scepticism*, Stuttgart, 1987.

Frauwallner, E [1957]　"Vasubandhu's Vādavidhiḥ" *WZKSO* Bd.1, 1957.

――――[1968]　*Śabarasvāmi's Mīmāṃsābhāṣya*, in Materialien zur Ältesten Erkenntnislehre der Karmamīmāṃsā, Wien, 1968.

Halbfass,W.[1992]　*On Being and What There Is*, State University of New York,1992.

Hattori,M.[1968]　*Dignāga on Perception, Harvard Oriental Series*, Cambridge, Mass., 1968.

Issacson,H.[1993]　"Yogic perception (pratyakṣa) in early Vaiśeṣika", *STUDIEN zur INDOLOGIE und IRANISTIC(St II)*18, 1993.

Joshi,L.V.[1986]　*A Critical Study of the Pratyakṣa Pariccheda of Bhāsarvajña's Nyāyabhūṣaṇa*, Gujarat University, 1986.

Kajiyama,Y.[1989]　"An Introduction to Buddhist Philosophy—— an annoted translation of Tarkabhāṣā of Mokṣākaragupta", *Studies in Buddhist Philosophy*, Kyoto, 1989.

Kane,P.V.　*History of Dharmaśāstra*,5 vols, Poona, 1930-1962, 2nd ed. 1968-1977.

Katsura,Sh.[2016]　"Arthasaṃvedana and svasaṃvedana in Buddhist Epistemological Tradition", Workshop "Buddhist Philosophy of Consciousness: Tradition and Dialogue", March 11-12, 2016, The National Chengchi University. (Handout)

Kaviraj,G.[1961]　*Gleanings from the History and Bibliography of the Nyāya-Vaiśeṣika*, Calcutta, 1961.

Matilal,B.K.[1985]　*Logic, Language & Reality, An Introduction to Indian Philosophical Studies*, Delhi, 1985.

Mishra,U.[1936]　*Conception of Matter according to Nyāya-Vaiśeṣika*, Allahabad, 1936.

Mohanty,J.[1966]　*Gangeśa's Theory of Truth*, Santiniketan, 1966.

Oberhammer,G.[1984]　"Wahrheit und Transzendenz", *Veröffentlichungen der Kommission für Sprachen und Kulturen Südasiens*, Heft 18,

Wien, 1984.

Potter, K. H. [1977] *Encyclopedia of Indian philosophies* Vol.2 : Nyāya-Vaiśeṣika, Delhi, 1977.

Preisendantz,K.[1989] "On ātmendriyamanorthasaṃnikarṣa and the Nyāya-Vaiśeṣika Theory of Vision", *Berliner Indologische Studien*, 4/5, 1989.

Schmithausen,L.[1965] *Maṇḍanamiśra's Vibhramavivekaḥ*, Wien, 1965.

Shida,T.[2006] "On the Causal Factor for Validity at the Origination of Cognition : What are the *guṇa* and the general cause of cognition in Naiyāyikas' *parataḥ prāmāṇyavāda*?" *Journal of Indological Studies*, No18, 2006.

Slaje,W.[1986] "Untersuchungen zur Chronologie einiger Nyāya-Philosophen", *Studien zur Indologie und Iranistik*, Ht.11/12, Reinbek, 1986, pp. 245-278.

Stern,E.M.[1991] "Additional fragments of PVin I-II", *WZKS*, 35, 1991.

Wada,T.[1990] *Invariable Concomitance in Navya-Nyāya*, Delhi, 1990.

Wezler,A.[1975] "Zur Identität der "Ācāryāḥ" und "Vyākhyātārāḥ" in Jayantabhaṭṭas Nyāyamañjarī" *WZKS,* 1975.

Yamakami,Sh.[1995] "The PVin I vv.10-11ab as Quoted in the NBhūṣ," *Journal of Indian and Buddhist Studies*, Vol.43, No.2, March,1995.

［二次資料・参考文献――和文］

赤松明彦 [1984]：「ダルマキールティの論理学」『講座・大乗仏教 9 認識論と論理学』1984 年。

――――― [1989]：「ウディヨータカラの思想―NV の研究<1>」『インド思想史研究 6』1989 年。

――――― [1990]：「前期ニヤーヤ学派の知覚理論 ―― 到達作用説の展開 ――」『哲学年報』Vol.49, 1990 年。

宇野　惇 [1963]：「インド知識論における真偽の問題」『哲学研究』Vol.42, No.4, 1963 年。

――――― [1981]：「ジャイナ教の推論」『広島大学文学部紀要』第 41 巻, 1981 年。

――――― [1984]：「インドにおける真理論」『広島大学文学部紀要』第 44 巻, 1984 年。

――――― [1996] (1)：『インド論理学』法蔵館, 1996 年。

――――― [1996] (2)：「プラマーナ・ナヤ・タットヴァーローカ ――和訳と解説(2) ――」『ジャイナ教研究』第 2 号, 1996 年。

沖　和史 [1990]：「ダルモッタラ『正理一滴論註』(Nyāyabinduṭīkā)第一章における知覚判断」『仲尾俊博先生古希記念「仏教と社会」』1990 年。

――――― [1993]：「ダルモッタラの量量果非別体説 ―― Nyāyabinduṭīkā における ―― 」渡辺文麿博士追悼論集『原始仏教と大乗仏教』1993 年。

梶山雄一 [1975]：『論理のことば』中央文庫, 1975 年。

桂　紹隆 [1977]：「因明正理門論研究[一]」『広島大学文学部紀要』第 37 巻, 1977 年。

――――― [1982]：「因明正理門論研究[五]」『広島大学文学部紀要』第 42 巻, 1982 年。

――――― [1984]：「ディグナーガの認識論と論理学」『講座・大乗仏教 9 認識論と論理学』1984 年。

――――― [1986]：「インド論理学における遍充概念の生成と発展」『広島大学文学部紀要』第 45 巻 1 号, 1986 年。

――――― [1989]：「知覚判断・疑似知覚・世俗知」『藤田宏達博士還暦記

念論集　インド哲学と仏教』1989 年。

狩野　恭 [1997] :「Nyāyāvatāra の研究 ——anyathānupapatti と ūha —— 」『ジャイナ教研究』第 3 号, 1997 年。

北川秀則 [1966] :『インド古典論理学の研究—陳那 (Dignāga) の体系—』1966 年, 1973 年 (鈴木学術財団), 1985 年（臨川書店）

黒田泰司 [1998] :「Brahmasiddhi 第 3 章の構造について」『大阪学院大学人文自然論叢 36』1998 年。

正信公章 [1988] :「ヴェーダーンタの諸流派——バースカラ、ラーマーヌジャ、マドゥヴァ ——」『岩波講座　東洋思想　第五巻　インド思想３』1988 年。

———— [1989] :「誰のためのギーターなのか —— ギーター注解史における正統派の一視点 —— 」『インド思想史研究 6 』1989 年。

谷　貞志 [2000] :『刹那滅の研究』2000 年。

戸崎宏正 [1979] :『仏教認識論の研究』（上）, 大東出版, 1979 年。

———— [1989] :「法称著『プラマーナ・ヴィニシュチャヤ』第 1 章現量(知覚)論の和訳(３)」『インド哲学と仏教』1989 年。

———— [1990] :「法称著『プラマーナ・ヴィニシュチャヤ』第 1 章現量章和訳(５)」『哲学年報』Vol.49, 1990 年。

———— [1992] :「クマーリラ著 『シュローカヴァールティカ』 第 4 章(知覚スートラ)和訳(２)——認識手段とその結果——」『成田山仏教研究所紀要』15,1992 年。

———— [1993] :「クマーリラ著 『シュローカヴァールティカ』 第 4 章(知覚スートラ) 和訳(５)」『宗教的真理と現代』教育新潮社, 1993 年。

服部正明 [1966] :「論証の前段階としての saṃśaya 」金倉博士古希記念印度学仏教学論集』1966 年。

――――― [1969]：「論理学入門」『世界の名著』 1969 年。

――――― [1989]：「言葉と意味の考察・総論」『岩波講座　東洋思想　第七巻　インド思想３』1989 年。

――――― [1992-3]：「クマーリラの svataḥprāmāṇya 論(１)」『成田山仏教研究所紀要』 Vol.15, 1992-3 年。

原　　実・上村勝彦[1989]：「ダルマ・アルタ・カーマ」『岩波講座　東洋思想　第七巻　インド思想３』1989 年。

早島　理[1982]：「唯識の実践」『講座大乗仏教８唯識思想』春秋社 1982 年

丸井　浩[1981]：「vāyu の知覚について」『印度学仏教学研究』29-2, 1981 年

村上真完[1991]：『インド哲学概論』平楽寺書店, 1991 年。

護山真也 [2007]：「バーサルヴァジュニャの主宰神論――仏教批判を中心に――」『南アジア古典学』第２号, 2007 年。

宮元啓一 [2008]：『インドの「多元論哲学」を読む』春秋社, 2008 年。

宮元啓一・石飛道子 [1998]: 宮元啓一・石飛道子『インド新論理学派の知識論『マニカナ』の和訳と註解』山喜房佛書林, 1998 年。

矢板秀臣 [1989]：「仏教認識論の一綱要書における現量定義論―― Tarka-rahasya 試訳――」『インド思想史研究６』1989 年。

谷沢淳三 [1997]：「upalakṣaṇa の「指示的用法」―― Vākyapadīya を手がかりにして――」『印度学仏教学研究』45-2, 1997 年。

山上證道 [1968]：「インド正統論理学派における< 全体 >の概念」『東方学』Vol.35, 1968 年。

――――― [1977]：「NS 1.1.4 の avyapadeśya の語をめぐって」『印度学仏教学研究』26-1, 1977 年。

――――― [1978]：「Bhāsarvajña が伝える NS 1.1.26 ~31 の解釈」『足利淳氏博士喜寿記念　オリエント学・インド学論集』 国書刊

行会, 1978 年。

——— [1980](1) :「Nyāya 学派における tarka の語義」『印度学仏教学研究』28-2, 1980 年。

——— [1980](2) :「sādhakatama の語義をめぐり Jayanta と Bhāsarvajña とに伝承された諸見解」『密教学』1980 年。

——— [1980](3) :「NS 1.1.23 の解釈をめぐる諸問題」『京都産業大学論集』9-4, 1980 年。

——— [1988] :「ニヤーヤ学派の知識論」『岩波講座　東洋思想　第五巻　インド思想 1 』1988 年。

——— [1989] :「Nyāyabhūṣaṇa に関説された Cārvāka 説」『インド思想史研究 6 』1989 年。

——— [1999] :『ニヤーヤ学派の仏教批判——ニヤーヤブーシャナ知覚章解読研究——』平樂寺書店, 1999 年。

——— [2004] :「Nyāyabhūṣaṇa の研究(15) —— 至福をもたらすニヤーヤの 16 原理 —— 」『京都産業大学論集　人文科学系 32』2004 年。

山上・竹中・赤松・黒田 [1983] :　山上證道・竹中智泰・赤松明彦・黒田泰司「Ślokavārttika, anumāna 章の研究 (I)」『インド思想史研究 2』1983 年。

————— [1985] :　山上證道・竹中智泰・赤松明彦・黒田泰司「同上(III)」『インド思想史研究 4』1985 年。

渡辺重朗 [1985] :「ニヤーヤ ブーシャナ に 引用された チャール ヴァーカ説」「雲井昭善博士古希記念『仏教と異宗教』」,1985 年。

初出誌一覧

次に連続掲載したものを、本書掲載に当たり、全面的に改正した。特に、(4)の翻訳に関しては、桂紹隆博士のアドヴァイスを得て誤りを修正することができた。また、(9)と(10)の両論文については桂紹隆博士のご教示をえて発表に至ることができた。

(1)『京都産業大学論集』第 22 巻 第 3 号, 人文科学系列 第 20 号, 1993 年, pp.126-144.

(2)『京都産業大学論集』第 24 巻 第 1 号, 人文科学系列 第 21 号, 1994 年, pp.273-300.

(3)『京都産業大学論集』第 25 巻 第 1 号, 人文科学系列 第 22 号, 1995 年, pp.242-295.

(4)『京都産業大学論集』第 26 巻 第 2 号, 人文科学系列 第 23 号, 1996 年, pp.267-285.

(5)『京都産業大学世界問題研究所紀要』第 15 巻, 1998 年, pp.27-47.

(6)『京都産業大学世界問題研究所紀要』第 16 巻, 1999 年, pp.123-158.

(7)『京都産業大学論集』人文科学系列第 30 号, 2003 年, pp.139-173.

(8)『京都産業大学論集』人文科学系列第 32 号, 2004 年, pp.85-121.

(9)『インド学チベット学研究』第 21 号, 2017 年, pp.123-160.

(10)『インド学チベット学研究』第 22 号, 2018 年, pp.179-209.

ニヤーヤブーシャナ知覚章

——詳細目次——

1. 序論—著作の目的と意義—[Text 1.04-11.18] (本書 23 ページ)

1.1. 帰敬偈 (maṅgalaśloka) [1.04-08] **(23)**

1.2. 帰敬偈の意義 [2.02-13] **(23)**

1.3. 著作の意義と目的 [2.15-11.18] **(24)**

1.3.1. 目的・主題、それと論書との関係説明 [2.15-5.09] **(24)**

1.3.2. 主題の分類 —— 一義的主題・認識手段 (pramāṇa)などの十六範疇・原理(padārtha) と二義的主題・それら十六範疇・原理の定義 (lakṣaṇa)—— [5.11-6.01] **(27)**

1.3.3. 一義的主題としての定義 (lakṣaṇa) [6.01-09] **(28)**

1.3.3.1. 「**認識手段**（pramāṇa）の定義は無意味である」というチャールヴァーカ(Cārvāka)の反論とそれへの答論 [6.10-7.13] **(29)**

1.3.3.1.1. チャールヴァーカの反論 [6.10-21] **(29)**

1.3.3.1.2. バーサルヴァジュニャ(Bhāsarvajña)の答論 [7.02-13] **(30)**

1.3.3.2. 未遍充 (avyāpaka)・過遍充 (ativyāpaka) である属性も定義として通用する。[7.15-9.15] **(31)**

1.3.4. 論書は誤知の排除のためにある。[10.02-19] **(36)**

1.3.5. ニヤーヤ論書の意義と認識手段の定義の必要性 ——解脱の決定知←認識手段の決定知←認識手段の定義決定知—— [10.21-11.18] **(38)**

2. 認識手段 (pramāṇa) 論 [11.18-83.20] (41)

2.1. 認識手段の定義 "samyag-anubhava-sādhanam"と検討 [11.18-20] **(41)**

2.1.1. 定義の検討 1 ――「正しい」**(samyak)**の語の検討―― [11.22-43.15]**(41)**
2.1.1.1.「不正な」新得知(asamyaganubhava)――「疑わしい知」(saṃśaya)と「倒錯知」(viparyaya) [12.07] **(42)**

2.1.1.1.1. 不正な新得知 1・「疑わしい知」(saṃśaya) の考察 [12.09-25.05] **(42)**
2.1.1.1.1.1.「疑わしい知」の一般定義は「不確定な知」である。[12.09-13.16] **(42)**
2.1.1.1.1.2. 特殊定義 (viśeṣalakṣaṇa) とニヤーヤスートラ (NS) 1. 1. 23 との整合性 [13.18-20] **(45)**
2.1.1.1.1.3.1. 共通な属性・ダルマ (samānadharma) などは他の共同因とともに「疑わしい知」を生ずる。[13.20-14.07] **(46)**
2.1.1.1.1.3.2. 特殊性を求めようとする気持 (viśeṣāpekṣā)、および、認識・非認識の不確定も共同因である。[14.08-15.08] **(47)**
2.1.1.1.1.4.1. 共通な属性 (samānadharma) から生起する「疑わしい知」[15.08-14] **(49)**
2.1.1.1.1.4.2. 固有な属性 (anekadharma) から生起する「疑わしい知」[15.15-17.11] **(50)**
2.1.1.1.1.4.2.1. anekadharma=asādhāraṇadharma(固有な属性) [15.15-16.17] **(50)**
2.1.1.1.1.4.2.2. anekadharma=多数の属性 [16.18-17.11] **(54)**
2.1.1.1.1.4.3. 見解の相違(vipratipatti)から生起する「疑わしい知」[17.12-15] **(56)**
2.1.1.1.1.4.4. 認識・非認識の不確定 (upalabdhyanupalabdhyavyavasthā) の解釈 [17.15-18.02] **(57)**
2.1.1.1.1.4.5. ニヤーヤスートラ 1. 1. 23 が意図する文意とニヤーヤサーラの定義との一致 [18.02-15] **(57)**
2.1.1.1.1.5. 熟考 (ūha) と不確定知 (anadhyavasāya) の考察 [19.03-19] **(59)**
2.1.1.1.1.5.1. 熟考 (ūha) の考察 [20.03-24] **(61)**
2.1.1.1.1.5.2. 「疑わしい知」の論理学上における意味 [20.24-21.19] **(64)**
2.1.1.1.1.5.3. 吟味 (tarka) がニヤーヤスートラ(NS) において別記される理由

[21.20-23.07] **(66)**

2.1.1.1.1.6. 不確定知 (anadhyavasāya) は「疑わしい知」に含まれる。[23.09-19] **(70)**

2.1.1.1.1.7. 「疑わしい知」否定論者とそれへの駁論 [23.21-25.05] **(72)**

2.1.1.1.1.7.1. 「疑わしい知」否定論 [23.21-24.06] **(72)**

2.1.1.1.1.7.2. 「疑わしい知」は存在する。[24.08-25.05] **(73)**

2.1.1.1.2. 不正な新得知 2・「倒錯知」(viparyaya)の考察　[25.07-38.17] **(75)**

2.1.1.1.2.1. 倒錯知 (viparyaya) の定義 [25.07-19] **(75)**

2.1.1.1.2.2. 倒錯知の原因 [25.19-26.07] **(77)**

2.1.1.1.2.3. 錯誤知 (khyāti) の対象の考察 [26.08-32.13] **(78)**

2.1.1.1.2.3.0. 対象による錯誤知の分類 [26.08-11] **(78)**

2.1.1.1.2.3.1. akhyāti（無対象認識）の主張 [26.13-18] **(79)**

2.1.1.1.2.3.2. akhyāti の否定と asatkhyāti（非実在対象認識）の主張 [27.01-10] **(80)**

2.1.1.1.2.3.3. asatkhyāti の否定と prasiddhārthakhyāti (既成対象認識) の主張 [27.12-19] **(81)**

2.1.1.1.2.3.4. prasiddhārthakhyāti の否定と alaukikārthakhyāti（超世間対象認識）の主張 [27.21-28.02] **(82)**

2.1.1.1.2.3.5. alaukikārthakhyāti の否定と smṛtipramoṣa（記憶による対象の奪取）の主張 [28.04-13] **(83)**

2.1.1.1.2.3.6. smṛtipramoṣa の否定と ātmakhyāti（自形相対象認識）の主張 [28.15-30.22] **(84)**

2.1.1.1.2.3.6.1. smṛtipramoṣa の否定 [28.15-29.19] **(84)**

2.1.1.1.2.3.6.2. ātmakhyāti（自形相対象認識）の主張 [29.21-30.22] **(87)**

2.1.1.1.2.3.7. ātmakhyāti の否定と anirvacanīyakhyāti（明言不可能対象認識）の主張 [30.24-31.19] **(89)**

2.1.1.1.2.3.7.1. ātmakhyāti の否定 [30.24-31.06] **(89)**

2.1.1.1.2.3.7.2. anirvacanīyakhyāti の主張 [31.08-19] **(90)**

2.1.1.1.2.3.8. anirvacanīyakhyāti の否定とニヤーヤ学派の主張 viparītakhyāti（倒錯対象認識）[31.21-32.13] **(92)**

2.1.1.1.2.4. 夢の知の対象をめぐる議論 [32.15-33.15] **(94)**

2.1.1.1.2.5. 知の倒錯性 (bhrāntatva) と無倒錯性 (abhrāntatva)の理解に関する論議 [33.17-38.17] **(97)**

2.1.1.1.2.5.1 倒錯性も無倒錯性も共に理解できないというチャールヴァーカ説 [33.17-34.14] **(97)**

2.1.1.1.2.5.1.1. 倒錯性は理解できない。[33.17-23] **(97)**

2.1.1.1.2.5.1.1.1. 倒錯性は知覚によって理解できない。[33.17-19] **(97)**

2.1.1.1.2.5.1.1.2. 推論によっても倒錯性は理解できない。[33.19-23] **(97)**

2.1.1.1.2.5.1.2. 無倒錯性も理解できない。[33.23-34.14] **(98)**

2.1.1.1.2.5.1.2.1. 無倒錯性の証相は、誤りなき原因により生ぜしめられたことではない。[33.23-27] **(98)**

2.1.1.1.2.5.1.2.2. 否定する知が生起しないことが無倒錯性の証相であるわけでもない。[33.27-34.04] **(99)**

2.1.1.1.2.5.1.2.3. 対象に向かって行動を促す有効性が無倒錯性の証相でもない。[34.04-14] **(99)**

2.1.1.1.2.5.2. バーサルヴァジュニャの答論 [34.16-38.17] **(100)**

2.1.1.1.2.5.2.1. 倒錯性の理解 [34.16-36.17] **(100)**

2.1.1.1.2.5.2.1.1. 倒錯性は理解されないという見解の否定 [34.16-35.13] **(100)**

2.1.1.1.2.5.2.1.2. 倒錯性は理解される。[35.13-36.17] **(102)**

2.1.1.1.2.5.2.2. 無倒錯性の理解 [36.18-38.17] **(106)**

2.1.1.1.2.5.2.2.1.「誤りなき原因により生ぜしめられたことが証相でない」ことの承認 [36.18] **(106)**

2.1.1.1.2.5.2.2.2.「否定する知が生起しないことも証相でない」ことの否定 [36.19-37.16] **(106)**

2.1.1.1.2.5.2.2.3.「行動を促す能力が証相でもない」ことの否定 [37.16-38.17] **(108)**

2.1.1.2. 正しい新得知(samyaganubhava) ――真知論(prāmāṇyavāda) ―― [38.19-43.15] **(110)**

2.1.1.2.1.クマーリラ(Kumārila)の主張 ――自律的真と他律的偽の主張―― [38.19-39.12] **(110)**

2.1.1.2.1.0. シュローカヴァールティカ(ŚV) codanā k.52 [38.19-39.01] **(110)**

2.1.1.2.1.1. 真知の発生 (utpatti) に関して [39.01-09] **(112)**

2.1.1.2.1.2. 真知の作用 (pravṛtti) に関して [39.09-10] **(113)**

2.1.1.2.1.3. 真知の確認 (jñapti) に関して [39.10-12] **(113)**

2.1.1.2.2. ニヤーヤ学派の駁論――他律的真・偽の主張――[39.14-43.14] **(114)**

2.1.1.2.2.1. 真知の発生に関して [39.14-40.01] **(114)**

2.1.1.2.2.1.1. 明かりなどの特殊性がなければ、実際に真知も生起しない。[39.14-17] **(114)**

2.1.1.2.2.1.2. 証相の真知は遍充関係に、推論対象の真知は証相の真知に依存する。[39.17-18] **(114)**

2.1.1.2.2.1.3. 偽知が他律的なら真知も原因の正常な状態に依存する。[39.19-20] **(114)**

2.1.1.2.2.1.4. 真知は欠陥の非存在に依存する。[39.21-26] **(115)**

2.1.1.2.2.1.5. 他律的真の論証式 [39.26-40.01] **(116)**

2.1.1.2.2.2. 真知の作用に関して――真知が作用するときは何かに依存する―― [40.01-09] **(116)**

2.1.1.2.2.3. 真知の確認に関して [40.09-43.14] **(117)**

2.1.1.2.2.3.1. 他律的真 (parataḥ prāmāṇya) の論証式 [40.09-11] **(117)**

2.1.1.2.2.3.2. 本来的規則 (utsarga)と例外的規則 (apavāda) [40.11-41.13] **(118)**

2.1.1.2.2.3.3. 無限遡及 (anavasthā) の指摘 [41.13-42.10] **(120)**

2.1.1.2.2.3.4. 知識根拠が対象を明らかにすること＝対象知の生起 [42.10 - 43.06] **(123)**

2.1.1.2.2.3.5. 強い印象 [43.06-14] **(124)**

2.1.1.3. 結論 ——「正しい」(samyak)の語の有用性—— [43.14-15] **(125)**

2.1.2. 定義の検討 2——「新得知」(anubhava)という語の意義 [43.17-19] **(125)**

2.1.3. 定義の検討 3——「能成者」(sādhana)という語の吟味 [44.03-62.09]**(125)**

2.1.3.1. 能成者 ＝「最も効果あるもの」(sādhakatama) [44.03-08] **(126)**

2.1.3.2.「最も効果あるもの」(sādhakatama=karaṇatva<手段性>)を巡る議論 [44.10-62.09] **(126)**

2.1.3.2.1. クマーリラ (Kumārila) の主張とその否定 [44.10-45.22] **(126)**

2.1.3.2.2. 文法学派の主張とその否定 [46.02-11] **(131)**

2.1.3.2.3. **仏教徒の主張とその否定** [46.13-58.12] **(132)**

山上證道[1999]（『ニヤーヤ学派の仏教批判—ニヤーヤブーシャナ知覚章解読研究—』平樂寺書店 1999 年) 89~92 ページ参照。

2.1.3.2.4. ニヤーヤ学派内の諸説 [58.14-63.04] **(132)**

2.1.3.2.4.1. ウッドヨータカラ (Uddyotakara) の卓越性 (atiśaya) 論 [58.14-59.09] **(132)**

2.1.3.2.4.2. 最終存在 (caramabhāva) 手段説とその否定 [59.11-60.06] **(134)**

2.1.3.2.4.3. ルチカーラ (Rucikāra) の見解 [60.06-12] **(136)**

2.1.3.2.4.4. ジャヤンタ (Jayanta) の見解とその否定 [60.14-61.14] **(136)**

2.1.3.2.4.5. バーサルヴァジュニャの見解 [61.16-62.09] **(139)**

2.2. 認識手段と解脱 ——ニヤーヤスートラ 1.1.1 とニヤーヤスートラ 1.1.2 —— [62.11-79.18] **(141)**

2.2.1. ニヤーヤスートラ 1.1.1 の解釈 ——ニヤーヤスートラ 1.1.1 に列挙される認識対象 (prameya) などの諸範疇・原理 (padārtha) の本質と目的 —— [62.11-72.13] **(141)**

2.2.1.1. 認識対象 (prameya) ——範疇・原理としての本質と目的—— [62.11-27] **(141)**

2.2.1.2. 疑わしい知(saṃśaya) ——範疇・原理としての本質と目的—— [62.27-63.04] **(143)**

2.2.1.3. 目的 (prayojana) ——範疇・原理としての本質と目的—— [63.06-64.04] **(144)**

2.2.1.4. 実例 (dṛṣṭānta) ——範疇・原理としての本質と目的—— [64.06-65.05] **(146)**

2.2.1.5. 定説 (siddhānta) ——範疇・原理としての本質と目的—— [65.07-67.30] **(149)**

2.2.1.5.1. 定説 (siddhānta) の一般的定義 [65.07-22] **(149)**

2.2.1.5.2. 定説の分類 [65.22-67.30] **(151)**

2.2.1.5.2.1. すべてのタントラ・学説が容認する定説 (sarvatantrasiddhānta)＜ニヤーヤスートラ(NS) 1.1.28＞ [66.11-16] **(153)**

2.2.1.5.2.2. 反対のタントラ・学説における定説 (pratitantrasiddhānta)＜ニヤーヤスートラ(NS) 1.1.29＞ [66.17-26] **(153)**

2.2.1.5.2.3. 包括的論拠による定説 (adhikaraṇasiddhānta) ＜ニヤーヤスートラ(NS) 1.1.30＞ [67.01-11] **(155)**

2.2.1.5.2.4. 暫定的容認の定説 (abhyupagamasiddhānta) ＜ニヤーヤスートラ(NS) 1.1.31＞ [67.12-30] **(156)**

2.2.1.6. 論証の構成部分 (avayava) ——範疇・原理としての本質と目的——

[68.02-10] **(158)**

2.2.1.7. 吟味(tarka) ——範疇・原理としての本質と目的—— [68.12-23] **(159)**

2.2.1.8. 確定(nirṇaya) ——範疇・原理としての本質と目的—— [68.25-70.04] **(161)**

2.2.1.9. 論議 (vāda)・論諍 (jalpa)・論詰 (vitaṇḍā) ——範疇・原理としての本質と目的—— [70.06-15] **(164)**

2.2.1.10. 疑似理由(hetvābhāsa)・詭弁(chala)・誤った論難(jāti)・敗北の立場(nigrahasthāna) ——範疇・原理としての本質と目的—— [70.17-71.11] **(165)**

2.2.1.11. ニヤーヤスートラ 1.1.1 にもとづいた論理の学問・ニヤーヤ学 (Nyāyavidyā) は最高の学問である。[71.13-72.13] **(167)**

2.2.1.11.1. 学問が四種に分類される理由 [71.13-72.05] **(167)**

2.2.1.11.2. ニヤーヤスートラ 1.1.1 にもとづいた論理の学問が最高の学問である理由 [72.05-13] **(169)**

2.2.2. ニヤーヤスートラ 1.1.2 の解釈 ——真実の認識 (tattvajñāna) の獲得から解脱にいたる過程—— [72.15-73.12] **(170)**

2.2.2.1. ニヤーヤスートラ 1.1.2 の解釈をめぐる議論 [73.14-79.18] **(174)**

2.2.2.1.1. ニヤーヤスートラ 1.1.2 に提示される解脱にいたる過程への反論 [73.14-74.03] **(174)**

2.2.2.1.1.1.（反論 1）誤った認識の消滅はありえない。[73.14-20] **(174)**

2.2.2.1.1.2.（反論 2）誤った認識の消滅が欠陥の消滅をもたらすとはかぎらない。[73.21-27] **(174)**

2.2.2.1.1.3.（反論 3）欠陥の消滅が活動の消滅を、そして、終局的には、解脱をもたらすとはかぎらない。[73.27-74.03] **(175)**

2.2.2.1.2. 上記の反論にたいするバーサルヴァジュニャの答論 [74.05-79.18] **(176)**

2.2.2.1.2.1. 誤った認識の消滅（反論 1 への答論）[74.05-76.04] **(176)**

2.2.2.1.2.2. 誤った認識の消滅は欠陥の消滅をもたらす。(反論 2 への答論) [76.06-77.18] **(181)**

2.2.2.1.2.3. 欠陥の消滅は活動の消滅をもたらし、ついには解脱をもたらす。（反論 3 への答論）[77.19-79.18] **(186)**

2.3. 認識手段 (pramāṇa) の分類説明 [79.20-83.20] **(192)**

2.3.1. 認識手段は、知覚(pratyakṣa)、推論(anumāna)、証言(āgama)の三種である。[79.20-80.03] **(192)**

2.3.2. 異説の吟味 [80.05-81.05] **(193)**

2.3.2.1. 認識手段は唯一・知覚のみというチャールヴァーカ (Cārvāka) 説とその否定 [80.05-09] **(193)**

2.3.2.2. 認識手段は推論ただ一つのみ、あるいは、証言のみという説の否定 [80.11-15] **(193)**

2.3.2.3. 直接知覚と間接知の二種である、というジャイナ教徒の見解とその否定 [80.17-81.05] **(194)**

2.3.3. 認識手段の分類スートラ (NS 1.1.3) との矛盾指摘とそれに対する答論 [81.07-21] **(195)**

2.3.4. 認識手段の共存と別存の可能性 [81.23-83.14] **(198)**

2.3.5. 自説（認識手段の三分類）の確認——ニヤーヤスートラとの関係—— [83.14-20] **(202)**

3.　知覚 (pratyakṣa) 論 [84.03-187.06] **(205)**

3.1. バーサルヴァジュニャによる知覚の定義と解釈 [84.03-85.18] **(205)**

3.1.0. バーサルヴァジュニャによる知覚の定義 “samyag-aparokṣa-anubhava-

sādhanam” [84.03] **(205)**

3.1.1. 知覚(pratyakṣa)の語源解釈 [84.04-11] **(205)**

3.1.2. 語源の説明 (vyutpatti)と語の発動原因 (pravṛtti-nimitta)との相違 [84.13-85.08] **(209)**

3.1.3. 「知覚知」の発動原因 = 知に存在する種(jāti)・aparokṣatva(直接性) [85.09-18] **(211)**

3.2. バーサルヴァジュニャ自らの定義とニヤーヤスートラ 1.1.4 の解釈について [85.20-100.10] **(213)**

3.2.1. ニヤーヤスートラ 1.1.4 に見られる「感官と対象との接触より生起するもの」(indriyārthasaṃnikarṣotpannam)の語句について [85.20-97.18] **(213)**

3.2.1.1. 「感官と対象との接触より生起するもの」は生起した知が直接性(aparokṣatva) に限定されていることを示す。[85.20-87.19] **(213)**

3.2.1.1.1. 知識における直接性 (aparokṣatva) の存在否定論とそれへの対応（「感官と対象との接触より生起すること」は「直接性」の言語活動原因ではない。）[85.20-86.01] **(213)**

3.2.1.1.2. 仏教徒の種 (jāti) 否定論および対象顕現性 (avabhāsitva) の主張とその否定 [86.01-10] **(215)**

3.2.1.1.3.「感官と対象との接触より生起するもの」という文言の意図は、生起した結果知が新得知性と直接性とに限定されることにある。[86.10-17] **(216)**

3.2.1.1.4. 障碍された対象の非認識による接触の存在の推論をめぐる議論 [86.17-87.05] **(217)**

3.2.1.1.5.「直接性」(aparokṣatva)に限定された知識と「〔感官〕対象」(artha)とに関するバーサルヴァジュニャの結論 ――感官マナス、アートマン、そしてヨーギンの知覚 ―― [87.06-19] **(219)**

3.2.1.2. ヨーギンの知覚も考慮するなら知覚知についても「〔感官〕対象から生じること」(arthajatva) という限定詞は必要ではない。[87.21-93.13] **(222)**

3.2.1.2.1.「〔感官〕対象から生じること」(arthajatva) に関連する議論 (1) ——〔感官〕対象としての過去と未来について（過去と未来は直接に知を生ずることはないが ＜知る＞ という行為と関連する）—— [88.04-92.23] **(223)**

3.2.1.2.1.1. 過去などのものの本質は存在(bhāva)である。[88.04-89.11] **(223)**

3.2.1.2.1.2. 〔反論：〕過去などのものは仮構されたものとして非存在を限定するものである。[89.13-22] **(227)**

3.2.1.2.1.3. 〔答論：〕過去などのものは想起されたものとして存在を限定するものである。[89.24-90.08] **(228)**

3.2.1.2.1.4. 存在が現にあるとき過去などの過去性を決定する。[90.10-23]**(229)**

3.2.1.2.1.5. 過去のものなどはたとえその知を生ぜしめなくても「知る」という行為と関連する。[91.02-14] **(231)**

3.2.1.2.1.6. 過去・未来の存在性が容認されなければ推論が三時を対象とすることに矛盾する。[91.17-92.23] **(233)**

3.2.1.2.2.「〔感官〕対象から生起すること」(arthajatva) に関する議論 (2) —— 想起も〔感官〕対象から生じたものであるといえる —— [93.02-13] **(236)**

3.2.1.3. indriyārthasaṃnikarṣotpanna 解釈の結論（バーサルヴァジュニャ自身の見解）[93.13-23] **(238)**

3.2.1.4. indriyārthasaṃnikarṣotpanna と知覚知を規定したニヤーヤスートラ 1.1.4 の存在意義 [94.02-08] **(240)**

3.2.1.5.「接触」(saṃnikarṣa) をめぐる仏教徒との論争 [94.08-97.18] **(241)**

3.2.1.5.1. 感官は対象に非到達・非接触 (aprāpyakārin) であるという仏教の見解 [94.08-28] **(241)**

3.2.1.5.1.1. 視覚器官(眼)は離れている対象を認識するから [94.11-12] **(242)**

3.2.1.5.1.2. 到達･接触作用論(prāpyakāri-vāda)は常識に反するから [94.12-15] **(242)**

3.2.1.5.1.3. 視覚器官（眼）は自己より大きいものを認識するから [94.16-21] **(243)**

3.2.1.5.1.4. 視覚器官は木の小枝と月とを同時に認識するから [94.22-25] **(244)**

3.2.1.5.1.5. 聴覚器官（耳）は音の来た方向と場所とを明らかにするから [94.25-28] **(244)**

3.2.1.5.2. 仏教説の否定 [94.30-97.05] **(245)**

3.2.1.5.2.1.「視覚器官(眼)は離れている対象を認識するから」という理由について [94.30-95.02] **(245)**

3.2.1.5.2.2. 到達･接触作用論は「常識に反するから」という理由について——眼球から眼光線が出ているというニヤーヤ説—— [95.02-13]**(245)**

3.2.1.5.2.3.「視覚器官(眼)は自己より大きいものを認識するから」という理由について [95.15-16] **(247)**

3.2.1.5.2.4.「視覚器官(眼)は木の小枝と月とを同時に認識するから」という理由について [95.18-96.03] **(247)**

3.2.1.5.2.5.「聴覚器官(耳)は音の来た方向や場所を明らかにするから」という理由について [96.05-17] **(247)**

3.2.1.5.2.6. 非到達・非接触作用論であればすべてのものが認識されてしまうことになる。[96.19-20] **(249)**

3.2.1.5.2.7. 磁石などもまた到達して作用をなす。[96.22-97.03] **(249)**

3.2.1.5.2.8. マントラも到達･接触して作用をなす。[97.04-05] **(250)**

3.2.1.5.3. バーサルヴァジュニャ自身の到達･接触作用論 [97.07-18] **(250)**

3.2.2. ニヤーヤスートラ 1.1.4 に見られる「言葉では言い表せない」(avyapadeśya) の語の解釈をめぐる諸議論 [97.20-100.04] **(252)**

3.2.2.1.「視覚器官（眼）と聴覚器官（耳）との両方から生起した(ubhayaja)知を排除するためにこの語がおかれた」という見解とその検討 [97.20-98.22] **(253)**

3.2.2.1.1.「両方から生起した知の排除のため」という見解の否定 (1) [97.20-98.02] **(253)**

3.2.2.1.2.「両方から生起した知の排除のため」という見解の否定(2)＝バーサルヴァジュニャ自身による考察 [98.02-22] **(254)**

3.2.2.2.1. 言語知も感官と対象との接触から生起する知である、という説を否定するためにこの語があるという見解 [98.23-99.02] **(257)**

3.2.2.2.2. 上記の見解の否定 [99.03-05] **(258)**

3.2.2.3. 文法学派の言語一元論 (śabdādvaita-vāda) の否定のためであるという説とその否定 [99.06-07] **(258)**

3.2.2.4. バーサルヴァジュニャ自身の見解——avyapadeśya の語は無分別知覚を示す—— [99.09-100.04] **(259)**

3.2.3. ニヤーヤスートラ 1.1.4 に見られる vyavasāyātmaka の語は有分別知覚を示す。[100.04-07] **(262)**

3.2.4. ニヤーヤスートラ 1.1.4 にある jñāna の語の必要性 [100.07-10] **(263)**

3.3. 知覚の分類に二方法 —— (1)「ヨーギンではない一般人 (ayogin) の知覚とヨーギン (yogin) の知覚」という分類、および、(2)「有分別知覚と無分別知覚」という分類 —— [100.12-187.06] **(263)**

3.3.0. 付論 —— ニヤーヤの認める二種の知覚以外に意知覚と自己認識とを容認する仏教説の否定 —— [101.06-102.07] **(264)**

3.3.1. 知覚の分類、その一 ——ヨーギンではない一般人 (ayogin) の知覚とヨーギン (yogin) の知覚—— [102.09-173.08] **(266)**

3.3.1.1. ヨーギンではない一般人 (ayogin) の知覚の定義—— (1) 照明などの援助をえて感官と対象との結合関係によって、(2) 粗大なるもの (sthūlārtha) を認識すること—— [102.09-12] **(266)**

3.3.1.1.1.「照明などの援助を得て感官と対象との結合関係によって」という語句の検討 [102.12-104.04] **(266)**

3.3.1.1.2.「粗大なるもの (sthūlārtha) を認識すること」という語句の検討 [104.06-154.20] **(272)**

山上證道 [1999] 159-291 ページ参照。

3.3.1.1.3. ヨーギンではない一般人 (ayogin) の知覚の実例 ——感官と対象との特殊な関係 (sambandhaviśeṣa) によって生起するあらゆる種類の知覚知をめぐって—— [154.22-170.17] **(273)**

3.3.1.1.3.1. 実体の知覚：感官と対象との結合関係(indriyārthasambandha/saṃnikarṣa) [154.22-156.13] **(273)**

3.3.1.1.3.1.1. 実体は属性とともに知覚されることになってしまう、という仏教の反論 [154.27-155.10] **(274)**

3.3.1.1.3.1.2. 実体は属性とは別に知覚されるというニヤーヤ学派の論理 [155.10-156.13] **(276)**

3.3.1.1.3.2. 属性の知覚：結合したものの内属関係 (saṃyuktasamavāyasaṃnikarṣa) [156.15-157.16] **(281)**

3.3.1.1.3.2.1. 快感 (sukha) などは知識ではない。[156.25-157.07] **(282)**

3.3.1.1.3.2.2. 快感などはアートマンの属性である。[157.07-16] **(283)**

3.3.1.1.3.3. 属性に内属する普遍などの知覚：結合したものに内属しているものの内属関係 (saṃyuktasamavetasamavāyasaṃnikarṣa) [157.17-

165.09] **(284)**
3.3.1.1.3.3.1. 属性性 (guṇatva) の知覚 [157.25-158.14] **(285)**
3.3.1.1.3.3.1.1. 属性 (guṇa) から運動 (karman) まで属性性 (guṇatva) があるという主張 [158.08-14] **(287)**
3.3.1.1.3.3.2. 数 (saṃkhyā) ——数は属性ではない —— [158.14-160.13] **(288)**
3.3.1.1.3.3.3. 量 (parimāṇa) は属性でないという見解の吟味 [160.15-21] **(293)**
3.3.1.1.3.3.4. 別異性 (pṛthaktva) も属性でない。[160.23-29] **(294)**
3.3.1.1.3.3.5. 分離 (vibhāga) [161.02-162.07] **(295)**
3.3.1.1.3.3.5.1. 分離も属性でないが運動（karman）は属性である。[161.02-13] **(295)**
3.3.1.1.3.3.5.2. 分離から生じる分離 (vibhāgajavibhāga) [161.13-162.07] **(296)**
3.3.1.1.3.3.6. 彼方性((paratva)･此方性(aparatva)は属性でない。[162.09-17] **(299)**
3.3.1.1.3.3.7. 速度 (vega) [162.19-163.26] **(299)**
3.3.1.1.3.3.7.1. 速度も属性でない。[162.19-25] **(299)**
3.3.1.1.3.3.7.2. ヴァイシェーシカ･スートラ(VS)との矛盾 [162.25-163.26]**(300)**
3.3.1.1.3.3.8. 重さ (gurutva) は超感官的であるとはかぎらない。[163.26-164.03] **(303)**
3.3.1.1.3.3.9. 流動性(dravatva)が火に関する実体にも存在するとはいえない。[164.03-09] **(303)**
3.3.1.1.3.3.10. 潤性 (sneha) は水だけの属性であるとはいえない。[164.11-164.17] **(305)**
3.3.1.1.3.3.11. 硬・軟の考察 [164.19-165.09] **(305)**

3.3.1.1.3.4. 音 (śabda) の知覚：内属関係(samavāyasaṃnikarṣa) [165.11] **(307)**
3.3.1.1.3.5. 音性の知覚：内属しているものへの内属関係 (samavetasamavāya-saṃnikarṣa) [165.11-167.17] **(307)**
3.3.1.1.3.5.1. 音 (śabda) は虚空 (ākāśa) の属性である。[165.12-23] **(307)**

3.3.1.1.3.5.2. 先師 (pūrvācārya) の論拠批判 [165.23-166.05] **(309)**

3.3.1.1.3.5.3. 音の基体がなぜ虚空か。[166.07-25] **(310)**

3.3.1.1.3.5.4. 虚空そのものが聴覚器官である。[166.27-167.12] **(313)**

3.3.1.1.3.5.5.「方角は聴覚器官である」(dik śrotram)というアーガマについて [167.12-16] **(314)**

3.3.1.1.3.5.6. 音の知覚の確定 [167.16-17] **(315)**

3.3.1.1.3.6. 非存在の知覚：限定者・被限定者の関係 (viśeṣaṇaviśeṣyabhāva) [167.19-170.17] **(315)**

3.3.1.1.3.6.1. 六種の関係はニヤーヤスートラ 1.1.4 に求められる。[167.22-168.09] **(316)**

3.3.1.1.3.6.2. 限定者・被限定者の関係による知覚の過程 [168.10-19] **(317)**

3.3.1.1.3.6.3. 限定者・被限定者の関係はどこにでも存在するわけではない。[168.20-28] **(318)**

3.3.1.1.3.6.4. 内属(samavāya)の知覚は論理的要請による。[168.29-170.12] **(319)**

3.3.1.1.3.6.5. 結合と内属の区別 [170.13-17] **(323)**

3.3.1.2. ヨーギン (yogin) の知覚 [170.19-173.08] **(324)**

3.3.1.2.1. ヨーギンの知覚(yogi-pratyakṣa)の定義と説明 [170.19-171.09] **(324)**

3.3.1.2.2. 仏教の yogi-pratyakṣa 論 [171.11-172.06] **(327)**

山上證道 [1999] 293 ページ参照。

3.3.1.2.3. バーサルヴァジュニャによる仏教の yogi-pratyakṣa 論批判 [172.08-173.08] **(327)**

山上證道 [1999] 293 ページ参照。

3.3.2. 知覚の分類、その二 ――有分別知覚 (savikalpaka-pratyakṣa) と無分別知覚 (nirvikalpaka-pratyakṣa)―― [173.10-187.06] **(327)**

3.3.2.1. 有分別知覚とその説明 [173.10-14] **(328)**

3.3.2.1.1. 限定知（有分別知覚知）の認識対象 (ālambana)の考察による反論 [173.15-174.16] **(329)**

3.3.2.1.1.1. 反論 1(1) と 1(2)：ただ被限定者のみが対象であることはない。[173.16-21] **(329)**

3.3.2.1.1.2. 反論 2：被限定者と限定者の両方が対象となることもない。[173.21-23] **(330)**

3.3.2.1.2. バーサルヴァジュニャの答論：有分別知覚の確立 [173.24-176.06] **(331)**

3.3.2.1.2.1. ヴァイシェーシカの見解とその否定 ――反論 2 への対応―― [173.24-28] **(331)**

3.3.2.1.2.2. 限定者が対象となることはない。[173.28-174.16] **(332)**

3.3.2.1.2.3. 反論 1 への答論 [174.17-175.13] **(335)**

3.3.2.1.2.3.1.「それは有煙物である」など (taddhūmītyādi) についての考察・反論 1(1)への答論――言語契約(samaya)の想起などの働きにより限定者と被限定者との関係の知が生じて有分別知･限定知が生ずる―― [174.17-24] **(335)**

3.3.2.1.2.3.2.「この場所は火を持つ」について・反論 1(2) への答論 [174.24-175.26] **(337)**

3.3.2.1.2.3.2.1.「この場所は火を持つ」という知は、推論としてよく知られているわけではなく、知覚知である。[174.24-175.02] **(337)**

3.3.2.1.2.3.2.2. 感官では捉えられない限定者（＝火）に限定された知「この場所は火を持つ」は知覚知ではない、という見解は正しくない。―― upalakṣaṇa,viśeṣaṇa,vyavacchedaka の三語は同義語である――[175.02-13] **(340)**

3.3.2.1.2.3.2.3.「<うし>である」などの知の場合は<うし>性のみが限定者である、という反論とそれへの答論 [175.13-26] **(342)**

3.3.2.1.2.3.2.4.「<多様>(citra)である」という知の場合も、被限定者が対象である。[175.26-176.06] **(343)**

3.3.2.2. 無分別知覚の説明 [176.08-10] **(345)**

3.3.2.2.1. 仏教の無分別知覚論 [176.12-180.20] **(345)**

山上證道 [1999] 293~296ページ参照。

3.3.2.2.2. 仏教の無分別知覚論に対するバーサルヴァジュニャの批判 [180.22-187.06] **(345)**

山上證道 [1999] 296~298ページ参照。

ニヤーヤブーシャナ知覚章

——翻訳と注釈——

1.序論——著作の目的と意義——〔1.04-11.18〕

1.1. 帰敬偈（maṅgalaśloka）〔1.04-08〕

「世界の主にして最高者であり、自らの本性としてあらゆる真理の意味を知るシヴァ神に敬礼して、学生を啓蒙せんがために、私は認識手段とその種類、さらに、それ以外〔の十五の範疇・原理〕の定義〔すなわち、ニヤーヤ学〕を説明しよう。」（ニヤーヤサーラの帰敬偈）

「常に全世界の主であり、解脱を与える最高の主であるシヴァ神に〔まず〕敬礼し、その後、すべての師匠達に敬礼して、解脱が得られるために〔私は〕論理〔・ニヤーヤ学〕の真意の集大成を著そう。」

（ニヤーヤブーシャナの帰敬偈）

1.2. 帰敬偈の意義〔2.02-13〕

それ（ニヤーヤサーラの帰敬偈）の最初にある「敬礼して」（praṇamya）云々の言葉は、吉祥なる行為（maṅgala）のためと、〔目的と主題と論書との〕関係 (sambandha)、目的（prayojana)、および、主題（abhidheya）の理解のためである。なぜなら、敬礼がなされる吉祥なる行為であるマンガラ (maṅgala)、それは、不幸をもたらすものであるアダルマ（adharma）を阻止するものであるが、それによって、アダルマを根源として生じてくる障碍へと導くものが排除され[1]、それによって、論書（śāstra）の完成がある。このような意味を「敬礼」は持っているのである。しかし、〔敬礼しても論書の〕完成がない時は、敬礼に不正があったと推理される。あるいは、

---

[1] T,P : praṇāmakṛtena hi maṅgalena adharmapratibandhakenādharmamūlā vighnavināyakāḥ protsāryante. B : praṇāmārthakṛtena maṅgalena adharmapratibandhinā adharmasamudbhūtā vighnavināyakāḥ protsāryante.

〔それを〕行なった人に多くのアダルマがあった〔と推理される〕。このように、「敬礼」に〔論書を完成させる〕能力がないということではない。というのは、それ（敬礼の不正や敬礼者のアダルマの存在）以外では、それは効力があるのであるから。なぜなら、百個の瓶の水は、燃え盛る[2]象小屋の火を消す能力をもたないが、だからといって、他の場合にも〔、たとえば、蝋燭の火を消す場合にも、〕能力を持っていない、とはいえないから。またもし、〔言葉での〕「敬礼」がなくて論書の完成がある場合でも、〔その人には〕精神的か身体的な「敬礼」があったと推理されるか、あるいは、〔吉祥なる行為であるマンガラ以外の〕他の手段により成就された、至福をもたらすもの・ダルマ（dharma）があった〔と推理される〕。しかし、〔それなら、言葉での敬礼は必要ないのかと問うなら、〕言葉での「敬礼」があれば、他の人々にも〔敬礼により論書の完成があるという〕教示の確立（upadeśasiddhi）があろう。なぜなら、〔その教示によって〕解脱を望む勝れた人は[3]、あらゆる行為をひたすら最高神〔すなわち〕シヴァ神(maheśvara)への敬礼にもとづいてなすであろうし、そうすることによって、論書の完成があるように、解脱[4]の完成も障害なくあるであろうから。また、障害の原因となるアダルマが存在しないとか、それ（アダルマ）を妨げるようなダルマが前生においてなされたという場合でも、それ（アダルマ）があるかもしれないと思って、敬礼をするべきである。ちょうど、〔王が〕敵がいるかもしれないと思って武器を集めるように。

1.3. 著作の意義と目的〔2.15-11.18〕

1.3.1. 目的・主題、それと論書との関係説明〔2.15-5.09〕

聴いている人（=ここにいる人）の〔この論書を読むという〕行動 (pra-

2　P,T : pradīpta.　B : dīpta.

3　P,T : viśeṣeṇaiva.　B : eva なし。

4　T : mokṣasamāptir.　P : yogamokṣasamāptir.　B : yogamokṣaparisamāptir.　T を採用する。

vṛtti）の〔惹起の〕ために、〔目的・主題と論書の〕関係（sambandha）などの説明がある[5]。なぜなら、〔読めば本当に〕有意義ではないかと心動かされる知（arthasaṃśaya）[6]によって、〔実際に読んでみようという〕行動が生ずるからである。一方、それ（関係）が説明されない場合は、〔読んでも〕無意味ではないかという疑わしい知（anarthasaṃśaya）が、行動をもたらさない（nivṛtti）原因となってしまう。たとえば、食堂であることが知られている家と知られていない家に対して〔食事に行くという〕行動のある・なしのように。

〔人に、最初に関係の説明を読ませるために前もって、関係などの説明をする必要があると考えると、無限に関係の説明が必要になり〕無限遡窮となる、ということはない。最初は知りたいという欲求から（jijñāsataḥ）わずかな努力によって（kāpīḍayā）[7]も〔読む〕行動が起こりうるから。さらに賢明な人は、それに続く後の行動においては、多くの苦労があると考えて、〔それらの苦労の軽減のためにも〕関係などの[8]説明を期待する。

関係など[9]のみが、至福を求める人々の行動の原因である、というわけではない。なぜかというと、それ(関係）によって意図される[10]目的（prayojana）と、目的の手段（upāya）などと称される主題（abhidheya）〔の説明〕もそうである。この二（目的と主題）と論書の関係と、さらに、師弟と論書の関係も〔最初に述べられる〕、という意味である。

---

[5] 後代の Nyāya-Vaiśeṣika 学派では、造論の条件として一般に次の四つの必須要素(anubandha)が述べられる。すなわち、(1)対象 (viṣaya)、(2)目的 (prayojana)、(3)関係 (saṃgati)、(4)資格者(adhikārī)である。Cf. TarS note p.70.

Bhāsarvajña もこの四つの anubandha を述べている。すなわち、論書の目的 (prayojana)、主題(abhidheya=viṣaya)、目的・主題と論書との関係(sambandha=saṃgati)、さらに、論書を教示したり学んだりする人の資格(adhikārī)を順次解説していく。

[6] P,T : arthasaṃśaya. B : asaṃśaya. P,T を採用する。

[7] P : kāpīyaḍayā. B,T : kāpīḍayā. B,T を採用する。Cf. Joshi,L.V. [1986] p.57.

[8] P,T : sambandhādyabhidhānaṃ. B : sambandhābhidhānaṃ.

[9] P,T : sambandhādimātraṃ. B : sambandhamātraṃ.

[10] P,T : tadabhipretaṃ. B : tadanabhipretaṃ. P,T を採用する。

〔ニヤーヤ〕スートラに次のように言われている。「認識手段などの真知より至福がえられる」[11]と。ここ（スートラ）では、論書と、師弟〔の関係〕は[12]述べられてはいないが、それは、それらが論理的に理解されるからである。しかし、注釈者は、〔そのことを〕述べるべきである。というのも、そのこと（注釈者が論書の目的や論書と師弟の関係を明記すること）によって「この論書には目的などが結びついている」「この師はこのような論書を解説するのに適している」「私もこ〔の論書〕を学ぶ資格を持っている」ということが理解され、ここにこそ、意図された目的の達成があるであろうと考えて、〔注釈に〕耳を傾ける人は〔読む〕行動を起こすからである。

〔反論：〕〔帰敬偈に〕至福という最高の目的がみられない。それは、まさに第一義的なものである。それがなぜ、行動〔を起こさせる重要な〕部分として〔ニヤーヤサーラの〕まとめ(＝帰敬偈)で述べられていないのか。

〔答論：〕そのように言うべきではない。啓蒙(prabodha)という目的が〔帰敬偈の〕言葉から得られるから。啓蒙は、それ（至福）を目的とするものであるから、また、それを目的とするということは、後に述べるであろう。あるいは、真知は至福の原因である、とスートラで[13]定められている。このことから、真知の原因に対して、それを知りたいという欲求が生じる。それを満足させようとして、まさに[14]次元の低い(aparam)目的（＝啓蒙）が述べられた〔とも理解できよう〕。

正しいアートマン（ātman）に関する知恵を欠いている他の論書の師達

---

[11] NS 1.1.1： pramāṇa-prameya-saṃśaya-prayojana-dṛṣṭānta-siddhāntāvayava-tarka-nirṇaya-vāda-jalpa-vitaṇḍā-hetvābhāsa-cchala-jāti-nigrahasthānānāṃ tattvajñānān niḥśreyasādhigamaḥ/ ここでは、prayojana（目的）は至福 (niḥśreyasa)、abhidheya（主題）は認識手段 (pramāṇa) 以下のものである。

[12] P,T：ācāryāṇāṃ. B：ācāryābhyāṃ. P,T を採用する。

[13] P,T：vedasūtraśrutito. B：sūtraśrutito. B を採用する。

[14] P,T：eva. B：iva. P,T を採用する。

も、こ〔のニヤーヤ論書のもと〕にやってきたなら[15]、息子のように教示されるということを知らしめるために「学生」（śiśu）という語が使用されている。

1.3.2. 主題の分類―― 一義的主題・認識手段 (pramāṇa) などの十六範疇・原理 (padārtha) と二義的主題・それら十六範疇・原理の定義 (lakṣaṇa) ――〔5.11-6.01〕

ここで、主題（abhidheya）に二種ある。一義的〔主題〕（pradhāna）と二義的〔主題〕（apradhāna）とである。そのうち、一義的〔主題〕は、認識手段（pramāṇa）などの〔十六〕範疇・原理（padārtha）である。それらの定義が、二義的〔主題〕である。というのも、定義はそれら〔の範疇・原理〕についての決定知〔をえる〕という目的を持つものであるから。〔ニヤーヤスートラ（NS）1.1.1 に枚挙された〕認識手段など〔の十六範疇・原理〕の中では、認識対象（prameya）が一義的〔主題〕である。〔認識対象はニヤーヤスートラ 1.1.9[16] に列挙されるが〕さらに、そ〔の認識対象〕のなかでは、アートマンの真理（ātmatattva）が一義的〔主題〕である。それ以外のものはそれ（＝アートマンの真理）を目的とするものであるから。〔反論：〕〔ニヤーヤサーラの帰敬偈では、「認識手段とその種類、そしてそれ以外のものの定義」（pramāṇatadbhedatadanyalakṣaṇam）と述べられており〕定義こそが一義的〔主題〕である、と認められる。なぜなら、格限定複合語（tatpuruṣa）では、最後の語が一義的〔主題〕であるから[17]。〔したがって、前にある認識手段などは二義的〔主題〕である。〕

〔答論：〕それは正しくない。前の語が一義的〔主題〕であるものも見ら

---

[15] P,T : -pasannānāṃ. B : -papannānāṃ.

[16] NS 1.1.9 : ātmaśarīrendriyārthabuddhimanaḥpravṛttidoṣapretyabhāvaphaladuḥkhāpavargās tu prameyam/

[17] Cf. A Dictionary of Sanskrit Grammar, Gaekwad Sanskrit Series, No.134, Oriental Institute Baroda,1977, p.180 : The Mahābhāṣyakāra has described tatpuruṣa as Uttarapadārthapradhānas tatpuruṣaḥ. ; Joshi,L.V. [1986] p.60, footnote 14.

れるから[18]。たとえば、「百人の生徒が食事する」(chāttraśataṃ bhojitam) というように。〔この場合は、前の語である chāttra（生徒）が一義的〔主題〕である。〕

1.3.3. 一義的主題としての定義 (lakṣaṇa)〔6.01-09〕

あるいは、〔文法のルールどおり、後の語である〕定義が一義的〔主題〕としてもよいであろう。スートラの作者は〔ニヤーヤスートラ（NS）1.1.1 で〕認識手段など〔十六範疇・原理〕の真理（pramāṇādīnāṃ tattvam）というように、属格により真理が〔認識手段など十六範疇・原理とは〕別であると言った後で、「〔認識手段など十六範疇・原理の〕真理の知から至福の獲得がある」（tattvajñānān niḥśreyasādhigama）と言っている。つまり、〔ニヤーヤスートラ（NS）1.1.1 における〕真理（tattva）とは、認識手段（pramāṇa）など〔十六範疇・原理〕の定義そのものである、と言われているのである。〔もしそうであるなら、真理知の達成ができていないものには、〕認識手段など〔十六範疇・原理〕は分別されえず、説明もされえないことになる、と非難されることはない。なぜなら、牛の定義が、牛のひづめ、瘤[19]、牛性、たれ肉などの名によって呼ばれるものであると決定された場合[20]、それは牛の決定知ではない、というどころか、むしろ、完全な決定知であるから。実際のところ、定義とは、その自ら持っているものを決定する能力によって、範疇・原理の各々が混同せずに決定することができる属性（dharma）であるといわれる。それ（＝定義）自身に決定知のない場合は、範疇・原理にもまた決定知はない。それゆえ、定義が一義的〔主題〕である、〔と考えて問題ない〕ということである。

---

[18] T,P : -āpi dṛṣṭatvāt. B : -āpi tatpuruṣasya dṛṣṭatvāt.

[19] T : kakudada はミスプリント。P,B : kakuda が正しい。

[20] T : -sāsnādisaṃjñite gaur. P : -sāsnādisaṃjñite aniścite gaur. B : -sāsnādisaṃjñite niścite gaur. ここは B を採用する。

1.3.3.1. 「認識手段（pramāṇa）の定義は無意味である」というチャールヴァーカ（Cārvāka）の反論とそれへの答論〔6.10-7.13〕

1.3.3.1.1. チャールヴァーカの反論〔6.10-21〕

〔反論（チャールヴァーカ）:〕認識手段とは、一般にすでに認められているものであり、世間一般の言語活動（vyavahāra）は、それ（＝認識手段）によりなされている。〔それゆえ、〕認識手段の定義が云々される場合に、その目的(prayojana)が知られない〔すなわち、定義する意味がない〕[21]。これと同様のことが認識対象(prameya)などについてもいわれるべきである〔すなわち、認識対象などの定義も意味がない、〕ということである。

これによって次のようなことがいわれているのである。すなわち、(1) まず、定義（lakṣaṇa）によって、定義されるもの（lakṣya）が作り出されることはない。なぜなら、定義（lakṣaṇa）である瘤などと〔定義されるものである〕牛などとが同時に見られるから。また、〔瘤などと牛などとは部分(avayava)と全体(avayavin）であるから、両者を同時に見ることはないと反論するなら〕定義されるものであるアートマン（ātman）などは、常住であるから〔定義である欲求(icchā)などが無常であってもそれと同時に見られるではないか〕。(2) また、〔定義されるものは定義によって〕知らしめられるわけでもない。なぜなら、定義が知られなくても世間では、定義されるもの〔たとえば、牛など〕の認識知（pratīti）が〔現実に〕経験されることがあるから。さらに、もし、そうであるなら、〔すなわち、定義されるものが定義により知らしめられるというなら、〕無限遡窮が解消されないことになるであろう。〔定義はさらに別の定義により知らしめられる、という無限遡窮が生じるから。〕

〔答論（ニヤーヤ）：〕認識手段などに定義がなかったなら、〔求めるものや回避するものに対する〕行動の有・無をあらわす言葉の表現（śābda）や、〔正しい認識によって〕否定するもの・されるものという言語活動が

---

21 =NAv k.2. p.44.

成立しないではないか[22]。

〔反論（チャールヴァーカ）：〕そうではない。それ〔らの言語活動〕もまたなりたっているから。一般の世間で、否定するもの・されるものという定義もすでになりたっているということである。

〔答論（ニヤーヤ）：〕それでは〔認識手段の〕名称が規則的になりたたなくなるではないか。

〔反論（チャールヴァーカ）：〕そうではない。十分になりたっている。たとえば、女やシュードラなどでも、「汝の言葉は知覚とあわない」などと話すのが経験されるから。それゆえ、認識手段などの定義には意味はない。

1.3.3.1.2. バーサルヴァジュニャ（Bhāsarvajña）の答論〔7.02-13〕

〔答論（バーサルヴァジュニャ）：〕〔以上に対して、次のように答えよう。〕（1）まず、〔定義されるものが定義により〕作り出されるという主張に対する〔反論者・チャールヴァーカの〕不承認は〔反論者の想定した主張そのものが愚かであるゆえに不承認は当然のこととして、議論から〕排除される。（2）一方、理解〔させられる、すなわち、知らしめられる〕ということは、牛などにおいて、その定義によって経験される。たとえば、多数の牛がいても〔他人の牛と〕共通でない定義(特徴)を見ることにより、自分の牛を決定する。しかし、〔他人の牛と異なる〕定義（特徴）を知らない人は、〔自分の牛であるかどうか〕疑う[23]。〔すなわち、決定できない。〕このように、あらゆる所において[24]、あらゆる動的・静的物体や宝石などの特殊性についても〔同様の〕実例が見られるであろう。

〔反論：〕定義も他の定義により[25]決定されるのであれば無限遡窮があることになろう。

---

[22] P,T : bādhyabādhakavyavahāraś ca pramāṇādiṣu lakṣaṇam antareṇa. B : vā vyavahāraḥ pramāṇādilakṣaṇam antareṇa.

[23] T,P : sandihyata. B : sandihata.

[24] B に sarvatra なし。

[25] T : lakṣaṇasyāpi lakṣaṇāntareṇa. P,B : lakṣaṇe 'pi lakṣaṇāntarān.

〔答論：〕無限遡窮はない。疑わしい対象に関してのみ、〔定義について〕一定の規則（niyama）が知られるから。すなわち、あるものに疑わしい知がある、そのようなものにこそ定義の認識にもとづいた決定がある[26)]。ところが、すべてのものに疑わしい知があるわけではない。なぜなら、柱などに関しての〔あれは人ではないかという疑わしい知が起こる〕ようには、曲線などの特徴に関しても〔人であろうかという〕疑わしい知が起こるわけではない。もしそれ（＝人であろうかという疑わしい知）が〔曲線の特徴に〕認められたとするなら、それは知覚と矛盾することになろう。

〔反論：〕なぜ、柱にだけ疑わしい知があり、曲線などの他の一連のものにおいてもそれがないのか。

〔答論：〕柱などには〔人でないか否かの〕疑わしい知の原因があるから、それ以外にはないから、ということである。

〔反論：〕そうではない。そうであったとしても、我々の疑問は終わることはないから。「なぜそれ（＝曲線など）の一連の特徴においても、疑わしい知の原因がないのであるか」という問いは解消しない。

〔答論：〕ここでは物の本性から答えがなさるべきである、かくのごとく存在しているものは〔しかるべく認識される、という物の本性にもとづいて〕。我々はといえば、見たままの対象を述べているのであり、非難される[27)]べきではない。

1.3.3.2. 未遍充(avyāpaka)・過遍充(ativyāpaka)である属性も定義として通用する。〔7.15-9.15〕

〔反論：〕疑わしい対象についても特殊性を見ることから決定があり、定義を見ることからあるのではない。

〔答論：〕そうではない。特殊性（viśeṣa)、特徴（aṅka)、印（cihna)、定義

---

26 T,P：lakṣaṇopalambhapūrvako. B：lakṣaṇopalambhako.

27 T：nopalambham はミス。P,B：nopālambham を採用する。

(lakṣaṇa)という言葉は同義語であるから[28]。

〔反論：〕そうであれば、未遍充（avyāpaka）と過遍充（ativyāpaka）とはともに定義になってしまうではないか。

〔答論：〕それは正しくない。過遍充も、また、〔対象を〕特徴づけるもの（viśeṣaka）[29]であるから〔定義になりうる〕。たとえば、角(viśāna)などが〔他のものと〕何らかの違いとして〔牛に〕理解されるなら、それは牛の定義として認められるから。未遍充である特殊性（viśeṣa）もまた定義として理解される。たとえば、実体(dravya）の運動（kriyā)を持つという性質〔は未遍充ではあるが実体の定義になりうる〕というように。なぜなら、運動を持つと知られるものが、実体であるという決定をもたらさない、というわけではない。運動をもつものだけが実体であると主張する人には、たしかに、未遍充の過ちがあるであろう。なぜなら、〔もしそうであるなら〕運動のない虚空など[30]は実体ではないことになるから。しかし、運動を持ったものは実体だけである、と主張する人には定義に誤りはない。

このことにより、欲求(icchā）などがアートマン（ātman）の[31]、行動基体が身体の[32]、同時に〔多くの〕認識が起こらないことが意器官・マナス(manas)の[33]、熟慮した後(vimṛśya)が確定(nirṇaya)の[34]、それぞれ定義であると説明された。一方、別の定義されるもので、たとえば、解脱したアートマンなどには、〔属性として〕述べられた定義〔すなわち、欲求など〕が

28　これは Udayana が、Bhāsarvajña の説として紹介している。Cf. Kir p.30, l.07 : yat punar āha bhūṣaṇo lakṣaṇaṃ cihnaṃ liṅgam iti paryāya iti tad asad;... Udayana のこの反論は NMukt に取り上げられている。Cf. NMukt p.7, ll.07-09 ; Joshi, L.V. [1986] p.66.

29　T : ativyāpakasyāpi viśeṣakatvāt. P,B : ativyāpakasyāviśeṣakatvāt. ここは T を採用する。

30　T,P : ākāśader. B : ākāśāder. B が正しい。

31　NS 1.1.10 : icchādveṣaprayatnasukhaduḥkhajñānāny ātmano liṅgam iti/

32　NS 1.1.11 : ceṣṭendriyārthāśrayaḥ śarīram/

33　NS 1.1.16 : yugapajjñānānutpattir manaso liṅgam/

34　NS 1.1.41 : vimṛśya pakṣapratipakṣābhyām arthāvadhāraṇaṃ nirṇayaḥ/

なくても、別の定義からアートマンなどの言語活動が成立する。すなわち、虚空には運動を持つ性質（kriyāvattva）はないが、〔音という〕属性を持つ性質（guṇavattva）の定義があることにより、実体であるという言語活動（vyavahāra）がある。同様に、アートマン性（ātmatva）〔という定義〕により、解脱したアートマンに対して、〔欲求などはなくても〕アートマンという言語活動がある。働かなくなった内感（antaḥkaraṇa）〔・マナス〕に対しても、〔同時に多くの認識が生起しても〕マナス性（manastva）によってマナスという言語活動がある。石の下積みになって〔動かなくなって〕しまった身体に対しても、〔運動を持つという性質はないが、〕身体性（śarīratva）と感官の基体であることという性質から身体という言語活動がある。掌などの確定に対して、〔熟慮はなくても〕雑乱のない決定知の新得知性[35]から(anubhavatvāt)確定の言語活動がある。以上のように、他も同様に推論されるということである。

〔反論：〕それでは〔アートマン性という欲求などとは〕別の定義のみが〔アートマンの定義で〕あらねばならない、それは遍充するもの(vyāpaka)であるから。しかし、そうすると未遍充の定義（avyāpakalakṣaṇa）〔たとえば、欲求〕を述べることは意味のないものとなるではないか。

〔答論：〕そうではない。それ（未遍充の定義）もまた自らの定義されるものを決定する能力を持っているから。また、アートマン性などの理解[36]に

---

[35] anubhava の意味するところは、何らかの手段によって新たに獲得した知識で、記憶知以外のすべての知識を包摂するものである。また、NBhūṣ p.43, ll.17-19 にあるように、知識ではないものである (ajñāna) 祭式行為 (yāga) などもこの anubhava の語によって正しい認識手段の結果から除外されると言われている。

なお、anubhava に対する訳語として、宮元啓一博士の考案による「新得知」を使用した。宮元啓一・石飛道子[1998]、43 ページ参照。ちなみに、Chatterjee,S.による説明を以下に引用する。"..., knowledge is first divided into *anubhava* or presentation and *smṛti* or memory. In *anubhava* there is a presentational knowledge of objects and so it is felt to be given to us. It is original in character and not the reproduction of a previous knowledge of objects." (Chatterjee, S. [1965] p.20.)

[36] T : pratipattāv. P,B : vipratipatāv. T を採用する。

対して欲求などの定義は能力があるから。

(8.17)〔反論：〕定義〔すなわち、この場合は、アートマンの定義として述べられた欲求など〕に対して対立意見（vipratipatti）があって、別の定義〔すなわち、アートマン性〕が述べられる場合、〔さらに別の定義の陳述があり、というかたちで〕無限遡窮となるではないか。

〔答論：〕そうではない。あらゆることに、対立意見があることはありえないから。なぜなら、まず、〔定義について〕対立意見を述べているこの人が、「心があること」(cetana)「心のないこと」(acetana)、「手段」（upāya）「結果」（upeya）などといった〔対立的〕性質を理解している場合、〔その〕特定の人に対しては[37]、彼の論理にもとづいて他の〔対立的な〕こともなりたたしめるはずだろう[38]。もしどのような〔対立的な〕ものもなりたたない場合には、〔そのような〕特定の人に対しては、ある特定の言葉を述べても無駄である。なぜかというと、〔そのような人は、〕木などを見ても〔木という特定の言葉ではなく、他の〕どのようなこと（言葉）でも言える。したがって、精神の乱れた人のように見なされてしまうから。

さらに定義がそのように無限に連続すること（lakṣaṇaparaṃparā）は認められない。なぜなら、定義の定義は、すべての定義のジャンル（varga）全体の定義を限定するものであるから、自らをも限定することになるからである。〔それゆえ、無限には続かない。〕たとえば「すべての音声は無常である」という陳述は、〔その定義によって〕それ自らの言葉の無常性をも述べているのである。「自らに属するヴェーダを学ぶべし」という教令（vidhi）は、それ自らの教令をも学ぶべしということを述べているということである。

〔反論：〕〔そのようにいうなら、「すべての音声は無常である」という

37　T：puruṣaviśeṣaṃ prati. P,B に欠。T を採用する。

38　反対意見を提示する人でも、acetana などの概念を正しく理解しているような人は、ある lakṣaṇa に関しては、それを正しく理解して容認する能力を持っているであろう、という意味であろうか。

陳述は、その陳述という手段によって、その陳述自体の無常性という作用対象を述べるのであるから、〕一つの行為において作用対象と手段が同一であるということ〔になり、それ〕は正しくない。
〔答論：〕そうではない。認識者（pramātṛ）と認識対象（prameya）のように、そのようなこと（＝一つの行為において二つの要素があること）は見られるから。〔たとえば、アートマンの認識という作用において、アートマンがアートマンを見るときのように。〕
〔反論：〕その実例によって、人は、常に[39]〔作用者（kartṛ）、作用対象（karman）、手段（karaṇa）の〕区別ができないことになってしまう。
〔答論：〕そうではない。布〔、すなわち、作用対象〕、梭〔、すなわち、手段〕、機織り機〔、すなわち、作用者〕の区別は知覚などで知るから。
以上のように、定義は疑わしい対象に対して決定の原因であるから、定義の陳述は意味がない〔したがって、目的がない〕ということはできない。
〔反論：〕定義のみが決定の原因であるなら、〔決定知の原因となる〕認識手段は意味のないものになるではないか。
〔答論：〕そうではない。定義も決定知を成立させるもの[40]となるということで認識手段となるからである。
〔反論：〕それでは定義は、認識手段と同義であるのか、それとも知覚などの内の一つであるのか、それともそれら〔三つの認識手段〕とは別のものであるのか。
〔答論：〕あるものは[41]、〔定義は、同種（samānajātīya）からも異種（asamānajātīya）からも排除されるから〕純粋固有属性（kevalavyatireki）であ

---

39 T : sarvadā. P,B : sarvatra.
40 T : sādhyatvena. P,B : sādhanatvena. ここはP,Bを採用する。
41 Cf. Kir p.29, ll.08-09 : atha kim etad lakṣaṇam iti ucyate/ kevalavyatirekihetuviśeṣa eva lakṣaṇam/ tathā cācāryāḥ "samānāsamānajātīyavyavacchedo lakṣaṇārthaḥ" iti / ; NV p.93, l.17 : sūtrārthaḥ samānāsamānajātīyaviśeṣakatvam/; NVTṬ p.94, ll. 13-14 : itas tvavagatalakṣaṇas tenaiva vivicya pratyakṣatattvaṃ gṛhṇātīti samānāsamānajātīyavyavacchedakaḥ sūtrārtha ukta iti/

るという。しかし、我々は「特殊性、特徴などの言葉[42]は同義語である」とすでに述べた。まさに、このことから、〔定義は〕認識手段と同義ではない。なぜなら、認識知[43]をもたらすものならすべて認識手段であるから。一方、定義は認識対象をまさに限定するものである。そ〔の定義〕が、感官などが共同因であることによって知覚などの名称も得る。〔かくして〕それ（定義）は〔論証式の各〕部分〔がニヤーヤスートラにおいて、別個に挙げられているの〕と同様、目的があるから〔ニヤーヤサーラにおいて、認識手段という語とは〕別個に[44]述べられているのである。

1.3.4. 論書は誤知の排除のためにある。〔10.02-19〕

〔反論：〕論書がなくても認識手段など[45]の定義はすでになりたっている。さもなければ、世間の人はどうして認識手段などの言語活動を行なうことができるか。それゆえ、それ（認識手段など）のための論書は意味がない。

〔答論：〕そのようなことはない。〔論書は、〕誤知の除去のための解説（anuvāda）の手段なのであるから。〔ニヤーヤとは異なる〕他学派の見解（darśanāntara）に夢中になり[46]、誤知を生じたものが、様々なかたちで定義を述べることにより、世間でも[47]認識手段などについて逸脱がある。それゆえ、すでになりたっている定義を解説して、その誤知が解消される。たとえば、他人を父と間違えた人にとって、その父の特徴（cihna）を再確認することによってその誤りを解消するように。詳論すれば、知覚などの〔正しい〕定義を解説した後であれば、〔様々な定義によって混乱して〕誤った人が、アートマンなどを対象とした正しい認識手段について、それ

---

42 T,P：“viśeṣāṅkādiśabdāḥ pariyāyā” iti. B：viśeṣāṅkacihnalakṣaṇaśabdāḥ.

43 T,P：pramāṇasādhanasya. B：pramā. B を採用する。

44 NSāra の maṅgala において、pramāṇa-tadbheda-tadanya-lakṣaṇam と、pramāṇa の語とは別に lakṣaṇa の語があること指している。

45 T：pramāṇadi-はミス。P,B：pramāṇādi-.

46 B には darśanāntābhiniviṣṭaiḥ の語なし。

47 T：loke’pi. P,B：loko’pi. T を採用する。

が誤った認識手段(pramāṇābhāsa)であると考えたり、別〔の正しい独立した認識手段〕ではない「事実からの推定」（arthāpatti）などについて、〔それが〕別〔の独立した認識手段〕であると考えたりした場合〔でも〕、知覚などの正しい定義が適用され〔誤りが正され〕る[48]。さらに、また、間違った認識手段である、〔アートマンとブラフマンとが〕不二であること（advaitatva）、刹那滅であること(kṣaṇikatva)、ヴェーダは無常であること(vedānityatva)[49]、アートマンなどは存在しないこと（ātmādyasattva）などを対象としたものについて、〔それらを〕知覚など[50]の正しい認識手段であると考えたり、〔あるいはまた、〕別の独立した正しい認識手段であるものに対して[51]、別の独立した正しい認識手段ではない、と考えたりした場合、〔知覚などの定義を解説して、これらの考えが〕否定される。

このように、アートマンなどの定義や疑わしい知(saṃśaya)などの定義において、それの解説(anuvāda)の意義・目的(prayojana)が認められるべきである、ということであり、そのことによって、アートマンなどの知識が、手段（upāya）であり、至福が結果（upeya）であると、ウパニシャッドや他の[52]ヨーガ論書においてすでに定められている。だから、この〔ニヤーヤの〕論書がこれらを定めることは意味がない、ということもまた否定されるのである。なぜなら、ここ（ニヤーヤ論書）では、アートマンの知[53]や至福が定められるのではなく、それ（＝ヨーガの論書など）によってすでになりたっていること(tatprasiddha)を解説・説明して、仏教などの見解により心が破壊されて、アートマンの知識は誤りであるから輪廻の原因であり、アートマンを伴った至福などありはしないと主張する人に対して、彼らの誤知を解消するため、アートマンなどの能力により、また、すべての

---

48 T,P: vidhīyate. B: pratividhīyate.
49 T : vedā nityatva-は vedānityatva-の誤りか。P,B : vedādinityatva-も正しくない。
50 B に pratyakṣādi の語なし。
51 T には api あり。P,B に api なし。
52 T,P : yenopaniṣatsvanyeṣu. B : yenopaniṣatsu cānyeṣu ca.
53 T,P : vijñāna. B : jñāna.

反論を否定することによって、それ（アートマンの知）が認識手段により生ずることが定められる。よって、ウパニシャッドに述べられたことはすべて真実であると決定し[54]、疑念もなく知恵があり、そのように定まっている手段に従う人にとって、解脱の獲得があるのである。

1.3.5. ニヤーヤ論書の意義と認識手段の定義の必要性 ——解脱の決定知←認識手段の決定知←認識手段の定義決定知——〔10.21-11.18〕

聖なるニヤーヤスートラの作者は、アートマンなどが認識手段によって得られることを明らかにせしめて「アートマンにかんする教令（vidhi）を手段とすることによって、云々[55]」と述べたのである。

〔反論：〕死体[56]の握り拳のごとくにしっかりと、アートマンに関する論書の意味[57]を把握して従う人々も、解脱を得ることができる。したがって、この〔ニヤーヤの〕論書は意味がないではないか。

〔答論：〕そうではない。〔この論書は〕論理を望む人には[58]有意義なものとなるから[59]。なぜなら、論書とはすべての人の利益になるためにあるのではないから。というのも、すべての人の利益になることはできないからである。また、生命あるものは無限であり、その意向も定まったものではないから[60]。そのよう〔にすべての人の利益のため〕ではなく、むしろ、〔この論書は〕それを学ぶに相応しい人の助けとなるためにあるものであ

---

54 T,P : niścitya. B : niścīyate.

55 NS 4.2.46 : tamarthaṃ yamaniyamabhyām ātmasaṃskāro yogāccādhyātmavidhy-upāyaiḥ.（そのために〔すなわち、解脱達成のために〕ヨーガ学説から〔学んだ〕勧戒と禁戒の助けをえて、さらに、アートマンにかんする教令を手段とすることによって、アートマンの浄化〔がなさるべし〕。）

56 T,P,B すべて śivamuṣṭinyāya. NBhūṣ p.10, editor's footnote 7 によると Udayana の Nyāyavārttikatātparyapariśuddhi に śavamuṣṭinyāya の比喩あり。これに従ってここはテキストを śavamuṣṭinyāya と訂正。Cf. Joshi,L.V.〔1986〕p.80.

57 T,P : śāstrārthaṃ. B : śāstraṃ.

58 T,P : nyāyakāṅkṣiṇaḥ. B : nyāyākāṅkṣiṇaḥ. B を採用する。

59 T,P : sārthakatvāt. B : pratisārthakatvāt.

60 T,P : avyavasthita-. B : anavasthita-.

る。これを学ぶに相応しい人とは、この場合、論理を求めていて[61]、〔論証の前段階である〕疑わしい知（saṃśaya）[62]などの特徴を持った人である。

また、〔ウパニシャッドなどの〕言葉だけからアートマンに関する論書の意味の決定があるとき[63]、それに反する見解を聴いても、いかなる理由からも疑わしい知を持たないような、そのような人も、この〔ニヤーヤの〕論書が学ばれるべきである、他者〔の理解〕の助けのためと、自らの決定知を守るために[64]。また、同様に〔ニヤーヤスートラ 4.2.50 では〕「真理の決定を護るため、云々[65]」といわれている。

このように、列挙（uddeśa）[66]と定義（lakṣaṇa）を旨とするすべてのスートラは、解説（anuvāda）を意図している。それに対して、検討のスートラ（parīkṣāsūtra）は、解説（anuvāda）の結果[67]、つまり、教令（vidhi）、禁止（pratiṣedha）という名の結果として意味がある、と知られるべきである。かくして、この論書は最高のものである。

〔反論：〕また、農業などにかんして、論書に学ぶ場合、対象に対する疑わしい知〔この場合は、関心〕のみから対象を求める人に行動が生ずる。ちょうど、それと同じようなことが解脱の手段についてもあるのではないか。したがって、論書にどのような意味があろう[68]。〔対象に対する疑わしい知・関心から行動があるのであり、論書からあるのではないから。〕

---

[61] 注 57 と同様。

[62] NS 1.1.1 に挙げられている saṃśaya をさす。

[63] T,P : -śāstrārthaniścaye. B : -śāstraniścaye.

[64] T,P : ca. B : ceti.

[65] NS 4.2.50 : tattvādhyavasāyasaṃrakṣaṇārthaṃ jalpavitaṇḍe bījaprarohasaṃrakṣaṇārthaṃ khaṇṭakaśākhāvaraṇavat.（論諍<jalpa>と論詰<vitaṇḍā>とは真理の決定を〔論敵から〕護るためにある、まるで、茨の垣が〔穀物の〕種からの発芽を〔食害から〕護るためにあるように。）

[66] ニヤーヤでは論述の機能として、列挙(uddeśa)、定義(lakṣaṇa)、検討(parīkṣā)の三を設定する。Cf. NBh ad NS 1.1.3, p.83, l.04 : trividhā cāsya śāstrasya pravṛttiḥ uddeśo lakṣaṇaṃ parīkṣā ceti/；宇野惇〔1996〕(1)、28 ページ参照。

[67] T,P : anuvādārthaphalena. B : anuvādaphalena.

[68] T,P : śāstreṇeti. B : śāstrahāṇeneti(?). T,P を採用する。

〔答論：〕そうではない。農業などの結果は、おおくの場合、〔対象が〕目に見えるものである。〔それに対して、〕解脱〔という対象〕は絶対に目に見えないので〔、対象にかんする疑わしい知・関心から行動があるというなら、そのような目に見えない結果は〕存在しないということになってしまうから。農業では以前所有されていた財宝とか耕地とかを捨ててしまっては活動や、あるいは、結果の収穫もありえない。ところが解脱の手段の場合は逆である〔つまり、すべて財産などを捨てて結果が得られる〕。したがって、賢明な人は、無益な疑わしい知を解消する原因であり、〔そのための〕手段を持っている解脱の決定知を求めるのである[69]。その〔解脱の〕決定知は、認識手段の決定知からえられ、認識手段の決定知は、定義の決定知からえられる。したがって、〔ニヤーヤサーラにおいて、決定知として重要な〕定義が最初に述べられるのである。すなわち、「認識手段とは、正しい新得知の手段である（samyag-anubhava-sādhanam）」と。

69　T,P：sasādhano'pavarganiścayaḥ. B：sasādhanāpavarganiścayaḥ.

2. 認識手段(pramāṇa)論〔11.18–83.20〕

2.1. 認識手段の定義 “samyag-anubhava-sādhanam” と検討〔11.18-20〕

〔ニヤーヤサーラ（NSāra）において、認識手段の定義がまず述べられる、〕「認識手段（pramāṇa）とは正しい（samyag）新得知（anubhava）の手段（sādhana）である」と。

この〔の語句〕によって、同類の〔範疇には属するが正確には一致しない〕疑似認識手段（pramāṇābhāsa）からと、異類の〔範疇である〕認識対象（prameya）などからの区別が明らかにされる。これと同様に、知覚（pratyakṣa）などの定義（lakṣaṇa）も、同類〔の範疇である疑似知覚〕と異類〔の範疇である推論など〕から〔知覚を〕区別するものであると理解されるべきである。

2.1.1. 定義の検討 1——「正しい」(samyak)の語の検討——〔11.22-43.15〕

認識手段（pramāṇa）には、同類のもので〔認識手段から〕除外されるようなもの[1]は決して存在しないと考えている人[2]に対して、〔ニヤーヤサーラにおいて〕「正しい（samyak）という語は、『疑わしい知』（saṃśaya）や『倒錯知』（viparyaya）を〔認識手段から〕排除するためである」といわれたのである。疑わしい知と倒錯知とが正しい認識手段（pramāṇa）の結果であることの、排斥(vyāvṛtti)、すなわち、否定（nir-

---

[1] T,P : -jātīyāni vyavacchedyāni. B : -jātīyavyavacchedyāni.

[2] NBhūṣ footnote 2 に、yaḥ＝Prabhākaraḥ とある。Prabhākara は、pramāṇa＝anubhūti（新たに獲得した知）と定義しており、saṃśaya と viparyaya とを排除することが困難である。そのような Prabhākara の不明瞭とも思える pramāṇa の定義を皮肉って「認識手段と同類のもので除外されるものはない、と考える人」と表現しているのであろう。Cf. Bijalwan, C.D. [1977] p.45.

ākaraṇa)[3] というのが排除（apoha）〔という意味〕で、そのため〔に正しい（samyak）という語が述べられたの〕である。あるいは、むしろ、疑わしい知と倒錯知とに少しでも近い〔性質の〕もの（知）の排除、すなわち、否定が新得知（anubhava）にはある、〔「正しい」という語は〕そのためにある、という意味である。したがって、それら〔疑わしい知と倒錯知〕の手段もまた正しい認識手段から排除される。なぜなら、結果の正・不正によって、認識手段と疑似認識手段の正・不正が決定されうるからである。したがって、正しい（samyak）という語が結果の限定詞として述べられたのである、「正しくて、また新得知であるもの」と。正しい（samyak）というのは、ありのままの真実のとおりの対象の決定知を本性としている[4]ということであり、不正な(asamyak)とは上記の反対の新得知を本性としていることである。

2.1.1.1. 「不正な新得知」(asamyaganubhava) ――「疑わしい知」(saṃśaya)と「倒錯知」(viparyaya)〔12.07〕

それ(不正性)は「疑わしい知」(saṃśaya)と「倒錯知」(viparyaya)とに存在する。世間一般の学説体系(śāstra)でもそのような言語活動がみられるから。その本質が知られていないものは捨てることも取ることもできない。だからそれら（疑わしい知と倒錯知）の本質が述べられるべきである。

2.1.1.1.1. 不正な新得知 1・「疑わしい知」(saṃśaya)の考察〔12.09-25.05〕

2.1.1.1.1.1.「疑わしい知」の一般定義は「不確定なる知」である。〔12.09-13.16〕

そこで次のように〔ニヤーヤサーラにおいて「疑わしい知」の一般定義が〕述べられる。「それらの内、疑わしい知（saṃśaya）は『不確定な

---

3 T,P : nirākaraṇam. B : nivāraṇam.

4 T,P : niścayasvabhāvatvaṃ. B : niścayātmasvabhāvatvaṃ.

る知識』（anavadhāraṇajñāna）である」と。〔この語は〕不確定であり、かつ知識であるもの（＝不確定な知識）、という同格限定複合語(karmadhāraya）である、ということである。
〔反論：〕〔諸文献において知識とは確定したものとして扱われており「不確定なる知識」というこの定義の語句それ自体が〕矛盾しているから正しくない。
〔答論：〕そうではない。〔牛性（gotva）という種（jāti）を決定因として使用される〕「牛」（go）という言葉のように、「知識」（jñāna）という言葉も〔知識性という〕種を決定因としたものであるから。たとえば、「牛」（go）とか「蓮」（paṅkaja）とかいう言葉は、語源にしたがってそれ自らの対象に[5]適用されるのではない。しからばどうかといえば、〔牛性、蓮性という〕種を決定因とすることによって〔それ自ら対象に適用されるの〕である。ちょうど、そのように、「知識」（jñāna）という言葉も「知識性」(jñānatva)という種を決定因として、それ自らの対象に適用されるのである。そして、その「知識性」という種[6]は、決定した（niścaya）個物にも、未決定知の（aniścaya）個物にも存在する。〔その〕未決定（aniścaya）である知識が不確定（anavadhāraṇa）である、といわれたのである。まさにこのことから、無分別知覚（nirvikalpaka-pratyakṣa）が〔分別がなく未決定であることから〕疑わしい知(saṃśaya)になるということにはならない。それ〔すなわち、無分別知覚〕もまた決定（niścaya）を本質とするものであるから[7]。また、〔無分別知覚が〕決定を本質とするということは、それ（＝無分別知覚）より生ずる想起（smṛti）により推論される。たとえば「このものはそこには絶対に存在しない」「そのものはこれとまったく瓜二つである」「〔そのものは〕

---

[5] T,P : svārtheṣu rūḍhāḥ. B : svārthe rūḍhāḥ.
[6] T,P : jñānatvādijātir. B : jñānatvajātir.
[7] B には niścayātmakatvāt の語なし。

これより大きい[8]」、もしくは[9]、「小さい」などといった性質の想起は、前の新得知（anubhava）が決定を本質としたものであることを示している。また、ある新得知から未決定を本質とする想起が生ずる場合、その新得知は「疑わしい知」そのものである。なぜなら、それは本質的に未決定であるから。というのも[10]想起というのは新得知の形に相似したものであるから。どうして、それ（想起）が〔新得知と〕異なったようになれようか[11]。

〔反論：〕最初の一瞬に見て生ずる知識（無分別知覚）、それは、特殊性を見るなどの要因（nimitta）なくして生じてくるが、それが決定知であるとか「疑わしい知」であるとかどうしていえるのか。

〔答論：〕そのようにいうべきではない。不可見なるもの（adṛṣṭa）などの原因の集合体（sāmagrī）の力から、そのように〔決定知であるとか疑わしい知であるとして〕生ずるのであるから。さもなければ、無限遡窮（anavasthā）となるおそれ[12]があるから。つまり、特殊性の知覚がなしに生じた特殊性の知覚は未決定を本質としたものとなってしまうであろう。さらに、それは未決定を本質とするから特殊性(viśeṣa)を持っていたとしても未決定ということになり、したがって、すべての世界が、未決定を本質としたものとなってしまう。なぜなら、頭や手などという〔人の〕特殊性が未決定であるような知識からは、人に対して[13]未決定な知識だけしか獲得できないということはない。〔人であるという決定知がえられることもある。〕不可見なるもの（adṛṣṭa）などには、〔決定知をもたらす〕能力があると認められたなら、まさにそれ（＝不可見なるも

8　T : adhikam. P,B : abhyadhikam.
9　T,P : ceti. B : vā iti.
10　B には hi なし。
11　T : bhaved iti. P,B : bhavatīti. T を採用する。
12　T,P : anavasthābhayād. B : anavasthā na bhayād. T,P を採用する。
13　T,P : puruṣe'niścayo. B : puruṣas aścayo.

の）から決定知があるといえよう。未決定を本質としている、特殊性の知覚（viśeṣadarśana）〔すなわち、無分別知覚〕は、何ら正しい認識を生ずるものではない、ということに何の意味があろうか。このように、特殊性の知覚などの要因がなくても、ある場合には、決定を本質とした知識があり、またある場合には未決定を本質とした知識があるのである。したがって、「疑わしい知は不確定な知識である」という定義は否定されない。

2.1.1.1.1.2. 特殊定義（viśeṣalakṣaṇa）とニヤーヤスートラ(NS)1.1.23 との整合性〔13.18-20〕

〔反論：〕もし、それ（＝ニヤーヤサーラの定義）だけによって疑わしい知（saṃśaya）の定義が申し分ないというなら「samānānekadharmopapatter...」という〔疑わしい知を定義した〕スートラ (＝NS 1.1.23) [14] が意味のないものとなるであろう。

〔答論：〕無意味とはならない。〔ニヤーヤスートラ（NS）1.1.23 は、疑わしい知の〕分類のため、と〔それら各種の疑わしい知の〕特殊定義（viśeṣalakṣaṇa）の〔説明の〕ためにあるから [15]。

---

[14] NS 1.1.23 : samānānekadharmopapatter vipratipatter upalabdhyanupalabdhyavyavasthātaś ca viśeṣāpekṣo vimarśaḥ saṃśayaḥ/このスートラ文をそのまま和訳すると次のようになる。(「疑わしい知」とは、共通な性質の知覚から、または、多数の性質の知覚から、あるいは、相異なる見解から、あるいはまた、知覚の不確定から、さらにまた、無知覚の不確定から〔生ずる〕特殊性を求めようとする思慮である。)

[15] Vātsyāyana は、NS 1.1.23 を注釈するにあたって、「次に、まさに〔定義するべき〕位置にある『疑わしい知』の定義が述べられるべきであるから、それが次のように述べられる（NBh, p.233,l.2）。」と述べて 1.1.23 を導いており、明らかに、このスートラは saṃśaya の定義を述べたものとして扱われている。しかし、実際には、彼の注釈は、このスートラが同時に規定している saṃśaya の種類に関する議論に終始しており、彼のこのスートラ解釈が不明確であることも否定できない。彼のこのような曖昧さが、NS 1.1.23 は sāmānyalakṣaṇasūtra であるのか viśeṣalakṣaṇasūtra であるのかという議論を生じさせる原因となったと思われる。Bhāsarvajña は、NS 1.1.23 を saṃśaya の sāmānyalakṣaṇasūtra とはみなさず、vibhāga ならびに viśeṣalakṣaṇasūtra であるとし、saṃśaya の sāmānya-

それ〔ら分類と特殊定義の説明〕をまさに目的として〔ニヤーヤサーラにおいて以下のように述べられた〕、「それはまた、共通の属性、固有な属性、見解の相違、認識、非認識という原因によって、五種に分類される」と[16]。

2.1.1.1.1.3.1. 共通な属性・ダルマ（samānadharma）などは他の共同因とともに「疑わしい知」を生ずる。〔13.20-14.07〕

〔反論：〕疑わしい知は、共通の属性（samānadharama）などだけからは生じない。〔他の原因もはたらいてこそ疑わしい知が生ずるのである。したがって、この特殊定義は過大遍充（ativyāpti）である。〕

〔答論：〕そうではない。〔生じないかどうか〕不確定であるから。なぜなら、このように[17]確定されないから、すなわち、「共通の属性のみから疑わしい知がある」とは。それでどうかといえば、〔知覚の定義中にある〕「感官と対象との接触」〔という要因が、正しい認識手段という面では同類である推論などには共通しない要因であり、それゆえ他の同

---

lakṣaṇa は、NBh にみられる「『疑わしい知』は、不確定の知識である」(anavadhāraṇajñānaṃ saṃśayaḥ.＜NBhūṣ p.12,l.9. Cf.NBh p.35,l.8;p.234,l.6＞）という語句であるという。この議論には、NV や NVTṬ も言及しており、後者は、NS 1.1.23 の文章にある vimarśaḥ saṃśayaḥ の部分だけが sāmānyalakṣaṇa であると主張する（NVTṬ p.234,l.16 ff）。これに対し、前者は、sāmānyalakṣaṇa については明確に述べていないが、文面から推察するに、次の部分が lakṣaṇa を述べているところであるようである。「対象の本質が確定しないという知識が『疑わしい知』である。つまり、共通な性質などから生じ、対象の特徴を確定しないような知識、それが『疑わしい知』であるといわれる」（NV p.234,ll.09-11）。NVTṬ は、tadavadhāraṇajñānaṃ sa saṃśayaḥ というのが Vātsyāyana の意図していた saṃśaya の sāmānyalakṣaṇa であり、それを解説しようとして NV が上記の注釈をなしたものと理解している(NVTṬ p.234,l.22 ff)。このように、anavadhāraṇajñānaṃ saṃśayaḥ という文が saṃśaya の sāmānyalakṣaṇa であるという解釈が Vātsyāyana の意図であったというのが一般的になっていたようであり、Bhāsarvajña はそれにしたがったといえる。このスートラをめぐる議論の詳細は、山上證道〔1980〕（3）（山上證道［1999］、358-379 ページに所収）参照。

[16] NBhūṣ p.13, ll.01-02.

[17] T,P : evam. B : asāv.

類のものを排除するの〕と同様に、〔他の種の疑わしい知と〕共通でない原因を述べたもので、同類のもの（＝他の種の疑わしい知）を排除するためである。〔したがって、他の原因の存在を否定するものではない。〕一方、異類のもの（＝疑わしい知ではない正しい知）の排除は、まさに一般的定義によってなされたから、再び述べられる必要はない。なぜなら、一般的定義の解説(anuvāda)によって、特殊定義が理解されるはずであるから。したがって、その意味（＝ニヤーヤサーラの特殊定義の意味）は、次のように定まる。「すべての原因の集合体（sāmagrī）の中に入っている[18]共通な属性から、不確定な知識が生ずるが、そ〔の知〕は、〔疑わしい知という同類の知ではあるが〕固有な属性（anekadharma）などに特徴付けられる原因の集合体から生じた疑わしい知とは、別のものである」と。

このように、他の場合も〔すなわち共通な属性以外も〕説明されるべきである。したがって、〔ニヤーヤサーラの特殊定義には〕過大遍充の誤謬はない。

2.1.1.1.1.3.2. 特殊性を求めようとする気持ち（viśeṣāpekṣā）、および、認識・非認識の不確定も共同因である。〔14.08–15.08〕

一方、スートラ（ニヤーヤスートラ）の作者によって認識・非認識の不確定（upalabdhyanupalabdhyavyavasthā）などの語が、不適当な質問を排除するためと、共同因の実例をあげるために[19]述べられている。しかし、この語だけによってすべての[20]原因の集合体が理解されるわけではない。不可見なるもの（adṛṣṭa）とか、内感（antaḥkaraṇa）などが述べられていないから。

不適当な質問とは、次のようなものである。「共通の属性の認識[21]が

---

18 T : antaḥpatitād. P,B : antaḥpatitād yad. yad のある P,B を採用する。
19 B には sahakāryudāharaṇārthṃ の語なし。
20 B には sampūrṇā の後に api あり。
21 T,P : samānadharmopalambho'pi. B : samānadharma upalambho'pi.

あっても、それが疑わしい知の原因ではない。なぜなら、それ(＝緑色などの共通な属性の認識)があっても、歩いている人に、草などについての疑わしい知(＝草の名称は何かなどの疑わしい知)が起こらないから。」

それに対する[22]回答は、次のとおりである。特殊性を求めようとする気持ち（viśeṣāpekṣā）という語が〔スートラ中に〕あるから。すなわち、特殊性(viśeṣa)を求めようとする気持ち(apekṣā)、つまり、想起という形をもった[23]〔草の名称などの特殊性を〕求めようとする気持(ākāṅkṣā)が、ある疑わしい知の原因として存在している、それがそのように述べられたのである。どのように述べられたかというと、「ある理由があって、特殊性を求める気持ち[24]が、疑わしい知の原因となったのであり、それゆえ、それ（求める気持ち）がなくなっても疑わしい知が存在するわけではない。また、あるものが存在していても、共同因が存在しないということからそれに結果が生じなかった場合、そのあるものは絶対に原因ではない、ということにはならない。なぜなら、もしそうであればすべてのものは原因とはなりえないということになるから」と。

〔反論：〕そうはいっても、遠方に立っている恋人について、その両方（共通の属性と特殊性を求めようとする気持）が存在しても、〔恋人であるか否か〕疑わしい知は生じない。だから、特殊性を求めようとする気持に補助されていても共通の属性[25]は〔疑わしい知の〕原因ではない。

〔答論：〕これへの答え〔を次のように述べる〕。認識と非認識の不確定（upalabdhyanupalabdhyavyavasthā）という語句があるから。取捨選択の決定的な原因がないことから〔疑わしい知が生ずる〕という意味である。つまり、次のように説明される。特殊性を求める気持ちのみが共同

22　T,P：tatra.　B：atra.

23　B に smṛtirūpā のあとに sā あり。

24　B に ākāṅkṣā のあとに ca あり。

25　T,P：samāno dharma.　B：samānadharma

因である[26]というわけではなく、認識・非認識の不確定もまたそうなのである。だから、それがなくても、疑わしい知はないのである。〔遠方に立っている恋人のケースはこれにあたる。〕また、たとえば、全力で走っている人がパナサ樹などに対して、樹木の共通な属性を認識しても、認識か非認識か定まっていなくても、〔パナサ樹か他の樹かという〕特殊性を求める気持ちが存在しなければ疑わしい知は生じない、ということから、すべての共同因にともなわれてこそ共通の属性が疑わしい知の原因となることが理解される。また、不可見なるもの（adṛṣṭa）などは、他の結果に対しても共通であるから、述べられていなくても共同因であることは理解される。ということで、賢明な人（＝ニヤーヤスートラの作者）は、ここでは〔不可見なるものなどを〕述べなかったのである。共通な属性と同様、固有の属性(anekadharma)などもまたすべての共同因にともなわれて疑わしい知の原因となる、と説明されるべきであろう。その意味は、考察（parīkṣā）の箇所で詳細に述べられているから、ここではくり返さない。

2.1.1.1.1.4.1. 共通な属性（samānadharma）から生起する「疑わしい知」〔15.08-14〕

共通の属性（samānadharma）というこ〔の語〕には、二種類の複合語（samāsa）が選択肢として考えられる。同格限定複合語（karmadhāraya）と所有格の格限定複合語（ṣaṣṭhītatpuruṣa）とである。もし、同格限定複合語であるとした場合には、共通の、つまり同じような大きさなどといった属性が基体とは別に見られる[27]。もし、所有格の格限定複合語であるとした場合には、基体にとって別ではない属性[28]、すなわち、共通性(sāmānya)、全体(avayavi)[29]、結合(saṃyoga)などといった特徴がみられ

---

[26] T,P : sahakāriṇaṃ. B : sahakāriṇī
[27] T,P : bhinnnolabhyate. B : bhinna upalabhyate.
[28] B に abhinno と dharmaḥ との間に api あり。
[29] T,P : avayava. B : avayavi. ここは B か。

る。ここで[30]実例を示して、「たとえば、云々」と述べられる。〔すなわち、共通な属性からあれは人か杭かという疑わしい知が生ずる、と。〕直立性（ūrdhvatva）は、いずれかの方向に向いて立っている長い実体に対して、直立という概念の原因となるものである。そして、それ（＝直立性）は、〔属性（guṇa）である〕分量であるか、あるいは[31]、共通性（sāmānya）であるかも、また、六範疇・原理（padārtha）とは別なものの名称をもつものであるかもしれないが、その考察は〔ここでは〕適切でないから行なわない。

2.1.1.1.1.4.2. 固有な属性（anekadharma）から生起する「疑わしい知」〔15.15-17.11〕

2.1.1.1.1.4.2.1. anekadharma＝asādhāraṇadharma（固有な属性）〔15.15-16.17〕

「多（aneka）である属性から」（anekadharmāt）と述べられている。ここで「多」（aneka）とは、意図された種類のものと、それとは反対の〔種類の〕ものとがある、ということである。多くのものから〔そのものを〕区別する属性（anekasmād vyāvartako dharmaḥ）、あるいは、多くのものとは結合していない属性（anekasyāsambandhī dharmaḥ）、または、多くのものに〔存在することを〕拒否されている[属性]（anekasmin pratiṣiddho <dharma>）、あるいは、差異（bheda）をなりたたしめることから、「多い」という概念の原因〔となる属性〕(aneka-pratyaya-hetur＜dharma＞)と、このようなことから、anekadharama とは、いずれの場合にも、中間の語が省略された複合語であり、いかなるかたちでも〔他のものに〕共通しない固有の属性（asādhāraṇo dharmaḥ）が意図されている。たとえば、〔音声は〕虚空[32]の特殊な属性（guṇa）であるから、音声は恒常

---

30 T,P : atra. B : tatra.
31 parimāṇaṃ vā の vā は B になし。
32 T,P : cākāśādi-. B : cākāśa-. B を採用する。

であろうか無常であろうか〔という疑わしい知が生ずる〕というのが実例である[33]。

〔反論：〕固有の属性がどうして疑わしい知を生ずるのか。なぜなら、それ（固有の属性）は、矛盾した特殊性とともに認識されること[34]は絶対にない。AとともにBの認識があればAの想起の原因があることに〔なって、固有の属性とはならないことに〕なる。また、〔矛盾した特殊性と〕結びついていない対象をみて[35]、〔その矛盾した特殊性の〕想起が生ずることはない、もしそうならどんな場合にも、すべての新しく獲得された（anubhūta）認識対象に〔矛盾した特殊性の〕想起が生ずることになってしまうから。

また、矛盾した[36]特殊性の想起なしに、疑わしい知が生ずることはない、〔固有の属性には矛盾した特殊性は〕見られたことはないのであるから。また、その固有の属性は、それ自身の基体・ダルミン（dharmin）

---

[33] anekadharma の語義解釈に関しては、どの Naiyāyika も多くのスペースを割いて説明している。Vātsyāyana は、不明確ながらも、anekadharma を地(pṛthivī)における「香りをもつという性質」（gandhavattva）、音声（śabda）における「分離により生ずるという性質」（vibhāgajanyatva）といったような、それに固有な性質と理解していることがうかがえる(NBh p.240,l.04-p.244,l.04)。この見解は、次の Uddyotakara の説明で確定的となる。「anekadharma という語の意味は何であるか。それは、固有な性質（asādhāraṇo dharmaḥ）という意味である。(NV p.240,l.13)」Uddyotakara は、anekadharma という語がどうして asādhāraṇadharma を意味するかということに関して、anekadharma＝anekasmād viśeṣa, ekānekapratyayahetudharma, asamānadharma の三解釈を示して詳細な議論を展開する（Ibid. p.240,l.14ff.）。かくして、なぜこのような強引とも思える無理な解釈をなしたかは不明であるが、この anekadharma=asādhāraṇadharma という解釈は, Uddyotakara 以後の Naiyāyika の定説となった観がある。たとえば、Vācaspatimiśra も（NVTṬ p.250,l.25ff.)、また、NS 1.1.23 の解釈では Bhāsarvajña と同様に、Uddyotakara など正統 Naiyāyika とは見解を異にする Jayantabhaṭṭa も（NMII(KSS) p.120,l.32.）、さらには、後代の綱要書の著者たちも（TBh p.39.）すべて、Uddyotakara のそれを採用して anekadharma＝asādhāraṇadharma としている。

[34] T,P：upalambho'pi. B には api なし。

[35] T,P：cāpratibaddhārthadarśane. B：cānyapratipannārthādarśane.

[36] B に viruddha の語なし。この語を持つ T,P を採用する。

の[37]特殊性そのものであり、特殊性をみることにより[38]、他の疑わしい知も消滅するのである。どうしてそれ（固有の属性）から、疑わしい知が生ずるというのか。なぜなら、牛性（gotva）をみることから牛に対する疑わしい知が姿を現し認識されるというわけではない。もし、そうであれば、〔その疑わしい知は〕決して消滅することはないであろう。まず共通の属性をみることより生じた[39]疑わしい知は特殊性を見ることで消滅する。しかし、特殊性をみることより生じた[40]疑わしい知はどうして消滅するであろう。それゆえ、固有の属性が疑わしい知の原因であるということはない。

（15.28）〔答論：〕ある者がこれに対して反論する。「(1)同種のものと別のものとにおいて[41](2)特殊性は(3)両方に(4)みられるから、固有の属性が矛盾した特殊性とともに見られないということはない」と[42]。

これは次のように説明される。「（1）同種のものということによって無常という[43]範疇が意図されているなら、それとは別のものとは、恒常なものがいわれるが、それらにおいて、つまり、瓶などという〔無常なるものとして〕同種のものと、アートマンなどというそれとは別の〔恒常なる〕ものとにおいて、（2）特殊性は、つまり、瓶性、アートマン性という特殊性〔そのもの〕は、（3）両方に、つまり、〔アートマン性という〕恒常性と〔瓶性という〕無常性とを[44]ともに備え持ったものとして二様に、(4) みられる、すなわち、認識手段によって認識されるから〔固有の属性が、矛盾した特殊性とともに見られない、ということはな

---

[37] T,P：svadharmiṇāṃ. B：svadharmiṇo.

[38] T,P にある cāanyo'pi の ca は B になし。

[39] T：-darśanotpannaḥ. P,B：-darśanād utpannaḥ.

[40] utpannaḥ の語は B にみられない。B のミスか。

[41] T,P：arthāntarabhūteṣu. B：arthāntarabhūṣu. B はミス。

[42] 引用不明。

[43] T,P：anityāḥ. B：anityā.

[44] T,P：nityatvānityatva-. B：nityānityatva-.

い〕」という意味である。そして、音声には、『聞こえるものであること』(śrāvaṇatva)という特殊性と、『虚空の特殊な属性であること』(ākāśaviśeṣaguṇatva)〔という特殊性〕とがある。しかし、それはそもそも恒常なものである音声の特殊性であるのか、無常なものである音声の特殊性であるのか、我々にはわからない〔から、疑わしい知が生ずる〕と。
〔反論：〕この疑わしい知の原因は共通な属性と別ではない。なぜなら特殊性を持っていること（viśeṣavattva）は矛盾する特殊性の想起の原因であることにより疑わしい知の原因となるが、それは共通性を持つこと（sāmānyavattva）などと同様に、恒常にも無常にも共通（samāna）であるからで、どうして〔共通の属性と〕別であろうか。
〔答論：〕ある者は、「以前は、『共通の属性を持つこと』が述べられたが[45]、今は、固有の属性を持つことが述べられる。まさにこの違いによって、別々に述べられねばならない」という[46]。

しかし、我々は、固有である（asādhāraṇa）という、まさにその形でそれが疑わしい知の原因になるというのである。どうしてかというと、恒常なものから排除されていることは、無常なものにのみにおいてみられるし、無常なものから排除されていることは[47]恒常なものにおいてのみみられる。一方、その音声は、聞かれるものであることなどという特殊性によって恒常なものからも無常なものからも排除されている。そのこと、〔つまり〕「恒常なものから排除されているゆえに、瓶のように無常なものである」のか「無常なものから排除されているゆえ、アートマンのように恒常である」のかは、我々にはわからない。

また、恒常性と無常性[48]が一箇所に存在することはない。それらは相互に排除しあう状態の属性であるから。

---

45 T,P の tv は B になし。
46 引用不明。
47 T,P : ca nityeṣv eva. B : nityeṣv eva ca.
48 T : nityatvānitvayor は nityatvānityatvayor の間違い。

また、絶対的な疑わしい知（消滅しない疑わしい知）が生ずることはない。なぜなら、共同因、つまり、認識・非認識の不確定などが常に存在するということはないから。

また、〔疑わしい知が〕消滅しなくなってしまうということもない。なぜなら、作られたものであること（kṛtakatva）などの特殊性を見ることから〔疑わしい知は〕消滅するから。

また、特殊性[49]という点では同じであるから、聞かれることなどと同様に、作られたものであることからも疑わしい知が生ずることになってしまう、ということにはならない。作られたものであることなどは、無常性と不可分離の関係にあるから、他の所、他のものについても見られるから〔固有ではない〕、ということである[50]。

以上の理由で固有であってもそのような属性は疑わしい知の原因となるということが確定した。

2.1.1.1.1.4.2.2. anekadharma＝多数の属性〔16.18-17.11〕

むしろ、「多数（aneka）であり、属性・ダルマである」という同格限定複合語(karmadhāraya)の複合語である。そうすると、相矛盾する多くの属性が一つのものに見られ、それが疑わしい知の原因であると見られる。たとえば[51]、「意器官(manas)は形体を持つ、運動（kriyā）を持っているから、〔運動を持つ〕矢のように。」というのか、あるいは、「意器官は形体を持たない、可触性がないから、〔可触性を持たない〕虚空のように」というのか〔、すなわち、意器官は形体を持つのか、持たないのか、との疑わしい知が生ずる[52]〕。

---

49 T,P：viśeṣatva-. B：viśeṣavattva-.

50 T,P には iti あり、B にはなし。

51 B には kiṃ nu なし。

52 注 33 で述べたように、anekadharma＝asādhāraṇadharma という解釈に拘った Naiyāyika 達にあって、Bhāsarvajña だけは、anekadharma の語を、karmadhāraya コンパウンドであるとし、文字どおり「多くの性質」という意味に理解することも可能であるという見解を示していることは特筆に価する。彼は、前述のよう

有形体性と無形体性とが一箇所に存在することはできない。それらは相互に排除しあう状態の属性であるから。この場合も、認識・非認識の不確定などが共同因であり、それゆえ、いかなる時でも、あるいは、いかなる所でも疑わしい知が生ずることになってしまうわけではない。

〔反論：〕二つのもの（有形体性と無形体性という相矛盾する二つの属性＜viruddhānekadharma＞)は、その力が同じ程度に相反しているから、決定知を生ずることはできないであろうし、疑わしい知も生じることはないであろう。

〔答論：〕そうではない。まさに、そのことから〔すなわち、決定知を生ずることはできないという理由により〕、それ（疑わしい知）が生ずることがなりたつ。なぜなら、決定がない場合、人は、心のない壁のように〔何もせずに〕立っていることもないし、その逆〔に対象に向かって行動するわけ〕でもない。どうするかというと、熟考したり、質問したりするのがみられる。疑わしい知なしに、熟考したり、質問したりす

に、Vātsyāyana 以来の解釈も正当であるとしながらも、独自の新しい、他学派からの反論に耐え得る解釈を提示しているのである。服部正明[1966]、265 ページ以下参照。しかし、ここに見られるように、一個のもの、たとえば、意感官に、「形態をもつもの」の理由であるべき「動作をもつという性質」（kriyāvattva）と、「形態をもたないもの」の理由であるべき「可触性がないという性質」(asparśavattva）との、両様の性質が存在するために、意感官は形態をもつものであるのか、もたないものであるのか結論を出すことができないというように、相矛盾する二個の主張を確立させる属性を Dignāga は、相違決定(viruddhāvyabhicārin)と呼び「疑わしい知」の原因であることを述べている（PS III k.25. 北川秀則[1966]、204 ページ参照）。Bhāsarvajña が、ここであげている anekadharma の解釈は、この viruddhāvyabhicārin に相当するといえよう。Bhāsarvajña は、ヴァイシェーシカ学派が、このようなものは「疑わしい知」ではなくて、不決定 (anadhyavasāya)なのではないかと反論するであろう、と述べているが(NBhūṣ p.16, l.26 - p.17, l.04)、事実、Praśastapāda は、この viruddhāvyabhicārin を、不決定という疑似証因（anadhyavasitahetvābhāsa）とみなしているのである（PBh (VSS) p.238,l.23-p.239, l.04）。しかし、Bhāsarvajña は、そもそも不決定は、「疑わしい知」に含まれるものであり、Praśastapāda 自身、相反する二個の性質が「疑わしい知」の原因であることを認めていると反論して(NBhūṣ p.17, ll.05-07)以下に見る PBh を引用するのである。

ることはありえない。

〔反論：〕それは不決定知（anadhyavasāya）ではないか。すなわち、決定が生じないのならその人には[53]不決定知（anadhyavasāya）があるのであり疑わしい知ではない。

〔答論：〕このように汝が考えるなら、それは正しくない。見解の相違（vipratipatti）からも不決定知（anadhyavasāya）が生ずることになってしまうから。なぜなら、見解の相違をともなった、その固有な属性には、いかなる特殊性もないから。また、不決定知は疑わしい知に含まれる、と示されているから。また、別の箇所で、矛盾した二組の属性は疑わしい知の原因であると〔プラシャスタパーダ（Praśastapāda）〕自ら述べているから。「すなわち、『移行性（gamanatva）は、運動性（karmatva）と同義であるか、あるいは別の普遍であるか』という質問をなすものに対し、『どうして汝に疑わしい知が生ずるのか』と問いを発して[54]、全ての運動、たとえば、上向き運動など〔すべての運動〕に存在している〔運動という〕概念の原因である性質（＝運動性）と、上向き運動などのように〔他の運動とは〕別個にあげられている性質（＝移行性）、この二個の性質が疑わしい知の原因であるといわれる」[55]と。それゆえ、多数の属性（anekadharma）は疑わしい知の原因である。

2.1.1.1.1.4.3. 見解の相違（vipratipatti）から生起する「疑わしい知」〔17.12-15〕

次に見解の相違（vipratipatti）〔も疑わしい知の原因である、〕といわれている。見解の相違（vipratipatti）とは、相矛盾する主張である。それを聞いた人には、上に述べられた共同因が存在する場合には[56]、

---

53 T,P：asya. B：syāt.
54 Bには kuruvataḥ なし。
55 Cf. PBh (VSS) p.296, ll.01-05.
56 Bには sati なし。

疑わしい知が生ずる。すなわち、感官は物質的であるのか、非物質的であるのか、と。また、身体とは別にアートマンが存在するのか、しないのか。それは恒常であるか、無常であるのか、などといった見解の相違が見られるのである。

2.1.1.1.1.4.4. 認識･非認識の不確定（upalabdhyanupalabdhyavyavasthā）の解釈〔17.15-18.02〕

肯定（vidhi）の方に向かって働く知識が認識（upalabdhi）であり、否定（pratiṣedha）の方向に向かって働く知識、および知識を生じないというのが非認識（anupalabdhi）である。この二個（認識と非認識）が別々に独立して疑わしい知の原因であり、また不確定（avyavasthā）〔の語〕を限定してもいるのである[57]。

2.1.1.1.1.4.5. ニヤーヤスートラ 1.1.23 が意図する文意とニヤーヤサーラの定義との一致〔18.02-15〕

したがって、ここで五文のスートラが理解されるべきである。すなわち、「認識の生起から、認識･非認識の不確定によって特殊性を求めようとする思慮が疑わしい知である。」「非認識の生起から、認識･非認識の不確定によって特殊性を求めようとする思慮が疑わしい知である。」「共通の属性の生起より云々」に関しても、同様に適用されるべきである。〔すなわち、「共通の属性の生起より認識･非認識の不確定によって特殊性を求めようとする思慮が疑わしい知である。」「共通でない固有な属性の生起によって、認識･非認識の不確定から特殊性を求めようとする思慮が疑わしい知である。」「見解の相違によって、認識･非認識の不確定から特殊性を求めようとする思慮が疑わしい知である。」と、五種類の文が理解されるべきである。〕

このようであるなら[58]、認識される対象、認識されない対象全てに疑

---

57 これは Bhāsarvajña 独自の解釈である。

58 B に ca なし。

わしい知が生ずることになるのではないかというのは、不適切な[59]質問である。なぜなら、ここでは、認識のみ、非認識のみが疑わしい知の原因であるとは認められていないから。〔特殊性を求めようとする思慮などの共同因が必要である。〕
〔反論：〕そうであるとしよう。それでもその二つは共通の属性と別のものではない。なぜなら、まず、もし、認識されたもの、非認識のものである対象に対して、真（satya）か偽（asatya）かということで疑わしい知がある場合、認識性と非認識性とは共通性である。もし認識されている、あるいは認識されていない水やピシャーチャなどに対して、存在している、あるいは、存在していないという疑わしい知があっても、認識が現れる（jñānāvabhāsitva）・現れないということは共通性である。〔すなわち、認識性、非認識性などは共通性（sāmānya）であり、したがって、共通の属性より生起する疑わしい知と別ではない。[60]〕
〔答論：〕これについて、ある者は次のように反論する。「共通である（samāna）と固有である（aneka）属性（dharma）は知識対象（jñeya）に存在する。認識（upalabdhi）と非認識（anupalabdhi）とは、知識主体（jñātṛ）に存在する。この区別によって〔スートラでは〕別々に述べられているのである[61]。」
　しかし、我々は次のようにいう。〔しかるべき〕目的があって別に述べられている。認識がない、というだけで〔チャールヴァーカなどの〕論者たち（vādinaḥ）は、天界、新得力、神などが存在しないと主張する。認識があるというだけで[62]音声が恒常であると〔ミーマーンサーは〕主張するし、身体に器官（caitanya）などからなるものが存在すると〔ロ

---

59 T,P : anupapannaṃ codyam. B : anupapannaṃ prasaṅga codyam. T,P を採用する。
60 Cf. NM II（KSS）p.125, l.12.
61 Cf. Ibid. p.125, ll.13-15.
62 B では upalabdhimātreṇa の後に ca あり。

ーカーヤタは認め〕、普遍などはみずからの基体と別ではないと〔仏教徒は〕主張する。それらを否定するために、認識・非認識だけ〔による判断〕は疑わしい知の原因 63) であるといわれた 64)。

2.1.1.1.1.5. 熟考 (ūha) と不確定知 (anadhyavasāya) の考察〔19.03-19〕

「正しい」（samyag）という語により、疑わしい知（saṃśaya）と倒錯知（viparyaya）とが排除された。そこで熟考 (ūha) 65) と不確定知（anadhyavasāya） 66) とは、何によって〔正しい認識手段から〕排除されるのかと問う 67) 者には次の解答がなされる。〔それらがもつ〕不確実性（anavadhāraṇatva） 68)〔という語によって〕である、と。一方、〔それらが〕疑わしい知と別のものではないという場合、まさに、疑わしい知の否定そのことによって、それ（疑わしい知）と同一の本質を持つ熟考と不確定知とが、正しい認識手段の結果であることが否定される、という意味である。また、ニヤーヤスートラの作者は、疑わしい知を排除するために、「確定を本質とした」（vyavasāyātmaka）という語のみを述べてお

---

63 T : samdehanimittam. P,B : samdehanimittatvam. P,B を採用する。

64 Bhāsarvajña は、upalabdhyavyavasthā, anupalabdhyavyavasthā の語を、それぞれ、upalabdhimātra, anupalabdhimātra と解釈して、Vātsyāyana とは異なり、「単なる知覚のみから」「単なる無知覚のみから」saṃśaya が生起する、という彼独特の解釈を示している。

なお、直前にある訳文「身体に器官(caitanya)などからなるものが存在すると〔ローカーヤタは認め〕」にある補訳は、NBhūṣ p.18, footnote 5 による。

65 Cf. NS 1.1.40 : avijñātatattve'rthe kāraṇopapattitas tattvajñānārtham ūhas tarkaḥ/ 狩野恭〔1997〕参照。この論文で述べられているように、ūha と tarka を同一視する論者が古代から存在したことがうかがわれる。以下の議論から判断する限り、Bhāsarvajña は ūha と tarka を区別していると思われる。両者とも不確定な知であって、saṃśaya に含まれる点では同一であるが、NS 1.1.40 にみられるように、諸要素により限定された ūha であると説かれている tarka は、論議(vāda)との関係でとらえられる特殊な ūha であり、pramāṇa を補助するものとして、単なる不確定知である ūha とは異なったものとして扱われていることが理解できる。

66 54 ページ、注 52 参照。

67 T,P : codayiṣyate. B : codayiṣyati.

68 B には anavadhāraṇatva…bhāvaḥ という NSāra, p,19. l.01 の全文が引用される。

り[69]、熟考と不確定知とを排除するために別の語を述べてはいない、ということである。〔したがって、熟考と不確定知とは疑わしい知に含まれるものである。〕

〔反論：〕疑わしい知は〔「あれは人か杭か」という〕選択肢によって両方の対象に依存するのに対して、熟考と不確定知とはそれと異なる性質のものである。それゆえ、どうしてそれら二つが疑わしい知と別ではないといえるのか。

〔答論：〕そのようにいうべきではない。それ（疑わしい知）の一つの定義中に含まれてしまっている二つのもの（熟考と不確定知）が、ただそれら〔二者〕間に二義的な相違があるというだけで〔それら二者を包括するものである疑わしい知とは〕別のものであるというのは正しくないからである。なぜなら、〔石は〕土塊とは異なるという理由で、石が地(pṛthivī)とも異なる、というものではないのと同様の理屈である[70]。世間では大地の一部の特殊性を持つものに対して、まさに、地(pṛthivī)という言語表現があるが、同様に、学問体系（śāstra）においても[71]、有香性（gandhavattva）[72]という点で区別がないゆえに[73]、石などにおいても地性 (pṛthivītva)が認められる。これと同様に、不確実性（anavadhāraṇatva）という点で区別がないゆえに熟考と不確定知とには疑わしい知の性質（saṃśayatva）があると認められる、ということである。

〔反論：〕そうであるなら、正しい認識の手段（pramāsādhanatva）という点では異ならないから知覚（pratyakṣa）など〔他の正しい認識手段〕

---

69 Cf. NS 1.1.4 : indriyārthasaṃnikarṣotpannaṃ jñānam avyapadeśyam avyabhicāri vyavasāyātmakaṃ pratyaksam/

70 T, P : tathā ca yadyapi. B : yathā ca. ここは両者を併せて、yathā ca yadyapi とも読めるが。

71 T, P : tathāpi śāstre. B : tathā śāstre'pi. B を採用する。

72 Cf. VS 2.1.1 : rūparasagandhasparśavatī pṛthivī/

73 T, P : gandhavattvāviśeṣāt. B : gandhavatvādiviśeṣāt. T,P を採用する。

が一つになってしまうではないか[74]。

〔答論：〕次のことが認められるから我々の論理に誤りはない。すなわち、認識手段（pramāṇa）というジャンル（varga）は一つであり、知覚（pratyakṣa）などの区別は、そのジャンル内における区分（avāntara）である、ということである。知覚という言語活動の要因は推論（anumāna）などにはなく、推論という言語活動の要因はまた他〔の認識手段〕にない。もし、そのようなことがあれば、知覚など〔各種認識手段〕の区分の言語活動がないことになってしまうであろう[75]。これによって[76]、感官と接しない新得知の手段である（parokṣānubhavasādhanatva）という点で区別がないから推論（anumāna）と証言（āgama）とは一つである、ということが否定される。以上のように、疑わしい知という言語活動の要因である不確定知性（anavadhāraṇajñānatva）が、熟考などには[77]存在しない、ということは否定される。〔それゆえ、熟考などは疑わしい知に含まれる。〕

2.1.1.1.1.5.1. 熟考（ūha）の考察　〔20.03-24〕

そもそも熟考とはどのようなものであろうか。〔それは〕疑わしい知と確定（nirṇaya）の中間的存在で、まさに、これから〔何らかのものが〕存在するにちがいない、という性質の概念である。たとえば、馬が荷を運ばされているところには〔馬を使う人間が存在するにちがいない、というのが熟考である〕[78]と〔ニヤーヤサーラに述べられている〕。その場合には〔熟考は〕疑わしい知である[79]、不確定を本質としたものであ

---

74 T,P : ekatvaprasaṅga. B : evamtvaviśeṣaprasaṅga. T,P を採用する。
75 T,P : nivartteta. B : vartate. T,P を採用する。
76 T,P : etena. B : tena.
77 T,P : ūhādau. B : ūhānadhyavasāyayos. T,P を採用する。
78 B は T p.20, l.01 の NSāra の文を引用。Cf. NBhūṣ p.20 footnote 2 (NV : yathā ’smindeśe ’śvā vāhyante…). ちなみに、テキストの著者は ūha, tarka, prasaṅga の三語を同義語とみている。Ibid. footnote 1.
79 B では tarhi の後に ayam あり。

るから(anavadhāraṇātmakatvāt)。

〔反論：〕〔「人か杭か」という、〕選択肢を持たないという本性があるから〔熟考は〕疑わしい知ではない。すなわち、次のように考えてみよう。つまり、疑わしい知は選択肢を本性とする、「あれは人か杭か」というように。しかし、それ（熟考）は存在を否定しえる知識によって（bādhakapramāṇāt）選択肢の〔どちらかの〕一方に対する可能性が否定された後にあるものである[80]から、疑わしい知ではない。ましてや、確定（nirṇaya）ではない。立証しえる正しい認識手段（sādhakapramāṇa）がなくても〔熟考は〕生ずるから。というのも、対立主張が否定されただけでは確定があるとはいえないから。「主張と対立主張の両方から云々」[81]という〔確定を定義した〕言葉があるから。また、〔熟考(ūha)が吟味（tarka）としてニヤーヤスートラに一つの範疇・原理（padārtha）として〕別個に述べられているから、それは[82]疑わしい知でも確定でもない。

〔答論：〕まず、疑わしい知が選択肢を本性とする[83]ということは正しくない。なぜなら、それ以外のあり方でも疑わしい知は経験されるから。たとえば、ある特定の結果を獲得した人には、〔その結果をもたらした〕特定の手段について疑わしい知が生ずる、すなわち、「その結果に対する特定の手段は何であるか？」と。あるいはまた、生まれたものは必ず死ぬと確信しても、特定の時を知らない人は次のように疑う[84]。「いつ私に死がおとずれるであろうか？」と。この場合、今日とか明日とかいった選択肢が発生していなくても、〔疑わしい知は〕ただ理論的にえられ

---

80 T,P : bhavatītyato. B : bhavatyato.

81 「主張と対立主張の両方から、熟慮した後、対象の確立がある、それが確定である。」(NS 1.1.41)　本文 32 ページ、注 34 参照。

82 T,P : na saṃśayaḥ. B : na ayaṃ saṃśayaḥ.

83 T : vikalpātmakaḥ saṃśaya iti. P,B : vikalpātmakatvāt iti. T を採用する。

84 T : saṃdegdhi. P,B : saṃdehyate.

る[85]。たとえば、かの人はまだ生きているにちがいない、人が生きていることに対する多くの理由がみられるから、と〔いうように〕。

（20.15）ある場合には他の可能性(pakṣāntara)があるであろう、なぜなら、一切他の可能性が存在しないとは決まっていないから。もしそのように〔他の可能性がないと〕定まっていたなら確定そのものとなってしまうであろう。実のところ、〔「人」以外に〕一切他の可能性が存在しないと〔後に〕想定された(upalakṣita)直立性(ūrdhvatva)だけが「人」の特徴ということになる。また、ある人は畑の特徴を見て思うかもしれない、ここには多くの穀物を持っている畑の所有者[86]がいるにちがいない、と。家の特徴をみて食事の獲得があるにちがいない、と。これらの場合、他の可能性の存在しないことが決まっているわけではない。同様に、〔このように、熟考には、あるものが〕存在するにちがいない、〔換言すれば、存在する可能性あり、〕ということを本性とする[87]知識がみられるのである。〔すなわち、熟考は確定していない知である。〕

「〔熟考は疑わしい知とは別である。〕疑わしい知の〔生じた〕後に生起するから」という理由が、〔熟考の単独の〕ジャンル（varga）〔の存在〕を主張する人によって述べられても、〔それ（＝熟考が疑わしい知の後に生起するという理由<hetu>）は〕立証されるべきもの（sādhya）と区別がつかない。なぜなら、熟考の知も一種の疑わしい知として〔疑わしい知の中に含まれると〕認められるから。

もし〔熟考がジャンルとしてではなく〕個物（vyakti）〔としての存在〕を意図して〔上記の理由が述べられたとして〕も、〔その理由は〕不確定〔因〕（anaikāntika）である。〔熟考のみならず〕疑わしい知もまた疑わしい知という個物の後に生ずるから。

---

85 T,P : nyāyalabhya eva/ この部分に相当する箇所に B では次の文が入る。B : nyāyalabhya iti cet evaṃ tarhi pakṣāntaravikalpo’pi nyāyalabhya iti.

86 T : kṣetriṇā. P,B : kṣetriṇaḥ.

87 T,P : bhavitavyatātmakaḥ. B : bhavitavyatvātmakaḥ.

また、「〔熟考は疑わしい知とは別である、ニヤーヤスートラで熟考（ūha）が吟味（tarka）として疑わしい知とは〕別個に述べられているから」という証因も不確定〔因〕である。〔ニヤーヤスートラには〕認識手段と別のものではないのに、論証式の各部分（avayava）が別個に述べられているから。疑似証因（hetvābhāsa）などが、負処(nigrahasthāna)の内に含まれるにもかかわらず〔同じくニヤーヤスートラでは別個に述べられているから〕ということである。

2.1.1.1.1.5.2.「疑わしい知」の論理学上における意味〔20.24-21.19〕

〔疑わしい知が熟考や吟味とは別個に挙げられているという〕スートラの矛盾は、まさに同じ理由から存在しない。なぜなら、〔疑わしい知には〕別の目的があるから、〔ニヤーヤスートラにおいて〕別個に述べられているのであるから。

まず疑わしい知には、一般的に論理を活動させるという目的がある。なぜかというと〔、ニヤーヤバーシュヤ（NBh）に次のように述べられている。〕「論理は、認識されていないもの[88)]や、決定しているものに対して働くのではなく、疑わしきものに対して働くのである。[89)]」「なぜかというと、もし認識されていないものに対して〔働けば〕、基体不成立(āśrayāsiddha)になってしまうし、決定したものに対して〔働けば〕[90)]無意味となってしまう。[91)]」したがって、普遍という点からは認識されていて特殊という点からは決定されていないものに対して論理は働くのである。

〔反論：〕もし、疑わしい対象にのみ論理が働くのであるならば一体何が決定されるのか。

---

[88] T：nānulabdhe.　P,B：nānupalabdhe.　P,B を採用する。
[89] NBh　p.35,　l.05.
[90] B には nirṇīte の後に ca あり。
[91] 引用不明。

〔答論：〕そういってはいけない。疑わしくない対象についても〔論理の〕働きがみられるから。なぜなら、立論者にしろ、また、反論者にしろ、論理を活動せしめる人には、疑いは存在しないから。
〔反論：〕自己のための推論（svārthānumāna）においてこの規制（＝疑わしき対象にのみ論理が働くという規則）がある。
〔答論：〕そうではない。〔火の存在を推論することとは〕別の目的を持って森を（aṭavyām）さまよっている人が[92]、煙などによる〔火の〕推論を働かせることが経験されるから。
〔反論：〕疑わしい対象に対して[93]確かに論理が働くと確定しているとしても、そ〔の確定〕も不可能である。なぜなら、どこでも、いかなるものをも対象として求めようとしないことなど〔無意欲〕の原因から〔論理の〕不活動が経験されるから。それゆえ、疑わしいものが論理の働く原因とはならない[94]。
〔答論：〕そのようなことはない。〔疑わしいものがもつ〕適性(yogyatā)を考慮することによって、以前〔に経験した論理的活動による事例・〕確定の理解が生じるから。つまり疑われる対象、すなわち、疑わしい知に相応しい対象だけに論理が働くということが意図されている。

〔疑わしいものの〕適性とは、共通性という点からは認識があり、特殊性〔の認識という点で〕の不決定をともなった見解の相違が議論(vāda)などにおいて存在することである。このようであるから、疑わしい知は認識手段、認識対象の語に含意されてはいるが、考察（vicāra）の一部分として、〔ニヤーヤスートラにおいて〕別個に述べられているが、倒錯知 (viparyaya) はこのようではない、ということである。というのも、倒錯知が仮託されるダルミン（属性をもつもの・対象）については、証

---

92 T,P : -reṇāṭavyām. B : -reṇāpi aṭavyām.
93 T,P : saṃdigdhe'py. B : saṃdigdhe.
94 T,P : ato'kāraṇaṃ. B : atokāraṇaṃ. T,P を採用する。

因は正しい立証性（samyagsādhanatā）を持ちえないからである。

また、疑わしい知の消滅の場合のようには倒錯知の消滅のためにだれも〔論理的〕活動をする人はいない。反論者[95]の倒錯知を否定するために〔論理を〕使用しても、その人は、〔自己と〕相反する見解を否定しようとの思いをもって、自己の決定を護るため、また、生徒などの獲得のために〔自己の見解に相反する対論者の見解を〕対象に論理を働かせることになる。それはまた、相反する対象に関する疑わしい知を対象としていることになり、それゆえ、ニヤーヤスートラの作者により、疑わしい知のみが考察の一部として述べられたということである。

このようなわけで、論理を活動させるというのが、疑わしい知の目的であることが理解される。

2.1.1.1.1.5.3. 吟味（tarka）がニヤーヤスートラ（NS）において別記される理由〔21.20–23.07〕

「疑わしい知（sandeha＝saṃśaya）に含まれる吟味（tarka）が〔ニヤーヤスートラにおいて〕別個に述べられているが[96]、それには、どのような別の目的があるのか」と質すなら〔それに対して〕「認識手段を補助するものである。吟味によって分析された対象に関して作用する認識手段は吟味により補助されているのである」と先師（＝ヴァーツヤーヤナ・Vātsyāyana）が述べている[97]。

しかし、我々は次のように主張する。「論議（vāda）などの働きを優れたものとするため、吟味が別個に述べられた」と。なぜかというと、次のとおりである。

ある人達は次のように考える。「論議（vāda）などにおけるニヤーヤ

---

[95] T : prativādir viparyaya-. P,B : prativādiviparyaya-. P,B を採用する。

[96] NS 1. 1. 1 : pramāṇa-prameya-saṃśaya-prayojana-dṛṣṭānta-siddhāntāvayava-tarka-nirṇaya-vāda-jalpa-vitaṇḍā-hetvābhāsa-cchala-jātinigrahasthānānāṃ tattvajñānān niḥśreyasādhigamaḥ/

[97] Cf. NBh p.54, l.06.

学者の活動は妥当でない[98]。なぜなら、熟考する人には、決定知なしに〔論理〕活動は起こりえないから。そしてここ（論議）には、次のような決定的知は存在しない、すなわち、『この誤謬指摘もしくは論証式によって我々が対論者を打ち破る、もしくは、目覚めさせることができる』という〔決定知は〕。なぜなら、他人の意向は容易には知ることができないから。その人の知性が一定期間[99]十分に試されてきた、そのような教育を受けてきている人（弟子）に対しても、ある場合には、先生などによっては、彼は理解できていないとか、誤解しているとみなされてしまう。同様に、先生も場合によっては、答えることはできないことがみられる。それゆえ、自己の理解の手段も定かでないということ、そのため他人を理解させる手段も定まっていないということから、論議などにおいて〔論理〕活動はおこらない、したがって、論議などについて完全に理解しても無意味である」[100]と。

そ〔のように言う人々〕に対して、ニヤーヤスートラの作者は吟味を別個に述べて定義をし、論議などに対する[101]〔論理〕活動の手段として述べた。「〔論議（vāda）とは〕認識手段と吟味（tarka）とによる論証と反証からなる〔云々〕」[102]と。

(22.05) これは次のように説明される。「勝敗の原因となるので、認識手段により決定したり、もしくは、吟味の対象となったりした論証と反証とが、議論などにおいてニヤーヤ論者により述べられるべきである。なぜなら、それ（認識手段と吟味）により、好ましい対象が得られたり、好ましくない対象が除去されたりということが可能となるからである。

---

98 T,P : pravṛttir na yuktā. B : pravṛttir ayuktā.
99 T の kāle na は、kālena であろう。Cf. Joshi, L.V. [1986] p.193.
100 引用不明。
101 T,P : vādādīṣu pravṛtti-. B : vādādipravṛtti-.
102 NS 1.2.1 : pramāṇatarkasādhanopālambhaḥ siddhāntaviruddhaḥ pañcāvayavopapannaḥ pakṣapratipakṣaparigraho vādaḥ/

まず、認識手段により、好ましい対象であると決定して〔人が〕活動する[103]ときには、その人にその好ましい対象は間違いなく成立する。また[104]、〔認識手段により、好ましい対象であるか否かの〕決定知がない場合にも〔吟味により決定知が存在する〕原因がありうることから、〔決定知が〕存在するであろうと〔思われる〕好ましい対象に向かって活動すると[105]、その人にとって[106]、そのような好ましい対象は間違いなく成立する。そしてたとえば、糸に対して働いている機織り人には、布〔が生じて、好ましい対象と合致するが、そ〕のようには、もし、それが合致しない〔すなわち、認識手段と吟味によって論理活動を行なっても好ましい対象が得られないという〕なら、〔それは〕カラスと椰子の実の喩えによって[107]〔まったく因果関係のない偶然でそうなっただけのこと、と説明される〕」[108]と。

このようなわけで、他者により攻撃されても、ニヤーヤ論者は、論議に際して、次のことがない限り論理活動すべきでない[109]。それは、まず〔第一に〕自己の能力すなわち知識などにおいて卓越しているという特徴を持っていることがないかぎり、〔第二に〕その反対である他者の無能力〔がないかぎり〕、〔第三に〕議長と質問者とに正しくない論理の活動（anyāyapravṛtti）を除去する能力〔がないかぎり〕、〔第四に〕正しく判断できる尊敬されている人（susaṃbhāvitam）であるレフェリー〔がいないかぎり〕。

さらに、自分勝手に（ahaṅkāramātreṇa）自己の能力などを考慮しない

---

[103] T,P：pravarttate. B：pravṛttate.
[104] T：yadā. P,B：yadāpi.
[105] T,P：tadāpi. B：tadā.
[106] T,P：tāvadasya. B：tāvad.
[107] Cf. V.Sh. Apte：The Practical Sanskrit-English Dictionary, Kyoto 1978, Appendix E, p.58.
[108] 引用不明。
[109] T,P：pravartitavyaṃ. B：pravartayitavyaṃ

で活動する人は、ニヤーヤ論者とはとてもいえない、思慮のない人であるから。というのも、〔たとえば〕腹が減っていても〔食べる行動を起こす前に〕毒の〔混入があるかもしれないという〕疑わしい知を除去しないで、〔食べ物の〕外見を優先するような人は[110] 食事を〔楽しく〕享受することはできないから。

〔反論：〕〔好ましい〕対象（artha）に関する疑わしい知も行動の原因であるから〔「疑わしい知」も論議（vāda）などにおける論理活動の原因である〕。すなわち、好ましくないもの（anartha）についての疑わしい知・熟考・決定知の三は、行動のないこと(apravṛtti)[111] の原因となることはすでに知られているが、同様に、好ましい対象についての疑わしい知・熟考・決定知も行動の原因となる。だから、疑わしい知が[112] 論議などにおいて行動の原因でないとどうしていえるのか。

（22.20）〔答論：〕そのようにいってはならない。好ましい対象についての疑わしい知が、別のあり方で行動の原因となるから。苦しみに悩んでいるある人が、苦を鎮める[113]〔あるひとつの〕原因について疑わしい知をもち、苦を鎮める他の原因を見出せないときは、〔ひとつの原因という〕好ましい対象についての疑わしい知のみからでも行動を起こす。なぜなら、行動を起こしている人は、いつかは[114] 苦を鎮めることがあり、一方[115]、行動を起こさない人には、それは「苦である」と定まったものとなるのみであるから。また、のぞんだ対象の〔一つの〕原因について疑いを持っている人が、のぞんだ対象について他の原因もみつからず、行動をおこせば多大の努力を要すること、あるいは、好ましくな

---

110 T,P : saviṣatvāśaṃkāmanivartya prekṣāpūrvakārī. B : saviṣāśṃkamanivartya prekṣākārī.
111 T,P : apravṛtti-. B : nivṛtti-
112 T : kathaṃ saṃśayasya. P,B : tat kathaṃ saṃśayasya.
113 T,P : -duḥkhopaśamana-. B : -duḥkhopaśama-.
114 B には kadācit なし。
115 B には、apravarttamānasya の後に tu あり。

いことが結果するという可能性がある場合に[116]、好ましい対象についての疑わしい知のみから行動する、ということである。このようにして、熟慮する人にとっては、好ましい対象についての疑わしい知も、行動の原因であるが、しかし、それは、〔熟慮することなしに行動する〕博徒（dyūta）などのごとくであってはならない。一方[117]、論諍(jalpa)と論詰（vitaṇḍā）とには、敗者は大いなる嫌悪感をもつ。しかし、行動しない人には、何ら大きな痛手とはならない。それゆえ、思慮ある人なら、論議においても疑わしい知から、まず最初に行動するべきではない[118]であろう。なぜなら、正しい立証手段が存在しないような論証式を作る人は、劣悪な知性を対象としているから、理解不可能な言葉[119]が結果することになるであろう。最初に立証の能力などについての定まった見解を持たず[120]、それを決定するために先生などと共に論議をなすような人も、まさに〔勉強中の〕生徒であって、正しい論者ではない。なぜなら、知識を得るという意図があるからで、ちょうど学説体系（śāstra）の意味を考えて行動する人（勉強中の生徒）のように。

このように、吟味（tarka）は論議（vāda）などの行動を強化するために別個に述べられたものである、〔たといそれが〕疑わしい知に含まれていても。

2.1.1.1.1.6. 不確定知（anadhyavasāya）は「疑わしい知」に含まれる。

〔23.09-19〕

「あの木は、いったい、何という名前であろう」というような不確定知（anadhyavasāya）は疑わしい知と別ではない。なぜなら、〔ある〕木の

116　T,P：tadārtha-. B：tadāpyartha-.

117　B には tu はない。

118　T,P：na pravartitavyam. B：不明。nāva もしくは tāvat pravartitavyam.

119　T,P：vacanatvaprasaṅgāt. B：vacanaprasaṅgāt.

120　T：sādhanasāmarthyād niścayaḥ. P,B：sādhanasāmarthyādyaniścayaḥ. P,B を採用する。

名前を対象としてもっているあるものが、他の名前を対象としてもっている[121]ことも経験されるから。「〔あの木は〕マンゴーなどのようである〔が、何という名前であろうか〕」というように、〔マンゴーとの〕共通性によって〔マンゴーという〕特別の名前を推論せしめて、マンゴーなどのような、そ〔の実物〕とは別のものを想起して「あの木は何という名前であろうか」と疑う。なぜなら、名前の種類はよく知られているものや知られていないもの[122]が多数存在するから[123]、「杭〔か人か〕」などの疑わしい知のように、別の名前を述べることは不可能である。たとえば、「汝に一匹の牛が生まれた」といわれた場合、牛の様々な名前をよく知っている人でも千頭の牛を飼っている人には、〔その内の〕どの牛が生まれたか、というような形の疑わしい知が生ずる。バドラ牛でもなく、ナンダ牛でもないなどという〔多様な〕特徴の選択肢を持っているからである。このようなわけで、〔はてしなく〕追及することになるから、また、無意味であるから、〔「この矢は誰が作ったのか」などという〕矢の作り手に関する不確定知（anadhyavasāya）は、疑わしい知に含まれることが理解されるべきである。なぜなら、「杭〔か人か〕」などの疑わしい知に際しても、「これは[124]何であるか私は知らない」という言葉が内心には、たしかに存在する。この限りでは〔疑わしい知と不確定知とは〕別ではない、ちょうど、有分別知覚と無分別知覚という〔再分類があっても知覚の定義は一つである〕ように、〔疑わしい知、熟慮、吟味、不確定知などという〕再分類が存在しても、定義は一つであるから。

このように、不確定という点では区別がないから、熟考と不確定知とは疑わしい知と別ではない、ということが確定した。

---

121 T,P : aparasaṃjñaviṣayo'pi. B : paraviśeṣasaṃjñaviṣayo'pi. T,P を採用する。
122 T,P : -siddhasya ca. B-siddhasya asya ca.
123 T,P : bahutvena. B : bahutvaṃ tena.
124 T,P : kimidam. B に idam なし。

2.1.1.1.1.7.「疑わしい知」否定論者とそれへの駁論〔23.21-25.05〕

2.1.1.1.1.7.1.「疑わしい知」否定論〔23.21-24.06〕

〔反論（チャールヴァーカ）:〕[125] 疑わしい知は存在しない。どうして、それ（疑わしい知）に〔熟考(ūha)と不確定知(anadhyavasāya)が〕含まれるなどと考えるであろうか。というのも、そのような疑わしい知識に一体何が顕現しているのか。

（1）〔直立性などの属性を持つもの、すなわち、〕ダルミン（dharmin）であるのか、それとも〔直立性などという〕属性 (dharma) であるか。もし、(1) ダルミンなら、それは (a) 真実であるもの（tāttvika）か、(b) 真実でないものか。(a) もし、〔疑わしい知が顕現しているダルミンが〕真実なものであるとするなら、どうしてその〔真実なるものである〕知に疑わしい知の形相があることになろうか。なぜなら、〔顕現しているもの（＝ダルミン）が真実なるものであるなら、それは〕掌などの決定知のように真実の対象を認識した [126] という性質があるのであるから。〔したがって、疑わしい知に真実なるダルミンが顕現するという矛盾となる。〕

（b）もし真実でない〔ダルミンが顕現している〕とするなら、その場合も、〔今度は〕真実でないもの〔の顕現〕を対象としていることになるのであるから、〔眼病者の眼の中に見える〕毛髪のように、それはまさしく誤知であって疑わしい知ではない。〔したがって疑わしい知に誤知が顕現するという矛盾となる。〕

（2）もし〔疑わしい知に、属性・〕ダルマ（dharma）〔が顕現しているというの〕であるなら、それは (a) 杭性という特性を持つのか、(b) 人性という特性を持つのか、(c) それら両方の特性を持つものか。

125　＝PKM p.47, ll.10-21 ; TUS p.19, l.10ff. TUS の記述からもこの saṃśaya 否定論はチャールヴァーカと思われる。Cf., Franco, E. [1987] (2) p.380.

126　T,P : -gṛhīti-. B : -gṛhīta-.

(a) もし、杭性という特性を持つなら、真実のものか真実でないものかという上述と同様の誤謬がある。

(b) もし、人性という特性を持っているならその場合も上記と同様の誤りがある。

(c) その両方の特性を持っているなら、その場合も、(i) 両方が真実なものか真実でないものかという〔上記と同じ〕誤りがある。(ii) もし、一方が真実で他方が真実でないというのがあれば、それを対象としている知は誤知であると同時にまた真実知でもあるという〔矛盾した〕ことになってしまう。

(3) もし、疑わしい知には、疑わしい対象が現れているなら、(a) その疑わしい対象[127] が存在しているのか、(b) 存在しないのか、などという選択肢の淵におちこんでしまい、この疑わしい知〔の存在性〕は破滅する。真知と倒錯知とは性質を異にするということを知ることができなくなるということである。

2.1.1.1.1.7.2. 「疑わしい知」は存在する。〔24.08-25.05〕

〔答論：〕このようなもの（＝論者）は、牛糞とパーヤサの喩え[128] によって疑わしい知を否定する人であり、初心者（prakṛtajana）にすら軽蔑される。疑わしい知は、すべての生類に不確定な考えを本質としたものであるとして、自ずと知られている。それは、ダルミンを対象とした実在か、ダルマを対象としたものか、それは一個の知か、多数の知か、真実であるものを対象としたものか、真実でないものを対象としたものか、というこのような選択肢によって、〔疑わしい知の存在が〕わずかでも否定されることがあろうか。もし、知覚により成立した〔二者間の〕

---

127 T,P : saṃdigdho'rtho. B : saṃdigdhārtho.

128 Cf. NBhūṣ p.24, editor's footnote 2. 牛糞とパーヤサの喩えとは、牛糞もパーヤサ（ミルクとライスで作った食べ物）もどちらも牛から生じるものであるから同一であるとみなすがごとき暴論の喩え。

区別[129]が否定されたなら、苦と楽の区別も否定されることになってしまうであろう。

〔反論：〕〔疑わしい知の否定は〕容認される。

〔答論：〕いかなる理由からか。

〔反論：〕真理の破壊（tattvopaplava）が成立するから。

〔答論：〕どのようなことからそれが成立するか[130]。

〔反論：〕認識手段が存在しないことから。

〔答論：〕認識手段が存在しないことも、どのようにして成立するか。

〔反論：〕定義が存在しないことから。

〔答論：〕その場合も、もし、定義の非存在の立証に妥当性があるというなら、その妥当性は真実である。それなら、どうして真理の破壊が成り立つのか。

〔反論：〕〔そのような妥当性は〕ない。

〔答論：〕それなら、妥当性が存在しないのであるから〔真理の破壊は〕成立しない。言葉だけによって成立するというなら、すべての主張の成立があることになろう。

（24.18）また、〔汝の見解によると〕定義の非存在も認識手段の非存在を知らしめるから〔定義の非存在は〕認識手段である〔ことになる〕から、あらゆる認識手段の非存在はどうして成立するのか。もし、「我々によって、いかなるものも成立しない[131]」と相手に対する詰問のみがなされるというなら、それもまた正しくない。相手の〔主張の〕本質が決定していないのに詰問することは不可能であるから。すべての認識手段が容認されないのであるから、この世間も成立しないし、この世間の

129　T,P：pratyakṣasiddhabhedasya-. B：pratyakṣasiddhasya bhedasya-.

130　P：siddhir. T,B：siddhā.

131　P：siddhā. T,B：siddhir.

習慣も成立せず[132]、そのような思慮されないものが容認されるはずがない。だから、〔勝手に〕論ずるだけではすべて無意味なことである。

あるものは次のように述べる。「あるもの A との共通の属性などがみられることから、〔その共通の〕属性をもつ別のもの・ダルミン B には〔A か B かという〕疑わしい知が〔生ずる〕というのは正しくない」と[133]。しかし、これも正しくない。別のものであるという点では[134]区別がなくても、糸〔と布〕などにおけるように〔普遍の色がみられることから、糸の色か布の色かという疑わしい知が〕みられる。

あるものだけが、あるものに対して共同因となり、また[135]、それ（＝疑わしい知）を生ずるものとなるのであって、すべてのものがすべてのものに対してそうである〔すなわち、疑わしい知を生ずる〕わけではない。「共通の属性などを持っているものをみることから、それ（＝共通の属性を持つもの）についてのみ、特に、〔杭か人かという〕疑わしい知が生ずる[136]」とウッドヨータカラ(Uddyotakara)が述べている。

以上の理由で、「疑わしい知」は存在するのであり、共通の属性などにより生ずるものである。

2.1.1.1.2. 不正な新得知 2・「倒錯知」（viparyaya）の考察〔25.07-38.17〕

2.1.1.1.2.1. 倒錯知（viparyaya）の定義〔25.07-19〕

「倒錯知とは誤った決定知（adhyavasāya）である。[137]」〔このニヤーヤサーラ（NSāra）の文の意図は〕反対の対象であるとの決定、すなわち、それでないものに対してそれであると考えること[138]、それが倒錯知

132 T,P : na. B : vā. T,P を採用する。
133 引用不明。
134 T,P : -rthāntaratvāviśeṣepi. B : -rthāntarāviśeṣepi.
135 T,P : ca na. B : na ca.
136 Cf. NV p.252, l.20-p.253, l.03. ; NBhūṣ p.25, footnote 1.
137 NSāra p.25, l.01.
138 Cf. NV p.72, ll.06-07 : kaḥ punar ayaṃ viparyayaḥ atasmiṃstaditi pratyayaḥ/;

であるという意味である。「たとえば、〔月は一つであるのに対して〕月は二つである[139]という〔知〕などのことである。また、熟睡している人が、象などを見ること〔すなわち、夢の知のこと〕でもある。」[140]と〔ニヤーヤサーラで説明されるが、象などを見る夢の知というこ〕の別の実例は何のためか、というなら、それは、すべての倒錯知を網羅せしめるためと別の見解を否定するためとである。

ある人は、ここにある夢の認識は、認識手段の結果である記憶の想起・疑わしい知[141]〔・倒錯知〕などとは別のものであると主張する[142]。それゆえ[143]、その否定がなされるのである。というのは、倒錯知という特徴によって網羅されている〔夢の知〕が、それ（＝倒錯知）とは別のものであるというのは正しくないから。また、夢の知は、倒錯知とは異なった特徴[144]であっても、それが別の無知（avidyā）である、ということにはならない。なぜかというと[145]、まず、不決定を本質とするもの、それは疑わしい知（saṃśaya）に含まれるから。〔一方、夢の知は不決定を本質としていない。〕

〔反論：〕熟睡している人には、〔対象（viṣaya）が存在しないから〕共通の属性（dharma）など[146]という[147]〔疑わしい知の〕原因が存在しない、それゆえ、「疑わしい知」は生じない。

NBh p.1087, l.05 : sthāṇau puruṣo 'yam iti vyavasāyo mithyopalabdhiḥ atasmiṃstaditi jñānam,...

139 T : candrau. B,P は candrāv. B,P を採用する。

140 NSāra p.25, l.02

141 T : ...smṛtyādibhyo. B,P : ...smṛtisaṃśayādibhyo. B,P を採用する。

142 PBh (VSS) p.172, ll.20-21 : tatrāvidyā caturvidhā—saṃśayaviparyayānadhyavasāyasvapnalakṣaṇā/

143 T,P : atas tan... B : atas tasmins tan...

144 T,P : viparayādivilakṣaṇaṃ. B : viparyayād vilakṣaṇaṃ. B を採用する。

145 T,P : yad. B : yato yad. B を採用する。

146 Cf. NS 1.1.23. 本文 45 ページ、注 14 参照。

147 T : ...ādiviṣayakāraṇābhāvān na. P : ...ādijñānaṃ kāraṇābhāvān na. B : ...ādikāraṇābhāvān na. ここは B を採用する。Cf. Joshi,L.V. [1986] p.205.

〔答論：〕そうではない。〔対象が実際には存在してなくても、夢の中では〕対象に対する言葉によって、それを対象として持つ知識が語られるから。〔したがって、夢の認識でも疑わしい知は生じえる。〕また[148]、共通の属性などの知識は、それは正・誤のいずれかであるはずであるが、いずれの場合であっても、共同因と共に作用して疑わしい知の原因となると認められる。なぜなら、結果が知られることから原因に〔疑わしい知を生ずる〕能力があることが確定されうるから、ということである。

「新しく知識として生起した（anubhūta）〔換言するなら、新得知の〕対象のみ[149]が顕れるという夢の知は、〔記憶の〕想起である。一方、正しい新得知を本質としているものは知覚などの結果である、快感などの知のように[150]」といわれている。このように夢の認識が、ある特徴（＝倒錯知の特徴）によって網羅される場合、その夢の知は、そこ（＝その特徴）に含まれていると見られるべきであり、それらのものと別ではない、たとえば、白日夢の知がそうである（＝夢の知に含まれる）ように、ということである。〔したがって、夢の知は倒錯知であって、不決定を本質とする疑わしい知に含まれることはない。〕

2.1.1.1.2.2. 倒錯知の原因〔25.19-26.07〕

倒錯知[151]は種々の原因によっても多種に分類される。たとえば、類似性からロープに〔生じた〕蛇と、また、杭に〔生じた〕人間といったような知識など、他の実体と接触していることから、白い布であるのに、それに対して〔生じた〕赤という知識、あるいは、水晶などに対して原因が近接しているというだけで〔生じた赤という知識〕、次第に生じているにもかかわらず、そのものに対して迅速さゆえに〔生じた〕同時という知識、船などに乗っているため、不動のものに対して〔生じる〕動

---

148 T,P : tac ca. B : tasya.

149 T,P : anubhūtārthamātrā... B : anubhūtamātrā... T,P を採用する。

150 引用不明。

151 T,P : viparyayo. B : viparyaya.

いているものという知識、マントラや薬草の力により〔生じる〕幻想などの知識、このようなものは、外的な原因が主である倒錯知であると知られるべきである[152]。

また、内的な原因が主であるものは〔次のとおり〕。眼などが胆汁などによって占められることによって貝殻に〔生じる〕黄色など[153]の知識、眼の欠陥から毛髪などが存在しないのに〔生じる〕毛髪の知識、一つの月などに対して多数[154]〔の月〕という顕現、過度の潜在印象力のため、若い女が存在していないのに〔生じる〕若い女の顕現、誤った学問を学ぶことにより不幸や救済不可のものに対して〔生じる〕その反対の知識〔つまり、幸や救済という知識〕、不可見（adṛṣṭa）の力により方向などの誤った認識、これらと同様に、夢の知は、眠りに伴われた過度の潜在印象力によって起こる〔倒錯知である〕と知られるべきである。

2.1.1.1.2.3. 錯誤知（khyāti）の対象の考察〔26.08-32.13〕

2.1.1.1.2.3.0. 対象による錯誤知の分類〔26.08-11〕

対象〔として何を想定するか〕によって、錯誤知は次のように考えられるであろう[155]。1. akhyāti（無対象認識＝対象が何もないのに生ずる錯誤知）[156]、2. asatkhyāti（非実在対象認識＝存在していないものを対

---

152 T, P : iti. B には iti はなし。
153 T, P : pītādijñānaṃ. B : pītajñānaṃ.
154 T, P : anekatva. B : aneka.
155 P, B には iti なし。
156 ここで khyāti の語は viparyaya や bhrānti という倒錯知や錯乱知の意味で使用されている。khyāti とは、元来、「知識」を意味する語であるが、知識の中でも特に倒錯知や錯乱知に焦点を当て、それら錯誤知の対象を考察しようとした。ここでは khyāti を両者と区別して「錯誤知」と訳してみたが、実際には viparyaya や bhrānti と変わらないと思われる。8 世紀初頭のマンダナミシュラ（Maṇḍana-miśra）が彼の著作 Vibhramaviveka において本格的に khyāti 論を展開したのが最初とされる。Cf. Schmithausen,L.〔1965〕p.5 (Vorwort) ; 黒田泰司 [1998]、7 ページ参照 ; 村上真完 [1991]、308-324 ページに部分訳がある。
　各種の khyāti に対し、それぞれ一応日本語訳を付けるが、本文では便宜上原語を使用する。

象とした錯誤知）、3. prasiddhārthakhyāti（既成対象認識=すでに存在として成立しているものを対象とした錯誤知）、4. alaukikārthakhyāti（超世間対象認識＝超世間的なものを対象とした錯誤知)、5. smṛtipramoṣa（記憶による奪取)、6. ātmakhyāti（自形相対象認識＝知みずからの形相を対象とした錯誤知)、7. sadasattvādyanirvacanīyakhyāti（明言不可能対象認識＝実在・非実在など明言されない無明を対象とする錯誤知）、8. viparītakhyāti（倒錯対象認識＝A とは異なった対象に対して A であるという錯誤知）。

2.1.1.1.2.3.1. akhyāti（無対象認識）の主張〔26.13-18〕

これら〔八種〕の内、まず、「無対象認識(akhyāti)〔という錯誤知〕には、論拠(pramāṇa)が存在しないから[157]〔このような考えは〕正しくない」というなら、そうではない。論拠は存在するから。たとえば、[158]〔陽炎（marīci）に対して、誤って〕水という顕現を持った〔錯誤〕知にあっては、水の存在がその対象[159]となっているのではない。なぜなら、〔もしそうなら、すなわち、存在する水がその対象になっているのなら、それは正しい認識であり〕錯誤知ではないことになる。一方[160]、水の非存在が〔対象として錯誤知に〕顕現することは絶対にない。それゆえ〔それ、すなわち、水の非存在が、水という顕現を持った陽炎の〕対象ではない。同じ理由で、陽炎も〔水という錯誤知の〕対象ではない。なぜなら〔もしその知に陽炎の〕顕現が認められたとしても、その場合は、その〔陽炎の〕認識は錯誤知ではないことになるからである。

水の形体をとって陽炎が認識されるというのもまた正しくない。なぜなら、それは別のものであるから。すなわち、壺の形体をとってそれとは別のものである布などの認識が認められるようなことはないから。

---

157 T,P : ...abhāvāt tāvad akhyātir. B : ...abhāvād akhyātir.
158 ここから p.28, l.01 まで＝PKM p.48, l.18 - p.50, l.08.
159 T : ...sattāvalamba... B,P : ...sattāvālamba...
160 T,P : tu. B : ca.

したがって、〔陽炎に対して生じた〕水などの錯誤知は夢の中における錯誤知のように全く対象のないものである[161]。

2.1.1.1.2.3.2. akhyāti の否定と asatkhyāti（非実在対象認識）の主張〔27.01-10〕

これ（無対象認識論）は正しくない。〔もしそのようなことであるなら、対象が存在しないのであるから、対象を〕特殊性により〔何々であると〕指摘することができなくなってしまうから。なぜなら、あるものに関してそれ自らの形体にしても他のものの形体にしても、何らの顕現もないような場合、そのものが一体どのような特殊性によって、〔つまり、特徴によって〕水の知識であるとか、銀の知識であるとか指摘されようか。〔また、もしそのようであるなら、〕錯誤知と夢の状態とに相違がないことになってしまうであろうから。なぜなら、そこには顕現している対象とは別に何ら他の特殊性は存在しないし、また、顕現しているものはその〔錯誤〕知の対象(ālambana)であるといわれるから。どうして akhyāti（無対象認識）こそが錯誤知といえるであろうか。

（27.07）他のものは、しかし、次のように述べる。「汝の言うことは尤もであろう。しかし、顕現している対象、それは存在を本質とするのか[162]非存在を本質とするのか、と考察されるが、そ〔の対象〕は〔実際に〕存在しないのであるから＜非実在認識という錯誤知＞（asatkhyāti 論）こそが認められるであろう。貝殻などにおいても、〔対象として存在している〕白などの顕現は錯誤知ではない。では、なにが〔錯誤知〕かと

161　ここで主張されている khyāti 論は、仏教・中観派の主張と思われる。しかし、akhyāti の語に対しては、後述する Mīmāṃsā 学派の Prabhākara 派の誤知論である smṛtipramoṣa とする見解もある。Cf. Schmithausen, L.〔1965〕p.103f. ; NBhūṣ p. 26, footnote 1. Vācaspati もこれを smṛtipramoṣa と同一視している。Cf. NVTṬ p. 74, ll.11-18. また、Bhatt によると Prabhākara 派の akhyāti とは vivekākhyāti のことであり、その原因が smṛtipramoṣa なのである。したがって、両者が同一視されるのは当然といえよう。Cf. Bhatt, G.P. [1962] p.107.

162　T,P : sadrūpo vā. B : sadrūpo.

いえば、銀の顕現が〔錯誤知なの〕である。そしてその銀という形相は、そこには〔対象として〕存在しないのであるから、非実在対象認識論という錯誤知（asatkhyāti）ということになるであろう」と[163]。

2.1.1.1.2.3.3. asatkhyāti の否定と prasiddhārthakhyāti（既成対象認識）の主張〔27.12-19〕

別のものは、これも正しくないという。なぜなら、存在しないようなもの[164]は、空華のごとくに、顕現することはありえないから。また〔もしそうであるなら〕錯誤知には多くの種類が存在しないことになってしまうから。というのも、asatkhyāti を主張する人には、対象であれ知識であれ、そこに多様な種類・区別がないことになろう、その区別があれば、それによって多様な錯誤知が認識されるのであるが。したがって、正しい根拠によって〔いったんはその存在が〕すでになりたった多種多様な対象こそが、錯誤知においても顕現するのである。

また[165]、「〔対象は存在を本質とするか、非存在を本質とするか、と〕その考察されているもの」が存在しないということはない。なぜなら、考察は〔対象となる〕認識知というものを離れてはどのようなものもありえないから。また〔もしそれでも考察があるというなら、そのような考察は、存在する〕認識知〔が存在しないこと〕に〔反することになり〕否定されてしまうであろうから。なぜなら[166]、掌なども顕現するという力によってその存在が認められるのであり、そのような顕現は他の場合にも存在する。

たといもし、後になってそのような対象が顕現していないとしても、

---

163 これは中観派の一部の見解であろうと思われる。しかし、Schmithausen によると Maṇḍana は Vedānta の誤知論も asatkhyāti とみなしていたと考えられる。しかし、後代の Vimuktātman が Iṣṭasiddhi においてこれを訂正、anirvacanīyakhyāti の名称を提唱したといわれる。Cf. Schmithausen, L.〔1965〕 p.237.
164 T：sataḥ. B,P：asataḥ. 後者を採用する。
165 B のみに ca なし。
166 B のみに hi なし。B は採用しない。

顕現しているかぎりはそ〔の対象〕は存在するのである。そうでなかったら[167]稲妻などもまた存在を認めることができなくなってしまうであろう。それゆえ、〔正しい根拠によりその存在がいったん認められたものを対象とした錯誤知、すなわち〕既成対象認識という錯誤知論（prasiddhārthakhyāti）こそが、正しい[168]。

2.1.1.1.2.3.4. prasiddhārthakhyāti の否定と alaukikārthakhyāti（超世間対象認識）の主張〔27.21-28.02〕

〔ある人はいう。〕それもまた正しくない。〔いったん、存在が〕確立したとおりの対象を認識する[169]ということでは、〔正知も錯誤知も〕区別がなくなるから、錯誤知と錯誤知でないものとの言語表現〔の区別〕がないことになってしまう。さらにまた、〔水の知が錯誤知でなければ〕後になって水などが存在していなくても、その特徴、たとえば、地面が滑りやすいことなどが認識されるであろう。なぜなら、稲妻などのように[170]、水もまた、素早く跡形もなく（niranvaya）滅していくことはどこにも知られない。〔もし、そうであるなら〕その場所にいるすべてのそれを見た人が一致して〔それ（水）の〕認識が稲妻などの〔認識の〕ように〔素早く跡形もなく滅するものとして〕あるであろうが〔そのようなことはない〕。また、否定するものと否定されるものという関係がありえないことになる。すべての知識がすでに成立したものを対象としている点では区別がないのであるから[171]。

したがって、〔陽炎に対する水の知などには〕超世間的な(alaukika)

167　B のみに hi あり。これ B は採用しない。

168　これは Cārvāka の見解と思われる。Cf. NBhūṣ p.26 footnote. Joshi は Sāṃkhya の見解ともいう。Cf. Joshi, L.V.〔1986〕p.210.

169　B のみが arthagṛhītatva... T,P は arthagrahaṇa...

170　B のみ vidyudādivat.

171　B : avitathārthaviṣayatvād. P : avitathāviṣayatvāviśeṣād. T : prasiddhārthaviṣayāviśeṣād. T を採用する。

このような対象がそのように[172]顕現しているのである。それゆえ、ある人は超世間対象認識という錯誤知論（alaukikārthakhyāti）こそが認められる、という[173]。

2.1.1.1.2.3.5. alaukikārthakhyāti の否定と smṛtipramoṣa（記憶による対象の奪取）の主張〔28.04-13〕

〔また、別の人はいう。〕それも適切でない。なぜなら、そのような対象は、正しい論理的根拠が存在しないからなりたたない。

まず、水などの対象は知覚(pratyakṣa)などによりなりたっており、そのようなものが錯誤知に顕現することは絶対にない、以前〔akhyāti(無対象認識)の議論の際〕に述べられた誤りがあるから。しかし、知覚などにより成立したものとは異なったもの[174]が〔錯誤知として〕一体どうして成立するであろう。

〔反論：〕正しい論理的な根拠が存在しないからこそ、それは超世間的(alaukika)ではないか。

〔答論：〕そうではない。正しい論理的根拠がなければ[175]確定がありえないから。なぜなら、そうでなければ、どのような場合でも、論理的根拠がないものでも、そのまま確立することになるであろう、ということで、論理的根拠を想定してみても一体何になろうか。

〔反論：〕そのような対象（超世間的対象）を立証するために、倒錯知（viparyaya）という論理的根拠が想定されるべきである。すなわち、そのような対象は有益な行為をなさない、ということはない。〔陽炎に水

---

172 B : eva. P,T : evaṃ. P,T を採用する。

173 これは Mīmāṃsā 学派の Umbeka の見解といわれる。Cf. NBhūṣ, p.26 editor's footnote 1. Schmithausen はこれが ŚVV p.52,l.08 - p.53,l.24, PVBh p.196, l.21f., NK p.181, l.24f., Vyo p.540, l.23f. などに言及されていることを記している。Cf. Schmithausen, L. [1965] p.268. また、NM では Mīmāṃsā の一部の見解といわれている。Cf. NM I (KSS) p.172, ll.04-07.

174 B,P : vyatiriktas. T : avyatiriktas. B,P を採用する。

175 P : pramāṇabhāve は誤り。

を〕見ることより生ずる〔それを取りに行こうとする〕有益な行為をなすものであるから、ちょうど、月〔を見て、それを取りに行こうとする行為〕のように。

〔答論：〕そうではない。〔それでは、貝殻を銀と見ることが〕月などを〔一つであると〕見るように矛盾のないことになってしまうから。世間的にも学問的にも矛盾するものには正しい論理的根拠は見られないからである。またある対象が存在しているとおり知覚などにより認識されている場合、それと同じとおりに錯誤知においても顕現するのであり、他のものである超世間的なものが〔顕現するの〕ではない。それゆえ、この錯誤知は記憶想起による〔現在知の〕奪取〔という錯誤知論〕(smṛti-vipramoṣa)[176]であるといわれる、ちょうど、〔過去に〕見られた〔銀という〕対象との類似を有することから、それ（眼前の貝殻という対象）〔に、それ〕とは異なった〔過去に見られた〕もの(=銀)の記憶（smṛti）〔が対象の知を奪取してしまう〕ように、と他のものは考える[177]。

2.1.1.1.2.3.6. smṛtipramoṣa の否定と ātmakhyāti（自形相対象認識）の主張〔28.15-30.22〕

2.1.1.1.2.3.6.1. smṛtipramoṣa の否定〔28.15-29.19〕

それもまた不適当である。なぜなら、これは銀であるというような形相を持っている記憶の想起（smṛti）は起こりえないから。というのも、もし、そうであれば、新得知と区別がないことになってしまうから。また、記憶の想起は、他の知識によって否定されることはない〔ことになる〕。なぜなら、〔記憶の想起は、以前経験した〕新得知のとおりに知らしめられたものを対象としている（yathā-anubhava-āveditārtha）から

---

176 B：smṛtipramoṣa. P,T：smṛtivipramoṣa. 以下、pramoṣa/pramuṣita に関しても同様。なお、Schmithausen,L. [1965] pp.54, 262, 263 に、“pramoṣa”の語にたいして unterschlagen の独訳あり。

177 akhyāti の箇所でも触れたように、これは Mīmāṃsā 学派 Prabhākara の見解である。

〔他のどのような知識によっても否定されるはずはない。したがって、もしこのようであるとするなら、貝殻の知によって銀の知が否定されることがなくなってしまう〕。
〔反論：〕〔銀の知は〕想起に奪取されたものであるから〔別の想起に奪取されたなら否定されうる〕。
〔答論：〕〔想起に〕奪取される、とは一体何であるか。
(A) もしマナスの欠陥ゆえに〔眼前にある貝殻などという〕別の対象に対して〔想起された銀の知識が〕生ずることであるのなら、そのような〔知識の〕生起は記憶の想起にはありえない。なぜなら、以前見られたことのない部分の顕現が、少しでもあるなら、それは再認識〔でないの〕と同様、記憶の想起ではないこと[178]になってしまうであろうから。
(B) もし、また[179]、マナスの欠陥ゆえに、〔眼前の貝殻などの〕別の対象を自己の対象の形相（＝銀）として記憶の想起が顕現せしめるのであるならば、それは〔ニヤーヤ学派が主張する〕viparītakhyāti であり、〔smṛtipramoṣa ではなく viparītakhyāti という〕別の名称によって認められることになってしまうであろう。また、マナスの欠陥だけから錯誤知が生ずる[180]のではない。眼病などの欠陥からも生ずるから。このことからもそれ（貝殻を銀であるとする錯誤知）は記憶の想起（smṛti）〔による奪取〕ではない。
(29.06) (C) また、もしミルクと水のごとくに、新得知と一緒に区別なく[181]〔混合して〕記憶の想起が生起する事が〔想起による〕奪取であるというなら、ミルクと水との場合にあってもそれら（ミルクと水）の区別がない[182]ということは一体いかなることであるのか。(a) もし

---

178 B : asmṛti. P,T : asmṛtitva.
179 B,P に ca あり。これを採用する。
180 B : bhavati bhrāntiḥ. P,T には bhavati なし。
181 B : avivekena saha. P,T には saha なし。
182 T : vivekaḥ. B,P : avivekaḥ. B,P を採用する。

異なる存在物が異ならないものとして認識されることであるなら、それはまた viparītakhyāti となろう。(b) もしある特殊な混合(saṃśleṣaviśeṣa)であるというなら、〔ミルクと水にはあるかもしれないが〕この二つの知識（新得知と記憶知）にはそれはあり得ない。(c) もし〔一方の知が他方の知の〕直後に生ずること〔が区別のないということ〕であるなら、推論対象、言語の対象、デーヴァダッタという知識などは記憶の直後に生ずるもの（新得知）であるから、これら〔の知〕はすべて記憶に奪取された〔知〕ということになってしまうであろう。

また、次のように言われている。「〔「これは銀である」という知においては〕記憶（＝銀）と新得知（＝これ）との区別が認識されていないのであるから、〔想起による奪取（smṛtipramoṣa）というのは、実際には、認識対象の存在しない〕akhyāti と同じである、その後に〔生じた〕知識（＝貝殻の知）が別である二つの対象の区別をなして生起するのであり、いかなるもの（＝いかなる知）でも〔二つの対象の〕否定をなして〔生起すること〕はない」と[183]。

しかし、この考えも常識と矛盾するから(pratītivirodhāt)正しくない。すなわち、否定というのは[184]、以前に銀であると理解されたものが、〔本当は〕貝殻であり銀ではないというかたちで否定知が生起していて、新たに知られるのであり、記憶された銀が「これは貝殻である」というように新たに知られるのではない[185]ということである。

〔反論：〕〔「これは銀である」という場合の〕銀という知識は、「これ」という知識と対象を共にして、新たに知られているのに(anubhūyamānasyāpi)それが記憶であるというなら、「貝である」という知識も〔以前の経験から生ずるのであるから〕記憶ということになるではないか。〔両者

183　Prabhākara 派の文献からの引用であると思われるが不明。
184　B : bādhaka utpadyamāno. P,T : bādha utpadyamāna. B を採用する。
185　B には na tu なし。na tu のある T,P を採用する。

には〕区別はないから。それゆえ、「これ」と知られたものは〔記憶ではないから〕銀でもなく貝でもないというように不確定が起こってしまう。
〔答論：〕これは正しくない。間断なく生ずる記憶と新得知とがあるがままのかたちで真実に自らの対象を顕現せしめるなら、そこにはどうして錯誤知という言語活動がありうるであろうか。〔一般には〕それとは異なったように自己の対象を顕現せしめる知識〔が錯誤知であるという〕ように〔錯誤知の言語活動があるのである〕。もし異なったように〔対象を〕顕現せしめるなら、それはまた〔ニヤーヤ学派が主張する〕viparītakhyāti であろう。

2.1.1.1.2.3.6.2. ātmakhyāti（自形相対象認識）の主張〔29.21-30.22〕

一方、あるものは次のようにいう。
〔貝殻に対する〕「銀の知」、〔陽炎の〕「水の知」といったような限定された言語活動は、特殊性（viśeṣa）がなければ [186] 妥当でない。したがって、必然的に特殊性は、知識にあるか、対象にあるかが述べられるべきであろう。そのうち [187]、〔貝殻に対して「これは銀である」という知が生じた場合〕銀などの対象は〔現に実際には〕存在しないものであるから認識されないので〔対象が〕特殊性を持つもの（viśeṣaka）であるとはいえない。なぜなら、あるもの A が、B と結びついていることによって特殊である [188] と確定されないかぎり、その A は B の「特殊性を持つもの」（viśeṣaka）ではありえない。記憶の中には存在しているものであっても、以前〔に経験された〕新得知のみについて「特殊性を持つもの」であり、現在の新得知についてはそうではないことになろう。なぜなら、それ（＝現在の新得知）は、それ（＝特殊性）と結びついていないから。

186 T,P には sati あり。B にはなし。
187 B：tata. P,T：tatra. P,T を採用する。
188 B：viśeṣe na. P,T：viśeṣo na. P,T を採用する。

もし銀などの錯誤知に対して貝殻などこそが対象であるというなら、それは正しくない。なぜなら、もしそうであれば銀などの顕現は存在しないことになるであろうから。というのも、色を対象とした知識が味を顕現せしめるということは正しくないから。

〔反論：〕だからこそ錯誤知というのである。つまり、別の対象が別のものを顕現せしめる、それゆえに錯誤知というのである、と考えられる。一方[189]、ある知識においてある対象がそれと同じものを顕現せしめるなら、そ〔の知識〕は正しい知識である。

〔答論：〕これは不可能である。なぜなら、〔知識に〕顕現している対象とは別に知識の対象(ālambana)となるものが他にあてがわれる(krayakrīta)ということはどのようにしてもありえないから。いかなる特徴によってそれ（貝殻など）が〔銀の知識の〕対象（ālambana）であるといえるのか。

もし、「それが〔貝殻が銀の知の〕行為対象であることによってである」というなら、その行為対象であることは、原因（janaka）として限定されていないもの（貝殻）に対して、〔それが〕顕現することなしにどうして理解されうるのか。もし、「その場所に〔貝殻が〕存在しているから[190]」というならそうではない。〔陽炎を水と見た人の場合〕その場所に存在している草などもまた行為対象ということになってしまうであろうから。なぜなら、〔水や草の〕顕現がなければ、人が陽炎に向かってのみ[191]行動し、その場所に存在している草に向かっては〔行動し〕ないという場合の特別な理由（hetu）はないから。また、過去や未来の対象の顕現を持つ知識に対して何が行為対象となるであろうか。もしそれ自身（過去・未来の対象）であるというなら、〔それらは〕そ

---

189 B：ca. P,T：tu.

190 B,P：pravartamānatvād. T：vartamānatvād.

191 T,P：marīcyābhimukha. B：marīcyabhimukha. T,P を採用する。

こに存在しないから〔正しくない〕。もしそれ以外〔の対象〕であるというなら、その知識は錯誤知となってしまうであろう。したがって、〔行為対象であることが知の対象というなら〕過去などの対象の認識は存在しないことになる。それゆえ、あるものが顕現している、そのものこそが〔知の〕拠り所(ālambana)[192]であり〔知の〕対象であるといわれる。

また、貝殻などに特徴づけられた対象が存在しているのに[193]、「私には銀が顕現している」「これは銀という知識である」〔陽炎に対して〕「水という知識である」という表現は正しくない。それゆえ、認識知のみに、銀などの形相（ākāra）があると理解されるべきである。そしてそれ（＝形相）が無始以来の無明の障碍の力により、外界であるかのように顕現している。次第に結果をもたらす無始以来のさまざまな潜在印象（vāsanā）が人間には存在しているのである。したがって、多くの形相を持った知識が、次第にそれ自らの形相のみを知らしめるのであり、それゆえ、自形相対象認識論（ātmakhyāti）がここに成立する[194]。

2.1.1.1.2.3.7. ātmakhyāti の否定と anirvacanīyakhyāti（明言不可能対象認識）の主張〔30.24-31.19〕

2.1.1.1.2.3.7.1. ātmakhyāti の否定〔30.24-31.06〕

〔我々ニヤーヤ学派はいう。〕これも正しくない。なぜなら[195]、もし、知識がそれ自身により知られることが定まっており、そして対象の形相を持っているということなら、知識が ātmakhyāti であることは成立するであろう。しかし、この両方とも後に我々は否定するであろう[196]。

---

192 B : eva ālambanaṃ. P,T : eva avalambanaṃ.
193 B のみに api なし。
194 これは明らかに仏教唯識学派の見解である。Cf. NBhūṣ, p.26 footnote 1 : … (6) ātmano…iti sautrtāntikavaibhāṣikau/
195 B のみに hi なし。
196 唯識の主張する知識内に存在する形相、および、知識の自己認識論は、後に Bhāsarvajña により詳細な議論を経て否定される。山上證道 [1999]、159 ページ以下参照。

さらにまた、すべての知識が自らの形相を把捉するという点で区別がないから、錯誤知・正知の区別と否定するものとされるものとの関係とがなりたたない、自らの形相と整合しないということがないのであるから。その知識の中に存在している銀の形相だけが知られるというなら、外界に存在している〔形相〕が、楽などの形相が〔認識される〕ようには認識される[197]ことはないことになろう。認識者[198]もまたそれ（形相）を得るために活動することもないであろう。なぜなら〔知識は常住でなく、そこに存在している形相も〕常住ではないから[199]活動の対象とはなりえないから。もし汝が無明の障碍の影響から、外界に存在している常住性が断定されると考えるなら、その場合は[200]、viparītakhyāti こそが認められることになろう。知識と同一で常住でない対象の形相が異なったように〔すなわち、常住であると〕断定されることが容認されるのであるから。

2.1.1.1.2.3.7.2. anirvacanīyakhyāti の主張〔31.08-19〕

しかし、他のもの（ヴェーダーンタ学徒）は次のようにいう。知識の対象は、信頼する人の言葉による教示(upadeśa)により得られるもの[201]でも、推論（anumāna）により立証されるものでもない。もしそのようなものであるなら〔ニヤーヤ学派が主張するような〕逆のことが想定されるであろうが。そうではなくて、あるもの A が、ある B という知識に顕現しているなら、そのもの A が B〔という知識〕の対象であるといわれる。そして、水などの知識には水などの対象のみが顕現しており、その反対のものは顕現していない。さもなければ、〔陽炎を見て水と認識した場合でも〕水などの知識ということを口にすることができないこ

---

[197] B : pratīyate. P,T : pratīyeta. P,T を採用する。
[198] B : pratipattāv api. P,T : pratipattā'pi. P,T を採用する。
[199] B : ātmasthiratvena. P,T : asthiratvena. P,T を採用する。
[200] P,T : tarhi. B : sati.
[201] B : upadeśānugmyo. P,T : upadeśagamyo.

となってしまうであろうから。その水などの〔言語の〕対象は実在としてあるのではない。なぜなら、〔もし実在であれば、〕その知識は錯誤知ではないことになってしまうであろうから。またそれ（水の知の対象）は非実在としてあるのでもない。さもなければ空華のように顕現も作用もともに対象のない[202]ことになってしまうから。

また、実在・非実在の両方を本質としているということもない。それは上記の両様の誤りがあることになるから。また、実在と非実在とが同一であるという矛盾にもなるから[203]。

ジャイナ教徒・空衣派の考えによっても、すべての知識は、実在と非実在とを本質としたものの顕現を持っている[204]点では区別がない[205]から、錯誤知と非錯誤知とを[206]確立することができない[207]。それゆえ、知識に顕れているこの対象は、実在としてあるいは非実在として、またそれ以外の性質として述べられることはできないのである[208]。まさに、このことから〔錯誤知である〕無明（avidyā）はブラフマンと別か同一かという選択肢は適当でない。なぜかというと、無明は、究極的な意味で、いかなる形によっても表現されるものではない。もし[209]、表現されうるものであるとするならば、真理のみがあろう、無明〔というもの〕ではない。なぜなら、無明とは真理でないものを本質としているということがすべての人によって[210]認められているから。それゆえ、〔陽炎

---

202 T : viṣayatvaprasaṅgāt. B,P : aviṣayatvaprasaṅgāt. B,P を採用する。
203 ＝PKM p.51, ll.05-11.
204 B : pratibhāsatvā. P,T : pratibhāsitvā.
205 ジャイナのこのような見解は anekāntavāda と呼ばれる。宇野惇〔1996〕(1)、6 ページ参照。
206 B : bhrāntābhrāntāvyava. P,T : bhrāntābhrāntavyava. P,T を採用する。
207 この部分だけ PKM になし。
208 ＝PKM p.51, ll.11-13.
209 B : yadi hi. P,T : yadi.
210 B, P : sarvair eva. T には eva なし。

の水という知に対して〕明言不可能対象認識論（anirvacanīyakhyāti）[211] が成立する[212]。

2.1.1.1.2.3.8. anirvacanīyakhyāti の否定とニヤーヤ学派の主張 viparīta-khyāti（倒錯対象認識）〔31.21-32.13〕

〔我々ニヤーヤ学者はいう。〕それもまた正しくない。[213] 不二論（a-dvaita）が成立するならばそのこと[214] も成立するであろうが、その不二論を我々は後に否定するであろう[215]。

「知識の対象は教示(upadeśa)により得られない云々」といわれたが、汝（advaita 論者）にとってこそ教示（upadeśa）により得られるのではないか。すなわち、〔陽炎に対する〕水という誤知の場合、定まった場所･時間･性質を持った水〔であると教示されたもの〕などが、まさに存在という性質のものとして顕現している。なぜなら、その獲得を欲している人は、まさにそれに対して作用することが見られるから。どうしてそれが「実在とも非実在とも明言されないもの」（anirvacanīya）であろうか。なぜなら、このようであるとしたなら、明言されないものに対しては、顕現も作用も可能ではないから、ということである。

もし、「熟慮された場合には、それは実在･非実在などによっては明言されないものでありえるが、しかし、錯誤知の場合には、そのように

---

211 B : anirvacanīyārthakhyāti. P,T : anirvacanīyakhyāti.

212 Śaṅkara 派 Vedāntin の見解と思われる。宇野惇 [1996](1)、340-341 ページ参照。Maṇḍana に批判的であった Vimuktātman が Iṣṭasiddhi においてこのよう語を使用したことは asatkhyāti の箇所で述べた。なお、NM はこの anirvacanīyakhyāti には言及していない。この名称が使用されるのは Vimuktātman 以後ということともあわせて考えると、NM と NBhūṣ との間に時間差があったことを示すものかもしれない。

213 ここから＝PKM p.52, ll.01-16. つまり、NBhūṣ p.31, l.21 - p.32, l.09 = PKM p.52, ll.01-16.

214 B : hy etat. P,T : tat.

215 Cf. NBhūṣ p.116, ll.07-09 ; 山上證道 [1999]、182-183 ページ。さらに NBhūṣ p.575 以下で brahmādvaita 論が否定される。

〔明言されないものとして〕顕現することはない」というなら、それは異なって〔明言されるものとして〕顕現しているのであるから、〔ニヤーヤ学派が主張する〕対象とは異なった知・倒錯対象認識論（viparīta-khyāti）と同じことになる。

〔反論 :〕viparītakhyāti も顕現と矛盾しているのであるから正しくない。

〔答論 :〕そうではない。〔我々の〕意図が理解されていないから。なぜなら、我々は「このものは〔顕現と〕異なっている[216)](viparīta)」ということを、このような知〔すなわち、viparītakhyāti〕といっているのではない。人間とは異なった（viparīta）杭に対する「あれは人間である」というような知識が viparītakhyāti[217)] といわれるのである。

（32.05）〔反論 :〕人間の顕現を持っている知識に対して、顕現していない杭が対象であるというのは正しくない。もし、そうであるなら、どのような場合も確定がないことになってしまうから。

〔答論 :〕そのようなことはない。なぜなら、〔杭を見ている人に生じた〕「あれは人である」という知識において、杭こそが顕現しているのであり、人間が〔顕現しているの〕ではない。「これは人の顕現を持つ知識である」というこれ[218)] もまた錯誤知である。なぜなら、杭が顕現しているのであるから。たとえば〔それを〕拒否〔する知が生じた〕後には「あの杭が私には人であるというように顕現した[219)]」と知られるから[220)]。〔これは〕財宝であるという〔誤った〕知識により、ある人には〔石ころなどの〕財宝とはほど遠いものを手にするということが経験されるが、このようなことも viparītakhyāti〔の考え〕においてこそ可能である。また〔金銀とは〕別のものを手で掴んで「私はこの金や銀を得

---

[216] B : viparītakhyāty ayam. P,T : viparīto 'yam. P,T を採用する。
[217] B : viparīta. P,T : viparītakhyāti.
[218] B : ...jñānam etad ity. P,T : ...jñānam ity etad ity.
[219] T : pratibhāsa. B,P : pratibhāta. B,P を採用する。
[220] ＝PKM p.52, ll.01-16. 注 213 参照。

たり買ったりした」という。このゆえに、真理を認識していないから、また、アダルマの影響力により、杭などが人間などの形相として確定される、というのが〔錯誤知としては〕正しいのである[221]。

2.1.1.1.2.4. 夢の知の対象をめぐる議論〔32.15-33.15〕

[222]夢などの知識〔という錯誤知〕において、倒錯している対象とは一体何であろうか。ある人は、その場所（＝夢を見ている人が眠っている場所）にある寝台の骨組みなど〔が夢の知の対象〕であるという。しかし、これ[223]は正しくない。そのような根拠（pramāṇa）は存在しないから。なぜなら、近接というだけで〔夢の錯誤した〕知識の対象であるということにはならない。しからばどうかというと、〔夢の時に近接していなくても、〕今〔夢の中で〕顕現しているものが、後になって[224]〔目覚めてから〕再び構想されることによっても〔夢の中の対象であったと〕定まる。ところが[225]寝台などには〔後になって、〕再び構想されることもない。それゆえ[226]、それが〔倒錯した〕対象であるとはいえない。それでは〔夢の知の対象は何か〕というなら、以前に認識されたものであれ･されないものであれ、また存在しているものであれ･してい

---

221 このように、Nyāya の誤知論は viparītakhyāti と表現されるが、場合によっては anyathākhyāti とも表現されることもあり、Kumārila の見解とほとんど異ならないために両者の見解に対して両方の名称が与えられることがあるようである。宇野惇 [1996](1)、340-341 ページ参照。Bhatt も同様のことを述べており khyāti 論に関して言えば、Bhāṭṭa 派と Nyāya とでは大差ないようである。Cf. Bhatt, G.P.〔1962〕pp.98-100 ; pp.110-111. また、Maṇḍana は Kumārila の見解に基づいていることから当然 anyathākhyāti を自己の見解としている。Cf. Schmithausen,L. [1965] p.220f. ; VV k. 1 : ātmakhyātir asatkhyātir akhyātiḥ khyātir anyathā/ parīkṣakānāṃ vibhrāntau vivādāt sā vivicyate// NyāyaKośa ではこの後半を書き換えて次のように言う。ātmakhyātir asatkhyātir akhyātiḥ khyātir anyathā/ tathānirvacanīyakhyātir ity etat khyātipañcakam//（NKo p.256, ll.05-06）

222 B のみ文の最初に atha あり。

223 tan は B, P になし。

224 B : kālabhāvi. P,T : kālaṃ.

225 B : tu. P,T : ca.

226 B,P : tan. T : tasmān.

ないものであれ、ある対象が、人が再び目覚めた状態のとき、〔人間という錯誤知に対する〕杭〔という正しい知〕のように、〔錯誤知を〕否定する知（bādhakapratyaya）によって[227]〔夢であったと〕確認される。そのような対象が、異なった場所・時間・本質を持っているものとして夢の知識に顕現していたのであるから、倒錯した〔対象である〕といわれるのである。たとえば、目覚めた人が[228]、次のように言うように。「今しがた、私は死んだ父が生きているのを夢で見た。」〔すなわち、父が異なった時間を持って顕現していた。〕「ここことは異なったところにいる[229] 息子がここにいる〔のを夢で見た〕。」〔すなわち、息子が異なった場所を持って顕現していた。〕「盲人が盲人でない〔ということを夢で見た〕。」〔すなわち、盲人が異なった本質を持って顕現していた。〕などと。〔眼病ゆえに眼中に見える〕毛髪の知識においても、存在していない毛髪の集合が〔倒錯した〕存在の形体をとって顕現するのである。それを否定するものが生じるとそのとおりに〔真実が〕確立されるから。〔このように夢の知にも対象は存在するというのが我々ニヤーヤの主張である。〕

（32.24）〔反論：〕存在しないものが〔知識の〕対象になることはありえないから[230]〔夢の知のような〕錯誤知はその対象を持ってはいない。〔答論：〕そうではない。過去のものや未来のものは現存していなくても〔知識の〕対象となるから。なぜなら、〔錯誤知が〕対象を持たないというなら、それは対象のない知識（akhyāti）となってしまうであろうから。そして、その場合の誤謬はすでに述べられた。

〔反論：〕過去や未来や夢などの知識は存在しないものを対象[231]とす

---

[227] B のみ bādhakapratyayena ca の ca がある。
[228] B : prabuddhaḥ sa. P,T : prabuddhaḥ san.
[229] B,P : deśāntarastha. T : deśāntarasthita.
[230] B : …yogān. P,T : ...ayogān. P,T を採用する。
[231] B : avalambana. P,T : ālambana.

るという点では差異はないから、〔それらには〕誤知・正知の差異がないことになろう。

〔答論：〕そうではない。それの形体（tadrūpa）・それでないものの形体（atadrūpa）を認識することによって 232)、正知と誤知の差異は可能であるから。存在しているもの、存在していないものを〔認識の〕対象 233) にするということで、正知と誤知との区別があるわけではないからである。存在していないものでも、そのまま存在していないという形体として決定される場合には、それを対象とした正知そのものである。〔存在していないという〕その形と雑乱することはないから。しかし、〔存在していないものが〕存在しているとか 234)、別の形体として存在している対象が決定された場合には誤知である。

（33.08）そのことによって、ある人々〔チャールヴァーカ〕は次のようにいう。

〔反論(チャールヴァーカ)：〕真の水と偽の水という、そのことは、水にも多くの種類があるということである、たとえば、甘い水などのように。そのうち、真の水という知識においては、偽の水は顕現しないし、水ではないものもまた〔顕現しない〕。これと同様に〔陽炎の水のような〕偽の水という知識においても、真の水は顕現せず、水でないものも〔顕現しない〕。なぜなら、知識は自己の対象 235) についてのことであるから。それゆえ、〔対象とは〕倒錯した〔知識という〕もの（viparīta）236) は存在しない 237)。

---

232 B：gṛhītānvayatattva… P：gṛhītitvena tattva… T：gṛhītitvena.
233 B：avalambana. P,T：ālambana.
234 B のみ vidyamānena eva の eva あり。
235 B,P：svaviṣaya. T：svaviṣaye.
236 B,P：viparyayo. T：viparīto.
237 ＝TUS p.14, ll.17-23. 以下 NBhūṣ p.38, l.17 までを Franco は英訳している。Cf. Franco, E. [1987] (1) pp.29-39. また、これとほぼ同じ部分に関して NBhūṣ と TUS との比較研究として次がある。Franco, E. [1987] (2); 山上證道 [1989]。

〔答論：〕これもまた否定される。なぜなら、偽の水といわれるものは一切ありえないから。〔偽の水が〕存在していたとしても、もし、これが偽の水であると決定されたとき、それは倒錯知ではない[238]ことになろう。しかし、〔陽炎に対する誤った水が、〕飲まれうるという有効性を持った水の姿として仮に決定された場合（adhyavasīyate）それがどうして倒錯知でない[239]といえようか。〔対象とは〕倒錯したことが決定している知は、〔それを否定する知によって〕すべて世間的にも学問的にも錯誤知であるということがなりたっているから。そして、これに矛盾して行動するこのような人は、世間の一般人でも学者でもないものとしてまったく無視されるべきである。

2.1.1.1.2.5. 知の倒錯性（bhrāntatva）と無倒錯性（abhrāntatva）の理解に関する論議〔33.17-38.17〕

2.1.1.1.2.5.1. 倒錯性も無倒錯性もともに理解できないというチャールヴァーカ説〔33.17-34.14〕

2.1.1.1.2.5.1.1. 倒錯性は理解できない。〔33.17-23〕

2.1.1.1.2.5.1.1.1. 倒錯性は知覚によって理解できない。〔33.17-19〕

〔チャールヴァーカのものたちは、次のように主張する。〕知識の倒錯性（bhrāntatva）がどうして理解されるか。まず、知覚によっては〔理解され〕ない。なぜなら、〔もしそうであれば〕誤った認識者の行為がその対象を得たいという欲求によって起こることがなくなるであろうから。また、否定するもの（＝否定知）が生じたとき、それ（＝倒錯性）は知覚されることはない。なぜなら、その時には倒錯[240]は過去のものであるから。

2.1.1.1.2.5.1.1.2. 推論によっても倒錯性は理解できない。〔33.19-23〕

---

238 B：abhrāntaṃ jñānam. P,T：abhrāntajñānam.

239 B：antaṃ tadjñānam. P,T：abhrāntajñānam. P,T を採用する。

240 B：bhrāntijñāna... P,T：bhrāntajñāna...

また、過去のものは我々などの知覚によっては知られないということで、この絶対に知覚されることのないもの（倒錯性）とは、否定するもの（＝否定知）の生起との、あるいは、他の何らかの証相(liṅga)との随伴関係が成り立たないから[241]、〔倒錯性に対する〕推論もまた働かない。なぜなら、一般的にいっても、行為結果と行為者など〔に随伴関係がみられる〕ように、それ（＝倒錯性）については随伴関係がどこにも理解されることはないから。また、いかなる場合でも推論によって随伴関係が理解されるというなら、しかし[242]、それは〔随伴関係→推論→随伴関係→推論という〕無限遡及(anavasthā)となってしまうであろう。これによって倒錯でないこと〔すなわち、無倒錯性〕の理解も〔されえないことが〕答えられた。

2.1.1.1.2.5.1.2.　無倒錯性も理解できない。〔33.23-34.14〕

2.1.1.1.2.5.1.2.1.　無倒錯性の証相は、誤りなき原因により生ぜしめられたことではない。〔33.23-27〕

また、無倒錯性の証相は[243](a)誤りなき原因（aduṣṭakāraka）により生ぜしめられたことか、(b)否定するもの（＝否定知）が生起しないことか、あるいは、また、(c)〔人の〕行動〔を促す〕能力か。

(a) まず、誤りなき原因より生ぜしめられたこと〔が証相〕ではない。眼〔自体〕とか不可見な力などの原因は感官では把握できないゆえ、それらに誤りなきことが決定できないから。なぜなら、それ自らが〔誤りない原因として〕成立していない証相は、証相を持つもの(liṅgin)〔すなわち、対象〕を知らしめることはないから。また、それ(＝誤りなき原因)によって生じたもの(＝無倒錯性)に限定された知識からは、原因に誤りのないことが立証できるとはいえない。というのも、相互依存の誤謬に

---

241 B：vyāptyasiddher.　P,T：vyāptyaprsiddher.

242 B：hy.　P,T：tv.

243 ここより＝TUS p.2,l.06 - p.4,l.01.

より両方（知の無誤謬性と原因に欠陥のないこと）とも成立しないから。

2.1.1.1.2.5.1.2.2. 否定する知が生起しないことが無倒錯性の証相であるわけでもない。〔33.27-34.04〕

(b) また、否定するもの（＝否定知）が生起しないことがその証相でもない。否定するものが生起しないことは、人が行動しないこと、別の場所へ行くこと[244]、死ぬことなどの原因からも可能であるから。また、すべての人に対して否定するもの（否定知）は〔絶対に〕生起しないということを、全知全能者でないものが理解することはできないから。

一方、〔認識者だけに生起しない、というなら〕認識者に否定〔知〕が生起しないということは、不確定因（anaikāntika）である。なぜなら、〔時々否定知が生起することがあり〕何人かの人がたびたび倒錯性を経験するから。いかなる時にも否定〔知〕は[245]生起しない、ということは全知全能でないものには理解できないから。したがって、否定するもの（否定知）が生起しないことも〔無倒錯性の〕証相ではない。

2.1.1.1.2.5.1.2.3. 対象に向かって行動を促す有効性が無倒錯性の証相でもない。〔34.04-14〕

(c) また、行動〔を促す〕能力〔が無誤謬性の証相〕でもない。なぜなら、行動〔を促す〕能力は、欲しいものを得、欲しくないもの[246]を捨てるということを特徴としている。もしこのことが理解されていないなら、〔当然のこととして〕成立していないもの（＝能力）がどうして証相(gamaka)になるであろうか。もし、理解されているとするなら、その理解には雑乱性がない(avyabhicāritva)とどうして知られるか、というように上で述べられた排除できない一連の無限に続く選択肢(vikalpa)が生ずることになってしまうであろう。また、月などの顕現知の無倒錯

---

244 B：deśāntaram agamana… P,T：deśāntaragamana… P,T を採用する。
245 B：bādho. P,T：bādhā.
246 B には anartha の語なし。

性が立証できないことになるであろう、なぜなら、月などの対象には〔行動を起こして〕獲得することはありえないから。また、〔今、現に知に〕顕現している水などのものも〔行動を起こして、それを〕獲得することはない。なぜなら、それ（＝水）は風とかある種の生物（＝魚）とかによって部分的な動きが生ずることにより、一瞬ごとに滅して〔は生ずる変化をして〕いるからである。そしてそれ（知に顕現している水）と同じ種類のもの（＝水）を獲得することは不確定（anaikāntika）であるから〔行動を促す能力が〕証相（gamaka）ではない。

（34.11）「〔まったく同一のものを獲得するのではなく、〕その連続体（vaṃśa）から生じたもの〔すなわち、水〕を獲得することが立証するもの（gamikā）となる」と〔反論〕しても、それは正しくない。〔ニヤーヤ学派にとって〕最終的なものである全体（avayavin）は、〔それ以上〕何も生ぜしめないから、それ〔と同一〕の連続体から生じたものなどありえない。そして、それが成立しない場合、「それはその連続体から生じた」という推論はありえない。このような誤りにより、雑乱性のない（avyabhicāritva）〔知識〕の証相が否定され、それゆえ、〔知の無倒錯性が〕証相（liṅga）からもえられるのではないことが定まった[247]。

2.1.1.1.2.5.2. バーサルヴァジュニャの答論〔34.16-38.17〕

2.1.1.1.2.5.2.1. 倒錯性の理解〔34.16-36.17〕

2.1.1.1.2.5.2.1.1. 倒錯性は理解されないという見解の否定〔34.16-35.13〕

〔以上のようなチャールヴァーカの議論に対して、我々から〕次のように答えられる。もし倒錯性など[248]の決定がないのなら、世間的にも学問的にも「私は正しく理解した」「汝は誤って認識した」といった言語活動がどうしてあるか。なぜなら、事物のあるがままの正しい姿の決定がなければ、そのような言語活動は相応しくないから。

247　＝TUS p.2, l.06 - p.4, l.01. Cf. Franco, E. [1987] (1) pp.29-30.

248　B : bhrāntatvābhrāntatva… P,T : bhrāntatvādi…

〔反論：〕そのような言語活動は誤った決定知に基づいている [249]。
〔答論：〕〔汝の主張のとおり〕決定知の誤謬性が理解されない場合には [250]、どうして言語活動 [251] が誤った決定知にもとづくと汝にわかるであろうか。それに関して、それを知る手段(upāya)が汝により述べられるであろうが、その同じ手段によって他の場合もまた倒錯性の決定があることになろう。また、その反対ということから、無倒錯性の決定もあるであろう [252]。このようなわけですべての場合に、倒錯性などの決定がないとどうしていえるのか。
〔反論：〕私はどこにも〔倒錯性などの〕根拠はないと主張しているのである。どこでも疑わしい知のみが知られるから。
〔答論：〕疑わしい知も二つのどちらとも見られる場合に存在する。それゆえ、〔直立したものを杭であるか人であるかという疑わしい知を決定づける〕杭性と人性などのように倒錯性〔・無倒錯性〕などの決定がいつかは理解されるべきである。〔さもなければ、それに関する疑わしい知は存在しえない。〕
　それ（倒錯性・無倒錯性など）がなりたつ場合、その原因である根拠（pramāṇa）が存在するが、必然的にそれ（＝根拠）が汝によっても考えられるべきである。なぜなら、よく考察する人々は、すでになりたっている言語活動の原因を考えるのを目的としているから。〔汝のように〕疑わしい知を示すことも、根拠なしには不可能である。あるもの A によって〔疑わしい知が〕示される、まさにそのもの A こそが根拠であるから。どうしてどこにも根拠が存在しないといわれるのか。
〔反論：〕多くの選択肢（vikalpa）によって他の人に対して疑わしい知

---

249 B : ..pūrvako 'yam. P : pūrvako vyavahāra iti cet. T : pūrvako 'yam vyavahāra iti cet. T を採用する。
250 B : mithyātve 'navagame. P,T : mithyātvānavagame.
251 B,P : ayam vyavahāra... T には ayam なし。
252 B: tadviparyayaniścayo. P,T: tadviparyayāc cābhrāntatvaniścayo. P,T を採用する。

が作り出されるのであり、〔疑わしい知が〕提示されるのではない。
〔答論：〕そうではない。多くの選択肢が〔他人に〕疑わしい知を生ぜしめることが決定しないような場合には、〔疑わしい知という語の〕使用は不適切である[253]。なぜなら、原因に能力があることが決定していない場合、ある種の結果に対して言及するのは正しくないから[254]。〔もし、正しいというなら〕あらゆるものについてそれが〔原因として〕言及されることになってしまうから。
〔反論：〕〔布であるか否か〕疑わしい場合においても、糸などがある種の結果(＝布)について〔原因として〕言及されえることが経験される。
〔答論：〕そうではない。糸などにも布などの結果を生ぜしめる能力があることが決定しているから。また、糸などがなければ布などの結果が生じないことが決まっているから、定まった原因〔として言及されること〕は正しい。しかし、汝にはどこにも決定はないから、行動がないか〔あっても〕不確定な行動になってしまう。それゆえ、〔汝〕自らの支離滅裂な陳述を除去するためにはどこかに根拠が述べられるべきである。そして、決定していないようなそれ（根拠）は述べられることはできない。一方、〔汝には〕倒錯か無倒錯かの区別の決定が存在しないのであるから、その〔根拠の〕決定はありえない。ということで[255]倒錯性などの決定は存在する。

2.1.1.1.2.5.2.1.2. 倒錯性は理解される。〔35.13-36.17〕

〔反論：〕それ（＝倒錯性などの決定）は一体どのような根拠からあるのか。
〔答論：〕それは、我々二人ともよく考えるべきことである。ここでは、知識の生じた直後の無分別知覚が倒錯性などに限定された知識を把握

---

253 B：yogāt. P,T：ayogāt. P,T を採用する。
254 yuktam ... upādānaṃ の約 1 行が B に欠落。
255 B：atra. P,T：ato. P,T を採用する。

する、と理解されるべきであろう。なぜなら、そうでなかったなら、倒錯・無倒錯という言語活動が根拠を持たないものとなるであろうから。また、〔倒錯が把握されてしまって〕誤った人が行動しなくなってしまう、ということはない。なぜなら、〔無分別知覚による〕その倒錯性 256) の把握は、表面に顕れていない〔から、それに気づかず行動することがある〕からである、ちょうど走っている人が〔顕れていない〕棘につかまるように。なぜなら、表面に顕れた（＝有分別な）知識は記憶であれ、新得知であれ 257)、欲しくないものを排除する原因であることが知られる。顕れていない（＝無分別な）知識においても、特殊な原因から記憶（smṛti）の表面に顕れてくるのが知られる。たとえば、最初に 258) 牛というものを把握したときは牛性（gotva）という性質と随伴するか否か表面に顕れていないが、後になってそれと類似したものや類似していないものを見ることから次のような明らかな記憶が生ずる。「それと類似したものを私はみた。」「それと似ていないものを私はみた。」「これにはあれとの類似性がある。」「類似性がない。」と。

これと同様に、倒錯性・無倒錯性〔という性質〕でも〔当初は〕明確に表面に顕れていなく〔とも〕、後になって、否定したり合致したりする知識が原因となって明らかな記憶が生ずる。「それは誤った知識である」とか「正しい知識である」と。

(35.23)〔反論：〕あるいは、もし、否定したり合致したりする知識が生じた直後に〔合致もしくは合致しない〕二つ〔の知〕が知覚により知られるというなら、〔知が生じた〕その時に、その二つが知覚により知られるということは妥当でない。

〔答論：〕そうではない。意（マナス）は〔過去・未来・現在の〕三時を

---

256 B : tadbhrānta… P,T : tadbhrāntatva.

257 B では、vā と aniṣṭaviṣaya...の間に iṣṭaviṣayaṃ pravṛttinimittam の文言が入っている。

258 B : prathamato go… P,T : prathamago...

対象とするから。なぜなら、そうでなければ、ヨーギンにとっても過去や未来のものを認識することはないことになってしまうから。

〔反論：〕ヨーギン[259]は、ヨーガから生じたダルマの能力により過去のものなどを知覚するのである。〔しかし、我々一般のものはそれとは異なる。〕

〔答論：〕我々なども、ある対象について特殊な原因に伴われて、以前に作られた不可見の能力により〔それを知覚することが〕ないとどうしていえるか。不可見の能力があることは結果[260]から推論されうるから。

あるいはまた、否定するものが起こることなどの推論によってこそ倒錯性などが決定される。

〔反論：〕何によって〔否定知の生起と倒錯性との〕随伴関係が認識されるか。もし、他の推論により知られるというなら、そ〔の推論〕もまた[261]他の推論により知られるというように無限遡及となってしまう。

〔答論：〕それでどのような誤りがあるというのか、「輪廻はたしかに容認される。無始であるから」ということに。まず、ちょうど食事をとることの記憶〔たとえば、出生直後の赤子のミルクを飲む行為など〕のように、最初の随伴関係の記憶も不可見の力に伴なわれた前世の印象から生ずる。

〔反論：〕連綿と続く実例〔のみ〕で論証(sādhana)〔能力〕を欠如しているものには正しい意味での論証さるべきもの(sādhya)はなりたたない。

〔答論：〕そうではない。実例は、すでに以前に[262]〔いったん〕なりたったものであるから。なぜなら、誰一人〔煙を見て〕火を推論するときに、〔いちいち〕かまどなどにおける火と煙との関係を認識したりは

---

[259] B：yogino hi. P,T：yogināṃ.
[260] B：kāra... P,T：kārya... P,T を採用する。
[261] B：tatrāpy. P：tatrāpy anyena. T：tasyāpy. T を採用する。
[262] T,P：prāg evasiddhatvāt. B：prāgabhāvasiddhatvāt. T,P を採用する。

しない。
〔反論：〕他人に対して推論をする場合には、かならず実例が提示されるべきである。
〔答論：〕もし、その他人が、実例に対して常に[263]見解を異にする場合には、その人にはそれ（実例）にもとづいて、倒錯かそうでないかの決定はないことになる。そしてそれ(倒錯か否かの決定)がない場合には、世間的にも学問的にもなりたっているそれ（＝倒錯）の言語活動が存在しないことになろう。なぜなら、煙〔と火〕などの随伴関係の認識すら否定する人は、まさに世間的な言語活動との矛盾によって否定されるのであり、それ以外の方法で否定されることはないからである。そしてこの矛盾（世間的言語活動との矛盾）はこの場合（＝倒錯性などの決定がない場合）にも同様である。それゆえ、〔かまどなどの〕実例は、他の人にとっても、どこかでは容認されているもので、この力により他〔の実例〕もまたなりたつ。

あるいは、また、最初にすべてを知覚できるある人(＝神)によって、すべてを知ることのできない人[264]が随伴関係を知らしめられ、これらの人々による教示から「ある知識を否定するような知識がある、そのような知識は倒錯であり、また、ある知識と合致する知識が存在する、そのような知識は無倒錯である」とこのように随伴関係を理解して他の人が知らしめられる。そしてそれらの人によりまた他の人もまた、というようにして我々なども随伴関係を知るのである。たとえば、秤と神の裁きとの随伴関係のように[265]。知覚と推論の二つによる[266]原因と結果

---

263 B : sarvam. P,T : sarvatra.
264 B : pūrvavidaḥ. P,T : asarvavidaḥ. P,T を採用する。
265 容疑者を秤に二度乗せて、二度目に軽くならなかった場合には、有罪となる。Cf. Kane, P. V. III pp.369-370 ; Franco, E. [1987] (1) p.48 note 27 ; NBhūṣ p.36 footnote 5 ; Joshi,L.V. [1986] p.147.
266 P,T : anayā eva. B には eva なし。

の随伴関係の認識もこのことにより可能となるはずである。

2.1.1.1.2.5.2.2. 無倒錯性の理解〔36.18-38.17〕

2.1.1.1.2.5.2.2.1.「誤りなき原因により生ぜしめられたことが証相でない」ことの承認〔36.18〕

誤りのない原因より生ぜしめられたことが無倒錯性の証相ではない、といわれたが、そのことはたしかに承認される。

2.1.1.1.2.5.2.2.2.「否定する知が生起しないことも証相でない」ことの否定〔36.19-37.16〕

しかし、否定するものが生起しないことは〔無倒錯知＝正しい知を〕立証するもの（gamikā）であることは、ある場合に認められる。その場合とは、人がいかに熟慮を重ねてみても、顕現している対象と相反するものはない（＝否定するものはない）、ということ以外にいかなる形でもってしても、否定するものが生起しないことがありえない場合で、たとえば、ある特定の場所（＝見晴らしの良い場所）、時間（＝夜）、状態（＝眼が病んでいないこと）などの条件のもとにある認識者の「月は一つである」という知における場合である。

〔反論：〕また次のように〔考えてみよう〕。その倒錯知（二月の知）は自己の原因（＝眼病など）の力によって、そのような類のもの（＝倒錯知）として生起している。〔ある知が顕現している場合、それを〕否定する知の生起を阻止するもの（pratibandhakṛt）、そのものがなくなってしまうとまた、同じような類のもの（＝倒錯知）[267)]として〔生起する〕、あたかも他人に容認された正しい知のように。

〔答論：〕そ〔のような考え〕もまた正しくない。なぜなら、他の人によっては、否定知の生起を阻止するものが、正しい知（＝無倒錯知）であるとは認められないから。

---

[267] B,T : tathāvidham. P : tathāpividham. B,T を採用する。

〔答論：〕それもまた正しくない。なぜなら、他の人々によっては、正しい知識が否定知の生起を妨害するものであるとは認められないから。しからばどうか、というなら、顕現しているままの対象が実際に相反しないということか、あるいは、〔否定知の生起を妨害するのではなく〕倒錯が生起しないか〔が、無倒錯ということ〕である。人は、どのようなものでもそれがすでに生じたものであれ、まだ生じていないものであれ、そのものの生起を妨害することはできない。そうではなく、その原因 [268] が妨害されるのである。共同因が存在していても、ある原因が、あるものが存在している場合は [269] 結果を生じないが、そのものが存在しない場合には結果を生ずる、そのような場合、その原因はそのものによって妨害されているといわれるのである。たとえば、重性（gurutva）などが結合（saṃyoga）によって〔妨害される〕というように。否定するものが生起する場合 [270] 、何が何によって妨害されるか。A が B の妨害者である場合、A の滅亡も B の [271] 妨害者であるということにはならない。なぜなら、結合の滅亡も重性の妨害者であるということはないから。それどころか〔落下をもたらす〕共同因なのであるから。それゆえ、その〔倒錯の〕滅亡もまさにそのようなものであるというのは正しくない。「これは [272] 貝殻であって銀ではない」という知識（倒錯の滅、すなわち、無倒錯）は、以前に生じた銀が「これ [273] 」などという知識を妨害するものであることは、世間的にも学問的にも成立しているから。

「それ（＝これは銀であるという知識）の何が否定されるのか、対象か、それとも知識か」というように多くの選択肢による否定は「ミルク

---

[268] B : kārakaṃ. P,T : kāraṇaṃ.
[269] B : bhāve. P,T : sadbhāve.
[270] B : tu. P,T : ca.
[271] P,T : tasya. B に tasya なし。
[272] B : ayam. P,T : iyam.
[273] P,T にある idam は B にはなし。

とパーヤサの喩え」[274]を示すものであ〔り、正しくないのであ〕る。すなわち、知識の否定とは何か、対象の否定に特徴づけられるのか、結果〔知〕の否定にか、などと考えることもまたどのような場合にも妥当ではない。「[275]倒錯に対してのみ否定知があり、正しいありのままの知識に対しては〔そのようなものは〕ない」というような随伴関係の理解[276]こそが妥当するのである。このように否定知の不生起によって、ある場合には正しい知識であることが理解される。

2.1.1.1.2.5.2.2.3.「行動を促す能力が証相でもない」ことの否定〔37.16-38.17〕

またある場合には、活動の能力によって〔無倒錯性が理解される〕。たとえば、水などの対象の獲得により[277]以前に〔存在すると〕述べられた[278]水などの知識〔が正しい知識であると理解される〕ように。

〔反論：〕〔水など常に変化しているものについては、〕顕現している対象の獲得[279]はあり得ない、といわれた[280]。

〔答論：〕そのように言ってはならない。〔常に変化しない〕石など[281]ある種の顕現した対象の獲得は可能であるから。しかし、水などの対象が消滅してもその連続した存在物（santānabhāvin）の獲得が、そ〔れが存在したこと〕の証相(gamikā)となる。ところでまたその連続（santāna）とは何か。それはそれに類似したものが〔先のものが〕消滅した直後に生起するということである。これはそれと同じである、という世間的な一致概念の原因となるものである。なぜなら、倒錯知によって対象を確

274　73ページ、注128参照。
275　ここから始まる bhrāntijñānasyaiva...eva upayujyate の一行、Bに脱落。
276　T : eva upayujyate. P : evātra upayujyate.
277　P,T : ādyarthaprāptyā. B : ādiprāptyā.
278　B : pūrvodaka… P,T : pūrvoditodaka… P,Tを採用する。
279　B : ...rthaprāptir. P,T : ...rthasya prāptir.
280　Cf. NBhūṣ p.34, ll.08-10.
281　ādy は B になし。

立して行動する人は、その連続した存在物である対象をも、顕現している[282]とおりに獲得することがないから。それゆえ、姿を現している対象の獲得によって、そして[283]その連続した存在物の獲得によって、以前の知識が倒錯ではないということが理解される。これによって〔以前の知の対象と〕同じ場所に存在するもの〔の獲得〕が説明された。

〔反論：〕それ（＝以前の水などの知識）が決定しない場合、どうしてそ〔こ〕から〔生じた〕連続した存在物であることが決定するか。

〔答論：〕〔正しく〕ない。一致によってそれであると決定されるから。なぜなら、以前姿を現していたものが現在存在しないか、別の姿で現れているという場合、その認識者が行動した後、これはそれと同じであると対象を確立して、多くの人々[284]の集会において言語により表現しても、不一致とはならない。このようにして、〔以前との〕一致によって、あの対象が〔以前〕それが顕現していたそのまま〔今も〕顕現している、と決定されるのである。一方また、行動しない人でも、〔知に〕顕現している対象の特殊性の認識がない場合には、その場所にいてそれら特殊性によって対象のあるがままの姿を決定し、以前の知識が誤っていないことを理解したり、あるいは、他の人の言葉との一致から〔理解する〕ということである。

かくして、「月などの知識の無倒錯性は立証されないことになる、〔対象の獲得がないから〕」と〔汝によって〕述べられたが、それは正しくない。なぜなら、行動〔を促す〕能力のみによって〔無倒錯性が理解できる〕と決まっているわけではないから。というのも、火など〔が知られる〕ように、無倒錯性も〔あれこれと〕思考することによって（vikalpena）多くの証相により推論されるから、また他の認識手段（pramāṇa）によ

---

282 T : pratibhānam. B,P : pratibhātam. B,P を採用する。

283 T : ca. P : vā. B にはいずれもなし。

284 B : jalasamūheṣu. P,T : janasamūheṣu. P,T を採用する。

り知られるからである。

しかし、他の人々は次のようにいう。「行動〔を促す〕能力ということによって他の認識手段との一致[285]が意図されている。そしてそれ（＝他の認識手段との一致）は、顕現していたものが消滅しても、しなくても、そのものの特殊性の認識からと、尊敬するに相応しい多くの人々の言葉から存在する。かくして、どのような場合でも、疑わしい知の対象に関して、行動〔を促す〕能力のみから、雑乱のないことが決定すると理解する人にとっては[286]いかなる誤りもない」と。

「さらにまた、その理解の雑乱のないことがいかにして理解されるか」などと反論されるこの無限遡及は妥当でない。なぜなら、決定を前提とした世間の言語活動と矛盾するから。というのも、言語活動にもとづいて行動する人は、第二、あるいは第三の特殊性の認識によって〔第二、第三の行動に向けての〕意欲〔が生ずること〕はないことが知られるからである。無限遡及はすでに以前に[287]否定された[288]から[289]、無限遡及を恐れて〔ミーマーンサー学派によって主張された、正知性を知識自らが知ること、すなわち、〕自律的真〔知論〕（svataḥprāmāṇya）もまた容認されるべきではない。

2.1.1.2. 正しい新得知(samyaganubhava)—— 真知論 (prāmāṇya-vāda) ——〔38.19-43.15〕

2.1.1.2.1. クマーリラ(Kumārila)の主張——自律的真と他律的偽の主張——〔38.19-39.12〕

2.1.1.2.1.0. シュローカヴァールティカ(ŚV) codanā k.52〔38.19-39.01〕

---

285 B : ...saṃvāda'bhi... P,T : ...saṃvādo'bhi...
286 T : abhyupagacchatā. B,P : abhyupagacchatāṃ. B,P を採用する。
287 B : prāg eva ca. P,T : prāg eva vā.
288 Cf. NBhūṣ p.36, l.03f.
289 P,T にある ato は B になし。

ある者たち（ミーマーンサー学徒のバッタ<Bhāṭṭa>派の人たち）は、次のように主張する。

〔知識の〕自律的真（svataḥ prāmāṇyatva）の〔主張である〕場合、〔真の原因として、知識〕以外のものは求められない。〔もし他に何かが、たとえば、原因に欠陥がないことの認識などが求められるなら、反論者が主張するように無限溯窮となるであろうが。〕なぜなら、〔その知識の原因などに〕欠陥が認識されなければ、偽は容易に(ayatnataḥ) [290] 消滅するであろうから。〔それゆえ、原因に欠陥がないという認識によって真があることもなく、自律的真の主張には無限溯窮はない [291] 。〕

自律的真とは、真知（pramāṇa）[292] の発生（utpatti）、作用(pravṛtti)、認識（jñapti）に際して、いずれの場合も、他のいかなるものにも依存しないということである。[293] 一方、偽知（apramāṇa）は、〔上記〕三種の場合 [294] とも〔他に〕依存するということになるから、他律的偽〔が主

---

290 T,P : ayatnataḥ. B : ayatnataḥ iti.

291 ŚV codanā k.52.（PKM p.173, l.20 - p.174,l.01, TBV p.18, ll.22-23 にも引用される。）

この Kumārila の見解は、次のような反論に対するミーマーンサー学派の答論になっている。その反論というのは、ミーマーンサー学派が自律的真を主張しても例外的規則（apavāda）である原因の欠陥の非存在（doṣābhāva）を認識することにより真が成立するのであるから、その doṣābhāva の認識そのものを確定せしめる別の認識が必要となり、かくして無限溯窮となる、というものである (NR p.46,l.12)。apavāda については、118 ページ、注 322 を参照。

なお、自律的真という点では差異はなくても、知識の性質や知識の理解ということに関して、ミーマーンサー学派内で見解の相違がみられる。Cf. Mohanty, J.〔1966〕pp.5-12.

292 ここの pramāṇa, apramāṇa の語は、それぞれ、pramā, apramā と同義である。pramāṇa は、元来、pramāyāḥ karaṇam「真知の手段・根拠」という意味である。しかし、ニヤーヤ学派における prāmāṇya（＝pramāṇatva）は、pramāṇa に所属するダルマであることもあるし、pramā に所属するダルマであることもある。後者の場合、prāmāṇya(=pramāṇatva)は、真知性を意味し、それゆえ、pramāṇa が pramā と同義であることもある。宇野惇 [1984]、20 ページ参照。

293 この間に B には次の文あり。ミスで混入したと思われる。yadāhur eke yadā svataḥ pramāṇatvaṃ.

294 これ以後このテキストで真・偽論は、発生（utpatti）、作用（pravṛtti）、確認

張される〕ということである。

2.1.1.2.1.1. 真知の発生（utpatti）に関して〔39.01-09〕

たとえば、まず、〔発生に際して、〕誤知（mithyājñāna）は、知識を生起せしめる一群の原因とは別の、感官などの欠陥に[295] 依存して生じるものであって偽知（apramāṇa）である。しかし、正しい知識(samyag-jñāna)はこのようではない。すなわち、それは、対象のありのままであるので、知識を生ぜしめる一群のものとは別の何かに依存するということはない。なぜなら、その原因は、本質的に純粋（nirmala＝欠陥のないもの）であるから。〔また、その真の発生は〕純粋性[296]〔という知識とは別のもの〕に依存しているともいえない。〔このように、真の発生に対して、自律的であることが定まる。〕一方、欠陥（doṣa）は外来的なもの（＝外部から来るもの）ということで、偽[297] は、それ（＝欠陥）に依存しているというのが正しい。だからこそ、欠陥の除去に際しては、好ましい要素（guṇa）が作用するが、しかし、真知の生起に際しては、

（jñapti）の三つの場合に分類して考察されるが、このような三分類法は Jaina 文献の影響と思われる。そもそも、この議論の端緒を開いたと思われる Kumārila は、このように分類化して考察することを明確に意識していたとは思われないが、その後、この議論の発展につれて、ニヤーヤ学派もミーマーンサー学派も、発生・確認の二つの場合に分けて考察することが一般化したと思われる。一方、Jaina 文献では、PKM などが示すように、上記の三分類を明確に意図しており、PKM としばしば共通の文をもつ NBhūṣ は、もちろん、NM もこのような三分類を明確に使用していることが注目される。宇野惇[1984]、21-24 ページ；服部正明[1992-3]、379 ページ参照。Cf. PKM p.149,ll.21-22: tasya svapūrvārthetyādilakṣaṇa-lakṣitapramāṇasya prāmāṇyam utpattau parata eva/ jñaptau svakārye ca svataḥ parataś ca abhyāsānabhyāsāpekṣayā/; NM（M）I p.421, ll.18-19 : sā hi bhavanti utpattau vā syāt? svakāryakaraṇe vā? prāmāṇyaniścaye vā?...; Ibid. p.430, ll.8-10 : ataś cotpattau svakāryakaraṇe svaprāmāṇyaniścaye ca..

なお、上記の utpatti, pravṛtti, jñapti に関して、次の論文が新たな見解を述べ、また、Naiyāyika たちの prāmāṇyavāda、とくに、「明かり」などを guṇa とみなす見解の検討など、多岐にわたって考察している。Cf. Shida,T.〔2006〕pp.113-134.

295 T,P : indriyādidoṣam. B : indriyādyadoṣam. T.P を採用する。

296 T,P : naimalya-. B : vaimalya-.T,P を採用する。

297 T,P : aprāmāṇasya. B : apramāṇyasya. T,P を採用する。

〔そのような好ましい要素などの他のものが作用する必要は〕ない。なぜなら、眼に眼病などの欠陥のない人には、目薬（añjana）などの好ましい要素がなければ真知が生じない、というわけではないから。また、〔あるものＡと〕肯定的否定的随伴関係〔にあること〕が知られていないもの（Ｂ）でも、〔Ａとともに〕存在しているということだけで〔Ａの〕原因であるというのは正しくない。もしそのようであるなら過大適用となるから。目薬などの実例から、信頼される人の言葉[298]などの他の好ましい要素も欠陥の除去に対して作用している〔のであり、真知の発生に作用しているのではない〕ことが推論されるべきである、ということである[299]。

2.1.1.2.1.2.真知の作用（pravṛtti）に関して〔39.09-10〕

同様に〔作用に際して考察すると、〕正しい対象を照らしだす[300]という自らの結果に対して作用している真知は、それ自らを対象とする〔もう一つの〕知識にも、あるいは、原因の好ましい要素にも依存することはない。〔それゆえ、作用についても真は自律的である[301]。〕

2.1.1.2.1.3.真知の確認（jñpti）に関して〔39.10-12〕

〔さらにまた、確認に際しては、真〕自らが認識される場合も、知識性〔すなわち、対象を明らかにすることを本質とすること〕(bodhātmakatva)以外のどのようなものにも依存することはない。さもなければ、無限溯窮となるから。それに対して、偽は、原因に欠陥があるという知識か、対象とは異なる（＝対象のとおりではない）という知識かに依存している〔から、偽の確認は他律的である〕[302]。

---

298 服部正明 [1992-3]、387 ページ参照。
299 Cf. NM (M) I p.423, ll.13-15.
300 T,P : arthaprakāśanākhye. B : arthasya prakāśanākhye.
301 Cf. NM (M) I p.424, l.5 - p.425, l.3 ; 宇野惇 [1984]、29-30 ページ参照。真知の自己の結果に対する作用に関しては、NBhūṣ は NM の議論を短縮しただけのものと見て大過ないであろう。
302 Cf.ŚV codanā k.53. 注 321 参照。Cf.NM (M) I p.431,ll.13-14 : dvividha evāpa-

2.1.1.2.2. ニヤーヤ学派の駁論――他律的真・偽の主張――〔39.14-43.14〕

2.1.1.2.2.1. 真知の発生に関して〔39.14-40.01〕

2.1.1.2.2.1.1. 明かりなどの特殊性がなければ、実際に真知も生起しない。〔39.14-17〕

〔以上のクマーリラの説に反論して述べる。〕まず、〔真知の〕発生に際していかなるものにも依存しないといわれたが、これは正しくない。明かり、場所、不可見である力などといった特殊性に依存しているから。なぜなら、正しい知識の発生に際して、ある状態のもの、明かりなどという特殊性を持った状態のものが、眼などによって求められるが、誤知の発生に際しても、それと同じような状態のもの（＝特殊性を持つもの）が、〔眼などによって求められる〕ことはない、ということであるから。また、それら〔の特殊性など〕によって、欠陥（doṣa）の除去のみがなされるわけではない。〔真知の発生にも何らかの作用がなされているはずである。〕なぜなら、それら〔の特殊性〕がなければ、真知の発生もありえないからである。

2.1.1.2.2.1.2. 証相の真知は遍充関係に、推論対象の真知は証相の真知に依存する。〔39.17-18〕

また、証相（＝煙）などに関する真知は、推論対象（＝火）などの認識に際して肯定的否定的随伴関係により決定される能力があるが、それは内感（antaḥkaraṇa＝manas）[303] などによって求められる。それゆえ、真知が〔推論対象に対して発生する際に〕どうして何にも依存していないといえるか。

2.1.1.2.2.1.3. 偽知が他律的なら真知も原因の正常な状態に依存する。

---

vādaḥ—bādhakapratyayaḥ kāraṇadoṣajñānaṃ ca/

303 ニヤーヤ学派、ヴァイシェーシカ学派では、感官と対象とが接触し、それがアートマンに伝わってはじめて知識化されるが、そのアートマンへの伝達役をするのがマナスである。したがって、マナスは感官ではあるが、他の感官とは性質を異にすると説かれる。Cf. NBh ad NS 1.1.4, p.94, l.02ff.

〔39.19-20〕

〔クマーリラは偽知の発生は感官の欠陥などに依存するから他律的であると主張するが、〕白内障（kāca）とか黄疸（kāmala）など[304]〔の眼病〕は、一方、眼球などに内在している要素[305]が平衡状態でない[306]というだけであるから、どうして、それに依存することによって他律的偽（parataḥ aprāmāṇya）[307]があることになるのか。なぜなら、もし、そうであるなら、〔眼球内の要素の〕平衡状態に依存することによって他律的真ということも可能となってしまうであろうから。

2.1.1.2.2.1.4. 真知は欠陥の非存在に依存する。〔39.21-26〕

また、存在と同様、非存在もまた、肯定的否定的随伴関係により原因であることが、成立するから[308]、〔たとえば、木の枝と果実との結合(saṃyoga)の非存在が原因となり、それに依存して果実の〕落下運動〔が生ずる〕などのように、欠陥の非存在に依存しているのに[309]、眼などに[310]真知が発生する場合に、どうして何かに依存するとはいえないのか[311]。非存在は存在とは別の〔内実ある〕もの(arthāntara)であることを我々は、後ほど明らかにするであろう[312]。

〔反論：〕存在を本質とするもの以外の原因に〔真知が〕依存することはないので〔真知の発生に関しては〕自律的真が主張される。

〔答論：〕そうではない。それは単に言語契約上のみ(samayamātra)のことであるから。言語契約は別のようにも作られうる、ということで、この

---

304 T,P : kācakāmalādayas. B : kācakāmalādes.
305 風(vāta)・胆汁(pitta)・粘液(kapha)の三要素。
306 T,P : vaiṣamya. B : viśeṣasya. T,P を採用する。
307 parataḥ prāmāṇyam は parata aprāmāṇyam と訂正。T,P,B ともにミスと思われる。Cf. Joshi, L.V. [1986] p.116, footnote 17.
308 T,P : siddheḥ. B : siddhiḥ. T,P を採用する。
309 T,P : doṣābhāvāpekṣitve'pi. B : doṣābhāvāpekṣitatve'pi.
310 T,P : cakṣurādeḥ. B : cakṣurāde. T,P を採用する。
311 ＝NMukt p.80, ll.18-19.
312 Cf. NBhūṣ p.167, l.19ff.; p.536, l.19ff.

ような〔汝の言う〕ことであるかぎり、なに一つ対象はなりたたない。

2.1.1.2.2.1.5. 他律的真の論証式〔39.26-40.01〕

また、自律的真の発生については、どのような認識根拠もない。しかし、逆であれば〔、すなわち、他律的真の主張であれば、〕このような推論がある。

〔主張：〕真は他律的である。

〔証因：〕以前は存在しなかったが〔、その後〕存在するようになるから。

〔喩例：〕偽が〔以前は存在しなかったが、その後存在するようになる〕ように[313]。

2.1.1.2.2.2. 真知の作用に関して――真知が作用するときは何かに依存する――〔40.01-09〕

自らの結果に働く場合にも、真[314]は何かに依存する。ある定まった知識を生ぜしめる眼などこそが知識根拠であるから。そしてそれ（＝眼）は他のもの（＝明かりなど）に依存していることは立証されている。しかし、全ての要素が集合している状態では、何にも依存しないということは偽にもある。この点、何ら違いはない[315]。〔つまり、真と偽とに異なる点はない。〕我々は、単に〔対象を〕明らかにする（bodha）[316]だけであることが真であることを否定しているのであり、それゆえ、その作用が自律的か、他律的か、と考えているのではない。自律的な作用について次のような例が述べられている。

「壷は〔自らが生起する場合に、〕土、ろくろ、棒、糸など[317]〔を必要とし、それら〕に依存する。しかし、〔その壷が〕水を運ぶ場合には、そ

313　＝NMukt p.80, l.16

314　T,B：prāmāṇyasya. P：pramāṇasya. T,B を採用する。

315　T,P：na viśeṣaḥ. B：naca viśeṣaḥ.

316　T,P：bodhasya. B にこの語欠落。

317　T,P：mṛccakradaṇḍasūtrādi. B：mṛddaṇḍacakrasūtrādi.

〔の壷〕はそれら〔土など〕に依存する、ということはない[318]。」[319]
〔もし、この実例によって、真知の作用が自律的であるというなら、〕これは、偽知についても区別はない〔はずで、偽知も自律的となるであろう〕。また、〔水を運ぶ場合、〕壷なども〔水との〕結合(saṃyoga)などに依存するから、何にも依存しないということは成立しない[320]。

2.1.1.2.2.3. 真知の確認に関して〔40.09-43.14〕

2.1.1.2.2.3.1. 他律的真（parataḥ prāmāṇya）の論証式〔40.09-11〕

さらにまた、〔真が〕知られる（＝確認される）のも他律的である。なぜなら、〔真が〕自律的に知られることを立証する認識根拠が存在しないから。その反対〔つまり、他律的に知られること〕の場合には、次のような推論がある。

〔主張：〕真は他律的に知られる。

〔証相：〕それは知られるものであるから。

〔喩例：〕偽が〔他律的に知られる〕ように。

---

318 B には iti あり

319 この偈は次にも引用される。

NM（M）I p.424, ll.11-12 （a の部分は mṛddaṇḍacakrasūtrādi）; PKM p.153, ll.24-25=TBV p.4, ll.17-18=TS k.2850 （いずれも a の部分は mṛtpiṇḍadaṇḍacakrādi）
Cf. NR ad ŚV codanā k.48, p.45, ll.24-27 :
ātmalābhe ca bhāvānāṃ kāraṇāpekṣatā bhavati/
labdhātmanāṃ svakāryeṣu pravṛttiḥ svayam eva tu//
sarve hi bhāvāḥ svātmalābhāyaiva svakāraṇam apekṣante, ghaṭo hi mṛtpiṇḍādikaṃ svajanmany evāpekṣate, nodakāharaṇe 'pi/

この NR の注記で理解できるように、この k.48 において真知の作用が考察されていると、ミーマーンサー注釈者間ではみなされていたようである。

320 NM は、このニヤーヤ学派の反論も予想したミーマーンサー学派の見解を、次のように紹介している。
atha vā, sāpekṣatvaṃ ghaṭasyāpi salilāharaṇaṃ prati/
　　yat kiṃcid asti, na tv evaṃ pramāṇasyopapadyate//
「壷も水を運ぶことに対して、何らかのものには依存しているはずである〔というかもしれない〕が、真知には、このような〔依存すべき〕ものはありえない。」(NM (M) I p.424, ll.13-14.)

2.1.1.2.2.3.2. 本来的規則(utsarga)と例外的規則(apavāda)〔40.11-41.13〕

〔反論：〕〔真は、対象を〕明らかにすることを本質とするものであるからこそ、真の立証においては自律的真がある[321]。

〔答論：〕そうではない。〔対象を〕明らかにすることを本質とするということは偽についても同じであるから。

〔反論：〕本来的規則（utsarga）と例外的規則（apavāda）によって[322]、この二個（＝真と偽）は成立する。なぜなら、次のように言われているから。

それゆえ、〔対象を〕明らかにすることを本質としていること〔という本来的規則〕により、〔自律的に〕得られる知識の真は、対象とは異なっている〔という認識〕と原因に存在する欠陥の認識〔という例外的規則〕によって否定され〔て、その知識は、偽知とな〕る〔、かくして、偽は他律的である〕[323]、と。

〔答論：〕これは正しくない。偽知もまた、例外的規則〔により否定されて偽知となる〕以前には、〔対象を〕明らかにすることを本質とするから、〔その本来的規則により〕真知ということになってしまうからである。また、〔対象を〕明らかにすることが真という存在であるというなら、障碍〔知〕（＝矛盾する知）が生起することはなくなる。〔もし

---

[321] ŚV codanā k.53. 注 302 参照。

[322] utsarga と apavāda とは元来は文法学派の述語であった。同一対象に両規則が適用される場合には、後者が前者を否定して優位に立つ。このような述語が真偽論にも応用されたものと思われる(宇野惇 [1984]、39 ページ参照)。Kumārila もすでにこれらの用語を使用しているのがみられる(ŚV codanā kk.40,65,68)。知識は、それが持つ知識性、すなわち、対象を認識するという性質により本来的には真である。ところが、ŚV k.53 に明らかにされるように、それを阻害する二種の要素、すなわち、否定する知(bādhakajñāna)と原因に欠陥ありという知(kāraṇadoṣajñāna)が存在するために、その真が例外的に否定されて偽となる。ミーマーンサー学派は、このように主張し、apavāda が生じていない場合は、自動的に真が定まり、つまり、自律的真が成立し、apavāda が生起している場合はそれを適用することにより、偽が定まる、つまり、他律的偽が成立するのである。

[323] ŚV codanā k.53. NM (M) I p.431, ll.17-18 にも引用される。

生起するなら、〕全ての知識に障碍〔知〕が生起することになってしまうから。また、一個のみである知識に真と偽とがあるというのは、正しくない。矛盾した本質を持つ二個のものが、一個のものにあるということはありえないから。

〔反論：〕時間を異にすることによって、この二個（＝真と偽）が一個所にあることは矛盾でない。ちょうど、行為と無行為とが〔時間を異にして一個所に〕あるごとくに。

〔答論：〕そうではない。〔対象を〕明らかにするもの〔である知識〕は恒常なものではないから、そのようなことはありえないからである。なぜなら、ある属性を持つもの（ダルミン）が滅して後に属性（ダルマ）が〔そのダルミンに〕存在するということはありえないから。

〔反論：〕これから生じてくるであろう障碍〔知〕を予測して〔対象を〕明らかにするもの〔である知識〕に対して真（prāmāṇya）の例外的規則が認められる。なぜなら、次のように言われているから。「あるもの（＝知）に対して、場所を異にしても、時間を異にしても、人を異にしても、状態を異にしても、障碍〔知〕が生じない、そのような〔対象を〕明らかにするもの〔である知識〕は真知である[324]」と。

〔答論：〕そうであるなら、〔対象を〕明らかにすることを本質とするだけでは真を決定するものとなれない。そうでなくて、三時にわたり、障碍〔知〕の非存在[325]に限定された（＝障碍知の非存在を持った）〔対象を〕明らかにする性質が〔真を決定するものとなるの〕である。そして、これは「今後障碍〔知〕が存在するかしないか」を決定することはできない。正しいと決定されたもの（＝知）にすら、二週間、一か月という時間を各々想定することによって、障碍〔知〕が生起することが知られるから。

---

324 Cf. Frauwallner,E.[1968] p.18,ll.01-02；服部正明 [1992-3]、383 ページ参照。

325 T,B：bādhābhāva-. P：bādhakābhāva-.

2.1.1.2.2.3.3. 無限遡及（anavasthā）の指摘〔41.13-42.10〕

〔反論：〕しかし、〔このように、知1を知2が、知2を知3が、という次第に、すべて後の知に否定されていくとなると、どこまでも決定できないことになるではないかと疑うかもしれないが、知2に相当する原因に〕欠陥があるという知識が生じなければ、〔偽知ではないかという〕疑問（āśaṅkā）は根拠のないもので〔、それゆえ、そのような疑問は〕生じない。〔したがって、知1の真が自律的に定まる。〕326)

〔答論：〕これも正しくない。〔原因に〕欠陥があるという知識が生じ

---

326 ŚV codanā k.60cd. NM（M）I p.432, l.16にも引用される。

ŚVにおけるここにいたるまでの議論の経緯は次のとおりである。

ニヤーヤ学派が、好ましい要素(guṇa)や原因の欠陥(doṣa)に依存するから真も偽も他律的であると主張するのに対し、Kumārilaは、そのような知識以外のものに依存して決定される限り、その好ましい要素などを決定する別の知識が必要となるはずであり、それゆえ無限溯窮となる、と反論する。（kk.49-51）

そうすると、障碍知や原因の欠陥知によって他律的に偽が成立すると主張するKumārilaも同様に無限溯窮という自己矛盾に陥ることになるではないかとの反論に対し、Kumārila自身、他律的偽の主張が無限溯窮にならないことを説明する必要に迫られる。その説明が、kk.54-61である。

真を否定する要因は、障碍知と原因の欠陥知の二個であるが、知1が知2によって否定されて知1の偽が成立すると主張しても、無限溯窮にはならない（k.56）。まず、知2が障碍知の場合、それによって直接に知1が否定されるから、他律的偽の成立に問題はない（k.57）。次に、知2が原因の欠陥知である場合も間接的ではあるが、それによって知1が否定されるから、他律的偽が成立する（k.58）。さらに、知2に対して、さらにそれを否定する知3が生じたなら、知2の偽が成立し、知1は真となる（k.59）。この場合、知3によって知2は否定され、知1に矛盾知はなくなるから知1の真は自律的に成立する（k.60ab）。しかし、このように、知1を知2が、知2を知3が、知3を知4が･･･とすべて直後の知によって順次否定されていくと、どこまでも決定されないことになるではないか、と疑うかもしれないが、知2が生じなければ、知1を疑う必要はなく、知1の真が自律的に成立し（k.60cd）、知2などが生じても、知3が知2を否定すれば、知1の真が自律的に成立し、さらに、知4が知3を否定すれば、知2の真が成立して、それによって、知1の偽が他律的に成立することになるから、三ないし四個の知識を必要とするだけで解決し、その以上の知識を必要とせず、無限溯窮となることはない(k.61)。難解なk.58に関しては、宇野惇〔1984〕37-40ページ参照。

ていない[327]場合にこそ、疑問は可能であるから。なぜなら、〔後に〕欠陥があるという知識が生じたならまさに偽知の決定があることになるであろうから。

〔反論：〕欠陥のない原因から生じた決定〔知〕により偽知に関する疑問が消える。

〔答論：〕そうではない。欠陥のない原因から生じた決定〔知〕も、以前の決定〔知〕（＝欠陥があるという知により疑問が生じる以前に真と決定されていた知）と同様、疑問を対象とするから。

〔反論：〕この場合でも、その欠陥のない原因から生じたことなどの決定知によって疑問が消える。

〔答論：〕そうではない。それを消滅させる決定知もまた、以前と同様、疑問を対象とするから。この場合も、疑問を消滅させる決定知が意図されていても、どうして無限溯窮が存在しないといえるのか。

(41.19) 〔反論：〕無限溯窮は、〔クマーリラ〕バッタ（Bhaṭṭa）その人により除去された。次のように言われているから。

　このように、三ないし四個の知識の発生で〔十分であり〕、それ以上の知識〔の発生〕は求められる必要はない。こうであるかぎりは、一つのこと、〔すなわち、〕自律的真こそが認められるのである[328]。

〔答論：〕それ以上の知識〔の発生〕が求められる必要はない、ということはなにゆえ認められるのか。

〔反論：〕どこまでも疑わしい知（saṃśaya）があるということはないから、また、熟考者でも、〔これ以上の知識を〕求めないで言語活動をするのが経験されるから。

〔答論：〕まさにこの無限溯窮の除去が、我々（ニヤーヤ学者）によっ

---

327 T,P : tūtpanne. B : tvanutpanne. B を採用する。Cf. Joshi, L.V.〔1986〕p.125, footnote 34.

328 ŚV codanā k.61. 次にも引用がみられる。Cf. NM (M) I p.434, ll.05-06 ; PKM p.157, ll.05-06 ; TBV p.8, ll.06-07.

て意図されているのであり、どうして汝（クマーリラ）に反感を起こさせるのか。ある認識根拠によって、偽の疑いが消えた場合、その同じ認識根拠によって、真の決定もなされる。〔人か杭かという疑いを解消せしめる知識根拠によって、それは〕杭であるなどの決定知があるのと同じように。〔一個のものに対して〕二個の認識根拠の働きがあることはかつて知られないから、そのようなこと(tad)、〔すなわち、ある知識根拠によって他律的に〕疑問が消えた後でも〔対象を〕明らかにせしめること・知識性〔という別の根拠〕によって真が〔自律的に〕決定するということ、〔そのようなこと〕はない。

〔反論：〕真はすでに知識性によって以前に決定されている。[329] しかし、一方、〔偽知ではないか、という〕疑いは別の認識根拠によって否定される。

〔答論：〕それは正しくない。前もって〔真とか偽とか〕何にも限定されていない知識性（bodhatva）は[330]、直立性〔が、人か杭か決定できないのと〕同様、不確定である（anaikāntika）〔、つまり、真・偽どちらともいえない〕から、決定知を生ぜしめることはできない。また、何ら原因のない決定知はありえない。さらに、汝（クマーリラ）の考えでは、そもそも概念（buddhi）というものは超感官的で推論対象であることが理解されるから[331]、どうして概念を特性としているもの（＝知識）の

---

329 これに続く pramāṇāntareṇa 以下、テキスト p.43,l.17 の ajñānasya にいたるまで、テキスト約2ページ分がBに欠落。

330 ニヤーヤ学派では、知識は発生した時点では真・偽のいずれでもない、いわば中記の性質を持つ。宇野惇 [1963]、301 ページ参照。なお、この見解は Shida, T.〔2006〕pp.120-121, note 14 において批判されている。

331 Cf. Frauwallner,E. [1968] p.28, l.17 - p.30, l.02 : nirākārā tu no buddhiḥ, ākāravān bāhyo 'rthaḥ. sa hi bahirdeśasambaddhaḥ pratyakṣam upalabhyate. arthaviṣayā hi pratyakṣabuddhir na buddhyantaraviṣayā. kṣaṇikā hi sā na buddhyantarakālam avasthāsyata iti. utpadyamānaivāsau jñāyate jñāpayati cārthāntaraṃ pradīpavad iti yady ucyeta, tan na. na hy ajñāte 'rthe kaścid buddhim upalabhate, jñāte tv anumānād avagacchati. Cf. NBhūṣ p.42, footnote 1.; Bhatt, G.P.〔1962〕p.51ff.

真が自律的であると知られるのか。

2.1.1.2.2.3.4. 認識根拠が対象を明らかにすること ＝ 対象知の生起〔42.10-43.06〕

〔反論：〕認識根拠は〔それ自身〕知られていない状態で対象を明らかにするのであるから、自律的真であるといわれる。なぜなら、そうでなかったら、知られたものが対象を明らかにすることになって[332]、無限溯窮となるであろうから、次にいわれているように。

「ある知識(A)が生起しても、原因に欠陥のないこと(kāraṇaśuddhatva)が他の認識根拠(B)により知られないかぎり対象は決定されないというならば、その場合は、また別の知識の生起が他の原因から求められねばならない。なぜなら、〔認識根拠（B）の原因に欠陥のないことが〕決定されないかぎり、〔知識（B）に〕欠陥のないことは存在しないも同然であるから。そしてその原因が、欠陥のないものであれば、その知識には真があるであろうが、しかし、それに対しても同様のこと（＝さらにその原因に欠陥がないかどうかが求められること）になり、かくしてどこにも決定はない。」[333]

〔答論：〕そ〔のような見解〕は正しくない。なぜなら、我々は決定し

---

[332] T : jñātasyārthaprakāśatvenānavasthā syāt. P : jñātasyārthaprakāśakatve 'navasthā syāt.

なお、T 40.06-43.17 が B には欠けている。

[333] ŚV codanā kk.49-51. これらは次にも引用がみられる。PKM p.158, l.23 - p.159, l.04 ; TBV p.5, ll.5-10.

NBhūṣ テキストの引用と ŚV, PKM, TBV との異同は次のとおり。なお、ŚV は、各テキストとも異ならない。

ŚV k.49 d : pramāṇāntarād bhavet（＝PKM）
pramāṇāntarād gatam（NBhūṣ, TBV）
ŚV k.50 d : śuddhis tāvad asatsamā（＝PKM, TBV）
tāvac chuddhir asatsamā（NBhūṣ）
ŚV k.51 c : tasyāpy evam itīcchaṃś ca
tatrāpy evam itītthaṃś ca（NBhūṣ）
tasyāpy evam itītthaṃś ca（PKM）
tasyāpy evam itītthaṃs tu（TBV）

た正しい認識根拠（pramāṇa）が、対象を明らかにすることを認めているのではない。もしそうであればこの非難[334)]は意味あることであろうが。なぜなら、知識を生起せしめることこそが、正しい認識根拠が対象を明らかにすることである、とニヤーヤ学派により認められているから。そして、その知識は未決定の認識根拠から生じるのである。単に、認識根拠のみからでなく、誤った認識根拠からも、未決定であるままのそれらから知識が生じるのである。また、行動も、それは人の希望などをはじめとして好ましい対象を取り、好ましくない対象を捨てるという行為を特徴としたものであるが、〔その行動も〕多くの場合、認識根拠とそれに似て非なるものとの区別の決定に依存することはない。むしろ、そのように行動する人が対象を取るか捨てるか迷っている場合、どちらか一方の対象を選ぶため認識根拠の決定を待って熟慮した後(prekṣāpūrva-kārī)行動する。このような場合には認識根拠の決定は意味がある、ということである。

2.1.1.2.2.3.5. 強い印象〔43.06-14〕

〔反論：〕そもそも知識が生じたその最初に、他の要因（＝真か偽かを決定する要因）が知られないということからでも「正しい」との決定があるが、偽の決定はこれと同じようには、どこにも生じることはない。だから、真知と偽知とはそれぞれ自律的と他律的である。

〔答論：〕そうではない。これは別の原因であるから。たとえば、数多く善人を見た人には、人間全てにおいて、まず最初に、善性の決定がある。しかし、他の原因を見ることから、不善の決定が起こる。ちょうどこれと同じように、知識に対して数多く正しさを見て、その繰り返しから生じる鋭い印象を持った人には、知識全てに、まず、正しさの決定が生じる。しかし、誤謬の決定は、その印象には鋭さが存在しないから、

334 T：upalambhaḥ. P：upālambhaḥ. P を採用する。Cf. Joshi, L.V.〔1986〕p.131, footnote 42.

他の原因を見ることに依存する。これだけの理由によっては、真は自律的・偽は他律的〔というクマーリラの主張〕に合意するには根本的な事柄がなりたたない。これで十分論じたであろう[335)]。

2.1.1.3. 結論──「正しい」（samyak）の語の有用性──〔43.14-15〕

以上、かくのごとく、正当性・非正当性、それらは、保持されるべきものと破棄されるべきものであるということが、正しい認識根拠（pramāṇa）によって成立したので、新得知（anubhava）という語に「正しい」（samyak）という限定詞があることは意義のあることである〔ことが確定した〕。

2.1.2. 定義の検討 2──新得知（anubhava）という語の意義〔43.17-19〕

〔ニヤーヤサーラに〕「〔認識手段から〕記憶と知識でないもの〔を除外するために認識手段[336)]の定義中に新得知という語がある〕」と述べられている[337)]。〔なぜこの語が置かれたかというと〕記憶と知識ではないものである祭式行為（yāga）などが、認識手段の結果であるということが、新得知という語によって否定されるからである。なぜなら、この二個（記憶と非知識の祭式行為など）の存在についての語源解釈について、いかなる場合でも新得知（anubhava）という語によって語られることは一切なりたたないから、ということである。

2.1.3. 定義の検討 3──能成者(sādhana)という語の吟味〔44.03-62.09〕

〔ニヤーヤサーラに〕「〔認識手段の定義に〕能成者（sādhana）という語がおかれている〔のは、その語によって認識手段から認識主体と認識対象とを除外するためと、それ（＝認識手段）は結果とは異なるもので

335　＝NMukt p.82, ll.22-27.

336 Cf. NSāra p.11, l.01 : samyaganubhavasādhanaṃ pramāṇam.「認識手段とは正しい新得知の能成者である」

337 NSāra p.43, l.01.

あることを示すためである〕」と[338]述べられている[339]。

2.1.3.1. 能成者＝「最も効果あるもの」（sādhakatama）〔44.03-08〕

〔反論：〕これだけの意味がどうして能成者という語から理解されるのか、未だ〔どのような文言によっても説明され〕特徴づけられていないこ〔の語〕から[340]。

〔答論：〕そのように言ってはならない。意図する人の（iṣṭataḥ）作用要因（kāraka）〔つまり、文法上の格要因〕の理解[341]によって特徴づけられているから。なぜなら、意図する人の作用要因の理解を、言葉を〔よく〕知っている人（文法理解者）は獲得するからである。そして「それは、これによって成立せしめられる」ということが意図された、作用手段[342]の意味を表すのが能成者という語であり、その語がどうして作用主体と作用対象である認識主体と認識対象[343]や、作用手段[344]から生起せしめられる結果〔知〕を言い表すことができるであろうか。なぜなら、作用手段が「最も効果あるもの」（sādhakatama）であり[345]、〔その他の作用要因である〕行為対象（karman）などには「最も効果あるもの」という性質はないからである。それではこの「最も効果あるもの」とはどのようなものであろうか。

2.1.3.2. 「最も効果あるもの」（sādhakatama=karaṇatva<手段性>）を巡る議論〔44.10-62.09〕

2.1.3.2.1. クマーリラ（Kumārila）の主張とその否定〔44.10-45.22〕

〔反論（クマーリラ）：〕ある人たち（クマーリラ）はいう、すべて

---

338 iti は T のみにあり、B,P にはなし。
339 Cf. NSāra p.44, l.01.
340 P,T : aviśiṣṭāt. B : aviśiṣṭatvāt. P,T を採用する。
341 P,T : parigrahaṇena. B : parigrahena.
342 P,T : -kāraṇa-. B : -karaṇa-. B を採用する。
343 P,T : -prameye. B : -prameya. P,T を採用する。
344 T : kāraṇa-. B,P : karaṇa-. B,P を採用する。
345 Cf. PāṇS 1.4.42 : sādhakatamaṃ karaṇam/

の作用要因（kāraka）から生じた作用主体（kartṛ）の働き（vyāpāra）〔が最も効果あるもの〕である[346]、と。実際にすべての作用要因は働きをもつものとなって後、作用主体に働きを生ぜしめてから、目的を達したものとなる。一方、作用主体の働きは〔作用主体に生じたというだけでは〕目的を達したものとはならないから、また[347]、直接〔その働きが何らかの〕行為を生ぜしめるから〔作用主体に生じた働きこそが〕「最も効果あるもの」である。作用主体もまた他の作用要因の働きに[348]依存しておらず、そ〔れ自ら〕の働きによって行為を生ぜしめて〔それゆえ〕作用主体は自立的（svatantra）であるといわれる[349]。なぜなら、すべての作用要因が一緒になって作用を生ぜしめるとするなら、同じ働きのみがあることになるから、最も効果あるもの[350]ということに何の意味があるか、あるいは、自立的ということに何の意味があるかということになり、すべての人が関わりを持つ文法学に違反することになる。まさにこの理由から認識主体の働きが認識手段であるというのである。そしてその認識主体の働きは知識（cit）の形を持った認識主体と同一であることが定まっているので、〔対象を〕明らかにせしめること（bodha）を本質としたものである、ということである。

---

346 これは Kumārila の主張の一部と考えられる。Kumārila は、認識手段は随意に考えられる、と言っている。(1) 感官、(2) 感官と対象との結合、(3) 意と感官との結合、(4) 意とアートマンとの結合、(5) それらすべて、というように。いずれも、知の生起に対して作用を持つから認識手段である、という。戸崎宏正[1992]、304-306 ページ参照。Cf. ŚV 4.59-61 : pramāṇaphalabhāvaś ca yatheṣṭaṃ parikalpyatām/ sarvathāpy animittatvaṃ vidyamānopalambhanāt// yad vendriyaṃ pramāṇaṃ syāt tasya vārthena sangatiḥ/ manaso vendriyair yoga ātmanā sarva eva vā// tadā jñānaṃ phalaṃ tatra vyāpārāc ca pramāṇatā/ vyāpāro na yadā teṣāṃ tadā nopadyate phalam// ; 4.68 : prakṛṣṭasādhanatvāc ca pratyāsatteḥ sa eva naḥ/ karaṇaṃ tena nānyatra kārake syāt pramāṇatā// ; Joshi, L.V. [1986] p.229.

347 P,T : cācarita-. B : tvacarita-. P,T を採用する。

348 P,T : -antaravyāpāranirapekṣas. B : -antaranirapekṣas.

349 Cf. PāṇS 1.4.54 : svatantraḥ kartā/; LSK p.229 : kriyāyāṃ svatantreṇa vivakṣito ’rthaḥ kartā syāt/; Joshi, L.V.〔1986〕p.230.

350 P,T : sādhakatamatvārthaḥ. B : sādhakatamārthaḥ.

(44.19)〔答論（バーサルヴァジュニャ）：〕これは正しくない。なぜなら、〔もしそうであるなら、〕作用主体と同体と定まっている働きが生じた場合に、作用主体もまた生じることになってしまうから。あるいは、それ（作用主体）が生じないというのであれば、働きも[351)]生じないことになるし、あるいは、〔それでも働きは生じるというなら〕同体であるということと矛盾することになろう、あたかも、空と水〔とが同体である〕という〔矛盾した主張の〕ごとくに。そして〔この矛盾を避けようとして〕働きが恒常なものであるとするなら作用も永遠に止まらないことになろう[352)]。

〔反論：〕同体であるという言葉の意味は、別であって別でないということ（bhinnābhinnatva）である。

〔答論：〕そうではない。〔それはジャイナ教徒の多面的見解(anekānta)説[353)]となり〕この多面的見解の主張は後に否定するであろうから。〔同体であることが否定され、同体でありかつ同体でないという説も否定されると、残るは同体でないとする説のみであるので、以後はこれを考察する。〕

もし働きが〔作用主体とは〕まったく別であるなら、(1)〔その働きは〕動を本質とするものか、(2) 不動を本質とするものか、(3) あるいは、最終的な共働者という存在なのか、のいずれかであろう。

(1) もし、〔働きが〕動を本質としたものなら、不動のもの〔たとえば、アートマンなどの作用主体〕には働きがないことになるから〔働きには〕原因性がないことになってしまうであろう。

351　P,T：vyāpārasyānutpādas. B：vyāpārasyāpy anutpādas. B を採用する。

352　この批判は Kumārila 説の一部に対するものとみられる。Bhāsarvajña は ŚV の文言そのものを批判するのではなく、次に見るように、単に論理的矛盾をつくということに終始している。

353　宇野惇〔1996〕(1)、6 ページ：「ジャイナ教の形而上学は『あらゆる存在は多数の性質からなる』と主張し、多面的見解（anekānta-vāda）を唱える。」

（2）一方、〔働きが〕不動を本質としたものなら、（i）それはある結果の原因なのか、（ii）そうでないか、である。（ii）もし、原因でないなら〔不動の働きによって変化はなかったということで、〕作用要因（kāraka）にまったく意味がなくなる。（i）もしそれ（＝不動を本質とした働き）が何かを生じた〔原因〕なら、（a）他の働きに依存したのか、（b）そうでないのか。（a）他の働きに依存したのなら、その他の働きもまた前と同様に何か別の働きに依存することとなり、無限遡及となるであろう。（b）もし〔依存するべき〕働きがないとするなら〔諸々の〕作用要因もまた働きのないものとなり、それでいて結果を生じるであろうということになる。そうすると〔作用主体とは別の〕働きというものが想定されないことになる、それには何ら論理的根拠がないのであるから[354)]。（iii）あるいはまた、あるものに依存して、〔不動を本質とした〕働きが生じたとするなら、そのもの（作用要因）は必然的に内属因（samavāyikāraṇa）であると認められねばならない、属性（guṇa）に対する実体（dravya）のように[355)]。それゆえ、この作用要因が〔内属因として〕自己の働きを生ずるが、(a) それは働きを持って生ずるのか[356)]、（b）働きを持たずして生ずるのか。（a）もし働きを持って生ずるというなら、働きの連続が生ずることになり〔不動の本質に矛盾する〕、〔もしどこかで働きが〕尽きる〔としても、その〕ものには(upakṣīṇasya)元からあった原因と結果もないことになってしまおう。（b）もしまた、〔作用要因が〕働きなしに〔働きを〕生ずるというなら、働きの手段と同様、働きのないものにも原因や結果が存在することになり、働きを想定しても何の役に立とうか。

それゆえ、「すべての作用要因が自らの行為を生ずるときには作用主

---

354 P,T : niṣpramāṇatvāt. B : niṣpramāṇakatvāt.
355 P,T : guṇaṃ prati dravyavat. B : guṇadravyavat.
356 P,T : savyāpāram iti. B には iti なし。

体であり、主たる（pradhāna）行為を生ずるときは、作用対象や作用手段といった形をとる」[357] といわれているこのことも否定される。なぜなら、〔斧に〕多数の作用要因から生じた行為〔たとえば、切断行為〕とは異なる行為が存在するということに対するいかなる論拠もないから。というのも一つ〔の作用要因〕だけから物を生じることはできないからである[358]。

（45.15）（3）もし働きが最終的な共働者というなら、それには〔働きとして〕他に最終的なものは存在しないからそれには働きがないことになってしまい、〔それが〕原因ではないということになってしまう。それゆえ、作用要因に〔作用対象などの〕相互的共働因[359] とは異なった〔最終的共働者という〕働きは一切ない。

このようなわけで、感官などによってこそ対象の知識が生じるのであるから、認識主体の働きに対して〔それが対象知を生ずる、というミーマーンサー学派の〕事実からの推定（arthāpatti）[360] は立証能力が弱い。知識（saṃvitti）や認識知（pramiti）などの言葉によって〔対象を〕明らかにすること（bodha）とは別のものが意味されることはない。そうすることによって感官などが対象の認識を生じさせるとしても、それ（感官）は本質的に無感覚であるから対象を明らかにすることはないであろう。認識手段（pramāṇa）の語によって、〔対象を〕明らかにすること

---

357 P,T : -ādirūpāṇi bhavatīti. B : -ādirūpāṇy abhidhānāni bhavatīti.
358 P,T : kiṃcid asti ekasyaiva janakatvāyogād iti/ B : kiṃcid asti na hi ekakārakajanyakriyā 'sty ekasyaiva janakatvayogād/ P,T を採用する。
359 P,T : -sahakāritvavyatirikto. B : -sahakārivyatirikto.
360 arthāpatti（事実からの推定）はミーマーンサー学派が容認する認識手段の一つである。以前一度見たものが今見えない場合、それ以外はありえないという推定をすることである。たとえば、生存しているデーヴァダッタが今家の中に姿が見えないことから、家の外に居るに違いない、という推定が成り立つことなどである。Cf.Bhatt,G.P.〔1962〕p.313. ここでは対象認識が生じたという事実から、それは作用主体から対象知が生じたに違いない、という推定が成り立つことが意図されていると思われる。

（bodha）とは異なった明かり(prakāśa)とか火の輝きとは異なった[361]明かり(prakāśa)といった対象のダルマが理解されることはない、もし、それがそれ以外には説明されないということなら、知識(buddhi)を生じさせること[362]になるであろうが。それゆえ、〔認識主体と同一である働きそのものが成立せず〕自己本質の不成立（svarūpāsiddha）であるから、また、〔認識という〕結果が生じないということから、〔認識主体の働きである〕知識（buddhi）には手段性はないということである。

2.1.3.2.2. 文法学派の主張とその否定〔46.02-11〕

ある人々（文法学派）は、作用要因（kāraka）は〔話者の〕意志から存在することとなる、という[363]。たとえば、「一塊の土塊が瓶を作る」（作用主体＝主格）「一塊の土塊に依存して瓶ができる」（作用対象＝対格）「一塊の土塊によって瓶を陶工は作る」（作用手段＝具格）「一塊の土塊から瓶ができる」（作用原因＝奪格）「一塊の土塊の変形が瓶である[364]」（作用所属＝属格）「一塊の土塊において瓶が生じる」（作用場所＝於格）といったように。

しかしこの人たちは次のように質問されねばならない。すなわち、作用要因が存在しなくても〔話者の〕意志からそれ（作用要因）が生じるのか、それとも、作用要因が存在すると定まって後、〔話者の〕意志からそ〔の作用要因〕によって示される[365]言葉の適用があるのか、と。最初の場合には、瓶の生起にさいして、一塊の土塊は作用利益享受者（為格）で、陶工は作用手段（具格）ということにもなるであろう。どこにも作用要因の誤った適用という間違いは存在しないであろう。なぜなら、

---

361 P,T : tejaḥprabhāvyatirekena. B にはこの語なし。
362 P,T : buddhipratipādakatvaṃ. B : buddhipratipādakaṃ.
363 Cf. VP III 3.7.90 : kriyāyāḥ parinispattir yad vyāpārād anantaram/ vipakṣyate yadā tatra karaṇatvaṃ tadā smṛtam// 103 : dharmairabhyuditaiḥ śabde niyamo na tu vastuni/ kartṛdharmavivakṣāyāṃ śabdāt kartā pratīyate// Cf. Joshi,L.V. [1986] p.236.
364 P,T : vikāro. B : vikāro bhavati.
365 P,T : tadabhidhāyi-. B : tadabhidhāyaka-

〔もともと作用要因は存在しないのであるから〕どこにも意志との矛盾はないのであるから。もし後者の場合なら、〔単に話者の意志からというだけでなく〕それら作用要因の区別が定まる理由、それはその本質的な区別であるが、その理由が述べられなければならない、そうすることによって、〔ある物を計るのにはある量の分銅が使用される〕計量器などのように、その定義が含まれている場合に〔それを示す〕言葉が含まれているということ[366]が正当であるということになるであろうが。

(**2.1.3.2.**3. 仏教徒の主張とその否定〔46.13-58.12〕[367])

2.1.3.2.4. ニヤーヤ学派内の諸説〔58.14-63.04〕

2.1.3.2.4.1. ウッドヨータカラ（Uddyotakara）の卓越性（atiśaya）論〔58.14-59.09〕

〔認識知などの結果をもたらすに際して「最も効果あるもの」、すなわち、手段ということについて、仏教徒の見解を吟味し、それを否定してきたが〕一方、他のものたち（ウッドヨータカラ）は〔その手段ということについて〕異なった説明をする。すなわち、「多くの『効果あるもの』(sādhaka)があるなかで、卓越性(atiśaya)によって『効果あるもの』となっているもの、それが『最も効果あるもの』（sādhakatama）といわれる。なぜなら、〔パーニーニ・スートラに〕『tamap と iṣṭhan とは、卓越性を意味する』[368]という言葉があるから」と。

たしかにそうであろう。しかしながら、まさにその卓越性を、我々はいかなる「効果あるもの」にも見ることはない。なぜなら、すべての作

---

366 P,T : -samaveśo yuktaḥ. B : -samaveśo'pi yuktaḥ.

367 この箇所に関しては、山上證道 [1999]、89-123 ページにおいて翻訳済みのためここでは省略する。

368 PāṇS 5.3.55 : atiśāyane tamabiṣṭhau/ Cf. LSK p.361.

用要因（kāraka）〔、それは文法上では主格などの格語尾によって示されるが、それ〕は、〔作用対象、つまり、対格など〕ある一個の作用に対して効力を持っているという点では同等〔であり、ある特別の作用要因に卓越性があるとはいえない〕から。

（58.17）〔反論：〕タモリ（Tamo'ri＝ウッドヨータカラ Uddyotakara）によって多種の卓越性が説明されている[369]。

〔答論：〕どのように述べられているのか。

〔反論：〕すなわち、(1)〔あるものの〕存在と非存在とが〔必ず〕それ (A) を持つ〔場合、その A が卓越性という〕ことである。すなわち、認識手段が存在すれば、認識知は存在しており、しかも必ず存在する。一方、認識主体や認識対象が存在する時も、〔認識知は〕存在するが、それは、必ず存在するとはかぎらない、ということである。あるいは、認識主体と認識対象の両方が存在している場合、あるもの（A）が存在しないという理由で認識知が生起しない、そのようなもの（A）が卓越性である。(2) あるいはまた、〔ある結果に対する〕最終的な存在〔あるいは最終的な原因、それが卓越性〕である。(3) あるいは、認識知〔生起〕の直前にあるもの。すなわち、あるもの A の直後のみに認識知の結果の生起がある、その A が卓越性であるという意味である。(4) あるいは[370]、それ固有の原因であることが卓越性ということである。(5) あるいはまた、認識知を生ぜしめる結合（saṃyoga）の〔持っている認識知生起に対する〕援助する働き〔が卓越性〕である。(6) あるいは、〔認識知を生ずるまでは〕目的をはたすことはないという性質〔が卓越性〕である。すなわち、認識主体と認識対象とは認識手段を生ぜしめて後に目的を達したものとなる。しかし、〔認識知を生ずるまでは〕目的を達することにはならない認識手段が、認識知を生ぜしめる〔もので

369 P, B は nanu ca. T には ca なし。
370 T の vā は P, B にはなし。

あるから〕「最も効果あるもの」（sādhakatama）といわれる、という意味である。（7）あるいはまた、あるもの（A）を持っているものが認識を得るという場合、そのもの（A）が卓越性といわれる。以上のように〔ウッドヨータカラ（Uddyotakara）は〕述べている[371]。

〔答論：〕生徒たちの疑わしい知（saṃśaya）を解消しようとして活動している先生(ācārya＝ウッドヨータカラ)は、〔このような〕未確定の多数の見解を披瀝し[372]、ここにある「最も効果あるもの（sādhakatama）とは何であるか」という疑わしい知（saṃśaya）を増大させている。

2.1.3.2.4.2. 最終存在（caramabhāva）手段説とその否定〔59.11-60.06〕

ある人たちは、〔上記の〕諸説のうちで、最終的な原因こそが「最も効果あるもの」であるということ（ウッドヨータカラの(2)説）が意図されている、という[373]。

しかし、そうではない。

（1）なぜなら、まず、楽・苦(sukhaduḥkha)などの認識対象（prameya）であっても自身の認識にあたって、〔アートマンに内属する楽などそれら自身が〕最終的なものであることが知られるから[374]〔それらの認識対象が認識手段ということになってしまう〕。というのも、その場合は〔感官との〕結合が〔楽などの認識知の〕後にあるから〔最終的な原因ではない〕。

〔反論：〕この場合、楽性などの認識が最終的存在なのではないか[375]。

---

371 Cf. NV p.18, l.08 - p.20, l.03. (5)説は、NV のこの箇所には見られないが、別の箇所に存在する。Cf. NV p.16, ll.03-05.

372 T: -ācāryeṇa avyavasthitān anekapakṣān... B: -ācāryeṇa avyavasthitānekapakṣān... P: -ācāryāṃ avyavasthitān anekapakṣān... T, B を採用する。

373 これとパラレルである説が NM に紹介される。Cf. NM I (KSS) p.12, ll.26-27.

374 T,P : caramabhāvadarśanāt. B : caramābhāvadarśanāt. B に従えば「〔楽など以外には〕最終的な存在はないことが知られるから」

375 楽などはアートマンの属性であるので、眼などの感官との結合がないから樂性が樂認識決定の最終存在となる、という意味である。

〔答論：〕それは容認できない[376]、なぜなら、〔その場合は、〕無分別知覚であるから、それが普遍性（sāmānya＝sukhatva）の理解に依存して生ずることは認められないからである[377]。これに関してはさらに〔後に〕論ずるであろう[378]。

（2）自己に存在する色（rūpa）[379]などの生起に関しては、「全体」（avayavin）が最終的な存在ではあるが[380]、しかし、そ〔の全体〕は〔色などの〕基体（adhikaraṇa）であるからそれが〔最終的な存在、すなわち〕手段（karaṇa）であることにはならない。また、色などの生起にあたって〔最終的なものではない〕眼などが手段であると認められないなら、それ〔すなわち、眼などの手段の〕存在が作用性（kriyātva）に基づく推論によってえられないこととなってしまう。なぜなら、世間的にも〔斧による樹木の切断行為などにおいては作用性に基づく推論によって〕斧などが手段であることがなりたっているから。それ〔＝斧〕との結合こそが〔最終的存在であるからそれが手段であると〕いうことにはならない[381]。

（3）また、〔分銅は計量手段であると同時に計量対象にもなりうることを規定した〕計量器の分銅（tulā）に関するスートラ[382]に矛盾することから、最終的なものだけが手段であるということは否定される。

---

376 B のみに na あり。これを採用する。

377 ニヤーヤ学説に従えば、有分別知覚(たとえば快楽など)が生起する場合、その前段階として無分別知覚を想定する。ここでいわれている快楽性の認識とはこの有分別の前段階をなす無分別知覚とみなされる。

378 Cf. NBhūṣ, p.171ff.；山上證道［1999］、293-329 ページ参照。

379 B は svarūpa

380 ニヤーヤ実在論ではすべての物体は「全体」という単一存在として存在していると考えられ、色はそれに内属する形で存在している。色が知覚される場合、色が内属している存在である「全体」が最終的な存在となる。

381 T のこの 1 行(60.05)は p.58, l.01 からの混入。これのない P, B を採用する。

382 Cf. NS 2.1.16 : prameyatā ca tulāprāmāṇyavat/「〔認識手段としての性質は〕認識対象としての性質にもなりうる、計量器の分銅の計量手段としての性質のように。」

2.1.3.2.4.3. ルチカーラ（Rucikāra）の見解〔60.06-12〕

ルチカーラ（Rucikāra）[383]は、タモリ（Tamo'ri＝ウッドヨータカラ）の意向を、「多くの見解が述べられている場合には、そこで正しいもののみが採用される。あるいは、自ずと別のことが推察される」と考えて、「作用主体（kartṛ）〔、つまり、文法上の主格〕と作用対象（karman）〔文法上の対格〕とは異なった、全ての原因が『最も効果あるもの』である」と述べている。そして、このことは〔Tamo'ri（＝ウッドヨータカラ）の説明文〕 yadvān pramimīte so 'tiśayaḥ ということによって言われているのである。どのように言われているかというと、あるもの（A）を持ったもの（yadvān）とは、多くの補助因（sahakārin）があるものという意味で、それら補助因を備えた作用主体が作用対象に対してある作用を生ずる、そのような補助因こそが「最も効果あるもの」であり、作用主体や作用対象がそうなのではない[384]。またそれから、自ずと推察されて次のようにいわれる。「作用対象（karman）と作用主体（kartṛ）とは異なる全ての作用要因（kāraka）[385]が作用手段（karaṇa）〔文法上の具格〕である」と。

2.1.3.2.4.4. ジャヤンタ（Jayanta）の見解とその否定〔60.14-61.14〕

また別のものたちは、〔作用対象と作用主体とは〕異なること、というだけでは、〔いずれかの〕作用要因に卓越性が生ずることはないと考えて、〔作用対象、作用主体、作用手段などの〕集合体（sāmagrī）によってこそ、最も効果あるものがある[386]、という。なぜなら、それ（＝集合体）は、〔それが〕生起して直後に作用を生ずるが、一箇所（＝一

---

383 Rucikāra は Ruciṭīkā の著者と考えられ、Durvekamiśra の記述から Adhyayana であると思われている。この Rucikāra が NM にしばしば登場する ācārya であることを NM の注釈で Cakradhara が記している。山上證道〔1980〕(2) 35-36 ページ（山上證道〔1999〕に所収）参照。

384 B のみに na なし。P,T : na kartā... P,T を採用する。

385 B のみ kāraṇa. これは採用しない。

386 Cf. NM I (KSS) p.12, ll.06-08; p.14, ll.12-13.

作用要因）が〔他の作用要因に依存〕するようには、他のいかなる箇所（＝作用要因）にも依存してはいないから、ということで、そのこと、つまり、それ（＝集合体）にある、それらいかなる一箇所（＝一作用要因）にも勝る卓越性が、「最も効果あるもの」ということによっていわれている、と〔いう見解である〕。
〔答論：〕それも正しくない。なぜなら、集合体とは、作用主体、作用手段などの総体であり、どうしてそれが作用手段だけであるといえるのか。作用主体などは〔作用を〕生じない状態においてだけは作用主体などの形体をとり、〔作用を〕生じた状態の場合は[387]作用手段である、というのは正しくない。なぜなら、作用主体などの存在もまた作用と結びついたものであるから。また、〔作用を〕生ずる場合においてのみ総体に依存して作用手段であり、また一箇所（＝一要因）に依存しては[388]作用主体などの存在となる、ということはない。なぜなら、もしそのようであれば、それは虚構された世界であるから、究極的な真実の世界ではないことになってしまうからである、あたかも仏教の理解のように。
〔反論：〕集合体は作用主体などとは別のものであり、それが作用手段である。
〔答論：〕そうではない。作用主体などが〔なにものも〕生じない、ということになってしまうから。というのも、もしそうであれば結果が集合体のみから生起することが意図されているから。また、〔そうであればそれは最終的存在であり、〕最終原因〔が作用手段〕であるという主張の際に述べられた誤謬が指摘されるからである。集合体が単に性質上（dharmamātratvena）[389]原因であると認められても、それが作用手段であるというのは正しくない。〔これでは比較の意味がなくなり〕「最も

---

387 B には ca なし。
388 B のみに ca なし。T のこの行（61.03）にある kartādibhāvaḥ 以後、T, 66.15 の anumattasya まで B には欠落。
389 T : -mātratvena akāraṇatvena-. P : -mātratvena kāraṇatvena-. P を採用する。

効果的なるもの」という〔作用手段の〕定義に矛盾するから。

（61.08）〔反論：〕そうであるならルチカーラ（Rucikāra）の主張しかないことになるではないか。

〔答論：〕そうではない。もしそうであるなら〔作用主体、作用対象、作用手段の三のみとなり〕作用利益享受者（saṃpradāna、文法上の為格）などの要因が存在しないことになってしまうから。

〔反論：〕〔ウラパ草が共通性（sāmānya）としては草とも呼ばれ、特殊性（viśeṣa）としてはウラパとも呼ばれるという〕草とウラパの譬えによって、〔作用主体と作用対象以外は作用手段であるから〕作用手段という類のものに対して作用利益享受者・為格(saṃpradāna)など〔作用基体・於格(adhikaraṇa)に至るまでの特殊的な要因〕の言語活動（vyavahāra）が可能である。

〔答論：〕そうではない、そのような考えはありえない。なぜなら、ウラパ草などに草という概念は知られるが、それと同様に、作用利益享受者・為格などにおいても作用手段という概念があることはないから。もしそうであるなら、言語契約だけから（samayamātreṇa）そのような言語活動が容認されているのであるから、作用主体や作用対象が作用手段の一種であると認めることも避けがたいことになるであろう。このようなことから、現実の作用要因（kāraka）の確立はいかなる場合でも不可能となるであろう。また、作用主体と作用対象から単に異なっているというだけで、ある作用要因に卓越性があるというのは正しくない。もしそうであるなら、〔作用主体や作用対象の〕二つとも相互に異なっているというだけで「最も効果あるもの」（sādhakatama）ということになってしまうからである[390]。

390　Pには最後にitiあり。

2.1.3.2.4.5. バーサルヴァジュニャの見解〔61.16-62.09〕

それでは「最も効果あるもの」(sādhakatama) とはどのようなものであるかというと、「(a) 直接作用主体によって支配されていて(sākṣāt-kartradhiṣṭhita)、(b)〔それ自体は〕所成者（成立されるべきものであるがいまだ成立されていないもの）ではなく (asādhya)、(c) 実在しているもの (sat)、そのようなものに存在する、(d)『作用を生ぜしめるものという性質』(kriyāsādhakatvam)〔が、『最も効果あるもの』という性質 (sādhakatamatva)〕である。」〔このように定義するなら〕それ（＝最も効果あるものという性質）は、作用利益享受者・為格(saṃ-pradāna)など〔於格に至るものまで〕には存在しない。というのも、たとえば、〔師である祭官に〕牛を贈る (godāna) などの〔祭式〕作用・行為を行なおうとする人は、〔牛を贈られる作用利益享受者である〕師などを直接支配しているのではなく、手、言葉、心、あるいは、その他のものを支配しているのであるから。〔つまり、師は作用主体に支配されていないから作用手段ではなく、作用利益享受者である。〕

そのような原因 (nimitta)（＝直接支配という特徴）が存在しないところでは、作用手段性という言語活動があってもそれは一義的なものではない、ちょうど、作用対象などに対して作用主体という〔文法上の〕言語活動があるように。〔たとえば、『コックが食べ物を料理する』（作用対象）というのに対し『食べ物が料理される』（作用主体）というような場合である。〕〔自分で決定するという〕自立性 (svatantratā) なき場合、一義的な作用主体というのは正しくないからである。さらにまた自立性とは自己の意志によって作用を成立させうるものであり、それはまた、心 (cetana) を持たないもの[391]においては二義的なものであるか、もしくは、単に思惟的に構成されたものである、たとえば、「壁が倒れたいと望んでいる」という場合のように。

---

[391] T : tac ca cetaneṣv. P : tac cācetaneṣv. P を採用する。

(61.23)〔反論：〕楽（sukha）などの作用対象(karman)も〔アートマンに内属するものであるから眼などに依存することなく〕直接、〔作用主体である〕人に支配されており、自ら認識という作用を生じさせるから作用手段であるということになってしまう。
〔答論：〕そうではない、「〔それ自体は〕所成者ではない（asādhya）」と〔いう語に〕限定されているから。〔つまり、楽は所成者（sādhya）であるから、作用手段ではない。〕この場合、所成者（sādhya）という語によって、作用対象（karman）が三種類に分類されることも述べられている、すなわち、生産されるもの（nirvartya）、変化させられるもの（vikārya）、到達されるもの（prāpya）、と。この〔作用手段の「所成者でない」（asādhya）という〕定義に適合しなければ、どのような作用対象（karman）も手段となることはないであろう。

しかし一方では、この定義への適合は、作用要因（kāraka、文法上の諸々の格）のあるものが実在であることからでも可能となる場合がある。たとえば、自己のアートマンを知る作用において、その同じアートマンが、作用主体[392]、作用対象（karman）、また、作用基体（adhikaraṇa）であるというように。このように、作用要因に対して確固とした定義によって区別が成立しているから、作用対象（karman）などの言語活動はまさに実在であり、それに似て非なるものにおいては二義的なものにすぎないのである。さらに、〔二義的表現である〕譬喩の原因が存在しない場合でもその特徴（lakṣaṇa）を思惟して仮託することによって〔二義的なものとしてそれに対する譬喩的な〕言語活動が生ずる。しかし、事実が存在しなければ思惟して仮託してみても〔言語活動は生じ〕ない。見たことのない対象はどのようにしても思惟されることはできないから、たとえば、角なども牛などに見られてこそ、それが兎の頭に対して

392　T：kartṛtvakarmatvaṃ.　P：kartṛtvaṃ karmatvaṃ.

思惟されうるということである。

このように、たしかに、実在物である正しい認識に対して、「最も効果あるもの」となっているもの、それは、知識（bodha）を本質としたものも、また、非知識（abodha）を本質としたものであっても、そのようなものが、認識手段（pramāṇa）である、といわれる。それゆえ、〔ニヤーヤサーラの定義においては〕それ（認識手段）を意味している能成者（sādhana）という語によって、正しい認識（pramā）・認識主体（pramātṛ）・認識対象（prameya）が〔認識手段として〕述べられているのではない[393]、ということが定まった。

2.2. 認識手段と解脱――ニヤーヤスートラ 1.1.1 とニヤーヤスートラ 1.1.2――〔62.11-79.18〕

2.2.1. ニヤーヤスートラ 1.1.1 の解釈――ニヤーヤスートラ 1.1.1 に列挙される認識対象（prameya）などの諸範疇・原理（padārtha）の本質と目的――〔62.11-72.13〕

2.2.1.1. 認識対象（prameya）――範疇・原理としての本質と目的――〔62.11-27〕

正しい認識、認識主体、認識対象の区別も非実在ということはない[394]。なぜなら、それぞれの定義の区別も現実のものであるから。〔ニヤーヤサーラにも述べられている[395]ように〕「正しい認識とは、正しい新得知（samyaganubhava）であり、認識主体（mātṛ）とは正しい認識の基体である」、つまり、正しい認識の内属因（samavāyikāraṇa）である、という意味である。「認識されるべきものとは、認識の対象であり」、正

393 T : tatra tadabhidhyāyinā... P : tan na tadabhidhyāyinā... P を採用する。
394 T : bhedo na avāstavas tallakṣaṇāaṇām... P : bhedo na avāstavatallakṣaṇāaṇām... T を採用する。
395 Cf. NSāra p.62, l.01.

しい認識に現れている対象、それが認識されるべきもの、すなわち、正しい認識の対象、ということである。

(62.15)〔反論：〕そうであるなら、〔ニヤーヤスートラの〕最初のスートラにおいて認識対象（premeya）の〔列挙が見られる〕ように、認識主体も独立して列挙されるべきである、なぜなら、それも認識手段とは別の定義を持っているのであるから。

〔答論：〕これは正しくない。認識手段を列挙したことによってそれ（認識主体）も理解されるから。というのも、認識主体なしには認識手段は存在しえない、どちらも運命を共有すること（tulyayogakṣematva）[396]を理解せしめるものであるから。ある道理によって認識手段の存在とそれが特定の結果や不特定の結果を生起せしめることが立証されるなら、それと同じ〔道理〕によって認識主体の〔存在〕もまた〔立証されるであろう〕。それゆえ、それが独立して列挙されなかったのである。

〔反論：〕それなら認識対象も独立して列挙される必要はないのではないか。

〔答論：〕確かにそうであろう、認識対象すべて（prameyamātra）が独立して列挙されることは承認されないであろうから。しかし、ある目的があって、認識対象という語によって[397]ここでは特別の認識対象の列挙がなされているのである。そしてその目的については、後に〔それぞれの下位分類の〕特殊定義を述べる際に明らかにするであろう。獲得された認識すべて（pramitimātra）についても、認識対象すべて〔がそうであるの〕と同様、まさに認識手段の列挙そのことによって列挙されているといえる。

一方、〔獲得された認識知（pramiti）も認識手段などに含まれるから

---

[396] この訳語は、桂紹隆博士の教示による。

[397] P : prameyapadena tu prameyaviśeṣasyoddeśaḥ. T には prameyapadena tu が欠如。P を採用する。

本来は別に列挙されるべきではない。しかし、ニヤーヤスートラ 1.1.1 において〕真理の知識（tattvajñāna）という語によって、そのような特殊〔な獲得された知識（pramiti）〕の列挙がなされているのは、それが解脱の原因であることを知らしめる目的のためである。

〔反論：〕もし、認識対象という語によって〔アートマンなどの〕特別な認識対象[398]の列挙がなされているとするなら、その場合、〔特別なものではない認識対象である〕方向(dik)、時間(kāla)、極微（paramāṇu）などが含まれないことになるではないか。そして、そのことによって、宇宙の原因すべて[399]が明らかにされていないことになって、これ（ニヤーヤ学）はアートマンに関する学問[400]ではないことになる。

〔答論：〕このような誤りはない。なぜなら、認識手段の列挙という効力により列挙された認識対象すべてに、すべてのものが含まれているから。そうであるから、存在するものもしないものもいずれもここに列挙されていないものはないといえる、正しい認識(pramā)の対象（viṣaya）としてすべてのものは認識対象（prameya）であるのであるから、ということである。

2.2.1.2. 疑わしい知（saṃśaya）——範疇・原理としての本質と目的——〔62.27-63.04〕

〔反論：〕それなら、疑わしい知（saṃśaya）などのものも独立に列挙されているのは無意味である、それらは認識手段か、あるいは、認識対象に含まれるものであるから。

〔答論：〕そうではない。含まれていてもある目的から独立して列挙しているから。また、疑わしい知の目的はすでに説明された[401]が、それ

---

398 アートマンなどの特別な認識対象については NS 1.1.9 に列挙されている。27 ページ、注 16 参照。なお、このスートラの翻訳は、172 ページ、注 522 にある。
399 T の jagatkārāṇasya は jagtkāraṇasya のミスプリント。
400 Cf. NBh p.65. ll.02-03 : iha tv adhyātmavidyāyām ātmādijñānaṃ tattvajñānam/
401 NBhūṣ pp.20-21. Cf. Joshi,L.V.〔1986〕p.296.

はニヤーヤ学の活動の原因である、ということである。独立に列挙し説明することによって、実際、その本質が十分に確定した疑わしい知などのものはそれぞれ独立した別個の目的を持っており、たやすく理解をもたらすであろう、という意向を持った尊者スートラ作者は短いスートラを好まず、〔ニヤーヤスートラ 1.1.1 という〕長いスートラを作成した、ということである。そのうち疑わしい知だけの本質と目的はすでに述べられた[402]が、〔十六原理の項目である〕目的（prayojana）以下のものについては〔まだ述べられてい〕ない。それゆえ、これらについて〔本質と目的が何々である〕と〔これから〕述べられるべきである。

2.2.1.3. 目的（prayojana）――範疇・原理としての本質と目的――〔63.06-64.04〕

〔反論：〕「目的」（prayojana）の目的とは何であろうか、というこの問いは正当な問いではない。なぜなら、〔目的が〕それ自身を本質としたものであるから。というのも、目的を本質としないもの (aprayojana) が述べられている場合に、「その目的は何か」という問いが妥当なのである。また、〔別の理由からも〕目的を本質としたものに対して目的を問いかけてもそれは不適切である。なぜなら、〔たとえば、楽の目的は何か、と問いかけても目的そのものである〕楽にはいかなる目的もないから。

〔答論：〕これは正しくない。〔我々の〕意図が理解されていないから。我々は、単に「目的にはどのような目的があるか」と言っているのではない。そうではなくて、「目的は認識手段や認識対象〔の説明文など〕に含まれてはいても、それが〔スートラで〕独立して列挙されているその目的は何か」と言っているのである。

（1）これに関して〔ニヤーヤスートラの注釈書であるニヤーヤ〕バ

402 NBhūṣ pp.12-25; 山上證道〔1980〕(3)（山上證道 [1999]、358-379 ページに所収）参照。なお、T 63. 04 劈頭の tu は ca であろう。

ーシュヤ（Bhāṣya）の著者は次のように述べている。「したがって、それ(＝目的)が、すべての生類にもすべての行ないにもすべての学問にも存在し、それを基体としてニヤーヤ学は活動する」[403] と。だが、おお兄弟よ! 我々はこれを容認しようとは思わない。目的との随伴関係がそれ（ニヤーヤ学）以外でも、世間的にも学術的にも十分知られているから。たとえば、学問的知識を持った人も世間一般の人も、すべての生類、すべての行ない、すべての学問、そしてニヤーヤ学が目的を持ったものであることは共通して理解しており、それぞれの特殊〔な目的〕に対して次のように質問する、「いかなる目的によってあの人は活動したのか」「この行為はどのような目的があるのか」「この学問にはどのような目的があるのか」「その推論はいったい何の役に立つのか」などと。それゆえ〔ニヤーヤスートラにおいて、このような一般的な目的とは〕別に目的が述べられたのである。

（63.18）（2）これに関して、ある人たち（おそらく仏教徒）は、最高のアートマン（paramātman）の知識が至福の原因であることを容認しようとせず、最高神（parameśvara）そのものには目的は存在しないから活動（pravṛtti）もあり得ず、それゆえ、〔最高神は〕存在しないと主張して、すべての生類に対する罰と救済という特徴を持った目的〔が最高神にはある〕というニヤーヤ学者による主張を認めない、といわれている。「ある人(A)に属している楽あるいは苦の非存在が、その人(A)とは別の人（神）の目的であるということは妥当ではない。また、他人を罰することも欲望を除去した人（神）の目的ではない」と〔述べている〕。こ〔のような批判〕を配慮して、スートラの著者は分かりきったことではあるが目的の本質を原理の一つとして、別に列挙して、次のように説明する。「人々があることを目指して活動するそのものが目的である[404]。」

---

[403] Cf. NBh p.38, ll.02-03.

[404] Cf. NS 1.1.24 : yam artham adhikṛtya pravartate tat prayojanam/

〔このことについて〕次のようにいわれる。世間でも、人は、あるものを、自分自身に対して、あるいは、他人に対して、「私は獲得したい」、あるいは、「私は拒絶したい」ということを是認して活動する、そのようなものが、その人の目的であると定まっているから。それゆえ、尊い神（bhagavān）もまた、あることを目指して活動しており、そのことこそが、神の目的なのである。というのも、その神は類なき最高の知識をもちこの世界への執着を離れた超越的で最高の存在であって、しかも次のような本質を持っている、すなわち、そ〔の本質〕によって、すべて輪廻する生類の行為にしたがって、望ましいことまたは望ましくないことをもたらすことを目指して活動する、という〔本質を〕。それゆえそれこそが神の目的である。というのも、それが神の目的の特徴にかなったものであるから、ちょうど、〔反論者・答論者〕両方に〔目的として〕容認される楽のように。

2.2.1.4. 実例（dṛṣṭānta）――範疇・原理としての本質と目的――〔64.06-65.05〕

実例の本質と目的は、なにであろうか。あるものは、実例とは外遍充（bahirvyāpti）の場（sthāna）（＝二個の随伴関係を見ることができる場）であるという[405]。

Bhāsarvajña は上記の仏教徒による反論に答えて、最高神（parameśvara）には重要な活動目的が存在することを、このスートラの説明に書き込んでいる。護山真也［2007］は、主宰神の活動目的についての Bhāsarvajña の記述が NBhūṣ p.458,ll. 11-14 にみられることを明らかにしているが、ここの NS 1.1.24 に関する議論はこの論文を補強する資料となるであろう。護山真也[2007]、103 ページ注 6 参照。

405 外遍充（外的必然性）とは、推論にあたり「立証するもの」（sādhana）と「立証されるもの」（sādhya）との随伴関係が、現在立証しようとする推論の主辞以外において経験されることをいう。たとえば、「あの山には火がある、煙があるから」という推論を考える場合、「立証するもの＝煙」と「立証されるもの＝火」との随伴関係が、「現在立証しようとしている推論の主辞＝あの山」以外のところ＝「かまど」において経験される。その経験を一般化して「主辞＝あの山」に当てはめることでこの推論がなりたっている。このように「立証するもの」・「されるもの」の随伴関係が「主辞」以外のところで理解されるので外遍充といわれ

またあるものは、実例とは、立証さるべきもの（sādhya、山に存在する火）の有法・ダルミン（dharmin）〔すなわち、立証さるべきものの主辞＝山〕とは別のものであり、立証さるべきもの（sādhya、すなわち、火）と立証するもの（sādhana、すなわち、煙）の法・ダルマ（dharma）〔すなわち、火と煙〕をもっており、かつ、それら（火と煙）とは別のもの〔たとえば、かまど〕である、という。

また、〔ニヤーヤ〕バーシュヤ（Bhāṣya）は、実例とは知覚の対象であるもの、という[406]。

また、〔ニヤーヤ〕スートラ(sūtra)は、「実例とは、あることについては、世間の人々と学者との考えが一致する、そのようなことである」という[407]。〔考えが一致する〕あることについて(yatra)とは、外遍充の場（二個の遍充関係が見られる場）について〔という意味であり〕、また、喩例について〔という意味であり〕、あるいは、〔敷衍すれば〕立証さるべきものと立証するもののダルマ（火と煙）を持っているもの（かまど＝同喩）と、それらのないところ（池＝異喩）について、と〔実例の内容が〕補足説明されるべきである。立証しようとする人とされる人、つ

る。したがって、一般的にインド論理学の推論において喩例が必要とされるが、それは外遍充論の立場に立つことと同義である。

しかし、インドでもジャイナ教や後期仏教論理学の一部では「立証するもの」「されるもの」の随伴関係は主辞以外には経験できないとして内遍充（内的必然性）という主張もなされる。その典型が、「諸行無常」を論理的に立証しようとした仏教論理学の刹那滅論証である。それは、「これらの（すべての）ものは刹那滅である、存在しているから」という推論形式を採用する。「立証すべきもの＝存在するもの」と「立証されるべきもの＝刹那滅」との随伴関係は「主辞＝これらの（すべての）もの」以外にはみられない。したがって、内遍充論の場合には喩例は存在せず、不必要とされる。「立証するもの」と「されるもの」との随伴関係は帰謬によって理解されるといわれる。この直後のテキストに実例の必要性を否定する反論が提示されるが、反論内容から見てその反論者は必ずしも内遍充論者とは限らない。梶山雄一 [1975]、96、および、151ページ参照。また、仏教の刹那滅論全般にわたって詳論している谷貞志〔2000〕参照。

406 Cf. NBh p.44, l.11 : atha dṛṣṭāntaḥ pratyakṣaviṣayo 'rthaḥ...

407 NS 1.1.25 : laukikaparīkṣakāṇāṃ yasminnarthe buddhisāmyaṃ sa dṛṣṭāntaḥ/

まり、学者と世間の人々との間で見解が一致するところ、それが実例であるということである。

〔反論：〕自己のための推論（svārthānumāna）の場合、立証しようとする人とされようとする人〔の区別〕は存在しないから、どうしてそれら〔両者〕の意見一致の対象である実例があるといえるのか。

〔答論：〕これは正しくない。その場合（自己のための推論の場合）でも、熟慮からその人（＝自己のための推論をしている人）に、〔立証者と立証される者の〕両方の形が存在するから、ちょうど、〔両方の立場から書かれる〕学説書の著者のように。あるいは〔実例としての〕能力に依存することによって〔実例であること〕が認められるであろう。あるいはまた、その〔実例の〕定義には含まれないものには〔それを補強しようとして〕別の定義が見られるであろう、たとえば、「〔実体は〕作用を持つ」〔という定義〕には含まれない〔虚空（ākāśa）という〕実体に対する〔別の定義の〕ように。

また、ある人は次のように説明する。世間の人々は立証さるべきもの（sādhya）のダルマ（＝火）であり、学者は立証するもの（sādhana）のダルマ（＝煙）であるが、その両者には、遍充者と被遍充者の関係がなりたつという点においては見解の相違がない場、それが実例である、と。

それが独立して列挙されて説明される目的は〔ニヤーヤ〕バーシュヤ（Bhāṣya）の著者によって次のように述べられている。「推論と証言の二は[408]、それを基体としており、それが存在するときには推論と証言とは存在し、それが存在しない時にはそれら二つも存在しないであろう。ニヤーヤ学の活動はそれを基体としてある。実例と矛盾することによって他者の主張は否定されるものといわれるべきである。実例との一致によって自己の主張は確立されるべきものとなる。虚無論者（おそらく仏

408 T : tadāśrayau anumānāgamau tasmin sati... P : tadāśrayau tasmin sati... T を採用する。

教中観学派）が実例を容認するなら彼は虚無であることを捨てねばならないし、容認しなければ、他者の非難はどのような手段によってなされるであろうか。実例が説明されて次のことが〔ニヤーヤスートラで〕言われうる。つまり、『立証さるべきものと同類であることからそのダルマをもった実例、喩例となり、それ（立証さるべきもの）とは異なっていることからそれとは逆〔のダルマをもった喩例〕となる』[409]」と[410]。我々はすでに〔ニヤーヤブーシャナの11ページ9行目において〕述べたことであるが、列挙と定義との陳述は解説のためであり、解説の目的は、誤った人々の過ちを除去するために実例と疑似実例を取捨すること（vidhipratiṣedha）にある。これはバーシュヤ（Bhāṣya）の著者の述べたこととも矛盾していないと知られるべきである。

2.2.1.5. 定説（siddhānta）——範疇・原理としての本質と目的——〔65.07-67.30〕

2.2.1.5.1. 定説（siddhānta）の一般的定義〔65.07-22〕

次に、定説（siddhānta）の本質と目的とが述べられるべきである。「それ自身（svayam）容認される、そのような事柄（artha）、それが定説である。」事柄（artha）という語がおいてあるのは、〔論議の際に〕異議申し立ての主張(pūrvapakṣa)、あるいは、大胆な論者〔の主張〕として[411]それ自身容認されたものであってもそれが自己の主張(svasiddhānta)になる、ということを否定するためであり、〔過去のみでなく、〕現在においても容認されているものが定説であることを知らしめるためでもある。「これは〔しかじか〕である、と容認されている事柄、それが

---

[409] Cf. NS 1.1.36~37 : sādhyasādharmyāt taddharmabhāvī dṛṣṭānta udāharaṇam/ tad-viparyayād vā viparītam/

[410] Cf. NBh p.45, ll.02-08.

[411] T : prauḍhivāditvena... P : prauḍhavāditvena... T を採用する。Joshi は、大胆な主張として、相手の主張をいったん容認して否定する仏教の prasaṅga 論法を示唆している。Cf. Joshi,L.V.〔1986〕p.303.

定説[412)]である」とバーシュヤ（Bhāṣya）は、述べている[413)]。『注釈書の著者』（ṭīkākāra）[414)]たちは、「普遍と特殊とを持った事柄で、正しい認識手段（pramāṇa）を根拠とした容認により、現在認められているものが定説である」と述べている。彼ら（『注釈書の著者』たち）は、〔ニヤーヤ〕バーシュヤ（NBh）もこのような意味であると説明しているのである。そこ（＝『注釈書の著者』たちの説明）にある「普遍と特殊を持ったもの」という限定詞は無意味であり、そして、「現在〔時制〕」への言及もまた〔無意味である〕。というのも、以前に容認されたものは定説でない、ということはないから。

〔反論：〕確定がないままで（anavadhāraṇāt）容認されたものでも定説であるといえるのか。

〔答論：〕そのようにいうのであれば、〔定説の定義は〕「容認されたもの」[415)]という語のみとなるであろう、言葉の重要性には何の意味があるというのか。〔『注釈書の著者』の主張にある〕「正しい認識手段を根拠とした」という文言にはどのような意味があるのか。もし仏教徒などによってすでに容認されたものが定説でないとするなら、〔彼らの定説は存在しないことになるし、さらに〕彼らの定説に反対するものを作成できないであろう。なぜなら、定説がなければそれに反対するものがどうしてあろうか。

〔反論：〕〔認識手段に似て非なるもの、すなわち、疑似認識手段に対して〕認識手段という語〔が使用される場合〕のように、それに似て非なるもの（ābhāsa）〔すなわち、疑似定説（siddhāntābhāsa）〕に対して

---

412 T には siddhānta の語がないが P に従って入れる。

413 Cf. NBh p.46, l.02. 服部正明 [1969]、339 ページ参照。

414 ṭīkākāra といわれているのは、おそらく NBh に対する注釈書の著者であろうと思われる。詳細については、山上證道〔1978〕（山上證道 [1999]、380-397 ページに所収）参照。

415 T : abhyupagamagrahaṇam evāstu. P : abhyupagatagrahaṇam evāstu. P を採用する。

定説という語が働くではないか。

〔答論：〕それは正しくない、それは単に言語活動だけの働きであるから。なぜなら、正気な人ならだれ一人、知っていながら疑似認識手段によって矛盾したことを生じさせるということはない。そのようなことを生じさせる人こそは、<無誤謬を非難する>という敗北の立場（adoṣa-udbhāvananigrahasthāna）[416] になってしまうであろうから。それゆえ、仏教徒などによって支持されたものであっても、彼らの意向によってなりたっているのであるから定説であると容認されるべきである。また、世間でも学問の世界でも、次のような言語活動は存在する、すなわち、「それは仏教徒の定説である」「それはサーンキヤの定説である」「それはミーマーンサーの定説である」と。

2.2.1.5.2. 定説の分類〔65.22-67.30〕

〔反論：〕また、これら〔上記のこと〕が一般的に定説であるということであれば、認識手段に妥当するとか、あるいは、妥当しないという特殊性（定説の分類）も、いかにして存在することになるのか。

〔答論：〕ニヤーヤスートラは次のように言っている。「タントラ･学説（tantra）、包括的論拠（adhikaraṇa）、暫定的容認（abhyupagama）による確立（saṃsthiti）が定説である」と[417]。確立とは定説と同義である。タントラ･学説による確立、包括的論拠による確立、暫定的容認による確立という三種の定説があるということである。タントラ･学説には多種あることから四種があることが後のスートラによって述べられている、というのがバーシュヤ（Bhāṣya）の考えである[418]。

---

416 後述されるが、討論において自らを敗北の立場に追いやる発言を行なった場合、「敗北の立場」という過ちを犯して敗北となる。この敗北の立場には、NS 5.1.1 において 22 種類が挙げられている。

417 NS 1.1.26 : tantrādhikaraṇābhyupagamasaṃsthitiḥ siddhāntaḥ/

418 NS 1.1.27 : sa ca caturvidhaḥ sarvatantrapratitantrādhikaraṇābhyupagamasaṃsthityantarabhāvāt/ Cf. NBh p.261, ll.02-05.

しかしこれに対して『注釈書の著者』たちは次のように述べている。「〔ニヤーヤスートラ 1.1.26 の tantrādhikaraṇābhyupagamasaṃsthiti という複合語を説明して〕タントラ・学説（tantra）とは、正しい認識手段（pramāṇa）のことであり、それを基体（adhikaraṇa）、すなわち、根拠（mūla）とするものが、ある事柄の認容の確立（abhyupagamasaṃsthiti）に対して存在するとき、そのような確立がそのように〔つまり、tantra.....saṃsthiti と〕いわれる。それゆえ『普遍と特殊とを持った事柄で・・・・・』という〔前述の〕定義が、これ（ニヤーヤスートラ 1.1.26）によっていわれていると考えられる。〔このスートラが、定説の〕三種類の分類を述べているという〔ニヤーヤ〕バーシュヤ〔の見解〕はニャーヤ論者の一部の見解であるとみられる」[419] と。

一方、我々の見解では、〔このスートラ内の〕「認容の確立」(abhyupagamasaṃsthiti)という〔部分〕だけが〔「定説」の〕定義である。なぜなら、行為をなりたたしめる(karmasādhana)認容(abhyupagama)という語によって、「認容された事柄」(abhyupagato 'rtha)が述べられているからである。その〔ような事柄の〕確立、つまり、確定〔が「定説」である〕。つまり、ある事柄が、ある人により認容される、その事柄が、その人の「定説」である、という意味である。そして、そのような確立〔すなわち、認容された事柄の確立〕には三種ある。タントラ・学説に限定されたもの、包括的論拠に限定されたもの、何も限定されない〔暫定的な〕もの、とである。したがって、「定説」には三種類あるという意味である。〔何らかの〕学説(tantra)に言及しないまま議論を行なう人は、包括的論拠による定説と暫定的容認の定説との違反によってのみ誤った定説となるが、タントラ・学説の項目への違反から〔誤った定説となる〕というのではない。このような意味を知らしめるために〔定説の〕三種が説かれ

419 Cf. NM II (KSS) p.127, ll.19-24.

た。しかし、タントラ・学説には〔二〕種類があることを意図して、〔定説には〕四種があり、そのために、「すべてのタントラ・学説による、反対のタントラ・学説による、包括的論拠による、暫定的容認による確立、という異なった事項があるから」というスートラ〔1.1.27〕がある。

2.2.1.5.2.1. すべてのタントラ・学説が容認する定説(sarvatantrasiddhānta)
　＜ニヤーヤスートラ（NS）1.1.28＞〔66.11-16〕

〔反論：〕〔上記のような〕異なった事項の存在は成立しない。〔したがって、定説に分類は存在しない。〕

〔答論：〕それは正しくない。異なった特徴が知られるから。そのために〔ニヤーヤスートラ 1.1.28~31 の〕四個のスートラが置かれている。「すべてのタントラ・学説に違反せずして[420]〔それでいて、ある〕タントラ・学説に依存しているようなものは、それがすべてのタントラ・学説の容認する定説である[421]。」たとえば、「〔認識〕対象(meya)の確定[422]は〔認識〕手段（māṇa）に結びついている」「原因から結果が生じる」「〔言語〕契約が成立している文章を聞くことから話者が言わんとしていることが理解できる」など。なぜなら、このようなことを認めないなら、正気な人ならだれ一人タントラ・学説を書いたり、聞いたり、注釈したりすることにおいても、議論においても、活動することはできないからである[423]。

2.2.1.5.2.2. 反対のタントラ・学説における定説（pratitantrasiddhānta）＜
　ニヤーヤスートラ（NS）1.1.29＞〔66.17-26〕

「共通のタントラ・学説においては、なりたっているが、他のタントラ・学説においては、なりたっていないもの、それが反対学説における

---

420 P : aviruddha... T : viruddha... P を採用する。
421 NS 1.1.28 : sarvatantrāviruddhas tantre 'dhikṛto 'rthaḥ sarvatantrasiddhāntaḥ/
422 T : meyasthitiḥ. P : meyavyavasthitiḥ.
423 T,P : upapadyate iti/ B : upapannā bhavati/

定説である[424]。」共通のタントラ・学説[425]とは、カピラ学説(Kāpila=サーンキャ学派)にとってのパタンジャリ学説(Pātañjala=ヨーガ学説)、パタンジャリ学説にとってのカピラ学説である、という類の[426]実例が「ある人々」によって意図されている。しかし、『注釈書の著者』たちは、こ〔のような実例〕を認めない。なぜなら、〔ニャーヤ学派にとって、サーンキャ学派やヨーガ学派の定説については〕正しい論拠が存在しないからと考えられる。だから、彼らの考えでは、次のような実例が示される。共通のタントラ・学説[427]とは、ニャーヤ学説にとって〔正しい認識手段の成立しうる〕ヴァイシェーシカ学説であり、ヴァイシェーシカ学説にとってはニャーヤ学説である、と[428]。

しかし、我々はこれを別様に解釈する。つまり、複注の著者や、注釈者や、聞き手たち多数の間で、一つの共通で根本的なタントラ・学説、それが「共通のタントラ・学説」といわれる。たとえば、共通の家や共通の財産があるように。そのような共通のタントラ・学説においてなりたつもので、しかし、それは他のいかなるタントラ・学説においても絶対になりたたないそのようなものが、反対タントラ・学説における定説（pratitantrasiddhānta）である。同様に自らのタントラ・学説においてなりたたないもので、同類の学説・タントラにおいてなりたっても、それは「反対学説における定説」とはいわない、と理解される。それゆえ、それ（同類のタントラ）に違反していても誤った定説ということにはならないということである。〔つまり、ニャーヤ学派がヴァイシェーシカ学派を否定しても誤った定説にはならない。〕

---

424 NS 1.1.29 : samānatantrasiddhiḥ paratantrāsiddhiḥ pratitantrasiddhāntaḥ/ T,P の prasiddha, aprasiddha は、B では siddha, asiddha.
425 P : samānatantraṃ. B,T : samānaṃ tantraṃ
426 P,T : prakārakam. B : prakāram.
427 P : samānatantram. B,T : samānaṃ tantram.
428 Cf. NM II (KSS) p.128, ll.16-21.

2.2.1.5.2.3. 包括的論拠による定説（adhikaraṇasiddhānta）＜ニヤーヤスートラ(NS) 1.1.30＞〔67.01-11〕

「あることがなりたち、それ以外の別の項目もなりたった場合、そのものは包括的論拠による定説（adhikaraṇasiddhānta）である。[429]」つまり、あるものがなりたっていて、その能力に依存して、その以外の別の項目（prakaraṇa）——それは、「創造された」と説明されるが——その作成された項目の [430] 成立が不可避である、そのようなものは包括的論拠による定説（adhikaraṇasiddhānta）である。たとえば [431]、大地などの結果物は、知識を備えた作者によってなりたつが、その〔作者の〕全能性などの性質がなりたつ場合、その力によってそのこと〔すなわち、大地がその作者によって創造されたこと〕が不可避的に成立するというごとくである。全能性などを欠いたものは、生類の行為などの影響を受けた肉体などの結果物を創造することはできない。このように立証さるべきもの（sādhya）に繋がっていると知られるものが、包括的論拠による定説である、ということである。

あるいはまた、立証さるべきもの（sādhya）[432] が包括的論拠による定説である。なぜなら、ある立証さるべきものの成立がなされている場合、〔たとえば、山における火などの存在が立証されようとしている場合、〕それとは異なった特殊性〔たとえば、煙などの存在〕が、項目から、つまりその立証因〔である煙の存在という項目〕そのものから〔立証さるべきものが〕なりたつ。その立証さるべきもの（＝火などの存在）が、そのような特殊性（＝煙など）を把握してなりたつというのが、包括的論拠による定説である。

また、『注釈書の著者』たちは、包括的論拠とは、理由である事柄で

---

[429] NS 1.1.30 : yatsiddhāntāv anyaprakaraṇasiddhiḥ so 'dhikaraṇasiddhāntaḥ/

[430] P : tasya prakṛtaḥ arthasya... B,T : tasya prakṛtārthasya... B,T を採用する。

[431] B : tad yathā. P,T に tad なし。

[432] B : sādhyārthas... P,T : sādhyas.

ある、という[433]。なぜなら、あるもの、煙などが存在するとき、それ以外のもの、火など[434]の存在が立証されるのであるから。したがって、その煙などが包括的論拠である。

2.2.1.5.2.4. 暫定的容認の定説(abhyupagamasiddhānta)＜ニヤーヤスートラ(NS) 1.1.31＞〔67.12-30〕

「〔「音声は実体である」など〕まだ吟味されていないことを暫定的に容認することから、その特殊性を考察することが、暫定的容認の定説である。[435]」

『注釈書の著者』たちは、暫定的容認の定説(abhyupagamasiddhānta)とは、「立証さるべきもの」（sādhya）と同じであるという。なぜなら、いまだ吟味されていないもの、つまり、〔それが〕無常性（anityatva）など〔という属性を持つもの〕という形でいまだ検討されていない音声（śabda）などが、ダルミン（dharmin）（＝主張の主辞）として暫定的に容認されることから、無常性などのダルマ・属性は[436]その特殊性〔であるどうか〕が吟味される[437]、という〔この〕吟味（＝「音声には無常性があるかるかどうか」という吟味）が、暫定的容認の定説でもある、というのであるから[438]。これにたいして〔ニヤーヤ〕バーシュヤにとって〔の解釈〕は[439]、耳に聞こえたとおりの（yathāśruta）対象の吟味とは（arthaparīkṣāt）[440]逆の対象〔、すなわち、聞いたことのない対象〕が〔スートラ文にある〕「まだ吟味されていないこと」であり、それは、

---

433 Cf. NM II (KSS) p.129, ll.04-06 : hetur api kvacit parīkṣībhavati, pakṣo hi hetur bhavaty eva tatra tāvad āñjanyena hetvadhīnā pakṣasiddhir iti hetur eva sarvanāmnā avamṛṣyate. yatsiddhāv anyaprakaraṇasiddheḥ sa evādhikaraṇasiddhāntaḥ....

434 T : tadanyasyāgnyādeḥ. B,P : tadanyasya prakṛtasyāgnyādeḥ.

435 NS 1.1.31 : aparīkṣitābhyupagamāt tadviśeṣaparīkṣaṇam abhyupagamasiddhāntaḥ/

436 T : anaityatvādidharmaḥ... B,P : anaityatvādidharmaḥ sa eva... B,P を採用する。

437 T : parīkṣata はミス。B,P : parīkṣyata. B,P を採用する。

438 Cf. NM II（KSS）p.129, ll.15-17.

439 Cf. NBh p.266, ll.04-06 ; NV p.266, l.08 - p.267, l.05.

440 T : yathāśrutārthaparīkṣitād. B,P : yathāśrutasyārthaḥ. T を採用する。

すなわち、自己の学派の主張ではないこと(asvaśāstrakaḥ)、それこそ[441]が暫定的容認という語によって特徴づけられた「暫定的容認の定説」である。そのような理由で、いまだ〔自己の学派の主張として〕吟味されてはいないものの暫定的容認が、暫定的容認の定説である、ということであり、これこそが〔この〕定義を目的としたスートラ（NS.1.1.31）を別記させているのである。

ここでもし誰かが、何のために知っていながら自己の学説に属さないものを暫定的に容認するのかと尋ねたなら、その答えは、まだ吟味されていないことの暫定的な容認からその特徴を吟味してみたいという欲求が生ずるから、と補足説明される。

〔反論：〕どうしてそれ以外の方法でその特徴を考察することができないのであるのか。

〔答論：〕誰がそのように述べたのか。そうではなく、[442]自己の知識の卓越性を示したいということによって、また、他の知識を侮ることによって、このように活動するのである[443]。

〔反論：〕自己の知識の卓越性を誇ることは欲望を去って解脱を望む人にとって正しくないことである。

〔答論：〕そうではない。仏教徒などは財[444]・利益・尊敬・名声をえるためにのみ[445]活動しているから、彼らは暫定的容認の定説によって矛盾[446]を指摘して、誤った定説〔という敗北の立場〕をもたらしている[447]、

---

441 P,T : eva. B : ca. P,T を採用する。
442 T に欠落あり。P, B を採用する。
P,B: kiṃ tu svabuddhyatiśayacikhyāpayiṣayāparabuddhyavajñayā caivaṃ pravartante/ svabuddhyatiśayakhyāpanaṃca (ca は B になし) vītarāgasya mumukṣor ayuktam. 下線部が T に欠落。
443 Cf. NBh p.266, l.06.
444 artha は B になし。
445 P,T の evaṃ は B では eva. B を採用する。
446 P,T : virodham. B : viruddham.
447 P,T : udbhāvanam. B : udbhavanam. 仏教徒がこのように他者の見解を暫定的

解脱を求めているにもかかわらず。そのために（＝このような仏教徒の卑劣な活動を示すため）これ（＝自己の知識の卓越性云々というニヤーヤバーシュヤの見解）が説明されたのである。

さらに、自己の主張に多くの論理が用意されていることを知らしめるために、〔ニヤーヤ学派などの〕知識ある人は暫定的容認議論によって活動するのが知られる。たとえば、ヴェーダは恒常であることを暫定的に容認しても[448] 信頼ある証言によってこそ真知性が立証される。なぜなら、まったく注釈がなされていないヴェーダからはその意味の理解はない。注釈書は、信頼おける人により作られており[449]〔ヴェーダの〕正しい意味を明らかにしている、〔したがって、信頼ある言葉によってヴェーダの真知性が立証される〕ということである[450]。知識ある人が暫定的容認議論を行なう場合、それは誤った定説を除去するのがその目的である。定説の区分を知っている人は、それに反するものを自己の文章から排除することができ、他の反論者の文章にはそれを指摘することができる。そのためにすべての定説の種類を説明したのである。バーシュヤ(Bhāṣya)の著者はさらにこの目的について次のように言っている。「多種の定説が存在するから、議論(vāda)論諍(jalpa)論詰(vitaṇḍā)などが働くのであり、そうでなかったら、そ〔れらが働くこと〕はない。[451]」

2.2.1.6. 論証の構成部分(avayava) ――範疇・原理としての本質と目的――〔68.02-10〕

〔論証（nyāya）の〕構成部分の本質とその目的は何であるか。「論証さ

に容認して、その結果発生する矛盾を指摘することによって他者を敗北の立場に追いやっている、というのは、仏教徒のよく使用するプラサンガ（prasaṅga）論法のことを示していると思われる。

448 P,T：abhyupagamyāpi... B：abhyupagamasyāpi... B を採用する。

449 T：aprakṛtam eva... B,P：āptakṛtam eva... B,P を採用する。

450 T：samyagarthāvabodhanam iti/ P：samyagarthāvabodhanimittam iti/ B：samyagarthāvabodhakṛtam iti/

451 Cf. NBh p.46, ll.02-03.

れるべき事柄の成立が、ある数量の言葉の集合において完成するとき、そこ（=言葉の集合）には五個の部分がある。すなわち、主張(pratijñā)を始めとした五個が。〔そしてそれらは〕集合に対して構成部分(avayava)といわれる」[452] と構成部分の本質が〔ニヤーヤ〕バーシュヤの著者によって述べられている[453]。我々もまさに[454] これを承認する。それらが独立して列挙されている目的[455] は次のように言われている。「それら〔構成部分〕には認識手段（pramāṇa）が内属（samavāya）している、たとえば、主張（pratijñā）は権威ある証言（āgama）が、理由（hetu）は推論（anumāna）が、喩例（udāharaṇa）は知覚(pratyakṣa)が、適用(upanaya)は類推（upamāna）が、そしてこれらすべてが一つの対象に内属しており、その能力を示すために結論（nigamana）がある、という具合に。それゆえ、この論証学（nyāya）が最高であり、これによって議論・論諍・論詰などが活動し、それを基盤として[456] 真理の確立がある」と[457]。それは我々自身の考えと矛盾するものではないと認められる。しかし我々の考えでは、主張などの真理とそれに似て非なるものとを混同している人に対して、主張などの定義を解説することによって取捨〔の判断を〕させるという点にその〔列挙の〕目的がある。

2.2.1.7. 吟味（tarka）——範疇・原理としての本質と目的——〔68.12-23〕

吟味（tarka）の本質と目的は、すでに以前に説明された[458]。その定義を述べるためにこのスートラがある。「その真実が知られていない対象について、原因の妥当性から、真実の知識を得るために[459] 熟考する

---

452 Cf. NBh p.47, ll.02-03.
453 P,T : uktam. B : pakṣam.
454 B,P : iṣṭam eva. T に eva なし。B,P を採用する。
455 P,T : abhidhāne prayojanam. B : abhidhānaprayojanam.
456 P,T : tadāśrayā... B : tadayā... B は誤りか。
457 Cf. NBh p.48, l.02 - p.52, l.03.
458 Cf. NBhūṣ pp.19-23.
459 P,T : tattvajñānārtham ūhas. B : tattvajñānas ūhas. P,T を採用する。

こと（ūha）、それが吟味である。[460]」〔このスートラを解説すると、〕ある対象にとって、その真実、その決定の原因、それを限定しているものが知られていない、そのような対象は「真実が知られていないもの」であり、そのような対象について、「原因の妥当性から」、つまり、〔真実であることを〕否定する論拠（bādhakapramāṇa）の可能性〔を考えること〕から、熟考（ūha）があるが、これは吟味（tarka）と同義語である。「それ（tarka）は真実の知識を得るため役立つ、というのはそれが真実の知識の対象を識別するものである[461]から」と先師(pūrvācārya＝ニヤーヤバーシュヤの著者)は述べている[462]。我々はさらに次のように述べる。〔スートラで言われている〕「原因の妥当性」とは、「能成者・立証せしめるもの(sādhana)への高い信頼性(sambhāvanā)」ということである。ある能成者が自己の所成者・立証されるべきもの（sādhya）に対して〔多くの場合は合致するが〕ある時だけ合致しなかった場合、それ（＝能成者）を見ることから、これ（＝所成者）は存在するに違いない、と〔いうかたちで〕所成者を対象とした熟慮（ūha）がある。それ（熟慮）はまた人間の活動によって真理の知識を目的とするものでもある。たとえば[463]、議論などの活動によって以前になりたった真知擁護を目的[464]としたり、また、勝敗に関する真知生起[465]を目的としたりしている。また、ヨーガを目的として[466]活動している人が障害の除去[467]のための特殊な能成者と、心の安定のための特殊な能成者とを獲得でき

---

460 NS 1.1.40 : avijñātatattve 'rthe kāraṇopapattitas tattvajñānārtham ūhas tarkaḥ/
461 P,T : tattvajñānaviṣayavivecakatvād. B : tattvajñānasya viṣayavivecakatvād.
462 Cf. NBh p.55, l.02.
463 T : tathā. B,P : yathā. B,P を採用する。
464 P,T : tattvajñānapālanārtho. B : tattvajñānasya pālanārtho.
465 T : utpatyarthaś ca. B,P : utpattyarthaś ca. T はミスプリント。
466 T,B : yogārthaṃ ca. P : yogārthaṃ vā.
467 T : upaśamasādhana-. P : upasamasādhana-. B : upagamasādhana-. ここは T を採用する。

ていない場合、間接的に[468]アートマンを知ることを目的とした熟慮が存在する。これと同様に、それ以外でも活動していることによって、自己の対象あるいは他の対象に関し、吟味は真知を目的[469]とすると見られるべきである[470]。

2.2.1.8. 確定(nirṇaya) ——範疇・原理としての本質と目的—— [68.25-70.04]

「主張と反論とによって考えを巡らした後（vimṛśya）、事物の決定をなす、それが確定（nirṇaya）である[471]」とスートラは述べている。「考えを巡らした後」とは、疑わしい知を生じてということで、その後人によって確定がなされるのである。なぜ「主張と反論とによって」といわれているかというと、「主張」を対象にしたのが論証手段(sādhana)であることが「主張」の語によって、また、「反論」を対象にしたのが論駁手段(dūṣaṇa)であることが「反論」の語によっていわれている。ではどうしてそのように比喩的な表現[472]にしたか、その目的は何かというと、対象の区別を明確にするためである。つまり、論証手段は「主張」のみを対象としており、論駁手段は「反論」のみを対象としている、ということである。「論証手段と論駁手段とによって」と述べられている場合には、それら両方が一個の同じものを対象としている、とも疑われてしまうからである。「事物の決定」というのは〔確定(nirṇya)と〕同義語表現である。〔反論：〕「考えを巡らした後」というのは正しくない。考えを巡らす

---

468 B のみ pāramparyeṇa の後に ca がある。

469 P,T : arthatvam. B : artham.

470 tarka の語は後期のニヤーヤ学派において帰謬の意味に用いられる。しかし、NBh や NV までの文献を見るかぎり、この語は推論の一過程における熟考(ūha)の意味で使用されている。Bhāsarvajña の解釈は NBh などに依存したもので NS の枠内での解釈を心がけているものと思われる。tarka に帰謬の意味を持たせた最初の Naiyāyika は Vācaspati である。「...prasaṅga という別名を持つ tarka により...」（NVTṬ p. 321, ll.12-13.）山上證道〔1980〕(1)、908-911 ページ参照。

471 本書 32 ページ、注 34、ならびに、62 ページ、注 81 参照。

472 P,T : upacāre. B : upacāreṇa.

ことがなくても、掌中や火に関しては目から生じた〔知覚知という〕決定知や証相から生じた〔推論知という〕決定知[473]が知られるから。

〔答論：〕それは正しくない。〔ここでは〕超感官的な対象の確定が、定義されるものとして意図されているから。なぜかというと[474]、学問（śāstra）は至福を目的としたものであり、その至福とは、アートマンなどの確定からのみ得られるのである。それゆえ、それ（＝超感官的な対象）こそが定義されるのである。

〔反論：〕アートマンなどの確定も、ある人にとっては、権威ある言葉・証言（āgama）のみからか、自己の主張の論証手段のみからあるであろう。それゆえ、「主張と反論とによって」という文言は正しくない。

〔答論：〕そうではない。学問は思考する人に対して起こるものであるから。思考する人はそれがニヤーヤの学問であるからそれに頼っているのである。それ(=ニヤーヤ学)に反対する主張を否定することを主とすることによって、確定がなされるべきである。そしてまたそのような確定は、ただ論証手段があるだけ(sādhanamātra)では生じない。両方の主張の論証手段が妥当である場合、相違決定(viruddhāvyabhicārin)ということになってしまうから。また同様にただ論駁手段があるだけ(dūṣaṇamātra)でも〔確定は生じ〕ない。論証手段(sādhana)がない場合、論証されるもの(sādhya)の成立は不可能であるから。それでどうかというと、反論に対する論駁手段を持ち、自己の主張の論証手段を持った、十分に考慮された〔論証手段〕から〔確定が〕ある、ということである。それゆえ、「主張と反論とによって」という文言が述べられたのである。単に確定だけの定義が意図されているというならば、「事物の決定が確定である」というだけのスートラが見られたであろう、ということである。

（69.16）〔反論：〕確定は認識手段の結果であるから、まさにそれ（認

---

473 P,T：niścayo.　B：nirṇayo.

474 T：kutaḥ.　P：kutaḥ etan.　B：kutaḥ eva.

識手段）の列挙によって[475]〔確定の〕列挙もなされている。それ（＝確定）の特殊なもの（＝アートマンの確定など）も真知（tattvajñāna）という文言によってすでに示されている。何の目的で[476]これ（＝確定）について別に取り上げられるのか[477]。
〔答論：〕そのようにいうべきではない。〔至福以外〕何ら他のものを目的としているのではないから[478]、それが至福の原因であることを知らしめるためであるから。認識手段などの真理、つまり、その定義はすでに述べられた。その〔真理定義の〕決定知から認識手段などの決定知がある。認識手段などの決定知からアートマンなどの確定(nirṇaya)がある。以上のような順序で認識手段などの真知は至福をもたらす原因であるといわれたのである。もし、認識手段などの決定知こそ認識手段などの真知であるとしてみても、アートマンなどの確定によってこそそれが至福の原因となるのである。しかし、このようにアートマンなどの確定が他のものにおいて決定知を生ぜしめてから至福の原因になるということはない。それゆえ、それ（確定）が独立して列挙されるのは当然で、真知を限定するためである[479]。ただアートマンなどの真知のみ (tattvajñānamātra)というのは、思想家にとっては至福の原因ではない、ちょうど、説教師〔が至福〕の〔原因でない〕ように。ではどうかといえば、確定（nirṇya）を本質としているもの〔つまり、そのように確定したアートマンの真知こそが至福の原因で〕、それは、反対主張の否定を伴い、熟慮された論証手段（sādhana）によって生起し、動揺することはない、ということである。一方、バーシュヤ（Bhāṣya）の著者は〔確定の〕目

---

475 P,T：taduddeśād. B：tadupadeśād.
476 T：-upadiṣṭaḥ, tat kim artham. P：-uddiṣṭaḥ, tat kim artham. B：-uddiṣṭaḥ kim artham.
477 B のみ文末に iti あり。
478 P,T：ananyaparatvena. B：anyaparatvena. P,T を採用する。
479 B のみ viśeṣaṇārthaḥ ca. P,T には ca なし。

的を次のように言う。「議論はそれ（確定）を終局となす。それ（議論）を護るために論諍（jalpa）と論詰（vitaṇḍā）がある。その二つのもの、つまり、吟味（tarka）と確定（nirṇaya）とは世間の生活を作動さすものである[480]。」

2.2.1.9. 論議（vāda）・論諍（jalpa）・論詰（vitaṇḍā）——範疇・原理としての本質と目的——〔70.06-15〕

論議などの本質[481]は後に述べるであろう。一方、〔ニヤーヤ〕バーシュヤ（Bhāṣya）の著者は次のように述べる。「一方、論議（vāda）が、〔ニヤーヤスートラにおいて〕別個に述べられている目的は、〔それのみが持つ特殊性を考慮して、そのものの存在を〕純粋に指定する〔指示子の〕ためである。純粋指定された〔論議(vāda)である〕ことによって、〔論議という〕世間的言語活動（vyavahāra）も真知のためのものとなる[482]」と。論議の本質を繰り返して、真知を望む人には〔この論議は真知獲得のため〕なさるべきものとして考えられ、それが〔世俗的な〕獲得物などの欲求された事柄であること（arthatā）は否定される、というのが我々の考えである。スートラには次のように述べられる。「生徒、先生、学者、よき人々、羨むことなく幸福を目指す人々、彼らはこれ（論議）を使用する[483]。」この内で、〔汝より〕優れた知を持った人[484]とともに〔議論する〕なら、疑わしい知を解消するため、定まったことを再認識するため[485]、定まっていないことを明らかにするために、謙虚になって論議をなすであろう[486]。〔汝と〕同じ程度の知を持った中程

---

[480] Cf. NBh p.56, ll.02-03.

[481] T : vādādīnāṃ svarūpam. B,P : vādādīnāṃ tu svarūpam.

[482] Cf. NBh p.58, ll.02-03. upalakṣaṇa については、本書 341 ページ、注 482 参照。

[483] Cf. NS 4.2.48: taṃ śiṣyagurusabrahmacāriviśiṣṭaśreyo 'rthibhir anasūyibhir abhyupeyāt/

[484] T : uttamaprajñaiḥ. B,P : uttamaprājñaiḥ.

[485] P,T : avasitābhyanujñānārtham. B : avasitābhyanujñārtham.

[486] P,T : vādaṃ kuryāt. B : vādaṃ vādī kuryāt.

度の人々とともに〔議論する〕なら、自我をはらないで（nirahaṃkāra）論議をして、知識がよりふえて、上で述べた結果〔つまり、疑問を解消するなどという結果〕となる。また善人である知識が劣った人とともに〔議論する〕なら、他人助けとなり、間接的に上で述べた結果となる。それに対して論諍（jalpa）と論詰（vitaṇḍā）とは真理の確定を護るためであるといわれる[487]。我々は後にこのことを考察するであろう[488]。

2.2.1.10. 疑似理由(hetvābhāsa)、詭弁(chala)、誤った論難(jāti)、敗北の立場(nigrahasthāna) ――範疇・原理としての本質と目的――〔70.17-71.11〕

一方、疑似理由（hetvābhāsa）・詭弁（chala）・誤った論難（jāti）・敗北の立場（nigrahasthāna）は、自己の主張文からは排除すること、反論相手の主張文には指摘すること、それがこれらの目的である。〔ニヤーヤスートラは〕疑似理由などの定義を繰り返して述べ[489]、〔そのことによって〕その〔ような論理的欠陥の〕本質を持つもの・持たないものに対する反論が採用されたり、また、否定されたりする、ということである。

「疑似理由が、敗北の立場とは別に列挙されているのは[490]〔それが〕論議においては否定されるべきものとしてあるであろう[491]」[492]とバーシュヤ(Bhāṣya)の著者は述べている。しかしこれは正しくない。なぜなら、〔肯定的・否定的随伴関係の〕両方を考えても随伴関係（vyāpti）は存在しないから。つまり、まず、もし、敗北の立場とは別に列挙されているものは何でも論議において否定さるべきであるとするなら、疑わしい知（saṃśaya）なども[493]また論議において否定さるべきものとなっ

---

487 Cf. NBh p.58, l.03.
488 Cf. NBhūṣ p.332ff.
489 T : cānūhya. P : vānūhya. B : anūhya.
490 P,T : pṛthagupadiṣṭā. B : pṛthaguddiṣṭā.
491 bhaviṣyanti は B にはなし。
492 Cf. NBh p.59, l.02.
493 saṃśayādayo 'pi の api は B になし。

てしまう。次に、もし、論議において否定さるべきものは何でも敗北の立場とは別に列挙されているとするなら、誤った定説(apasiddhānta)〔という敗北の立場〕などによって不確定(anekānta)となるであろう。というのも、それら（＝敗北の立場の一種である誤った定説など）は論議において否定さるべきものではあっても別に列挙されていないからである。

〔反論：〕これに対してあるものが反論する、「〔敗北の立場に含まれて〕存在しており、それ（敗北の立場）とは別に列挙されているものが、論議において否定さるべきものとなっている、詭弁（chala）などが〔そうである〕ように」と。

〔答論：〕しかしこれは正しくない。〔別に列挙されている〕目的が述べられていないから。詭弁と誤った論難とに敗北の立場の性質があると認められる場合、敗北の立場によって〔詭弁などの〕三つのものの個別列挙に対する目的が述べられるべきであるが、実際にはそのようには言われていない。論議において否定さるべきものは、誤った定説などのように、別に列挙されていなくても[494]〔否定さるべきものとして〕妥当である。それゆえ、〔論議において否定さるべき詭弁などがニヤーヤスートラに〕別に列挙されていることが無意味となってしまうということである。〔疑似理由などの〕下位分類個々の定義は煩瑣[495]であることから、疑似理由などの煩瑣な分類を理解させるために、敗北の立場とは別にそれらが列挙されているというのが我々の考えである。というのも、〔敗北の立場の一種である〕主張主題の欠如（pratijñāhāni）など、〔敗北の立場とは〕別に列挙されていないものには、〔さらに〕このような煩瑣な分類は存在しないから。疑似理由の区分や煩瑣な下位分類[496]を理解して推論を行う人には賢明なる知があり、そうでないよう〔な人〕

494　P,T：apṛthagupadeśe'pi.　B：apṛthaguddeśe'pi.
495　P,T：-prapañcadvāreṇa.　B：-prabandhadvāreṇa.
496　P,T：-prapañcabhedapratipattau.　B：-prapañcapratipattau.

には〔賢明なる知は〕ない。

詭弁と誤った論難も敗北の立場に含まれるべきであるというなら、〔そのような人には〕それらが別に列挙されている目的が教示されるべきである。

2.2.1.11. ニヤーヤスートラ 1.1.1 にもとづいた論理の学問・ニヤーヤ学(Nyāyavidyā)は最高の学問である。〔71.13-72.13〕

2.2.1.11.1. 学問が四種に分類される理由〔71.13-72.05〕

[497] かくして、論理的探求（ānvīkṣikī）であるニヤーヤの学問（nyāyavidyā）[498] は、認識手段（pramāṇa）などの〔十六〕範疇・原理(padārtha)に分けられるが [499] 、それは、

> すべての学問の光、すべての行為の手段、そして、すべてのダルマの基礎であると〔アルタシャーストラ（arthaśāstra）の〕学問の記載の箇所でみなされている、

とニヤーヤバーシュヤは〔述べている〕。

これは次のように考えられる。〔論理的探求、ヴェーダ学（trayī）、経済学（vārtā）、政治学（daṇḍanīti）という〕学問の〔四〕種類 [500] は、対象の種類から生じるのか、それとも、目的のそれから生じるのか。

(1) もし、対象のそれから生じるのなら、その学問は四種類だけではないはずである。なぜなら、十四の学問 [501] がそれぞれ異なった目的を持つから。次のように言われている。

---

497 =NBh p.64, ll.02-04. Cf. NM (M) I p.28, ll.14-15. Cf. KauṭAŚ p.16-F, ll.17-18.

498 nyāyavidyā の語は NBh になし。

499 T,P,B : prativibhajyamānā, NBh は vibhajyamānā.
なお十六の範疇・原理(padārtha)については、NS 1.1.1 に記されている。66 ページ、注釈 96 参照。

500 Cf. KauṭAŚ, ibid.l.04 : ānvīkṣikī trayī vārtā daṇḍanītiśceti vidyāḥ//; Kāmandakaviracitanītisāra : ānvīkṣikī trayī vārtā daṇḍanītiś ca śāśvatī/ vidyāś catasra evaitā lokasaṃsthitihetavaḥ// ; NBhūṣ p.71 editor's note ; Joshi,L.V.〔1986〕p.83 ; NBh pp.34-35 ; NV p.35 .

501 T,P : caturdaśānāṃ vidyānāṃ. B : caturdaśavidyānāṃ.

〔六個のヴェーダ〕補助学、四ヴェーダ、ミーマーンサー、ニヤーヤの専門学、プラーナ、ダルマシャーストラ、かくして、十四の学問となる[502)]。

また、この十四種[503)]の決定も正しくはない。なぜなら、聖典シヴァ派（śaivasiddhānta）と医学（vaidyaśāstra）も、また、それぞれ異なった目的を持つから。

（2）もし、また、〔学問の〕種類が、目的のそれから生じるなら、政治学と経済学とは異ならないことになろう。なぜなら、〔それらは財産の獲得という〕同じ一つの目的を持つから[504)]。同様に、ウパニシャッド（＝ヴェーダ学）と論理的探求[505)]も異ならないことになろう。〔なぜなら、両方とも解脱を目的とするから[506)]。〕なぜ、ヴェーダ学などの区別によって四種の学問があるというのか。

（3）したがって、学問が四種であるのは、人生目的（puruṣārtha）の一義的・二義的区分によってであると見られるべきである[507)]。すなわち、ダルマ（dharma 功徳）、アルタ（artha 実利）、カーマ（kāma 愛欲）、

---

502 aṅgāni vedāś catvāro mīmāṃsā nyāyavistaraḥ/
purāṇaṃ dharmaśāstraṃ ca vidyā hy etāś caturdaśa//iti/（NBhūṣ p.71 editor's note 6 に Viṣṇupurāṇa 3.6.28 とある。）
この偈は NM (M) I p.8, ll.08-09 にも引用される。
また、NM (M) I p.8, ll.05-06 には、次の引用もみられる。
purāṇatarkamīmāṃsādharmaśāstrāṅgamiśritāḥ/
vedāḥ sthānāni vidyānāṃ dharmasya ca caturdaśa//（Yājñavalkya-smṛti 1.3）

503 T,P : caturdaśāvadhāraṇam. B : caturdaśaivetyavadhāraṇam.

504 T,P : -vārttayor apyeka-. B : -vārttayor arthaika-.

505 T,P : ānvīkṣikyor. B : ānvīkṣikyair. T,P を採用する。

506 ānvīkṣikī を trayī に含ませて 3 vidyās を採用する説も実際に存在していた。
Cf. Kane,P.V. I-1, p.144 : ...Kāmandakīya-nītisāra（II,3）says that according to the Mānavas the vidyās to be studied by a king are three, viz. the three Vedas, Vārtā, and Daṇḍanīti and that what is called Ānvīkṣikī is but a branch of trayī ; while the Manusmṛti（7.43）appear to regard the four as distinct vidyās.

507 T : draṣṭavyāḥ. P,B : draṣṭavyā. P,B を採用する。

モークシャ（mokṣa 解脱）の学問体系（śāstra）である[508]。このうち、〔目に見えるものである〕カーマと〔目に見えないものである〕モークシャとは楽（sukha）の獲得と苦（duḥkha）の除去である[509]といわれ、そのための手段が、目に見える・見えないの区別によってアルタとダルマであるといわれる[510]。

2.2.1.11.2. ニヤーヤスートラ 1.1.1 にもとづいた論理の学問が最高の学問である理由〔72.05-72.13〕

〔反論：〕このよう〔に、もし、人生目的によって学問の分類がなされる〕というなら、ヴェーダ学と論理的探求とは異なるものではなくなるであろう、なぜなら両方とも解脱を目的としているから。

〔答論：〕確かに。しかし、それ（＝論理的探求）は思索する人[511]を対象としたものであるし、すべての学問の助けとなるものである。それゆえ、それは、すべての学問の第一のものであり、さらに〔「疑わしい知」（saṃśaya）などという〕それの下位分類をもつのである。ま

---

508 dharma, kāma, artha, mokṣa は caturvarga と呼ばれるが、この中でも dharma, kāma, artha は trivarga としてひとまとめにされる。trivarga のほうがより古いと思われ、後になって mokṣa が追加されて caturvarga の成立を見るに至ったと思われている。原実・上村勝彦 [1989]、264 ページ以下参照。

ただ、trivarga および caturvarga のうち、いずれを最高位に位置づけるかは文献の立場により、それぞれ異なる。原実・上村勝彦 [1989]、282-283 ページ参照。Cf.Kane,P.V. V-2, p.1510　･･･It should not be forgotten that, according to our śāstras the goals of human life are four, dharma (an ethical life of doing what is right), artha (a life of acquisition of wealth i. e. economic life based on justice), kāma (a life of the enjoyment of innocent pleasures and right desires) and mokṣa (liberation), this last being the hightest goal to be attained only by a few people (it is called paramapuruṣārtha).･･･

509 T,P : sukhaduḥkhopagamāpagamāv. B : sukhaduḥkhāpagamāv. B のミスか。

510 このように、ānvīkṣikī—mokṣa、trayī—dharma、vārtā—kāma、daṇḍanīti—artha という関係によって、学問の四区分が、人生の目的に従ってなされるという意図であろう。

NM も puruṣārtha を dṛṣṭa と adṛṣṭa に二分し、前者は言葉や世俗的なもの、後者を天界、解脱とする。Cf. NM (M) I p.4, ll.10-19.

511 T,P : vicāraka-. B : vicāra-. T,P を採用する。

た、〔それ（＝論理的探求）は〕論理的学問体系（nyāyaśāstra）であるからすべての学問の助けとなるものである。というのも、すべて学問の真知性は論理（nyāya）によって定まるからである。「〔論理的ではない〕知覚を対象とした場合ですら、それは論理的学問体系であるというのか。そのようなことは、どうして理解されようか」と尋ねるなら、次のようにいわれる。なぜなら、そこには、論理の純粋活動の一部分として、疑わしい知など〔の範疇・原理〕の列挙（uddeśa）など[512]による説明があるから[513]。それゆえ、他の学説体系が推論(anumāna)に言及したとしても、それは論理的学問体系ではない。なぜなら、いかなる他の学説体系(śāstra)でも、このように、「疑わしい知」(saṃśaya)から「敗北の立場」(nigrahasthāna)まで〔の範疇・原理〕は説明されていないから[514]。このように、(1) 論理を第一のものとするゆえ、さらに、（2）すべての学問の助けとなるため、また、（3）至福の原因となるため、さらには、（4）真実の認識（tattvajñāna）の原因となるゆえに、この論理の学問は最高であるといわれる。

2.2.2. ニヤーヤスートラ 1.1.2 の解釈——真実の認識(tattvajñāna)の獲得から解脱にいたる過程——〔72.15-73.12〕

〔反論：〕それでは、その真実の認識は、実際に、それら自らの獲得直後に至福（niḥśreyasa）をもたらす[515]というのか。

---

[512] Cf. NBh p.83, l.04 : trividhā cāsya śāstrasya pravṛttiḥ——uddeśo lakṣaṇaṃ parīkṣā ceti/

[513] T,P : pratipādanāt. B : pratipādanām. B のミスか。

[514] NBhūṣ は、このように、ニヤーヤ学派以外の学派が論理を使用しても、ニヤーヤ学派より劣ると一般論として述べるに止まっている。しかし、NM では、一般論を述べた後、ミーマーンサーに関して、それは祭式の学問であり、知識根拠（pramāṇa）に関する学問ではないとして、ミーマーンサーの知識論に対して否定的見解を明らかにしている点興味深い。Cf. NM (M) I p.10, l.01 - p.11, l.02.

[515] NS 1.1.1 において、pramāṇa 以下 nigrahasthāna に至るまでの十六範疇・原理の真実の認識（tattvajñāna）から至福（niḥśreyasa）の獲得がある、と述べられて

〔答論：〕そうではない。どうかというと、『真実の認識〔の獲得〕から』（tattvajñānāt）「苦（duḥkha）、生存（janma）、活動（pravṛtti）、欠陥（doṣa）、誤った認識（mithyājñāna）が後ろから順々に消滅していく場合、それぞれ直前のものが消滅していくから[516]〔最後に〕解脱[517]が」『ある』（bhavati）という語が補われるべきである[518]。「苦、生存、活動、欠陥、誤った認識などの無始以来の因果関係が輪廻である」[519]という補足によって、第二のスートラ（＝ニヤーヤスートラ 1.1.2）は理解されるべきである。なぜなら、真実の認識の不生起・生起によって輪廻・解脱が生じるということ、そのことがこのスートラによって説明されている。それというのも、この解脱を望む人は、真実の認識に解脱到達の能力ありと思って、実際に、それ（＝真実の認識）の獲得に[520]大いに努力することであろうから[521]。輪廻は無始以来であることを知らしめるため、誤った認識などがここ（＝ニヤーヤスートラ）で〔苦、生存、活動、欠陥、誤った認識と〕逆の順序で述べられたのである。

いることを指している。

516 T：tadantarāpāyād はミス。P, B：tadanantarābhāvād. 次注の NS にある tadanantarāpāyād が正しい。Cf. Joshi,L.V.〔1986〕p.86.

517 NS 1.1.2：duḥkhajanmapravṛttidoṣamithyājñānām uttarottarāpāye tadanantarāpāyād apavargaḥ//

518 このことは、「真実の認識＝誤った認識の消滅」を示しており、NS 1.1.1 と NS 1.1.2 が矛盾なく連続していることを示そうとするものである。しかし、真実の認識の対象は十六範疇・原理であり、一方、誤った認識の対象は次に示されるように、NS 1.1.9 に記載される十二の認識対象（prameya）である、という点には Bhāsarvajña は NBh 同様、沈黙したままである。一方、NM は、NS 1.1.1 を uddeśasūtra、NS 1.1.3 を lakṣaṇasūtra、両者の間におかれている NS 1.1.2 は apavarga に関する parīkṣāsūtra であるとみなして、後の apavarga の parīkṣā の箇所で別に論じている。Cf. NM (M) I p.30, ll.08-13.

論証学としてのニヤーヤ学の体系内に、論理を超越した解脱論が展開されるという矛盾、それを解決しようとした Uddyotakara の試みについては、赤松明彦〔1989〕を参照。

519 Cf. NBh p.77, l.05.

520 T,P：utpattaye. B：utpattaye api.

521 T,P：pravartteta. B：pravartate.

そのうち、アートマンなどの認識対象（prameya）[522]についての誤った認識は、多様に存在する[523]。実際に存在しているアートマンや内感（antaḥkaraṇa）などについて、〔それが〕存在していないという知とか、アートマンでないものにアートマンであるとか、異なったものに異なっていないとか、清くないものに清いとか、自己がなした苦に対して他人がなしたとか、他人がなした〔苦に〕対して自己がなしたとか、非難さるべきものに対して望ましいとか、恒常でないものに対して恒常であるとか、捨てられるべきものに対して取るべしとか、このような類の誤った認識から、望ましい対象に対しては執着が、望ましくない対象に対しては嫌悪が生ずる〔、すなわち、欠陥が生ずるのである〕。これら〔執着・嫌悪の〕両方（＝欠陥）を持っていて（＝両方に影響されて）言葉、身体、心によって活動する人[524]には、ダルマ（功徳）、アダルマ（罪過）の集積がある。いかにしてかというと、次の生で享受できる神聖な対象（天界という対象）、もしくは、神聖でない対象[525]に対する執着から活動する人は、命じられた祭式[526]を完遂することによってダルマの集積をなす。一方、経験された（dṛṣṭa）対象（＝この世でみられたもの）について、執着から活動する人は、禁止されていることをしたり、命じられている〔祭式〕をしなかったりということによって、アダルマの集積を[527]なす。嫌悪からも、ほとんどの場合、命じられたこと（＝祭式）の実践がない[528]ことによって、アダルマの集積のみをなすこともある。

---

522 NS 1.1.9 : ātmaśarīrendriyārthabuddhimanaḥpravṛttidoṣapretyabhāvaphaladuḥkhāpavargās tu prameyam//「一方、認識対象は、アートマン、身体、感官、対象、意識、思考器官、活動、欠陥、転生、結果、苦、解脱である。」 本書 27 ページ参照。

523 T,P : varttate. B : pravartate.

524 Cf. NBh p.76, ll.11-13.

525 T,P : janmāntarabhogyeṣu, adivyaviṣayeṣu vā. B: janmāntarabhogyādiviṣayeṣu vā. T,P を採用する。

526 T,P : yāga. B : yoga. B のミスか。

527 T,P : adharmasañcayaṃ. B : adharmasyasañcayaṃ.

528 T,P : -ṣṭhānasambha-. B : -ṣṭhānāsambha-. B を採用。Cf. Joshi,L.V. [1986] p.88.

そしてこれらダルマ、アダルマの集積は、活動を手段（sādhana）とするものであるから、ここ〔ニヤーヤスートラ〕においては、活動(pravṛtti)という語によって〔これらのダルマ、アダルマの集積が〕意図されているのである[529]。そしてこの二つ（ダルマ、アダルマの集積）によって、神、人、動物の境涯において、身体と感官との結合を特徴とした生存があるのである。それゆえ[530]、子宮に滞在するといったような多くの様々な苦[531]が、そしてまた、誤った認識が生ずるのであり、それから、また欠陥などが起こりうるのである。

このように、誤った認識などの[532]たえ間なき因果関係が輪廻であるといわれるのである。真実の認識によって誤った認識が消滅するとき[533]、誤った認識が消滅するから欠陥も消滅し、欠陥が消滅すると活動も消滅し、活動が消滅すれば生存も消滅する。生存が消滅すれば[534]苦が消滅して必ず解脱がある[535][536]。

---

529 Cf. NBh p.76, l.16.

530 B に tato なし。

531 T,P : anekaprakāraṃ duḥkhaṃ mithyājñānaṃ. B : anekaprabhava(?)mithyājñānaṃ. T,P を採用する。

532 B には mithyājñānādīnāṃ の後に sa か ma がみえるが、ミスか。T 73.07-08 に相当する B が読みづらい。

533 すでに述べたとおり、Bhāsarvajña の記述から判断する限り、真実の認識とは、NS 1.1.1 の十六範疇・原理を対象としていると思われる。また、誤った認識とは、NS 1.1.9 に述べられた十二の対象に関してのことと思われる。

534 B に janmāpāye の語なし。

535 B に bhavati iti と iti の語あり。

536 ただし、Bhāsarvajña の他の記述によると、解脱は単に苦の滅という negative なものだけでなく、positive な面もそれに与えようとしている。それは、NSāra の最後に示された sukha の感覚をも含んだ解脱の定義に表れている。Cf. NSāra p. 598 : tatsiddham etat nityasaṃvedyamānena sukhena viśiṣṭātyantikī duḥkhanivṛttiḥ puruṣasya mokṣa iti//Cf. Kaviraj,G. [1961] p.2ff.; Oberhammer,G. [1984] p.225ff.

このような、sukha に限定された mokṣa は、正統的ニヤーヤの容認するところではなく、NBh 以下の伝統的な Naiyāyika により批判されており、NM もこれを Vedāntavāda として批判している。また、Vyomaśiva は、Bhāsarvajña に近い見解を持っていた、と Slaje は述べる。Cf.Slaje,W.〔1986〕pp.256-257.

また、山上證道〔2004〕の「序論」に記したことであるが、沼津工業高等専門

2.2.2.1. ニヤーヤスートラ 1.1.2 の解釈をめぐる議論〔73.14-79.18〕

2.2.2.1.1. ニヤーヤスートラ 1.1.2 に提示される解脱にいたる過程への反論〔73.14-74.03〕

2.2.2.1.1.1.（反論 1）誤った認識の消滅はありえない。〔73.14-20〕

〔反論：〕その誤った認識の「消滅」（apāya）とは何か。不生起（anutpatti）のことか、壊滅（pradhvaṃsa）のことか。

（1）もし、まず、不生起であるなら、それは真実の認識から生ずることはない[537]。なぜなら、不生起とは無始から存在するもので、いかなるものによっても、それが生ぜしめられる、ということはない。

（2）a. もし、壊滅であるなら、真実の認識が生起していなくても、それ（＝誤った認識の壊滅）は存在する。というのは、すべての〔認識〕知は、すばやく滅するものであるから。また、壊滅しても[538]〔壊滅の〕原因によりもたらされるいかなる特徴も知られない。〔すなわち、すべての壊滅にはまったく区別がない。〕

（2）b. 真実の認識によって誤った認識が壊滅すれば、ほかに別の誤った認識が生ずることはない、ということにもならない。たとえば、縄などに関し蛇という〔誤った〕認識が〔縄という〕真実の認識によって壊滅しても、また、別の時に、そのもの、つまり、縄に関しても、蛇という〔誤った〕認識が生起することが知られる。そしてまた[539]〔そのようになる〕原因の阻止も推理されない、ということである。

2.2.2.1.1.2.（反論 2）誤った認識の消滅が欠陥の消滅をもたらすとはかぎらない。〔73.21-27〕

学校の野澤正信教授から「Vaiśeṣika 学派の輪廻・解脱論」の草稿を見せていただき、Vaiśeṣika では古くから解脱を sukha なるものであるという見解が存在していたことが仏教文献に記されていたこと、Uddyotakara がこのような説をヴァイシェーシカ説として批判していることなどを教示された。

537 T,P : na tattvajñānād bhavati. B : tattvajñānān na bhavati.

538 T,P : nāśe'pi. B : vināśe'pi.

539 T,P : tathā ca. B : tathā.

(1) また、誤った認識が消滅すれば欠陥も消滅するということも正しくない。なぜなら、真実の認識を持っている人でも執着（rāga）や嫌悪（dveṣa）によって盲目の状態になることがみられるから。

(2)「執着にとらわれた状態の人々は、真実の認識をもてない」と〔ニヤーヤ学派が〕いうなら、いま、ニヤーヤ学説を説明している人（＝ニヤーヤ学説に執着のある人）にも、真実の認識の生起はありえないのではないか。それ（＝真実の認識の生起）は、どんな手段（sādhana）を持つのであろうか。一方では、真実の認識を欠如しているある人々にとっても、ある場合には、執着の鎮静[540]が知られることがある。

(3) いかなる人にも〔執着の〕絶対的〔鎮静〕(ātyantika)はありえない。ハリ(Hari＝Viṣṇu)[541]やヒラニャガルバ(Hiraṇyagarbha＝Brahman)のような偉大なヨーギンでも、ある対象については、いつかは執着にとらわれることが聞かれるから[542]。それゆえ、真実の認識がたとえそれが思所成（cintāmaya）であっても執着の鎮静の原因ではない。

2.2.2.1.1.3.（反論 3）欠陥の消滅が活動の消滅を、そして、終局的には解脱をもたらすとはかぎらない。〔73.27-74.03〕

欠陥の消滅があれば活動の消滅がある、というのも正しくない。なぜなら、生きとし生けるものは、石のように静止していることはできないから。〔それゆえ、活動によるダルマ、もしくは、アダルマが生じるであろう。〕もし、ダルマを放棄する目的で、〔ヴェーダにおいて〕命じられた〔祭式〕を行なわなかったり、禁止されていることから[543]手を引かなかったり（＝禁止されていることをやめなかったり）した場合は、必然的にアダルマが生ずることになるであろう。なぜなら、命じられた

---

540 T,P : -upaśamastu. B-upagamastu. T,P を採用する。
541 B は harihara. harihara は Viṣṇu と Śiva。hari はここでは Viṣṇu であろう。
542 不明。Hari＝Viṣṇu, Hiraṇyagarbha＝Brahman であるから、Viṣṇu の Lakṣmī、Brahman の Sarasvatī に対する愛着を示すのか。Cf. Joshi,L.V. [1986] p.90.
543 T,P : pratiṣiddhācca. B には ca なし。

こと[544]を無視することと、禁止されたことを行なうこととはアダルマの原因であるから。その逆から〔、すなわち、命じられた祭式を行なったり、禁止されたことを行なわないなら、それはダルマの原因となるから、〕ダルマ[545]があるであろう。ということで、この両方（ダルマ、アダルマ）を避けることはできないのである。かくして、活動の消滅がないことから〔活動をする度にダルマ、アダルマを生じることになって〕生存の消滅もないということになる。それがなければ苦の絶対的消滅である解脱も得られないということになる。

2.2.2.1.2. 上記の反論にたいするバーサルヴァジュニャの答論〔74.05-79.18〕

2.2.2.1.2.1. 誤った認識の消滅（反論 1 への答論）〔74.05-76.04〕

〔答論：〕以上に答えていう。

まず、誤った認識の消滅とは、未来〔に生ずるであろう誤った認識〕の不生起[546]ということと、すでに生じた〔誤った認識〕の壊滅[547]ということである。

（1）「〔未来の不生起である場合には、それは〕無始であるから〔誤った認識の〕不生起は真実の認識からどうして生じるのか[548]」と述べられたが、これは正しくない。〔我々の意図が正しく〕理解されていないから。我々は、「〔生起する〕以前は非存在(prāgasat)という不生起が、真実の認識から誤った認識に生ずる」といっているのではない。そうではなく、「その不生起を終わらせるものである原因・アダルマなどを否定するものが真実の認識から生ずる」〔というのである〕。また、〔真実の認識はアダルマなどという誤った認識の不生起の〕原因を否定する

---

[544] T,P：vihatāti-. B：vihitāti-. ここは B を採用する。
[545] B は adharma.
[546] Cf. YS 2.16：heyaṃ duḥkham anāgatam/; NBhūṣ p.74, editor's note 1.
[547] T,P：dhvaṃsaśceti. B：pradhvaṃsaśceti.
[548] T,P：tattvajñānād bhāva iti. B：tattvajñānād bhavatīti.

ことが推論によって知られないことはない。なぜなら、真実の認識の対象である柱などにたいして〔人などという〕誤った認識の生起は知られないから（＝柱に対して真実の認識があるのに人であるという誤った認識が生ずることはないから）。というのも、〔ある対象についての〕誤った決知（adhyavasāya）が、〔その同じ対象についてすでに生起していた〕真実の決知を否定してから生起しているのが知られる、ということはいかなる場合にもないから。

真実の認識と誤った認識との間に〔否定するものとされるものの関係が推理されることが〕あるように、それら両者の印象余力（saṃskāra）にもまた、否定するものとされるものの関係が推理される。たとえば、以前に生じた真実の認識から生じた印象であっても、〔その印象が、〕それと共通の対象を持つ誤った認識から生じた印象群をも否定してから、特定の言語活動の能力を持った真実の認識の形相[549]にしたがったとおりの想起を生ぜしめる。それゆえ、真実の認識の繰り返しの学習によって、そこから生じる印象余力が日々集積していく。また、誤った認識から生じたものは減少していく。そして、ついには誤った認識から生じたすべての印象余力もなくなってしまう[550]。それゆえ、アダルマであっても、共働因（＝アダルマから生じた印象余力など）が存在しないから、そして真実の認識か、もしくはその印象余力によって否定されたから、誤った認識を生ずることは絶対になく、何らかの原因により、いつかは〔アダルマは〕完全に消滅してしまう。それが消滅すれば誤った認識は原因が存在しない、ということで決して生起することはない。それゆえ、誤った認識の不生起は決してなくなることはない[551]。それ（＝誤った認識の不生起）はこのように保持されるので、真実の認識によっ

549 B には ākāra の語なし。
550 Cf. YS 1.50 : tajjaḥ saṃskāro 'nyasaṃskārapratibandhī//; Joshi, L. V.〔1986〕p.91 ; NBhūṣ p.74, editor's note 2.
551 B には na の語なし。

てもたらされる、と比喩的に表現されたのである。

（74.20）（2）一方、壊滅を意味するという主張の場合、（a）「〔それが〕壊滅しても〔原因によりもたらされる〕いかなる特徴もない」と言われたが、これは正しくない。〔そのような特徴は〕経験されるから。たとえば、灯火が一瞬ごとに滅していても、眼に見えるという言語活動や、〔眼が働いている結果としての〕アンジャナ（眼膏）の集積などのその結果[552]がなくなることはない。また、水などによって、〔灯火が〕滅せられた場合、灯火のすべての結果（＝眼の作用など）の働きはなくなるし、また、灯火は存在しないという言語活動がある。〔このように、灯火の一瞬ごとの滅と水による消火とにはそれぞれの特徴がみられる。〕あるいは、瘤のある根を根こそぎ取り去るように。〔つまり、〕瘤のある根を鍬などで根こそぎおこしてしまえば再び生えてこない、まるでそれと同じように、真実の認識によって印象余力をともなった誤った認識が滅せられれば再び生ずることはない、根こそぎ断たれたのであるから。一方、真実の認識には誤った認識の印象余力を消滅さす能力[553]がある。印象余力は〔自らに〕相反する認識を排除するものであるから。

〔反論：〕ある一つのもの（＝アートマンなど）に関しては誤った認識が消滅したとしても、別のもの〔たとえば、貝など〕については〔銀などの誤った認識が〕生起することは避けられないではないか[554]。

〔答論：〕実際のところ、すべての誤った認識は輪廻の原因である、というわけではない。もしそうなら、すべて〔の誤った認識〕の消滅が求められることになろう。では、何が〔原因〕かというなら、それは、アートマンなどを対象とした〔誤った〕認識こそが〔輪廻の原因であり、これこそが滅せられるべきもの〕である。そのアートマンなどの認識対

---

552 T,P : tatkāryasya. B : tatkārakasya. T,P を採用する。

553 T,P : sāmarthyaṃ. B : sāmānyaṃ. T,P を採用する。

554 T,P : anivāryeti. B : na nivāryeti.

象について、あたかも、柱に対して〔柱という真実からの決定がなされる〕ように、真実からの決定がされた場合、誤った認識が再び生起することはない。

(b)〔反論：〕その場合でも別の時に誤った認識が生起するのが知られる、と〔縄と蛇の知を例示して〕述べられているではないか。

〔答論：〕確かに、〔認識と対象との〕特殊な関連性を錯乱したような人には〔誤った認識が再び〕生起するであろう。しかし、アートマンなどについて解脱を望む人にある、〔アートマンについての〕特殊な関連性が消え去ることはない。なぜなら、彼は輪廻を恐れて、日夜、修習を確固たるものにするため活動しているから。また、尊者アクシャパーダ（Akṣapāda）は真実の認識の保持のため、「それを知った人と議論するべし」[555] など〔の言葉〕によって、常なる繰り返しの学習により、修習（bhāvanā）を確固たるものにするべし、と教示したのである。

(75.12)〔反論：〕〔アートマンなどの〕ある種の認識対象にも無数の個物（vyakti）があるから、このようなものについても、ことごとく[556] 誤った認識（ajñāna）の消滅がどうしてあるのか。

〔答論：〕それは正しくない。〔アートマン性などの〕普遍を考慮してアートマンなどのすべてのものの真実性の決定がある場合には、輪廻の根本である誤った認識は消滅するから。〔アートマンなどの〕ある種の認識対象に関しても、すべての誤った認識が消滅されるべしというのではない。それでどうかというと、欠陥[557]（＝執着、嫌悪）の原因となることによって輪廻の根本[558]〔となるような誤った認識〕が〔消滅されるべし〕ということである。

〔反論：〕もし、アートマンなどに関しての誤った認識が輪廻の原因で

---

555 Cf. NS 4.2.47: jñānagrahaṇābhyāsas tadvidyaiś ca saha saṃvādaḥ/

556 T,P : ekāntena. B : ākārāntena. T,P を採用する。

557 T,P : yo doṣanimitta-. B : yad doṣanimitta-. ここは B を採用する。

558 T,P : saṃsāramūlam. B : saṃsārasya mūlam.

あるとするなら、この世界の滅亡時には〔そのような誤った認識もなくなるはずで〕、それが存在しないということから解脱が達成されることになるのか。

〔答論：〕そうではない。〔その時でも〕それ（＝誤った認識）[559]の印象余力は持続し続けており、それ（＝印象余力）の完全な消滅はありえないから。まさにそれゆえ、すべての身体をもてるものにとっても輪廻は誤った認識を原因とするといえる。しかし、ある人にとっては、このような[560]誤った認識——それが欠陥の原因となることによって輪廻をもたらすのであるが——が、アートマンなどの認識対象に関し、〔すべてのアートマンにわたって〕全面的に存在したり、もしくは、〔個々のアートマンについて〕個別的に存在したりしているが、それ（＝アートマンなどについての誤った認識）は〔アートマン性（ātmatva）などの〕普遍を考慮して、〔アートマンなどの〕すべての認識対象に関して真実が決定された場合、再び生じることはない。たとえば、ある人が、いちど、甘露と毒とが幸と不幸の原因であると決定して[561]、どこでもそれと同種の決定をなせば、その逆には活動することはない。それと同じで、感官対象性（indriyārthatva）[562]という普遍によって、すべての対象は、毒のように〔不幸の原因であると真実知が〕決定される[563]。すると、これら〔の対象〕に関しては、執着の原因となる誤った認識が再び生じることはない。一方、苦の原因すべては、自己の行為の結果がもたらすものであるからとりさることはできない、と〔真実知が〕決定した場合、さらにこれらに関して、嫌悪の原因となる誤った認識が再び生じることはない。同様に〔アートマンは〕身体などとは別で、他界に住し、存在

559 B には tat の語なし。
560 T : tv īdṛśam. P,B : kīdṛśam. T を採用する。
561 T,P : viniścitya. B : niścitya.
562 T,P : indriyārthatva-. B : indriyārtha-.
563 T,P : viṣavanniścitāḥ. B : niścitāḥ. T,P を採用する。

性、恒常性などの性質を持つものであると〔真実に〕決定すれば〔このような人には、〕無知（moha）の原因となる〔アートマンと身体とが〕異なるなどという知が再び[564] 生ずることはない。かくして、どこにおいても、ある種の認識対象についての誤った認識——それが、不幸の根本であるが——は、真実の認識により消滅されることが知られる。

2.2.2.1.2.2. 誤った認識の消滅は欠陥の消滅をもたらす。（反論 2 への答論）〔76.06-77.18〕

（1）〔反論：〕真実の認識を持っている人にも、執着などの欠陥がありうるから、誤った認識が消滅すれば欠陥が消滅するということにはならない。

〔答論：〕これも正しくない。〔欠陥の消滅が〕経験されるから。まず、ここ（真実の認識を持っている人）においては、誤った認識が消滅すれば欠陥の消滅が経験される。たとえば、友人に対して敵という誤った決知から生じた嫌悪は、真実の認識によってその敵という知識[565] が消滅すれば、消滅する。また、母親に対して[566] 妻という誤った決知から生じた執着は、真実の認識からその[567] 錯誤した認識が消滅すれば消え去る。このように[568] さまざまな形でも実例が知られるべきである。しかし、誤った決知がない場合には、どこにも執着などの存在は経験されない。次のように述べられている。「無知はこれら（＝執着、嫌悪、無知）の中で、最悪である。というのは、無知でない人には他のもの（＝執着、嫌悪）が生じることはないから。[569]」

---

564 T,P : punar api vyatirekādijñānam. B : punaravyatirekādijñānam. T,P を採用する。
565 T,P : tattvajñānāt tacchatru-. B : tattvajñānāntaraśchatru-?.
566 T,P : mātrādau ca. B : mātrādau.
567 B には tat の語なし。
568 T,P : evam. B : eva. T,P を採用する。
569 NS 4.1.6 : teṣāṃ mohaḥ pāpīyān nāmūḍhasyetarotpatteḥ// Cf. NS 4.1.3 : tat (= doṣa) trairāśyaṃ rāgadveṣamohārthāntarabhāvāt//

（2）〔反論：〕[570] 学説体系（śāstra）の意義を知っている人でも、ある人たちは執着に屈服する人がみられるではないか [571] 。
〔答論：〕確かにそのようなこともある。しかし、そのような人は、アートマンに関する欠陥〔、すなわち、内的欠陥（＝アダルマ）〕が最も大きいのである [572] 。〔それ（＝内的欠陥）が〕真実の認識を打ちまかし、愛情、激怒という誤った決知を生じ、この二つによって執着、嫌悪が生ずるのである。真実の認識を持った人でも、内的欠陥の力によって誤った決知を持つことが知られる。たとえば、日の出などの証相によって、方角の区分を確定している人でも [573] 、ある人にはアダルマの力によって方角の無知（moha）が生ずる。また、月は一個であると確定している人でも、眼病などの欠陥の力によって複数の月の決知がある。このように味覚などの欠陥から生じたものでも誤った決知であると例示されるべきであろう [574] 。たとえば、そこにある人が「感官の欠陥から、私にこの誤った決知が生じた」というように知って、特殊な薬によって感官などの欠陥を除去し [575]、誤った決知を消滅させる。ちょうどこれと同じように、学説体系の意義に関した真実の認識をもち解脱を望むそのような人も、好ましいもの、好ましくないものに対して、不可見（adṛṣṭa）の力によって（＝その人の持っている行為の力によって）この愛情、激怒という誤った決知が私に生じていると、このように認識して、瞑想に専念してヨーガの〔八種の〕段階を修習することによって、不可見力の印象を滅し、それによって、この愛情、激怒という二つの誤った決知を消滅させるのである。すなわち、スートラは次のように述べている。「そ

---

[570] T,P : nanu ca. B : nanu.
[571] T,P : -rāgādyabhibhavo. B : -rāgādisambhavo.
[572] T,P : balisthaḥ. B : vaśiṣṭaḥ. T,P を採用する。
[573] T,P : -liṅgenāvadhāritadigvibhāgasyāpi. B : -liṅgenāpyavadhāritadikpravibhāgasyāpi.
[574] T,P : udāharttavyo. B : udāharantavyo?
[575] T,P : -indriyādidoṣāpagamaṃ. B : -indriyadoṣāpaśamaṃ.

のため（＝解脱のため）に禁戒と勧戒によってアートマンの浄化が生ずる、そして、また、ヨーガ〔の学習〕から、アートマンに関する規定や手段によって〔アートマンの浄化が生じる〕[576]。」

また、陶酔や怠惰にうち負けた人によっては、他のいかなる人生目的（puruṣārtha）も果たされることはできない。ましてや解脱が達成されることはできない[577]。このように真実の認識によって人が認識を最優先とはしないで(apramādin)瞑想に専念するなら、誤った認識が消滅して、数々の欠陥も消滅させられるのである。しかし、真実の認識を欠如したような人には、幼児や狂人のように、欠陥の種子によって無知につながっているから[578]、どうして執着などの消滅があろうか、次のようにいわれているように[579]。

知なき人における無執着、他人に依存する人における幸せ、雲[580]の影、草の火〔、これらのもの〕は瞬時にして[581]消滅する[582]。

(3)（77.09）〔反論：〕ヨーギンでも執着に屈服するといわれるから、思所成(cintāmaya)の真実の認識でも執着の消滅の原因とはならない。〔答論：〕これも正しくない。思所成の真実の認識の本質があきらかにされていないから[583]。なぜなら、アートマンなどの認識対象について、捨て去るべきもの（heya）などの形で四種の修習（bhāvanā）が確立していることが思所成の真実の認識であるといわれる[584]のであって、ヨー

---

576 NS 4.2.46 : tadarthaṃ yamaniyamābhyām ātmasaṃskāro yogāc cādhyātmavidhy-upāyaiḥ//
NBh では Yoga による adhyātmavidhi を tapas, prāṇāyāma, pratyāhāra, dhyāna, dhāraṇā の五とする。Cf. NBh ad NS 4.2.46 p.1095, ll.11-12.

577 T,P : kim utāpavarga iti. B : kiṃ sūtrāpavarga iti. T,P を採用する。

578 T,P : mohānvitatvāt. B : mohanāvitatvāt.

579 T,P : yathā. B : tathā.

580 T,P : abhra. B : atraś. T,P を採用する。

581 T,P : vinaśyati. B : ca vinaśyati.

582 引用不明。

583 T,P : svarūpānavabodhāt. B : svarūpād anavabodhāt.

584 捨て去るべきもの (heya) などの四に関しては、すでに、NBh に、1.heyam, 2.

tasya nirvartakam, 3.hānam ātyantikam, 4.tasyopāyo'dhigantavyas の四が説かれている。NBh ad NS 1.1.1 p.33, ll.02-03 : heyaṃ tasya nirvartakaṃ hānam ātyantikaṃ tasyopāyo'dhigantavya ity etāni catvāryarthapadāni samyagbuddhvā niḥśreyasam adhigacchati/

これを NV は、1. heyam(=duḥkha+taddhetu), 2. hāna(=tattvajñāna), 3. upāya(=śāstra), 4. adhigantavya(=apavarga)と説明する。NV p.11. ll.02-04 : heyaṃ duḥkhaṃ taddhetuś ca/ duḥkham uktam/ hetur avidyātṛṣṇe dharmādharmāv iti/ hānaṃ tattvajñānam/ tat punar yathārthāvasthitapadārthādhigatis tac ca pramāṇam/ upāyaḥ śāstraṃ tad apy uktam/ adhigantavyo'pavargaḥ sa punar ātyantiko duḥkhābhāvaḥ/

一方、Bhāsarvajña は、NBh の表現をそのまま借用して heya 以下の四を挙げるが、その内容は次のように NV と必ずしも一致しない。1. heya=duḥkha, 2. tasya nirvartaka=avidyātṛṣṇe dharmādharmau, 3. hāna=duḥkhaviccheda(=apavarga), 4. tasyopāya=tattvajñāna (NBhūṣ pp.443-446).

NBh 以来、NS 1.1.2 に挙げられる十二の prameya(認識対象)が誤った認識をもたらさない真知の対象として掲げられている。その十二の prameya とこの heya 以下の四との関係はいかに説明されるのか、ということが問題となるであろう。

Bhāsarvajña は、まず、アートマンを筆頭とする十二の prameya について、それぞれの本質を熟知して、それぞれに真知の修習（tattvajñānabhāvanā）を行なうことが解脱のために必要であると説くが、この十二の prameya の修習を簡略化したのが上記の heya 以下の四である、と解釈する(NBhūṣ p.443, l.15 : saṃkṣepabhāvanārthaṃ ca tasya caturvidhyam ucyate）。Bhāsarvajña のこの解釈は、同時に、それでは NS においてなぜ heya 以下の四が述べられていないのか、という疑問に対する彼の解答にもなっている。heya 以下の四は Sāṃkhya-Yoga でも説かれているし(YS 2.16 ＝heya, YS 2.17 ＝heyahetu, YS 2.25＝hāna, YS 2.26 ＝hānopāya)、また、同様に、仏教にも 1.duḥkha, 2.samudāya, 3.nirodha, 4.mārga という有名な四聖諦（caturāryasatya）がある。彼 Bhāsarvajña は、これら他学派の見解を否定するために(paramataniṣedhārtham) NS 中では heya 以下の四には触れられなかったのであると説明する(NBhūṣ p.442, ll.05-20)。つまり、他学派の見解を否定するというよりはむしろ、heya 以下の四を bhāvanā の対象として重要視する他学派と、十二の prameya の bhāvanā を重視し、heya 以下の四を簡略化したものであるとみなすニヤーヤ学派の相違を強調しようとしていると思われる。

ところで Bhāsarvajña が思所成(cintāmaya)の真の認識(tattvajñāna)に関し heya 以下の四修習(bhāvanā)を強調していることは仏教唯識派の修道論を想起させる。

唯識学派の修道論はアビダルマのそれを継承しているといわれる。アビダルマにおいては迷いの世界から悟りの世界に至る道として見・修・無学の三道が提示されており、この前段階としてさらに、聞所成(śrutamayī)・思所成（cintāmayī）の順解脱分(mokṣabhāgīya)と修所成(bhāvanāmayī)の順決択分(nirvedabhāgīya)の二が置かれていた。見・修・無学の三道にこの二を付加して唯識学派の瑜伽五階梯となったと考えられている。早島理 [1982]、146-176 ページ参照。

Cf. Abhidharmakośabhāṣya (ed. by A. Thakur, Patna, 1975) p.334, ll.15-23 : vṛttasthaḥ śrutacintāvān bhāvanāyāṃ prayujyate/
...(中略)...

ギンの知であれば、なんでも〔そうである〕というわけではない。すべてのヨーギンが解脱を望んでいるとか、あるいは、真実の認識を持っているというわけではない。多く〔のヨーギン〕も知[585]を獲得するため、十分〔といえるほど〕多くの教示によってヨーガの実践に活動しているのであるから。たとえば[586]、ジャイギーシャヴィヤ(Jaigīṣavya)の派[587]においても、多くの瞑想（dhāraṇā）が享受（bhoga）[588]のために説明されている。また、サナットクマーラ（Sanatkumāra）は、すぐれたヨーガの超人的能力によって、ハリ[589]、ヒラニャガルバなどよりも優れたものとなり[590]、最高神（parameśvara）に対しての見解の相違をもち、アクシャパーダ(Akṣapāda)尊者により打ち負かされたといわれている[591]。それゆえ[592]、ヨーギンであるというだけで、真実の認識をえた人であるとか執着を滅した人であるとは定まらないのである。このようなわけ

---

namobhayārthaviṣayā śrutamayyādikā dhiyaḥ//5
nāmālambanā kila śrutamayī prajñā/ nāmārthālambanā cintāmayī/ kadācid vyañjanenārtham ākarṣati kadācid arthena vyañjanam/ arthālambanaiva bhāvanā-mayī/...

Cf. Kamalaśīla's Bhāvanākrama （§9 prajñā : śrutamayī, cintāmayī, bhāvanāmayī）The Sanskrit and Tibetan Texts of the first Bhāvanākrama, Minor Buddhist Texts Pt. I & II by G. Tucci, 1978, Kyoto, pp.508-509.

ところで、この bhāvanāmayī prajñā（＝tattvajñāna）とは、四聖諦を観想することにより汚れのない知恵を獲得することである。このことは前述の Bhāsarvajña が heya 以下の四を説明する場合に仏教の四聖諦を明らかに意識していたことを想起するとき、彼が自己の解脱論の最も重要な部分である tattvajñāna の獲得に当たり、仏教唯識学派の修道論の影響を強く受けたと想定せざるをえない。

585 T : jñāna. P : yogag. B : bhāga. T を採用する。

586 P,B : tathā ca. T には ca なし。

587 Jaigīṣavya については、Monier-Williams の辞書によると Name of an ancient Ṛṣi（named along with Asita Devala）とある。この名称は NBhūṣ p.546, YBh ad YS 3.18 にも登場する。 Cf. Joshi, L.V.〔1986〕p.100.

588 T : dhāraṇā bho (yo) gārtham. P : dhāraṇābhogārtham. B : dhāraṇābhogārthā. P を採用する。Cf. Joshi, L.V.〔1986〕p.100.

589 T,P : hari. B : harihara.

590 B に api あり。

591 不明。

592 T : tasmān. P,B : yasmān. T を採用する。

で、上述のような性質を持った真実の認識によって無知が消滅したときに欠陥が消滅する、ということが定まる。

2.2.2.1.2.3. 欠陥の消滅は活動の消滅をもたらし、ついには解脱をもたらす。（反論 3 への答論）〔77.19-79.18〕

「欠陥が消滅しても活動は消滅するとは限らない」と言われたが、これも正しくない。活動の消滅の本質が明らかにされないから。なぜなら、この場合、単に行為だけが（kriyāmātra）消滅することが活動（pravṛtti）の消滅であるとは意図されないから。なにが〔意図されている〕かというと、〔活動の消滅とは、一つには、〕（1）まだ生じていないダルマとアダルマが、原因の非存在ゆえに生起しないということ、それから、（2）すでに集積している〔ダルマとアダルマ〕が、結果の確定ゆえに〔消滅すること〕、さらに、（3）〔ダルマとアダルマが真実の〕知という火（jñānāgni）に焼きつくされるゆえに消滅する[593]、という〔この三つの〕こと〔が意図されているの〕である。

〔反論：〕まだ生じていない〔ダルマとアダルマ〕が、〔それを生じさせる〕原因（sādhana）を否定することはできないから、生起しないということ〔すなわち、上記の理由（1）〕は正しくない、といわれる。

〔答論：〕そうではない。〔執着などという、ダルマとアダルマを生じさせる原因である〕欠陥の否定が述べられたから。なぜなら、欠陥は〔ダルマとアダルマの〕主な原因である。そして、そ〔の主な原因〕が存在

---

593 Bhagavadgītā に知識の火が行為を灰にするとある。

Bhagavadgītā 4.37 :　yathaidhāṃsi samiddo 'gnir bhasmasāt kurute 'rjuna/
jñānāgniḥ sarvakarmāṇi bhasmasāt kurute tathā//

これは、NM II (KSS) p.88, ll.21-22 にも引用されている。

　また、YBh ad YS 4.28 にも、知識の火に焼かれた種子の状態である印象余力は、知識の表象を生ぜしめない、とある。Cf. Joshi, L.V. [1986] p.103. さらに、YBh ad YS 2.15 にも、焼かれた種子の例が見られる。

　また、Slaje によると、上記の偈は Vyomavatī にも引かれている。Cf. Slaje, W.〔1986〕p.254 footnote 54.

しなければ、ダルマとアダルマは、かりに他の原因が存在していても生起することはない。米の種子が存在しなければ〔、陽光、水などの他の原因が存在していても〕その芽が生起してこないように[594]。ニヤーヤスートラ に次のように言われている。「汚れの消滅した人には〔輪廻との〕再結合（＝再生）に導くような活動はない[595]。」

パタンジャリ（Patañjali）のヨーガスートラ（Yogasūtra）に次のように述べられる。「行為（karman）の余力（āśaya）は、汚れを根源とし、経験された〔現〕生と、経験されていない〔未来〕生とにおいて受け取られる。」「〔汚れという行為の余力の〕根源があるかぎり、その結果である〔人間とか動物などの〕境涯と寿命の享受がある[596]。」

また、推論もこれについて次のように述べられている[597]。

〔主張〕ここで論じている人（＝欠陥の消滅した人）は、活動してもダルマ・アダルマと結びつくことはない。

〔理由〕欠陥を離れた人であるから。

〔喩例〕大自在神（シヴァ神）（Maheśvara）のように。

欠陥を消滅した人のみ、汚れのない真実の認識[598]を持つことができ、ダルマ・アダルマの汚れをとりさることも[599]できるのである。欠陥を消滅できない人は、ヨーギンであっても、汚れた水が〔布の汚れをとりさることができない〕ように〔ダルマ・アダルマの汚れをとりさることができないの〕である。あるいはまた、火が燃えさかっていても[600]、

---

594 T,P : aṅkurānutpattivat. B : aṅkurānutpādavat.

595 NS 4.1.63. T,P : pratisaṃdhānāya kṣīṇakleśasya. B : pratisaṃdhānāyopakṣīṇakleśasya. NS : pratisaṃdhānāya hīnakleśasya.
この sūtra は、次にも引用されている。NBhūṣ p.443 ; NM II (KSS) pp.88,89.

596 YS 2.12-13 : kleśamūlaḥ karmāśayo dṛṣṭādṛṣṭajanmavedanīyaḥ/ sati mūle tadvipāko jātyāyurbhogaḥ/ Cf. NBhūṣ p.78 editor's notes 2,3.

597 引用不明。

598 T : ca tattvajñānam atinirmalam. P,B : jñānam atinirmalam. T を採用する。

599 T,P に api あり、B になし。

600 T,P に api あり、B になし。

紙などの燃えるものが特殊な薬と結合している場合には、その火は、それを燃やすことはない。ちょうどこのように、〔真実の〕知という火も欠陥と結合した行為を焼いてしまうことはできない、ということである。行為が焼かれるものであることは[601]すべてのヨーガ学説でも、ヴェーダーンタでもなりたっていることであるが[602]、それによって〔真実の知という火でも欠陥と結合した行為を焼いてしまうことはできないことが〕論拠のないことであるということにはならない。

（78.11）〔反論：〕あるもの[603]は、〔上記の理由（2）に述べられたように〕「自己の結果の確定によってのみ行為は消滅する（＝結果を生じない限り消滅しない）」という、といわれている。「〔結果を〕享受しない行為は幾百コーティのカルパを経ても消滅することはない[604]。」と知って、超人的状態(aiśvarya)[605]に達したヨーギンは、実際に、あらゆる状態において行為に相応しい感官を持った多くの身体を形成し、望ましいもの・望ましくないもの両方の結果の享受を同時に経験する、と〔いわれている〕[606]。

---

601 P,B : karmadāhakatvaṃ ca jñānasya sarvayoga-. T : karmadāhyatvaṃ ca sarvayoga-. T を採用する。

602 本書、186 ページ、注 593 参照。

603 eke＝Uddyotakara　Cf. NBhūṣ p.78 editor's note 4.

NV 81.08-10 : na brūmo yau vartamānau dharmādharmau tau doṣābhāvān na bhavata iti, api tu yāv anāgatau tau kāraṇābhāvān notpadyete iti/ vartamānayoḥ punaḥ kāryāvasānāt prakṣayaḥ, yau tau vartamānau dharmādharmau tayor yadāvasānikaṃ kāryaṃ tena vyāvṛttiḥ/

Cf. NBh ad NS 3.2.6; Joshi, L.V.〔1986〕p.104.

604 Cf. NBhūṣ p.78 editor's note 5.

Brahmavaivartapurāṇa 4.81.55 (Ānandāśrama Sanskrit Series No.102, p.751, l.15)

nābhunktaṃ kṣīyate karma kalpakoṭiśatair api/
avaśyam eva bhoktavyaṃ kṛtaṃ karma śubhāśubham//

605 Oberhammer によると、NBhūṣ に登場する（NBhūṣ p.475）paramaiśvarya の概念は Sāṃkhya-Yoga のそれとは異なって、Īśvara の存在に基礎づけられた神の絶対的偉大性である。Cf. Oberhammer, G.〔1984〕p.91 note 105.

606 Joshi,L.V.〔1986〕p.104 は次を引く。Tattvavaiśāradī ad YS 3.22 : tataś ca yogī sopakramam ātmanaḥ karma vijñāya bahūn kāyān nirmāya sahasā phalaṃ bhuktvā

そうであるならば、その場合、バラモン殺し（望ましくないもの）とアシュヴァメーダ祭（望ましいもの）とがもたらす二個の行為はそれぞれの結果をもたらしてから消滅するはずである。そうすると〔その結果によって、〕さらにまた行為の集積がおこり、どうして〔それらの行為の〕完全な消滅があろうか。また、汚れの消滅という状態にも到達しえない。なぜなら、（理由＜1＞）執着などの原因である行為は、執着などを生ぜしめてから消滅する[607]はずである、と〔いうことで悪行に対する〕贖罪〔の儀式を行なうこと〕などとの矛盾があることになるから。さらにまた、（理由＜2＞）執着などを対象としたアダルマも、苦のみを生じて消滅する。一方、ダルマは楽のみを生じて〔消滅する〕ということで、布など〔は、質量因である糸のみが存在していて機織り機などの共働因が存在しなければ生じない〕ように、〔苦のみとか楽のみが存在するだけで、それ以外の〕共働因が備わっていないゆえ、〔それ以後の望ましいもの・望ましくないものの〕結果の不備が生じることになるから。また、（理由＜3＞）行為から結果が生じる時間が不確定であるから。〔以上の三理由により二個の行為の結果を同時に享受することはありえない。〕

（79.04）〔答論：〕これはまったくの空想であり[608]〔我々に〕何らの誤りはない。また[609]、「〔最高神(paramātman)の〕見神 (paramātmadarśana)一つのみをめざして、学説体系(śāstra)の学習などや、ヨーガの段階を実習して[610]活動する人は、満足・不満足からそれぞれ楽・苦を生ぜしめて後、ダルマ・アダルマを余すところなく消滅せしめる。」と師(ācārya)

svecchayā mriyate/ 次ページ、注 613 参照。

607 T,P : nivartitavyam. B : pranivartitavyam.

608 T,P : bhavaty. B : bhavatv.

609 T : paramātma-. P,B : tathā ca paramātma-. P,B を採用する。

610 T,P : yogāṅgānuṣṭhāne. B : yogānuṣṭhāne.

は言っている[611]。「ヨーギンは享受さるべきものを〔すべて〕同時に享受する[612]」と聖典（āgama）の権威によって認められている[613]。そうすると、〔真実の〕知という火によって行為が焼かれる、ということによってどのような難点が生じるというのか。〔もし、そのような難点があれば〕それによってすべて聖典で認められていてもそのことは認められない[614]、という〔だれもが承認しがたい〕ことになるであろうが。「行為は結果を生じない限り消滅しない」などというこの聖典も、もし、そう〔いわれているの〕であるなら、贖罪〔の儀式〕をしない人や真実の認識を獲得していない人を対象とすることで、そ〔の言葉〕が意味を持つとみられるべきである。

〔反論：〕〔理由＜3＞に挙げられたとおりに、真実の〕知が行為を焼くのなら、〔ダルマも焼かれてしまうから〕ヨーガから生じたダルマの集積に矛盾するではないか。

〔答論：〕そうではない。欠陥（＝執着など）が消滅していない状態では、それ（＝矛盾）がおこりうる〔が、欠陥の消滅した状態ではそのようなことはない〕から。あるいは、印象余力〔が消滅するの〕と同様に、相反するものこそが[615]消滅するから。たとえば、一つの対象の知を繰り返すことから、その印象余力の集積が生じ[616]、それと反する知の印象余力は消滅する[617][618]。それと同様に、輪廻からのがれたいと望む人

---

611 引用不明

612 T,P : bhogabhuktir. B : bhogoyuktir. T,P を採用する。

613 どのような āgama であるかは特定できない。Vyomavatī にも同様の見解が述べられている。このように、ヨーガの力により、多くの行為の結果を同時に享受できるという考え方は、ニヤーヤ学派内では異端的であり、Vācaspati などとは見解を異にすると、Slaje はいう。Cf. Slaje, W.〔1986〕pp.255-256.

614 T,P に na あり、B に na なし。

615 T,P : pratipakṣasyaiva. B : pratipakṣasyeva. T,P を採用する。

616 T,P : tatsaṃskārasyopacayaḥ. B : saṃskārasyāpacayaḥ. T,P を採用する。

617 T,P : bhavati. B : sambhavati.

618 Cf. YS 3.9 : vyutthānanirodhasaṃskārayor abhibhavaprādurbhāvau nirodhakṣaṇa-

が、最高神の知を繰り返すことから、輪廻の原因であるダルマとアダルマは、瞑想と相反するものであるがゆえに消滅する[619]。瞑想の原因で

---

cittānvayo nirodhapariṇāmaḥ/ Cf. Joshi, L.V.〔1986〕p.106.

619 Bhāsarvajña は、paramātman=maheśvara と記している。Cf. NBhūṣ p.447, l.11 : tatra paramātma bhagavān maheśvaraḥ/

paramātman=īśvara という概念がニヤーヤ文献で見られるのは 9 世紀頃と思われる。それ以前にはニヤーヤではあまり見られない。NBh の次の記述はよく知られている。NBh ad NS 4.1.21 : guṇaviśiṣṭam ātmāntaram īśvaraḥ...(p.943, l.06)

Bhāsarvajña の paramātman に関しては、Oberhammer,G.〔1984〕p.89ff.に詳論されている。

Vyomaśiva も解脱のため Śiva の恩寵を必要とすると同時に、真知獲得のためヨーガの実践を勧めるという点で Bhāsarvajña と共通する、と Slaje は述べている。Cf. Slaje, W.〔1986〕p.252.

また、YS における Īśvara への praṇidhāna については、次の各スートラを参照。

YS 1.23 : īśvarapraṇidhānād vā//

YS 1.24 : kleśakarmavipākāśayair aparāmṛṣṭaḥ puruṣaviśeṣa īśvaraḥ//

YS 1.28 : tajjapas tadarthabhāvanam//

YBh : praṇavasya japaḥ praṇavābhidheyasya ceśvarasya bhāvanam/･･･ svādhyāyād yogam āsīta yogāt svādhyāyam āmanet/ svādhyāya yoga-saṃpattyā paramātmā prakāśate//

YS 2.1 : tapaḥ svādhyāyeśvarapraṇidhānāni kriyāyogaḥ/

YS 2.45 : samādhisiddhir īśvarapraṇidhānāt/

Bhāsarvajña の kriyāyoga については、Oberhammer,G.〔1984〕p.132 以下に詳論されている。

また、Kaviraj も次のように述べている。Bhāsarvajña によると、mokṣa への手段は、YS 2.1 でとかれる tapas,svādhyāya,īśvarapraṇidhāna からなる kriyāyoga である。これが kleśa の浄化に役立つとされる。さらに、samādhi のための yama, niyama をはじめとする、yoga の八段階の実修によってそれが達成される。Cf. Kaviraj, G.〔1961〕p.3.

なお、正信公章教授（拙稿にご意見をいただいた当時は東海大学勤務、現在、追手門大学教授）からは私信にて次のことを教示された。一般的にインドにおいて paramātman＝īśvara という概念は、yogin の伝統の中で、9 世紀よりもっと早い時期から意識されていて、それは BSŚBh ad BS 1.1.20、Yājñavalkya Smṛti 3. 176 において明らかであること。さらに、Vedāntin である Bhāskara は、時代的にも地域的にも Bhāsarvajña と近接していることもあり、両者には興味深い関連性があること、例えば、ヨーギンの能力の優劣や bhāvanā への言及（NBhūṣ p.77、本著 182~183 ページ参照）、sukha 志向の解脱（注 536 参照）、随所に見られる īśvara の強調など、ニヤーヤ学という論証学とシヴァ教神学との間（Bhāskara の場合はヴェーダ解釈学とシヴァ教神学との間）でバランスをとりつつ論じていることなどを指摘された。正信公章 [1988]、306-311 ページ参照。

あるダルマの集積が、最高神の見神がある限りは存在する。その[620]ダルマも自己の結果の確定から消滅する。また、そのような人（＝輪廻から逃れたい人）には、欠陥が取り除かれているから、まだ生じていないダルマとアダルマが生起することは決してない。それゆえ、原因の絶対的な消滅から、生も絶対的に消滅し、その絶対的消滅から[621]苦の絶対的消滅があり、という具合に解脱が達成される、ということである。

2.3. 認識手段（pramāṇa）の分類説明〔79.20-83.20〕

2.3.1. 認識手段は、知覚(pratyakṣa)、推論(anumāna)、証言(āgama)の三種である。〔79.20-80.03〕

さて、そこで、いま、真知（tattvajñāna）生起（utpatti）のために認識手段などの数[622]と個別的定義（viśeṣalakṣaṇa）を知らんと欲するものに対して、まず、認識手段の数を〔ニヤーヤサーラにおいて〕述べて言う、「認識手段は三種に分類される[623]。すなわち、知覚、推論、そして証言とである」と。「三種に分類される」という語は〔数の〕限定のためにある。〔多数存在する〕個々の認識手段はすべて、知覚などの特徴をもつ三種に包摂されるからである。また、類推（upamāna）[624]などのものは、こ〔の三種〕のみに包括されることを〔後に〕我々は立証するであろう。

---

620 P,B には tataḥ あり。

621 T,P : kāraṇasyātyantocchedājjanmano'pyatyantocchedaḥ tadatyantocchedāc ca. B : kāraṇasyocchedājjanmano'py atyantocchedaḥ taducchedāśca.

622 T,P : ...saṃkhyāviśeṣalakṣaṇāni. B : ...saṃkhyāśca viśeṣalakṣaṇāni. T,P を採用する。

623 T : trividhamiti. P,B : trividhaṃ pramāṇaṃ pratyakṣam anumānam āgama iti. P, B を採用する。

624 P,B : upamānādīnām atra. T : pramāṇādīnām. T はミスプリント。P,B を採用する。

2.3.2. 異説の吟味〔80.05-81.05〕

2.3.2.1. 認識手段は唯一・知覚のみというチャールヴァーカ(Cārvāka)説とその否定〔80.05-09〕

「ただ知覚のみが唯一の認識手段である」とあるもの（＝チャールヴァーカ＜Cārvāka＞）は述べる[625]。しかし、これは正しくない[626]。なぜなら、知覚によっては、認識手段とそうではないものとの区別がなりたたないから〔そのためには推論が必要であろう〕。また、苦・楽などをもたらしめるもの（sādhana）が〔知覚によっては〕理解できないから。〔そのためには、何が苦･楽をもたらすかという証言が必要であろう。〕それ（知覚）に基づいていたのでは〔後になって苦･楽のどちらが生ずるかわからないから〕活動･不活動〔の選択〕も〔人にはでき〕ないことになろう[627]。

〔このように〕「知覚ではないような認識手段は存在しない」と認めておきながら[628]他〔の論者〕を〔推論で〕説得するための論書(śāstra)を著作し、あるいは、〔証言ともいうべき〕文言を口にするなら、自らの行い[629]を自らの言葉によって欺いているから、なんと、自らの素晴らしい学識が明らかとなった〔ことか！〕[630]。

2.3.2.2. 認識手段は推論ただ一つのみ、あるいは、証言のみという説の否定〔80.11-15〕

「ただ推論のみが、唯一の認識手段である」という説も、また、正しくない[631]、知覚が存在しない場合には、推論の生起はありえないから。

---

625 認識手段として知覚のみしか容認しないチャールヴァーカ説はNBhūṣ 第2章において批判されるが、それに関しては、渡辺重朗〔1985〕参照。

626 T,P : tadayuktam. B : tad api na yuktam. T,P を採用する。

627 T,P : na syātām. B : na tasya syātām.

628 T,P : upagamya. B : upagamasya. T,P を採用する。

629 T,P : pravṛttiṃ. B : vṛttiṃ. T,P を採用する。

630 T : prakaṭivān iti. P : prakaṭitavān iti. B : prakaṭibhavān iti. P を採用する。

631 T,P : pramāṇam ity etad api na yuktam. B : pramāṇam ity eke tad apy ayuktam. ど

なぜなら、きわめて遠くまで行ったとしても[632]、〔そこから〕ダルミン（dharmin 属性を持つもの、たとえば、山など）、リンガ（liṅga 証相、たとえば、煙など）、喩例(dṛṣṭānta、たとえば、かまどなど)が推論をひきおこすことを望む人は、当然、知覚によって〔それらダルミンやリンガなどを〕把握することを前提としなければならない[633]。こ〔の論法〕によって、証言のみが唯一の認識手段であるという説も否定される。なぜなら、この場合でも、知覚か推論によって言葉や文章などが成立しないかぎり証言の意味の理解は不可能であるから。

2.3.2.3. 直接知覚と間接知の二種である、というジャイナ教徒の見解とその否定〔80.17-81.05〕

「直接知覚（pratyakṣa）と間接知（parokṣa）との区別によって〔認識手段はこの〕二種のみに分類される」と〔ジャイナ教徒は〕いう[634]。〔しかし、〕これは正しくない。〔まずそのような〕言語活動（vyavahāra）が不成立であるから。なぜなら、「間接知によって私は知る」という言語活動はどこにおいてもなりたっていないから、たとえば〔言語活動では〕「知覚によって私は知る、あるいは、推論、もしくは、証言によって〔私は知る〕」といわれるように。

また〔次に、間接知を認識手段とする〕動機（prayojana）が存在しないから。一つひとつが認識の正しさ（prāmāṇya）を知る手段であると知

の学派の説であるか不明。NBhūṣ p.80, foot note 3 は、仏教の一部にこのような説があるという。

632 T : gatvā. P : gatvādi. B : gatvā hi. B を採用する。

633 T,P : abhyupagantavyam. B : abhyugantavyam. T,P を採用する。

634 ジャイナ論書 Pramāṇanayatattvāloka においては、pramāṇa を自己および他者の決知する知識である（svaparavyavasāyi jñānaṃ pramāṇam）と定義し、さらに、その pramāṇa を直接知（pratyakṣa）と間接知（parokṣa）に二分し、その間接知の一種として推論、証言が論じられている。宇野惇[1981]、39 ページ以下；宇野惇[1996]（2）、1-16 ページ参照。Cf. Dr. Hari Satya Bhattacharya : Pramāṇanayatattvāloka, English Translated and Commentated,1967, pp.1*-2* and p.13ff. and p.899.

らしめることが、知覚などを別々に説く動機である[635]が、それと同じように間接知によって推論と証言とを包摂することには何ら動機が存在しない。

もしまた、その人が、自己の見解に固執して、二種類のみであることを成立させんとして、間接知を、種（sāmānya）と述べて、推論と証言とはそれの特殊なものであり、別々の特徴を持っていると主張するようであるなら、言うがよかろう、誰が止めようぞ。

（81.01）しかし、もしそうであっても[636]、我々が述べた〔知覚、推論、証言の〕三分類は否定されることはない。〔ジャイナ教徒が否定しようとしても〕これらの三種は定義が相互に[637]混同されないよう提示しているからである。

またかりに、「知覚と推論」ということが〔汝ジャイナ教徒が主張する〕「知覚と間接知」ということとまったく同じ意味であるとするなら、その場合も、〔認識手段は〕二種類のみではない。それとは別の「証言」も認識手段であるから。それ（証言）が推論に含まれることを我々は後に否定するであろう。

以上のようなわけで、知覚と推論との区別による二種類の分類[638]もありえず、それゆえ、〔認識手段は〕三種類のみである。

2.3.3. 認識手段の分類スートラ（NS 1.1.3）との矛盾指摘とそれに対する答論〔81.07-21〕

〔反論：〕〔四種類の認識手段を挙げているニヤーヤスートラ（NS）1.1.3、すなわち、〕認識手段の分類スートラ〔の内容〕に矛盾するから、

---

[635] T,P : bhedenābhidhānaprayojanam. B : bhedenābhidhāne prayojanam.
[636] T,P : na tvevam. B : na caivam. T,P を採用する。
[637] T,P : prasparato. B : parasparasya tato. T,P を採用する。
[638] T,P : pratyakṣānumānabhedenāpi. B : pratyakṣānumānena bhedenāpi. T,P を採用する。

三種の分類は正しくない。

すなわち、それは次のような考えである。「認識手段は知覚と推論と類推と証言とである」という、こ〔のニヤーヤスートラ 1.1.3〕は〔認識手段の〕分類スートラである。そして分類〔スートラ〕には過不足ない数[639]に〔認識手段を〕限定するという結果がある。なぜなら、もし、そうではない〔すなわち、ニヤーヤスートラ 1.1.3 は認識手段の四分類ではなく、三分類を規定したものである〕としたならば、〔後続のニヤーヤスートラ 1.1.4〜1.1.7 において認識手段の〕四種の定義による陳述があることからして〔認識手段の〕四分類[640]は成立しているから、〔三〕分類〔のスートラ〕は無意味なものとなってしまうであろう。

また、これ（ニヤーヤスートラ 1.1.3 ）は〔認識手段の〕項目列挙(uddeśa)〔のスートラ〕ではない、〔後にそれが〕吟味検討されているから。なぜなら、認識手段をはじめとする〔十六原理の〕項目列挙〔スートラ〕（ニヤーヤスートラ 1.1.1）は吟味検討されていないが、それに反して、分類〔スートラ〕は「四種からなるものではない」など[641]〔の議論〕により吟味考察され〔た結果、四種であることに定まっ〕ている。それゆえ、認識手段はまさに四種類である。

（81.13）〔答論：〕これらすべて〔汝の見解〕は、「鼻など云々」というスートラ文[642]との論理的整合性を欠くものとなるから(vyabhicāritvāt)正しくない。なぜなら、「鼻など」というスートラ（ニヤーヤスートラ 1.1.12 ）では感官の分類がなされていて、〔さらに、〕「皮膚〔感官〕

---

639 T,B：nyūnādhikasaṃkhyā. P：nyūnādhisaṃkhyā. T,B を採用する。

640 T：catuṣṭvasiddhi. P：catuṣṭayasiddhi. B：catuṣṭasiddhi. P を採用する。

641 NS 2.2.1「〔反論：〕認識手段は四種のみではない。伝承（aitihya）、事実からの推定（arthāpatti）、可能性（saṃbhava）、非存在（abhāva）も正しい知識をもたらすものであるから」以下の後続スートラにより、四種以外の認識手段は正しい認識手段ではないことが論じられている。

642 「感官は鼻・舌・眼・皮膚・耳であり諸元素からなっている。」（NS 1.1.12）

は否定されることがないから」（ニヤーヤスートラ 3.1.53）など[643]をはじめとする〔多くの〕スートラによって吟味検討されてもいる。しかし、感官は〔ニヤーヤスートラ 1.1.12 に挙げられている〕五種だけであると確定されてはいない。マナス（意）もまた感官と認められるからである。吟味検討されている点では区別なくとも、「知覚など」というスートラ（ニヤーヤスートラ 1.1.3 ）は分類目的であり、「鼻など」というスートラ（ニヤーヤスートラ 1.1.12 ）は〔分類目的ではなく、〕解説（anuvāda）目的である、という〔汝に都合のよい〕こ〔の見解〕については神の裁き (kośapāna)[644] こそが、なされるべきである。〔すなわち、どちらが正しいかは人間に判断できない。〕というのも、〔両者を区別する〕何ら特別な理由は存在しないからである。

それゆえ、〔ニヤーヤスートラ 1.1.12 では〕感官の数が〔実際より〕少ないことが疑われ、スートラの作者によって〔分類スートラであることが〕否定されている〔ことになる〕。したがって、〔感官の〕数は〔ニヤーヤスートラ 1.1.12 で列挙されている五種より〕多いという想定は妨げられない。これと同様に、〔ニヤーヤスートラ 1.1.3 は〕認識手段の数が〔実際より〕多いことが疑われて〔分類スートラであることが〕スートラ作者によって〔事実上〕否定されており、それゆえ、〔認識手段の〕三分類の想定も妨げられない。論理の正当性は〔ニヤーヤスートラ 1.1.3 とニヤーヤスートラ 1.1.12 の〕両方とも同等であるからである。そして、認識手段三分類の論理的正当性は〔ニヤーヤ〕スートラと矛盾

643 NS 3.1.53〔ニヤーヤへの反論：〕「皮膚〔感官〕は〔すべての感官に存在することを〕否定されることがないから〔皮膚のみが唯一の感官である〕。」

644 kośapāna とは、一種の神の裁きであると思われる。NBhūṣ p.81, foot note 4 には「ドゥルガーなどの神を祭り、それに灌浄した水をマントラをとなえながら疑わしき人に飲ます。14 日間の間、その人物に神の怒りなどが発生しないかぎりその人物は無罪となる」とある。Cf. Kane, P.V. Vol.3, pp.373-374.

するものではないと後に明らかにするであろう[645] [646]。

2.3.4. 認識手段の共存と別存の可能性〔81.23-83.14〕

〔反論：〕〔「認識手段は知覚と推論と証言とである」と三個が明記されているのに、ニヤーヤサーラ 79 ページ 1 行目には「認識手段は三種に分類される」（trividhaṃ pramāṇam）と〕認識手段(pramāṇa)という語が単数であるのはなぜか。

〔答論：〕認識手段が三つとも、同一対象を持つ〔場合がある〕ことを知らしめるためである[647]。たとえば、〔ある人は〕ある場所、山などに、〔火が存在するという〕証言（信頼すべき人の言葉）〔を聞くこと〕によって火〔の存在〕を理解した後[648]、〔それに向かって〕活動するとき、それと同一のもの（火）を、〔証相である〕煙を見て〔推論によって〕理解する。その後、極めて接近した[649]〔その〕人はその同じ火を知覚によって理解する。同様に、〔ある人は〕証言からアートマンの本質を理解し、欲などの証相によっても〔推論でアートマンの存在を〕理解する。さらにまた、瞑想の力による知覚により[650]〔アートマンを直接知覚する〕、といったように〔認識手段の〕共存（saṃplava）がなり

---

[645] T,P：-ttaratropapādayiṣyāma. B：-ttaratrapratipādayiṣyāma.

[646] 認識手段は三種であるということが NS においてなぜ述べられていないか、という問いに対して Bhāsarvajña が次のように答えている。
NBhūṣ p.426, l.27-p.427, l.05：tritvaṃ vā pramāṇānāṃ kiṃ na kvacid uktam? na, asya sūtrakārasyaivaṃ svabhāvatvāt — yatsiddhāntam api kvacinnābhidhatte śiṣyāṇām ūhādiśaktyatiśayayuktānām eva pradhānato 'trādhikāra iti jñāpanārthm/ つまり、スートラに説かれていない教説については、特に優れた能力を持つ学生が先ず取り組むべき課題であることを知らしめるために、故意に、スートラ文として載せないでおくというスートラ作者の一つの傾向であると弁明しているようである。Cf. Joshi, L.V.〔1986〕p.337.

[647] T,P：apy ekaviṣayatvajñāpanārtham. B：api pramāṇānām ekaviṣayatvajñāpanārtham. B を採用する。

[648] T,P：pratipadya. B：pratipādya. T,P を採用する。

[649] T,P：'tipratyāsannaḥ. B：'pi pratyāsannaḥ. T,P を採用する。

[650] T：pratyakṣeṇa. P：pratyakṣaṇe. B：pratyakṣataḥ. T もしくは B を採用する。

たつのである。

（82.05）また、〔ニヤーヤサーラ 79 ページ 1 行目にみるように〕「知覚と推論と証言とである」と〔三種の認識手段を〕区別して述べているのは、ある場合には各々一つひとつ〔の認識手段〕でも、それらに定まった対象を持って〔他の手段と共存することなく別存して〕いることを知らしめるためである。たとえば「昇天を望むものはアグニホートラ祭を執行すべし」などという証言の対象（この場合は、天）については、我々などにとっては、知覚も推論も〔作用し〕ない。雷の音が聞こえる場合、音の原因（hetu）について何ら証言を聞いたことがない我々などには、〔雷が存在するという〕推論ただ一つのみが作用する、ということである。また、掌が知覚によって認識されている場合、推論と証言とは作用することはない〔、それらによってその掌を知りたいという〕欲求が生じないから[651]。〔このように認識手段が別存する場合もある。〕

（82.09）〔反論：〕「知覚によって対象がまさに認識されている場合、それ以外の認識手段による〔知りたいという〕欲求は消滅するが、証言、もしくは、推論で対象が認識されている場合はそうではない〔、すなわち、知りたい欲求は消滅しない〕」ということに関しては明らかな証拠はない[652]。

〔答論：〕そうではない。知覚のみは、〔他人に〕明示されうる、また、明示されえない多くの特殊性に限定された対象を明らかにするものであるから、〔他の認識手段によって〕知りたいという欲求が消滅する原因となるから〔推論、証言との共存はない〕。知覚によってある数の特殊性に限定されたものとして対象が[653]明らかにされるとして、それと

---

651 認識手段の共存と別存については、NBh においても同一の実例でもって説明されている。Bhāsarvajña が NBh の記述にしたがって述べていることが窺える。Cf. NBh p.91, l.05-p.92, l.08; 服部正明 [1969]、346 ページ参照。

652 T,P : apramāṇam iti. B : apramāṇakam iti.

653 T,P : viśiṣṭo'rthaḥ. B : viśiṣṭārthaḥ.

同じ数の特殊性に限定されたものとして〔対象が〕[654] 推論などによっても〔明らかにされることは〕ないからである。

（83.01）〔反論：〕そうであるなら推論などと知覚とが同じ対象を持たないというのであるから〔汝の述べた認識手段の〕共存ということは起こりえない。

〔答論：〕そのようなことはない[655]。〔共存は起こりうる。〕ある限られたダルマ（属性）に限定されたダルミン（属性を持つもの）に関しては〔認識手段の〕共存は起こるから。というのも、場所などに限定されたある火〔の存在〕が証言によって明らかにされたとして、その同じもの（火）が推論によって知られるし、また、その同じものが知覚によっても[656]〔知られる〕、ということである。もし、対象が知覚により[657] 認識されていても、ある場合には〔たとえば、対象が apūrva（新得力）などという〕超感官的な特殊性に限定されているものとして[658]、認識することをのぞむ人にものぞまない人にも〔知覚〕以外の認識手段の作用があることがあろう。しかしそうとはいっても、いつでも常に〔知覚以外の認識手段の作用が〕あるというわけではない。したがって、他の認識手段の働かないところでは〔認識手段の〕別存（vyavasthā）が成立するが、そうでない場合には共存（saṃplava）がある、ということである。

（83.07）〔反論：〕ある一つ〔の認識手段〕によって対象が認識される場合、別〔の手段〕の働きは無意味ではないか。

---

654 T,P : viśiṣṭo'numānādināpi. B : viśiṣṭānumānādināpi. T,P を採用する。

655 T,P : naidasti. B : naitadasti. B を採用する。

656 T,P : sa eva ca pratyakṣeṇa. B : sa eva pratyakṣeṇa. T,P を採用する。

657 T,P : pratyakṣopalabdhe. B : pratyakṣeṇopalabdhe. B を採用する。

658 T,P : viśeṣaṇaviśiṣṭatvena. B : viśeṣaṇaviśiṣṭatve. T,P を採用する。
「超感官の特殊性」とは例えば、祭式現場を知覚した場合などをいうのであろうか。祭式執行による効果などは超感官であるからヴェーダ聖典などの認識手段＝証言などの手段がさらに加わるということであろう。Cf. Joshi, L.V. [1986] p.339 の英語訳文を参照。

〔答論：〕そうではない。〔それら認識手段はそれぞれ〕ある種の苦や楽を生起せしめるから〔楽である方を取ればよいし〕、また、〔複数の認識手段の働きがある場合は〕潜在印象（saṃskāra）に卓越性を生じさせるから〔共存しても有意義なのである〕。しかしながら[659]、いつでも〔有意義な〕人生の目的（puruṣārtha）によって認識手段の活動があるわけではない。たとえば、草などに対して〔認識しなければならない〕動機はなくても〔それに対する知覚という認識手段の活動があるし〕、また[660]、望まれなくても〔つまり、避けたいという動機があっても、輪廻の〕束縛などに対して〔それを説くヴェーダの証言という〕認識手段の働きがあることが知られるから、ということである。

(83.12)〔反論（仏教徒）：〕また、知覚は独自性（自相 svalakṣaṇa）のみを対象とし、推論は共通性（共相 sāmānya）のみを対象とする、ということで〔この二には〕共存はありえない。

〔答論：〕なるほど。しかし、これは仏教の幻想であって我々はこれが間違っていることを後に知らしめよう[661] [662]。

---

[659] T,P : na ca. B : na. T,P を採用する。

[660] T,P : 'pi ca bandhanādau. B : 'pi bandhanādau. T,P を採用する。

[661] T : evetyupariṣṭānnivedayiṣyāmaḥ(vedayiṣyāmaḥ). P : evetyupariṣṭānnivedayiṣyāmaḥ patiśātrivedayiṣyāmaḥ. B : evetyupariṣṭānnivedayiṣyāmaḥ. B を採用する。

[662] 仏教説の誤りについては、NBhūṣ p.193 で論じられている。
そこでは Bhāsarvajña は ŚV anumāna, k.153 を引用して Kumārila に賛同し、仏教説の矛盾を指摘している。証相（liṅga）は知覚されねばならない。それを推論で知るとすれば、そのための証相もまた推論で知らねばならない･･･と無限に続いて知ることはできない、というものである。
ŚV anumāna, k.153 : liṅgaliṅgyanumānānām ānantyād ekaliṅgini/
gatir yugasahasreṣu bahuṣv api na vidyate//153
訳文：（このように考える時）証相、証相を持つもの（＝立証されるべきもの）、および推論〔の数〕は無限であるから、一つの証相を持つもの（＝一つの推論対象）に対する理解は数千ユガの長きにわたってもありえない。山上･竹中･赤松･黒田 [1985]､31 ページ参照。

2.3.5. 自説（認識手段の三分類）の確認——ニヤーヤスートラとの関係——〔83.14-20〕

このようなわけで〔認識手段の〕共存はありえるし[663]、また[664]、場合によっては、別存であるともいえるのである。スートラ作者によっても〔たとえば、ニヤーヤスートラ 1.1.1 では、pramāṇaprameya... というかたちで〕認識手段が〔すべての手段を〕包括的に単数で[665]表現されているから、〔この場合は複数の手段が〕同一の対象を持つ〔すなわち、共存する〕ことが示唆されており、また、〔ニヤーヤスートラ 1.1.3 では、...pramāṇāni と〕複数で表現されているから〔それぞれの手段には別々の〕対象が定まって〔、すなわち、別存して〕いるということが示唆されている、ということである。そのようなことを理解せしめる方法(prakāra)を示そうとして[666]、ここ〔すなわち、ニヤーヤサーラ〕では、共存と別存とが〔ニヤーヤスートラとは〕異なった形で（anyathā）示唆されているのである[667]。

〔ニヤーヤサーラ 79 ページ 1 行目文末の〕「･･･ということ」（iti）という言葉は､述べられたありかた･方法の確定の目的を持つ｡つまり、まさに、このようなあり方〔すなわち、知覚、推論、証言というあり方〕によって三種に分類されると定められる。なぜなら、そうでなかったなら、〔ニヤーヤサーラ 11 ページ 1 行目に述べられている認識手段の定義にあたる〕「正しい新得知の手段（samyaganubhavasādhana）」ということでは区別なく、〔認識手段は〕一種類しか存在しないことになるから。一方、知覚などの下位区分を〔、推論の下位区分である類推（upa-

---

663 T,P : saṃplavaḥ. B : saṃplavaḥ iti. T,P を採用する。
664 T,P : ceti. B : veti. T,P を採用する。
665 T,P : samastenaikapadena. B : samastenaikapādena. T,P を採用する。
666 T,P : prakārapradarśana. B : prakāradarśana.
667 すなわち、まず、trividhaṃ pramāṇaṃ と述べて、認識手段には共存がありうることを示し、続けて、pratyakṣam anumānam āgama と別々に述べて別存もありうることも示したのである。

māna）なども同様に、独立の認識手段と見なすこと〕を意図しているなら、七分類などさらに多くの分類があるということになってしまう、ということである。以上により知覚をはじめとする区分のみにより〔認識手段は〕まさに三種に分類されるのである。

3. 知覚（pratyakṣa）論〔84.03-187.06〕

3.1. バーサルヴァジュニャによる知覚の定義と解釈〔84.03-85.18〕

3.1.0. バーサルヴァジュニャによる知覚の定義“samyag-aparokṣa-anubhava-sādhanam”〔84.03〕

「〔認識手段に三種あるが〕そのなかで、正しくて（samyak）直接的な（aparokṣa）新得知（anubhava）」〔をえるため〕の手段（sādhana）、それが知覚（pratyakṣa）〔という認識手段〕である[1]」と〔NSāraにおいて述べられる〕。

〔この定義文の複合語解釈は〕「正しい」（samyak）という語と同様、「直接的な」（aparokṣa）という語もまた「新得知」（anubhava）という語とは同格限定複合語（karmadhāraya）の関係にある。〔つまり、正しい新得知で、しかも直接的な新得知、そのような新得知（anubhava）である知覚知の認識手段が知覚であるという文意である[2]。〕

3.1.1. 知覚（pratyakṣa）の語源解釈〔84.04-11〕

次に、知覚（pratyakṣa）という語はいかなる複合語であろうか。もし、

---

[1] T : tatra samyagiti. P,B : tatra samyagaparokṣānubhavasādhanaṃ pratyakṣam. Tにはp.84, l.01に上記のNSāra定義文あり。

[2] Joshi,L.V. [1986] p.343では、Bhāsarvajñaのpratyakṣa定義について、Sanghaviの以下のような説が紹介されている。「神の存在を容認するNyāya-Vaiśeṣika折衷学派にいたるまでは、pratyakṣaは生起するもの(generated)のみであったが、神の存在が当然視されるようになって以後は、pratyakṣaとして生起するもののみでなく、神の知に備わる恒久的なるもの（eternal）をも容認する必要が生じた。その両方を包括する定義をはじめて試みたのがこのBhāsarvajñaの定義文である。（以上要旨）」(Pt.Sukhlalji Sanghavi : Advanced Studies in Indian Logic and Metaphysics, Calcutta 1961, p.37.) 確かにテキストNBhūṣ p.92, ll..22-23において神Maheśvaraの知が言及される。

「感官（akṣa）それぞれに対応して生じ」（akṣam akṣaṃ prati vartate）という[3]意味で、〔pratyakṣam という〕不変化複合語（avyayībhāva）を形成するとすれば、〔PāṇS のルールにしたがって〕第 5 格（Abrative）第 3 格（Instrumental）第 7 格（Locative）以外の格変化語尾（vibhakti）は、"-am"〔語尾〕しか[4]ありえないことになろう[5]。したがって、「知覚の定義」（pratyakṣasya lakṣaṇam）[6]とか、「壺が知覚されている」（pratyakṣo ghaṭaḥ）とか、「女性が知覚されている」（pratyakṣā nārī）などのような言語表現はありえないことになってしまう〔が、実際にはそのような表現は存在するので pratyakṣa は不変化複合語（avyayībhāva）ではない〕。それゆえ、〔pratyakṣa の語を〕「感官と接触したもの、それが知覚である」（pratigatam akṣaṃ pratyakṣam）と〔解釈して〕[7]、「〔不変化詞〕ku、gati と呼ばれる語、〔前置詞〕pra などは、云々[8]」〔という PāṇS のルール〕に従い、〔prādi-samāsa、すなわち、〕格限定複合

---

[3] T,P : vartate. B : pravartate. T,P を採用する。
[4] T,P : vibhaktīnām aṃbhāva eva syāt. B : vibhaktīnām eva aṃbhāvās syāt. T,P を採用する。
[5] PāṇS 2.4.83-84 : nāvyayībhāvādato'm tvapañcamyaḥ// tṛtīyāsaptamyor bahulam//「-a で終わる avyayībhāva の語尾は消滅せず第 5 格以外は-am 語尾となる。第 3 格と第 7 格の語尾が-am なることについては様々である。」Cf. LSK p.289. このルールにより、avyayībhāva 複合語は第 5 格、第 3 格、第 7 格以外はすべて-am 語尾となる。第 3 格、第 7 格の語尾は-am であったり、なかったりする。たとえば、第 3 格の場合の例として、apadiśena もしくは apadiśam、第 7 格の場合の例として、apadiśe もしくは apadiśam などが挙げられる。Cf. SK Vol.1 pp.391-392.
[6] T,P : pratyakṣasya lakṣaṇaṃ. B : pratyakṣaṃ svalakṣaṇaṃ. T,P を採用する。
[7] Cf. NBṬ 38.01 : pratyakṣam/ pratigatam āśritam akṣam/ ; NBhūṣ p.84, foot note 3.
[8] PāṇS 2.2.18 : kugatiprādayaḥ//「不変化詞 ku、〔前置詞が動詞と結合した語など〕gati〔と呼ばれる語〕、〔前置詞〕pra などは、常に〔それらが持つ〕意味を持って〔他の語と〕結合して複合語をつくる。kutsitaḥ puruṣaḥ という 2 語が kupuruṣaḥ〔という tatpuruṣa――この場合 2 語が同格であるから karmadhāraya と呼ばれる――〕となる。」Cf. LSK p.300.

gati については、PāṇS 1.4.60-79 に「pra, parā, apa, san, anu, ava, nis, nir, dus, dur, vi, āṅ, ni, adhi, api, ati, su, ud, abhi, prati, upa 以上の語が動詞と結びつくと gatisamāsa となる。たとえば、prakṛta など」とある。このように、PāṇS において prati の語も gatisamāsa を形成することが述べられている。Cf.SK Vol.1 p.18.

語（tatpuruṣa）であると認められる[9)]。

---

[9] pratyakṣa なる複合語は prādi-samāsa で tatpuruṣa 複合語であるというこの解釈は NV にもみられる。まず、NBh では次のように説明される。akṣasyākṣasya prativiṣayaṃ vṛttiḥ pratyakṣam<個々の感覚器官の対象に対するはたらきが知覚である>（服部正明 [1969]、345 ページ）。これに対して NV はこの NBh の説明は pratyakṣa の samāsa を考察したものではない、という。NV によると、NS の意図は anvyayībhāva であったとしながらも、もしそうであるなら文法学の通りに akṣam akṣaṃ prati vartate と書かねばならない、したがって、NBh はこの複合語を anvyayībhāva とは理解していないことがうかがえる、と。NV はこの複合語は prādisamāsa、すなわち、tatpuruṣa であるという。Cf.NV pp.86-88 : ...pratigatam akṣaṃ pratyakṣam iti yathā upagato gobhiḥ upagur iti.(...感官と接触したもの[・知識]、それが知覚である、ちょうど、牛を所有するもの[・人]、それが牛飼いであるのと同様である、と。) ; NVTṬ p.86,ll.04-03fb. : akṣam akṣaṃ prati vartate iti vigṛhya avyayībhāve kṛte sarvendriyāvarodhaḥ bhavati/ ; Joshi,L.V.〔1986〕p.344.

ところで、Dignāga はなにゆえ pratyakṣa と呼ばれるにいたったか、という問題に関して興味深い議論をしている。感官と対象とに依存して生ずる認識であるなら prativiṣaya と呼ばれてもいいのに、なぜ pratyakṣa と呼ばれなければならないのか、という疑問である。Dignāga の答えは、感官は他人（他相続）の意識と共通しない原因であるから、感官によって名づけられて pratyakṣa と呼ぶ、というものである。一方、対象は他人の意識と共通しているから、それによって名称づけられるべきではない。たとえば、「太鼓の音」「麦の芽」などの場合、「音」「芽」ではなく「太鼓」、「麦」という他に共通しないものによって名づけられるのである、という。Dharmakīrti も基本的にこの説を踏襲し、名称にはそれが示そうとする対象を知らしめる何らかのダルマが含まれていなければならない、というのである（PV, pratyakṣa, kk.191-192）。Cf. Hattori,M.〔1968〕pp.25-26. 戸崎宏正 [1979]、290-291 ページ参照。

また、Dignāga は Nyāyamukha において pratyakṣa の語源解釈に触れ、akṣam akṣaṃ prati vartata iti pratyakṣam（それぞれの感官に対応して＜prati＞働くから pratyakṣa である）と述べている。この説明に対して Candrakīrti が、そうであるとするなら「知覚とは対象として感官をもつような認識」というばかげた結論になると Prasannapadā において否定しているが、この批判は先に引用した NBh の記述に対してなされた、といえよう。Cf. Hattori,M.〔1968〕pp.76-77.

上記の Dignāga の語源解釈は Abhidharma の影響のもとにあると見られるが、感官が知覚の基礎（āśraya）であるという考えが後の Dharmottara の解釈中にも見られるという（pratyakṣam iti pratigatam āśritam akṣam/NBṬ p.38,l.01）。しかし、pratyakṣa を感官に依存したものとしてしまうと、仏教徒が主張する mānasa-pratyakṣa, yogi-pratyakṣa, svasaṃvedana など、感官の働きに依存しない知覚は、知覚として認められなくなってしまう。したがって、Dharmottara は、知覚・pratyakṣa の語を「感官に依存した知」という語源解釈とは別に、より広い範囲をカバーする実際上の知覚として、あらゆる種類の「直観知」（sākṣātkāri-jñāna）すべてが pratyakṣa である、としている(tataśca yat kiṃcid arthasya sākṣātkārijñānaṃ tat pratyakṣam ucyate/NBṬ p.38,ll.05-06)。Cf. Hattori,M.〔1968〕pp.76-77 ; 沖和史

〔反論：〕そうであったとしても「〔PāṇS 2.4.26[10] にある〕並列複合語（dvandva）と格限定複合語（tatpuruṣa）[11] の複合語の場合には最後〔の単語〕と同じ性（liṅga）になる」という規定によって、最後の単語と同じ性になるから[12]〔単語 akṣa の性は中性であるので〕「壺は知覚されている」（pratyakṣo ghaṭas）という〔男性〕語尾などは起こりえないことになる〔が、実際にはそのような言葉が使用されるから格限定複合語（tatpuruṣa）であるというのも誤りである〕。

[1990]、137-160 ページ；沖和史 [1993]、119-136 ページ参照。

上記の Dharmottara の pratyakṣa 定義は、形の上では Nyāya-Vaiśeṣika 折衷学派で用いられる定義と一致する。たとえば、Keśavamiśra は TBh において同様の定義を述べている(sākṣātkāripramākaraṇaṃ pratyakṣam/TBh p.32,l.02fb.)。また、Bhāsarvajña も後に見るとおり、aparokṣa＝sākṣātkārin と認めたうえで、知覚は aparokṣa-anubhava であると規定している。しかも、Dharmottara が述べたのと同様、知覚知が感官に依存するとした場合には yogi-pratyakṣa などに当てはまらない、という。さらに、Bhāsarvajña の場合には、205 ページ注 2 でも述べたように、神の知覚活動までも考慮して pratyakṣa の定義を考えていたようである。

これに関して資料は古いが、S.Chatterjee は興味深いことを述べている。

「＜感官と対象との接触＞については Modern Naiyāyika は定義に例外をもうけた。Gaṅgeśa は、まず、その定義は広すぎる、と言う。感官と接触がある知としてその定義が推論や想起にも適用されてしまう。感官の一つであるマナスは、推論や想起の際に作用するからである。さらに、その定義は狭すぎる。あらゆる真理を直観する神の超越性を排除してしまうから。接触がなければ知覚はない、としてしまうと神の知覚については語れない。さらに接触、すなわち、感官の刺激というものを知覚から知ることになる。つまり、感官の刺激による知覚を説明することは obscurum per obscurius（不確実なもの・知覚をさらに不確実なもの・知覚によって説明しようとすること）となる。このような不備から Modern Naiyāyika は知覚を直接性（sākṣātkāritva）の知であるとする。目、鼻、味覚など全ての知覚は直接知により知り手に知られる。」Cf. Chatterjee, S.〔1965〕pp.126-130 ; Tattvacintāmaṇiḥ : pratyakṣasya sākṣātkāritvaṃ lakṣaṇam. (Tattvacintāmaṇiḥ Śrīgaṅgeśopādhyāyakṛtaḥ Vol.1 pratyakṣa khaṇḍa, ed. By Paṇḍit Kāmākhya Nātha Tarkavāgīśa, reprinted 1974, Delhi, p.543.)

10 PāṇS 2.4.26 : paravalliṅgaṃ dvandvatatpuruṣayoḥ//「dvandva もしくは tatpuruṣa の複合語の性は最後[の単語の性]と同じになる。」たとえば、kukkuṭamayūryāv ime(これら雄鶏と雌孔雀との二羽）は女性語尾で単語として女性扱い、mayūrīkukkuṭāv imau(これら雌孔雀と雄鶏の二羽)は男性語尾で男性単語と扱われる。Cf. LSK p.304.

11 T,P : dvandvatatpuruṣayor. B : dvandvapuruṣayor. T,P を採用する。

12 T,P : prāpteḥ. B : prāpto. T,P を採用する。

〔答論：〕そうではない。〔上記の例文 pratyakṣo ghaṭas でいえば〕gati 複合語〔すなわち格限定複合語(tatpuruṣa)〕[13]の場合、〔複合語 pratyakṣa の語を限定している主たる限定者の単語 ghaṭa の語の性が、複合語の〕最後〔の単語 akṣa〕と同じ性になることを[14]拒否することから、〔複合語の語尾は〕主〔たる限定者 ghaṭa〕の性になると認められるからである[15]。また、「前に来る単語が prāpta, āpanna, alam という gati 複合語においては最後の単語と同じ性になる〔というルール〕が否定される[16]」という言葉も存在する。〔したがって、pratyakṣa の語は、「感官と接触したもの」という格限定複合語(tatpuruṣa)であるというのが正しい。〕

3.1.2. 語源の説明（vyutpatti）と語の発動原因（pravṛtti-nimitta）との相違〔84.13-85.08〕

それではどうして〔知覚が〕感官と接触したもの（akṣaṃ prati gatam）

---

13 gati については、前出の注 8 参照。Cf.Joshi, L.V.[1986] pp.345-346, footnote10.

14 T,P : paravalliṅgatva. B : paravalliṅgatatpuruṣaityatva. B は誤り。

15 ghaṭo pratyakṣas という文の場合、この文で述べられている主要限定語は ghaṭa であり、その語に gati 複合語 tatpuruṣa である pratyakṣa が限定されている。pratyakṣa の最後の単語 akṣa は中性であるので、本来は pratyakṣam となるところが、その gati 複合語を限定している主要限定語 ghaṭa は男性であり、akṣa の中性とは反するから gati 複合語が主要限定語の性である男性語尾をとって pratyakṣas となる、ということである。

16 = NMukt p.109, ll.07-05fb. Cf.Joshi, L.V.[1986] p.346 footnote 11 : The Vārtika is actually found as — prāpta-āpanna-alaṃ-gatisamāseṣu paravat-liṅgapratiṣedhaḥ/(KV 1545), prāptajīvikaḥ naraḥ, prāptajīvikā strī, niṣkrauśāmbiḥ puruṣaḥ.; SK Vol.1 p.473 : *Vārt.* : Prohibition must be made in regard to（1）Dvigu compound,（2）compounds with āpta, āpanna, alaṃ, and（3）compouonds with Gati words i.e. Prādi compounds...

なお、ここに見られる知覚の語源解釈について Bhāsarvajña は下記の Dharmottara の記述を意識していることは間違いない。Cf. Joshi, L.V.〔1986〕pp.346-347, footnote 13.

NBṬ 38.01-06 : pratyakṣam iti/ pratigatam āśritam akṣam/ "atyādayaḥ krāntādyarthe dvitīyayā"（Vār.2.2.18）iti samāsaḥ/ prāptāpannālaṅgatisamāseṣu paravalliṅga-pratiṣedhād abhidheyaliṅge sati sarvaliṅgaḥ pratyakṣaśabdaḥ siddhaḥ/ akṣāśritatvaṃ ca vyutpattinimittaṃ śabdasya/ na tu pravṛttinimittam/ anena tv akṣāśritatvenaikārtha-samavetam arthasākṣātkāritvaṃ lakṣyate/ tad eva śabdasya pravṛttinimittam/ tataśca yat kiñcid arthasya sākṣātkārijñānaṃ tat pratyakṣam ucyate/

であるのか、といえば、それ（感官）によって生ぜしめられるから、それ（感官）の共同因となる[17]から、あるいは、それ（感官）の対象となるから、〔の三通り〕であろう。

まず､最初に､結果〔知〕が感官によって生ぜしめられるから、感官と接触したもの(akṣaṃ pratigatam)であ〔り、pratyakṣa といわれ〕る。

次に、結果〔知〕の手段（sādhana）〔たとえば、感官とか感官と対象との接触（saṃnikarṣa）など〕[18]が、それ（感官）の共同因となるから〔感官と接触したもの、pratyakṣa といわれる〕。

一方、それ（感官）の対象（知覚対象）が、それ（感官）の対象であるから〔感官と接触したもの pratyakṣa といわれる〕、ということである。〔つまり、結果、手段、対象という上記三種がすべて感官と接触したもの・pratyakṣa と呼ばれるのである。〕

（85.01）〔反論：〕もし､感官の共同因となるから「知覚」（pratyakṣa）、すなわち、〔知覚知を〕生ぜしめるもの・手段（sādhana）であると認められるとするなら、感官が認識手段となることは絶対にありえないのではないか。というのも、まさに〔感官〕そのもの(tad eva)が、〔まったく同じ〕それ（感官）の共同因であるということはありえないから。また〔感官の共同因であるから、というなら〕、認識者（pramātṛ）もまた感官の共同因であるから知覚〔という認識手段〕であるという誤りとなってしまう。さらにまた[19]､〔結果知が感官によって生ぜしめられるから、というのであれば〕疑わしい知（saṃśaya）なども安楽（sukha）なども感官によって生ぜしめられるから知覚という結果〔知･pratyakṣa〕ということになってしまうであろう。

〔答論：〕そのように考えるのは間違いである。語源の説明（vyutpatti）

---

[17] T,P：sahakāritvena. B：sahikāritvena. B のミスか。

[18] Cf. NBhūṣ, p.84, editor's footnote 8：pratyakṣaśabdeneha jñānam, tatsādhanam indriyaṃ tatsaṃnikarṣaḥ, ghaṭādir viṣayaścocyate …

[19] B：tathā ca. T,P には ca なし。B を採用する。

によっては単に言葉の説明をするだけであるから。一方、語源の説明のみが、諸々の言葉が定まった対象に対して発動する原因（pravṛtti-nimitta）[20]であると結論してはならない。詳しくいうと、牛（go）や蓮（paṅkaja）などといった語[21]が定まった対象を持つのは、語源の説明によるのではなく、〔その対象に存在する〕牛性（gotva）などの特徴（lakṣaṇa）〔となっている種（jāti）の存在〕の力によるのである。認識手段としての知覚・pratyakṣa と認識結果としてのそれとにも特徴の違いがあるのである。〔すなわち、〕正しい直接的な（aparokṣa）新得知（anubhavaḥ）が知覚という結果〔知〕（pratyakṣaphalam）であり、その手段・それをなりたたしめるもの（tasya sādhanam）が知覚という認識手段である（pratyakṣaṃ pramāṇam）[22]、と。

3.1.3. 「知覚知」の発動原因＝知に存在する種（jāti）・aparokṣatva（直接性）〔85.09-18〕

〔反論：〕それでは〔aparokṣa-anubhava という結果知（pratyakṣaphalam）の手段が知覚（pratyakṣa）という認識手段であるというのであれば〕推論（anumāna）や証言（āgama）〔という認識手段〕もまた知覚（pratyakṣa）ということになってしまうではないか。なぜなら、それら〔推論や証言

---

[20] T,P：-nimitta-. B：　-niyata-. T,P を採用する。

[21] Cf. NBhūṣ p.85, footnote 2：...gacchatīti gaur iti gośabdasya vyutpattimātraṃ na tu pravṛttinimittaṃ, pravṛttinimittaṃ tu gotvam eva...　「行くもの」「泥から生じたもの」という語源は、言語発祥の説明のみであり、現実の対象である「牛」や「蓮」そのものを指し示す働きではない。

[22] sādhana(=sādhakatama)については、NBhūṣ p.44 以後に吟味され pp.61-62 において Bhāsarvajña 自身の見解も示される。山上證道 [2004]、85-121 ページ参照。

sādhana としての pratyakṣa については、以下に、折に触れ様々な説明や表現がなされるが、「認識手段としての知覚」という包括的な定義は見られず、その必要もないと考えられているようである。この傾向は新 Nyāya の傾向——認識手段としての知覚にはほとんど触れない傾向(宮元啓一・石飛道子 [1998]、41 ページ) ——となっていく。知覚を一般人の認識以外にもヨーギンや神の知覚にも拡大して理解しようとするからであろう。前出の注 2 および注 9 の後半参照。

という認識手段によって獲得されるところ〕の結果知もまた安楽（sukha）などのように直接的（aparokṣa）であるから。

〔答論：〕それは正しくない。直接的（aparokṣa）という語は〔その対象が直接性（aparokṣatva）なる〕種（jāti）という〔発動〕原因（nimitta）を持つことによって〔その対象が直接的といわれることが〕意図されるから。一方、安楽などは直接的な新得知（aparokṣānubhava）の対象となることによって直接性のあるものとなるのであり、〔安楽という〕対象に直接性という種（jāti）[23]があるわけではない。さもなければ、すべての人々に〔ある人の安楽に対して〕直接性があるという過ちとなってしまうから、というのも、種（jāti）は一般に共有されるもの（sādhāraṇa）であるからである。青性（nīlatva）という種（jāti）と結びついているものは、ある人にとってそれは青であるが、すべての人にとって青というわけではない、ということはありえないから。(85.13) その一方で、もしも、知識のみが直接性という種（jāti）[24]と結びつくと認められる場合、その対象はすべての人々にとって直接性のものである、ということにはならない。ある直接的なる知識があり、それに対象となるものがあれば、その同じ知識にとって〔その対象が〕直接的（aparokṣa）であるということである。たとえば、〔疑わしい〕対象というのは、すべての人々にとって疑わしいのではなく、ある人にとってのみその対象に関して疑わしい知識がある、〔すなわち、その知識に疑わしさ(sandigdhatva)という種(jāti)がある〕というのと同様である。かくして(tat)、〔上記の〕疑わしさ(sandigdhatva)と同様、直接性(aparokṣatva)[25]という種（jāti）が〔安楽（sukha）などの〕対象にあるのではない、〔知識にある〕ということである。

---

[23] T,P：aparokṣatvaṃ jātir. B：aparokṣatvajātir. B を採用する。
[24] T,P：aparokṣatvajāti-. B：aparokṣatvaṃ jāti-. T,P を採用する。
[25] T,P：aparokṣatvajāti-. B：aparokṣajāti-. T,P を採用する。

以上のように、推論など[26]の知識、それは間接的なものであるにもかかわらず、〔上記のように〕あたかも疑わしい知識の対象であるからその対象に疑わしさ〔があると誤ってみられてしまうの〕と同様、これら〔安楽（sukha）など〕が直接的知識の対象であるから〔それに〕直接性がある〔とみられる〕のであり、〔推論などの結果知が〕直接性という種（jāti）と結合している[27]から〔それら推論などの認識手段も直接的である〕というわけではない、ということである[28]。

3.2. バーサルヴァジュニャ自らの定義とニヤーヤスートラ 1.1.4 の解釈について〔85.20-100.10〕

3.2.1. ニヤーヤスートラ 1.1.4 に見られる「感官と対象との接触より生起するもの」(indriyārthasaṃnikarṣotpannam) の語句について〔85.20-97.18〕

3.2.1.1.「感官と対象との接触より生起するもの」は生起した知が直接性（aparokṣatva）に限定されていることを示す。〔85.20-87.19〕

3.2.1.1.1. 知識における直接性（aparokṣatva）の存在否定とそれへの対応（「感官と対象との接触より生起すること」は「直接性」の言語活動原因ではない。）〔85.20-86.01〕

あるもの[29]はいう。「間接性（parokṣatva）、直接性（aparokṣatva）

---

26 T : anumānadi-. B,P : anumānādi-. T のミス。

27 T : aparokṣatvajātiyogeneti. P : aparokṣajātiyogeneti. B : aparokṣatvajātisaṃyogeneti. T を採用する。

28 aparokṣatva という jāti を持つ知識、それは知覚知という結果知であるが、その知識に対象となるものがある場合、その知識のみにとってその対象は aparokṣa である。この場合この知識をもたらしたもの(sādhana)、それが知覚という認識手段である、ということである。

ちなみに、Bhāsarvajña の推論、証言の定義を見るといずれも parokṣa の語がキーとなっている。

samyagavinābhāvena parokṣānubhavasādhanam anumānam/ （NBhūṣ p.194.）

samayabalena samyakparokṣānubhavasādhanam āgamaḥ/ （NBhūṣ p.379.）

29 NBhūṣ p.85, foot note 3 には、この反論者は Uddyotakara であると記されてい

という二個の特定の種（jātiviśeṣa）が、そもそも、知識に存在することは容認できない」と。しかしそのように言う人も、また、そのような〔直接性（aparokṣatva）・間接性（parokṣatva）といった〕言語活動の原因となるものを説明するべきである[30]。

〔NS 1.1.4 に見られる知覚の定義文中にある〕「感官と対象との接触より生起すること」(indriyārthasaṃnikarṣajatva) が、直接性 (aparokṣatva) という言語活動の原因ではない。なぜなら、直接性（aparokṣatva）〔という種（jāti）〕が〔知識に〕なりたたない〔と反論者が主張する〕場合には、〔直接知は存在しないから、直接知をもたらす〕それ（＝感官と対象との接触より生起すること）はなりたたないからである[31]。そして〔原因として〕なりたたないものが、なにかを限定するもの（viśeṣaka）とな〔って、直接性（aparokṣatva）という言語活動の原因とはな〕りえない[32]。

また、「対象の単なる新得知（arthānubhavamātra）（＝何にも限定されていない新得知）、それが、それ（＝indriyārthasaṃnikarṣajatva が直接性＜aparokṣatva＞という言語活動の原因であること）の証相（liṅga）である」〔という主張〕[33] は正しくない。〔単なる新得知には〕直接性（aparokṣatva）という種（jāti）は存在しないから、〔直接性に〕限定された新得知は存在しえ〔ず、直接性という言語活動はありえ〕ない。

るが未確認。

[30] B では vācyam が繰り返される。ミスか。

[31] T,P : asiddheḥ. B : asiddhena.T,P を採用する。

[32] ここでなされている議論は明確とはいいがたい。Bhāsarvajña の意図は、知覚知の条件として「感官と対象との接触から生起すること」よりも結果知に直接性という種（aparokṣatva-jāti）が存在することを優先することにある。それは、後で議論される中で明らかとなるが、ヨーギンの知や Maheśvara の知をも含めての知覚知の定義を意識して議論しているゆえであると思われる。

[33] 「何にも限定されない単なる新得知」が存在すること、そのことが証相・リンガ（liṅga）となり、indriyārthasaṃnikarṣajatva が直接性という言語活動の原因であることが立証できる、というのが反論の趣旨であろうか。これも明確には理解しがたい。

〔つまり、単なる新得知は証相（liṅga）となりえない。〕〔汝が主張する〕直観性（sākṣātkāritva）[34] と〔我々の言う〕直接性（aparokṣatva）とはまさに同義語である。

3.2.1.1.2. 仏教徒の種（jāti）否定論および対象顕現性（avabhāsitva）の主張とその否定〔86.01-10〕

〔反論：〕知覚によるアートマンの新得知（anubhava）と推論による（laiṅgika）それとには、アートマン[35] に接触からの生起性（saṃnikarṣajatva）[36] や直接性（aparokṣatva）などの種（jāti）が存在しない場合には、まったく区別（viśeṣa）がなりたたない。直接性（aparokṣatva）とは、明示されうる、もしくは、明示されえない特性（nirdeśyānirdeśyaviśeṣa）に限定された対象が顕現すること・対象顕現性(arthāvabhāsitva)という知識の属性(dharma)であって種ではない[37]。

〔答論:〕我々は、決してそのこと、すなわち、〔対象〕顕現性（avabhāsitva）という言葉によって述べられることも、特定の種（jāti）とは別の知識の属性（dharma）であると認めたりはしない[38]。さらに[39] 無限定の限定者（nirviśiṣṭaviśeṣaṇa）〔すなわち、何の種にも限定されていない対象〕が顕現する知識に直接性（aparokṣatva）はないだろう。〔言語活動

34　前出の注 9 でもふれたが、仏教文献の NBṬ と Nyāya-Vaiśeṣika 文献の TBh に sākṣātkāri-の語がみられる。ここでは次に仏教からの反論がみられるので仏教を念頭に置いたものといえよう。

なお、「直観性」(sākṣātkāritva)「直観知」(sākṣātkāri-jñāna)という訳語は、沖和史氏に従った。207 ページ、注 9 参照。

35　T：ātmanaḥ saṃnikarṣa-. P：ātmamanaḥ saṃnikarṣa-. B：ātmamanas saṃnikarṣa-. T を採用する。

36　T,P：saṃnikarṣajatvāparokṣatva-. B：saṃnikarṣajatvādaparokṣatva-. T,P を採用する。

37　これは種（jāti）の存在を容認しない仏教徒からの反論と思われる。知識の顕照性（avabhāsitva）などは Dharmakīrti 以来仏教唯識理論の用語として頻出する。戸崎宏正 [1979]、238,270,281 ページ（それぞれ PV, pratyakṣa, kk.147, 170,181 の和訳と解説）など多数の例あり。

38　＝NMukt p.111, ll.08-07fb.

39　T の kica は kiṃca の誤り。

は〕特定の原因（kāraṇaviśeṣa）[40] から生ぜしめられるから、〔それら特定の原因が〕ある定まった言語活動（vyavahāra）の対象であると認められるとしても、〔汝の主張に従えば〕「壺」「樹木」などといった言語活動も、まさにそれ（＝知識の属性である対象顕現性）から起こるのであり、壺性（ghaṭatva）や樹木性（vṛkṣatva）などの種（jāti）から〔生ずるの〕ではないだろう[41]。そうすると、また〔種（jāti）の存在を否定する〕仏教徒たちは願いが満たされる[42] ことになるだろう。

（86.07）それゆえ、特定の原因(kāraṇaviśeṣa)が存在していても、壺、樹木などに〔壺性、樹木性という種(jāti)が存在することによって「壺」「樹木」という言語活動がなりたつ〕ように、個々の知識にも[43]〔直接性、間接性以外にも〕「随伴している」(anugata)、「排除されている」(vyāvṛtta)という言語活動の原因となるような特定の中間的種(avāntarajāti)の存在が認められるべきである。その結果、種(jāti)の存在を容認しない論者にとっても〔批判の〕余地はありえないこととなろう[44]。

3.2.1.1.3.「感官と対象との接触より生起するもの」という文言の意図は、生起した結果知が新得知性と直接性とに限定されることにある。〔86.10-17〕

このようにして、新得知性（anubhavatva）や直接性（aparokṣatva）などの特定の種（jāti）によって想起や推論知などの知識から区別される、知覚〔という認識手段、たとえば視感官〕の結果〔である知識〕は、超感官的な[45] 知覚〔たとえば、視覚[46]〕を同種や異種のもの（＝同種の

40　T：kāraṇajanyatvenāpi. B,P：kāraṇaviśeṣajanyatvenāpi. B,P を採用する。
41　T,P：-ādijātitaḥ. B：-ādijāteḥ.
42　T：manorathaḥ. P,B：manorathās. ここは B,P を採用する。
43　T,P：jñānavyaktīnām anugata-. B：jñānavyaktīnām apy anugata-. B を採用する。
44　T,P：na bhaved iti. B：na saṃbhaved iti. B を採用する。
45　T,P：pratyakṣam atīndriyaṃ samānāsamāna-. B：pratyakṣam atīndriyasamānāsamāna-. T,P を採用する。
46　Cf. NMukt p.113, footnote 3：indriyarūpaṃ pratyakṣam atīndriyam ityarthaḥ.

認識手段・嗅覚などや異種の認識手段・推論手段など）から区別する（vyavacchinatti）、という[47]このような意図によって[48]スートラの作者も「感官と対象との接触より生起すること」などの限定詞（viśeṣaṇa）を〔認識手段ではなく認識〕結果のみに対して述べたのである。

（86.15）ここ〔すなわち、NS〕では[49]「感官と対象との接触から生起するもの」というこ〔の文言〕によって、〔生起した知識が〕新得知性（anubhavatva）と直接性(aparokṣatva)とに限定されている[50]ということ[51]が意図されている。なぜなら、そ〔の二個の種（jāti）〕に限定されていることは、知覚によって成立するから[52]〔知覚（pratyakṣa）の〕定義であると理解されるからである[53]。なぜなら、〔知覚という認識手段の〕特定の結果がなりたたない場合には、〔それをもたらす〕感官と対象との接触そのもの（eva）がなりたたないから、それ（＝接触）から生起すること（tadutpannatva）[54]がどうして未決定のままで定義（lakṣaṇa）となりえようか[55]。

3.2.1.1.4. 障碍された対象の非認識による接触の存在性の推論をめぐる議論〔86.17-87.05〕

また、「〔壁などによって感官との接触が〕障碍されている対象の非認識[56]が、感官と対象との接触〔の存在〕を推論せしめる」というのは正しくない。なぜなら、〔現に〕それ（＝非認識）はそれ（＝感官と

47　＝NMukt p.113,ll.06-05fb.
48 T,P：abhiprāyeṇa sūtrakāro. B：abhiprāyeṇa ca sūtrakāro.
49 T,P：atra. B：tatra. T,P を採用する。
50 T,P：aparokṣatvaviśiṣṭam. B：aparokṣatvaphalaviśiṣṭam. T,P を採用する。
51 B に ity なし、T,P にあり。T,P を採用する。
52 T,P：pratyakṣasiddhatvena. B：pratyakṣādisiddhatvena. T,P を採用する。
53 T,P：-bhāvopapatteḥ. B：-bhāvopapattiḥ. T,P を採用する。
54 T,P：tadutpādyatvam. B：tadutpannatvam. B を採用する。
55 T,P：lakṣaṇam. B：tatlakṣaṇam. T,P を採用する。
56 T,P：anupalabdhir. B：anupapattir. T,P を採用する。

対象との接触）の非存在を推論せしめる[57]ものであるから。

　また、もし（反論1）「障碍されていない場合にのみ、対象の認識があり、その認識が[58]それ（＝感官と対象との接触）の存在を推論せしめる」と〔反論〕するなら、そもそも〔汝の主張する〕この〔感官と対象との接触に対する〕障碍とは一体どのようなものか。(a) もし[59]、遠方の場所にあるということ〔が障碍であるという〕なら、太陽[60]などもまた障碍されることに〔なり、知覚されないことに〕なろう〔が、実際には知覚されるから遠方の場所にあることが障碍ではない〕。(b) 次に、部分の集まった分厚い実体[61]が中間に介在している〔ことが障碍である〕ということなら、その場合には、ガラス、雲母、水晶[62]などに隔てられているものもまた障碍されているということになってしまおう〔が、これも実際には対象が知覚されるから障碍ではない〕。(c) もし、あるもの (A) が中間に位置を占めている[63]ために別のもの (B) の非認識がある場合、前者 (A) こそが後者 (B) の障碍であるというなら、壁(A)[64]によって隔てられている火(B)などは、推論と証言とによって認識されるから、〔後者火(B)は〕障碍されていないことになろう。（87.01）（反論2）「感官から生じた認識が〔感官の対象が〕障碍されていないことの証相(liṅga)である〔、感官から直接生じたものではない推論や証言の認識が証相となるのではない〕」と〔反論する〕ならマナス[65]は感官ではないというのか。〔感官であるマナスは感官にとって

---

57 B：anumapikā はミス。T,P：anumāpikā. T,P を採用する。
58 T,P：yā 'rthasyopalabdhiḥ. B：arthaśca yopalabdhis. T,P を採用する。
59 B,P：yadi あり。T になし。B,P を採用する。
60 T,P：arkāder. B：candrārkāder.
61 T,P：ghanādyavayavidravya-. B：ghanāvayavadravya-. T,P を採用する。
62 T,P：kācābhrasphaṭikādy. B：kācābhrārthakasphaṭikādy. T,P を採用する。
63 T,P：evāntarasthe. B：evāntarālasthe.
64 T,P：kuḍyantarita-. B：kuḍyāntarita-. B を採用する。
65 B：paro. T,P：mano. T,P を採用する。

障碍されている対象についても認識を生ずるではないか。〕さらに[66]、推論などの知識は〔対象との接触がない〕マナスより生じたものではないというのか。

（反論 3）「誰がそのようなことを言ったのか。むしろ、対象と接触していない[67]マナスによって[68]〔火などの推論知が〕生じるということで、それ（＝対象と接触していないマナスから生じた推論知）は感官より生じたもの[69]ではないといわれたのである。〔換言すれば、感官と対象との接触から生じたものなら感官から生じたといえる。〕」〔と反論するなら、〕

そのとおりであるとしてみても、それは答えのない循環論となってしまうではないか。すなわち、「感官と対象との接触から生じたから、感官から生じたと〔推論されることに〕なり」(＝上記反論 3)、次に[70]、「感官から生じたから、障碍されていない対象の認識がある〔と推論される〕」（＝上記反論 2）、ということになる。さらに、「それ（＝障碍されていない対象認識）によって、また、感官と対象との接触から生じた〔と推論される〕」（＝上記反論 1）、という次第で、一つの始まりがなりたたねばすべてがなりたたないことになってしまう。

3.2.1.1.5.「直接性」（aparokṣatva）に限定された知識と「〔感官〕対象」(artha)とに関するバーサルヴァジュニャの結論——感官マナス、アートマン、そしてヨーギンの知覚——〔87.06-19〕

〔反論：〕また、行為手段（karaṇa）として存在しているマナスが推論対象などの行為対象（karman）と[71]結合せずして、どうして〔推論と

66 T：kiṃ ca. B,P：kiṃ vā.
67 T,P：arthāsaṃnnikṛṣṭena. B：arthāsaṃnnikarṣeṇa. T,P を採用する。
68 B：manasā na. T,P に na なし。T,P を採用する。
69 B：jajaṃ はミス。
70 T,P：ca あり、B になし。T,P を採用する。
71 T,P：karmaṇy. B：karmaṇā. T,P を採用する。

いう〕行為結果を生ぜしめるのか。あるいは[72]、〔結合せずして行為結果を〕生ぜしめたなら、〔汝自身が〕承認していること〔、たとえば、斧という手段が樹木と結合してこそ切断という行為結果を生ぜしめること〕と矛盾することになるであろう。さらに、マナスには、推論対象などと結合（saṃyoga）などと定義づけられる接触（saṃnikarṣa）は存在しない、ということで、マナスは〔何らかのものと〕接触するものではないといわれる。
〔答論：〕そうではない。〔マナスには〕アートマンなどの推論対象と結合（saṃyoga）などが妥当するから。

もし、「アートマンなどは感官の対象となることは決してない。それ（＝アートマン）とそれ（＝マナス）との結合は、感官と対象との接触ではない」と〔反論するなら〕、それならば、それ（＝アートマン）を対象としたヨーギンの知覚（yogipratyakṣa）が存在する[73]。〔反論者の見解では、その知覚は〕感官と対象との接触から生じたものではないことになってしまう。
（87.11）もし「ヨーガ〔の力〕に依存して[74]アートマンなどに感官対象性が認められる」というなら、この場合、なにが原因であろうか。「この場合、ヨーギンの感官は特別すぐれた知識を生ぜしめる」というなら、直接性（aparokṣatva）という種（sāmānya）とは別の特別性（viśeṣa）とは何か。〔直観性（sākṣātkāritva）に言及しても〕直観性（sākṣātkāritva）の語もまさにそれ（＝直接性＜aparokṣatva＞）と同義語である。

「〔ヨーギンの知覚の〕特別性とは、〔名称などとの〕結合関係の想起から生起しないことである」といっても、それは正しくない。それも

---

[72] T,P：ca. B：vā. B を採用する。
[73] ヨーガの力によるアートマンの知覚については、すでに NBh に次の記述がる。Cf. NBh p.92, ll.02-03：yuñjānasya yogasamādhijam ātmamanasoḥ saṃyoga-viśeṣād ātmapratyakṣa iti/
[74] T：yogāpekṣa-. P：yogapekṣa-. B：yogyapekṣa-. T を採用する。

また不決定なるものであるから。

(87.15) 〔反論：〕〔ヨーギンの知覚の場合〕それ（＝名称などとの関係の想起）の認識がない時に、それ（＝ヨーギンの知覚）の生起〔がある、〕まさにそのことから、それ（＝名称などとの関係の想起から生起しないというヨーギンの知覚の特別性）の決定がある。

〔答論：〕それは正しくない。〔通常の生活において〕迅速な〔動きをする〕物体の場合にも、〔速すぎて名称などと〕結合関係の想起の認識がないこと[75]がありうるから〔単に、名称などとの関係の想起から生起しない、といっても無意味である〕。〔ヨーギンが〕瞑想によって[76]〔アートマンと欲などの属性とにある〕不可分離関係（avinābhāva）などの関係の想起が生起した直後に限って、どこかに〔アートマンなどの〕対象の知覚〔知〕[77]も存在する。この限りにおいては、それ（＝アートマンなど）は感官の対象でない、とはいえない[78]。

---

75 T,P：anupalambhasya sambhavāt. B：anupalambhasambhavāt.

76 B,T：praṇidhānena. P：praṇidhanena. B,T を採用する。

77 T,P：arthapratyakṣo. B：arthaḥ pratyakṣo. B を採用する。

78 Naiyāyika におけるアートマンの anubhava（新得知）について概略を示すと次のようになろう。

そもそも Naiyāyika の認識理論からすれば、元来、知的存在ではないアートマンそのものに知的属性・buddhi が内属することによって知的活動が発生する。アートマンに buddhi が内属するのは、マナスがアートマンと結びつく（ātmasaṃyoga）ことによると考えられる。

通常の対象認識の場合は、対象・感官・マナスの三が接触し、最後のマナスがアートマンと結びつくことでアートマンに内属している buddhi が作用して認識が起こる。このようなマナスについては Naiyāyika 間でも議論があるが外的感官ではなく、内的感官とされる。

そこで「アートマンの認識」という問題について Naiyāyika の見解を見てみると次のようである。

アートマンの知覚という場合は、何らかの力、不可見(adṛṣṭa)の力によりマナスとアートマンとの接触によってアートマンの属性たる buddhi、つまり「アートマンの知」が発生する。

アートマンを推論によって知る場合は、アートマンと何らかの属性との随伴関係の理解などがマナスに伝わり、そのマナスがアートマンと結びついて「アートマンの知」という buddhi がアートマンに内属するものとして生起する。Cf.

このようなわけで、ある対象について、ある人に直接性（aparokṣatva）[79]に限定された[80]知識(知覚知)が、不可見(adṛṣṭa)などの力によって[81]存在する場合、その同じ〔対象〕が、その人の感官対象である、というのが正しいと我々は考える。

3.2.1.2. ヨーギンの知覚も考慮するなら知覚知についても「〔感官〕対象から生じること」（arthajatva）という限定詞は必要ではない。〔87.21-93.13〕

次のこと[82]があるものたちによって主張される。「〔知覚知から〕想起を排除するために<〔感官〕対象から生じること(arthajatva)>という限定詞が与えられる」と[83]。しかしこれも正しくない。〔現在の〕感官対象から生じるものでなくても、過去などの対象の知が正しい認識結果であると認められるから。なぜなら[84]、もしそうでなかったなら、

Chatterjee,S.〔1965〕pp.144-151 ; TBh p.57, l.04 : sa ca mānasapratyakṣaḥ/vipratipattau tu buddhyādiguṇaliṅgaḥ/「それ（アートマン）はマナスの知覚により知られる。一方、別の見解では、（アートマンは）buddhi などの属性を証相とする（推論により知られる）。」

79 B,T,P すべて parokṣatva であるが、ここは aparokṣatva であろう。

80 T,P : viśiṣṭa-. B : viśiṣṭaṃ.

81 T の ādivadśā はミス。B,P にある ādivaśād が正しい。

82 T : yadyapi. B,P : yad api. B,P を採用する。

83「知覚は〔感官〕対象（artha）から生じる」というこの説は、おそらく Frauwallner が回収したジネンドラブッディの Pramāṇasamuccayaṭīkā 中にみられる Vasubandhu 作 Vādavidhi の見解と思われる。また、Frauwallner は NV がこれに近い見解を引用していることも指摘している。Cf. Frauwallner,E〔1957〕pp. 137-138 ; Cf. NV p.127, l.06 : apare punar varṇayati tato'rthād vijñānaṃ pratyakṣam iti/ 上記 Frauwallner 文献の存在を桂紹隆博士から教示いただいた。さらに Hattori, M.〔1968〕pp.32, 115-116 にも詳説されている。また、次には和訳されている。吉田哲「Pramāṇasamuccayaṭīkā 第一章 Vādavidhi 批判試訳」『龍谷大学仏教学研究報』第 15 号、2010 年、21-53 ページ。ただ、Pramāṇasamuccayaṭīkā および、それを引いたと思われる NV を見る限り、これにより錯誤知、世俗知、推論知を排除するという議論はなされているが、「想起を排除する」という議論は見られない（もちろん推論知には想起が関係はするが）。ここに出てくる arthajatva の議論はさらに別の資料による可能性もある。

84 B には hy なし。

過去などの対象には[85]〔現在に知を〕生ぜしめる性質がないゆえに知識の対象にはならない[86]、つまり、〔過去などの対象は〕決して認識対象（prameya）にはならないということになってしまう。あるいは、もし〔過去の対象が現在に知を〕生ぜしめるものであったなら〔過去も未来もなく〕まさにただ現在性のみがある[87]、ということになってしまうであろう[88]。というのも、現在〔の対象〕のみが〔知を〕生ぜしめることが可能であるから。

（88.01）このことから、〔知を〕生ぜしめるがゆえに（janakatvena）という〔理由〕だけによって、〔感官〕対象（artha）が認識対象（prameya）となることはない。〔現時点において知を生ぜしめないもの（ajanaka）であっても、過去などのものは〕ヨーギンの知覚の対象となるから、知覚についてもこの限定（＝〔感官〕対象から生じること＜arthajatva＞という限定詞）〔の必要〕はない。

3.2.1.2.1.「〔感官〕対象から生じること」(arthajatva)に関連する議論 (1) ——〔感官〕対象としての過去と未来について（過去と未来は直接に知を生ずることはないが＜知る＞という行為と関連する。）——〔88.04-92.23〕

3.2.1.2.1.1. 過去などのものの本質は存在（bhāva）である。〔88.04-89.11〕

〔反論：〕過去と未来の〔感官〕対象は、壊滅、未生起[89]という特徴をもった非存在そのものであり、その両方〔の非存在〕ともにここの論書（NBhūṣ）においては、〔知を〕生ぜしめるもの（janakatva）である

---

[85] T,P：arthasya. B：arthajasya. T,P を採用する。
[86] T：vijñānaviṣayatvam. B,P：kasyacid jñānaviṣayatvam. T を採用する。
[87] T：janakatvenāvartamānataiva. B,P：janakatve vā vartamānataiva. ここは B,P を採用する。
[88] B に syāt なし。
[89] T,P：nāśānutpatti-. B：nājñānānutpatti-. T,P を採用する。

とまさしく認められている[90]。このことから、〔知を生ぜしめるものである対象をもつ〕その知（＝未生無や已滅無の知）が[91]どうして〔感官〕対象から生じるものではない（anarthajatva）というのか。
〔答論：〕そのようなこと（反論内容）は〔意味が〕ない。なぜならば、その完成（＝生起）のために原因の整備されるものが未来のもの（anāgata）といわれるのであって、このように、〔未来のものは〕未生無（prāgabhāva）〔という非存在〕ではないからである。というのも、それ（未生無）は始まりなきもの（anādi）という性質のものであるから。〔一方、未来のものは原因が整備されて始まりをもつ。〕同様に、〔原因が整備されて〕壊滅してしまったあるもの、それこそが過去のもの（atīta）といわれ、已滅無（pradhvaṃsābhāva）〔という非存在〕ではない。というのも、それ（已滅無）は壊滅を有しないから。〔その一方で、過去のものは原因が整備されて壊滅を有する。このように両方とも非存在ではないから反論は妥当ではない。〕
（88. 08）では、その過去などのものは、何を固有の性質とするもの（svabhāva）であろうか。

ある者はいう、「まず、それは存在物（bhāva）ではない。存在性を欠如しているから。次に、非存在でもない。〔上記のように〕未生無などとは異なった特徴を持つから。そのことから[92]、〔存在、非存在とは異なった〕第三の認識対象である」と。

しかし、これ（過去あるいは未来）はそのような〔、第三の認識対象といった〕ものではない。壺、非壺と同様に〔存在、非存在によって〕すべてのものは遍充されるから。あるものが壺でないとき、それはすべての非壺にほかならない。そして、それを否定すれば、壺が存在するこ

---

[90] NBhūṣ p.167, l.19 以下に非存在の知覚が考察されている。本書 316 ページ以下参照。
[91] T,P：tajjñānasya. B：na jñānasya. T,P を採用する。
[92] T,P：atas. B：tatas. B を採用する。

とにもなってしまうであろう。それ以外に理解の仕方は[93] ない。このように、あるものがいかなる存在でもないとき、それはすべての非存在に他ならない。実に、〔存在を〕二重否定すれば、存在そのものになってしまうであろう。

また、アダルマ(adharma)〔が、単にダルマの非存在としてではなく、ヴェーダの規定によって禁止されること、という第三の存在物であるの〕と同様に、非存在もある特殊な種（jāti）という特性を持つことはない。もし持つなら〔それが〕第三の認識対象となるだろうが〔そのようなことはありえない〕。なぜなら、非存在の特性とは、次のごときものであるから。すなわち、そ〔の特性〕とは、存在物とは異なったものという性質なのである。肯定と否定（vidhipratiṣedha）とは異なった〔特殊な〕言語活動は存在しないゆえに、〔存在、非存在とは別の〕第三の認識対象というものは存在しないということである。

（88.16）それでは、過去などのものの本質（svarūpa）とは何であろうか。それは、存在（bhāva）という本質に他ならない。

〔反論：〕〔過去のものには〕存在性（sattva）などが欠如しているからそれ（汝の説）は正しくない[94]。

（89.01）〔答論：〕そうではない。〔存在性などが欠如していることは〕なりたたないから[95]。なぜなら、壺などのまさに同じ対象（artha）が、過去のもの、未来のもの、現在のもの、と言われるのであるから。どうしてそれに存在性などが欠けていようか。

〔反論：〕〔そのように言うのであれば〕常時存在性を保持していることになるから〔壺などの存在物は〕恒常なるものである、という誤りに

93　T,P：gatyantaram. B：nāśyantaram. T,P を採用する。

94　B に乱れあり。rahitatvād と ayuktam との間に sarvadā sattvādyupetatvān を誤記入。T,P が正しい。

95　B に乱れあり。asiddhatvāt から prasaṅga iti cet na までの 2 行が欠落している。T,P が正しい。

陥ってしまう。
〔答論：〕それは正しくない。〔常時存在性という理由は〕所依不成であるから（āśrayāsiddhatvāt）。壺などのダルミン（属性の持ち主）そのものが常時存在しているわけではない。いかなる根拠で、それ（常時存在してはいない壺などのダルミン）に存在性などの属性・ダルマが〔必ず〕あるといえるか。なぜなら、壊滅してしまった壺が、あるいは、まだ生じていない壺が存在している、ということはできないからである。
実に、〔壺は〕過ぎ去ったもの、未だ来たらないものという形で存在するのではないか。あるいは、この壺は、役者のように、多くの形を示すのではないか[96]。
〔反論：〕なるほど。それはどのような根拠からか。
〔答論：〕そのような〔過去の壺、未来の壺、という〕認識から[97]。このように〔壺などは、役者が示すように、過去の壺、未来の壺など〕多くの形を示すにもかかわらず、どうして「存在しない」といわれるのか。
〔反論：〕〔そのものに〕存在性などのダルマがないからである。
〔答論：〕その存在性などのダルマもまた、前後に、壺のように多くの形を示すにもかかわらず、どうして「存在しない」といわれるのか[98]。
〔反論：〕それ（存在性などのダルマ）と壺との結合が存在しないから。
〔答論：〕それは正しくない。その場合も非難さるべきことは〔結合の存在性をめぐって〕同じであるから。
以上によって、〔過去・未来の本質とは、存在（bhāva）であり、かつ、〕現在性（vartamānatva）の非存在と顕現（abhivyakti）の非存在で

---

96 B の kiṃ mayaṃ は、kim ayaṃ のミス。T,P が正しい。
97 これは言葉に対応した実在が存在する、というニヤーヤ、ヴァイシェーシカの立場を示すものであろう。壺の認識が存在するなら、壺という言語も存在するし、言語の対象である壺も実在である、ということになる。すでに PBh は言語の対象には存在性（astitva）などがあることを記している。Cf.PBh（VSS）p.16：ṣaṇṇām api padārthānām astitvābhidheyatvajñeyatvāni/
98 P：anupanno は誤り。B,T の anutpanno が正しい。

あるもの、というのが答えである。

このようなわけで、未生起と壊滅の壺[99]は、〔現在には〕絶対に存在せず[100]、いかなる形でもっても存在しない（＝顕現しない）、ということである。

3.2.1.2.1.2.〔反論：〕過去などのものは仮構されたものとして非存在を限定するものである。〔89.13-22〕

〔反論：〕〔未来のものでいまだ〕現に存在していない（avidyamānasya）壺は〔「壺の未生無」というごとくに〕未生無など〔の非存在〕を限定するもの（viśeṣaka）でどうしてありえようか。

あるものたちは「兎角のように、観念で仮構されたものである〔、未来の壺などが限定するのである。〕」という。たとえば、他のところで角を認識して、そ〔の角〕と同種のものを兎の頭に生起したものとして〔一旦〕仮構しておいて、それ（仮構された角）の非存在を認識するとき、「兎角は非存在である」と理解する[101]。しかし、兎角はどこにも存在しない。一方、もし、それ（＝兎角）が、〔非存在の〕限定要素として理解されたとしたなら、〔兎角の〕共通性(sāmānya)など〔が存在しないの〕と同様に、それ（兎角）の非存在は[102]存在しないであろう。

まさにこのことから、「兎角」という言語活動は誤ったものであるが、「それ（兎角）の非存在」という言語活動も〔誤っている〕というわけではない。月などに関して二個性（dvitva）など〔の言語活動は誤りであるが〕「それ（二個性）が〔月には〕存在しない」という言語活動〔は誤りでないの〕と同様である。

(89.19) 「非存在」という言語活動が誤りであったなら、存在の成立のみがあることになろう。かくして、このように、壺などもまた〔生起

---

[99] B に ghaṭo なし。ghaṭo をもつ T,P を採用する。
[100] T,P：asanneva. B：asādeva. T,P を採用する。
[101] T,P：pratipadyate. B：prapadyate. T,P を採用する。
[102] T：sāmānyādivattabhāvo. B,P：sāmānyādivat tadabhāvo. T はミス。

する〕前や〔壊滅した〕後に、「非存在である」という言語活動は誤りではなく、その一方で、〔生起の前や壊滅の後に〕「存在する」との言語活動がまさに誤りである。存在があるときには「非存在」という言語活動〔が誤りであるの〕と同様である。

それゆえ、〔過去・未来のものは〕他のところで見られた壺など[103]がここに観念によって仮構されて〔「壺の未生無」などと〕非存在を限定するものとなっているのである。しかし、真実の観点からは〔実際に存在して何かを限定するもの〕ではない。

3.2.1.2.1.3.〔答論：〕過去などのものは想起されたものとして存在を限定するものである。〔89.24-90.08〕

〔答論：〕これら〔の議論〕は正しくない。というのは、兎角なるものはどこの場所にも[104]いかなる時にも誰によっても認識されるものではないから。このことから、それ（兎角）は絶対的に存在しないものであるが、観念によって仮構されたものである、というのが正しい。壺などについて〔それの未来の存在や過去の存在が仮構されたものであるということ〕はない、それ（＝壺）は何時かは認識されるものであるから。そして、その〔認識される〕同じもの（壺）が〔壺の非存在という形で非存在を〕限定するものである、と知られるから。（90.01）たとえば、そこなる壺は〔以前には〕見られていたが、そ〔の壺〕が[105]今や消滅してしまったので存在しない、という〔過去の壺の〕理解がある。一方、〔壺が〕非存在である時には、それ（壺）は想起されるであろう。仮構されているのではない。

〔反論：〕仮構（kalpanā）は想起と異ならない。

〔答論：〕一体、誰が、汝にイメージを抱くことをやめさせられようか。

103　T,P：paṭāder. B：ghaṭādes. B を採用する。
104　T,P：deśe kāle. B：deśakāle. T,P を採用する。
105　T：tasya. B,P：sa. B,P を採用する。

世間では、真実でないものを仮に想定することが仮構（kalpanā）としてよく知られている。たとえば、自己にガルーダなどを仮構するように、また、絵などに王や馬などを仮構するように。このように、想起によってまったく異なるもの[106]が仮構されることはない。それ（想起）は以前見られたそのままのもの[107]を再確認するという本質を有しているから、ということである。

〔反論：〕〔仮構は〕想起に他ならない。そうすると〔想起に他ならない〕過去のものなどの新得知（anubhava）が存在する〔というのか〕[108]。

〔答論：〕そうではない。新得知がなければ想起はあり得ないから[109]。というのも、ある人があるもの（対象）を以前に直接経験していない場合には、その人にどうして最初にそれについての想起があろうか。パーンドゥなどの〔姿を以前見たことのない人がパーンドゥを想起できない〕場合と同じである。また、あるもの（A）の新得知に別のもの（B）の想起があるということはない。もしそうであるなら、それは過大適用の過りとなってしまうから。

このようなわけで、〔過去などのものは〕想起の原因となった[110]〔以前に存在していた〕〔感官〕対象（artha）が最初に認識されることである、と認められるべきである。

3.2.1.2.1.4. 存在が現にあるとき過去などの過去性を決定する。〔90.10-23〕

〔反論：〕「それ」というかたちで（tadrūpeṇa）現に認識されているものに、なぜ過去性(atītatva)、未来性(anāgatatva)があるのか。

〔答論：〕そのように言うべきではない。時間の介在によってその〔過

---

106 T,B：anyārthaḥ. P：anyārthārthaḥ. T,B を採用する。
107 T,P：yathādṛṣṭārthānusamdhāna-. B：yathārthānusamdhāna-. T,P を採用する。
108 T：arthasya anubhavo. B,P：arthasya nānubhavo. T を採用する。
109 T,P：smṛter abhāvād. B：smṛter asaṃbhavād. B を採用する。
110 T,P：nimittasya. B：nimittaṃ tasya. T,P を採用する。

去性・未来性の〕理解があるから。たとえば、まったく同じ状態であるその〔一本の〕柱が、場所が介在しているか否かによって、遠方にある・近接していると言われる。それと同じように、同じ〔状態の一つの〕対象が、未生無という時間（＝現在から生起すると思われるまでの時間）の介在によって未来のもの、已滅無という時間（＝壊滅してから現在までの時間）の介在によって過去、その両方に介在されないことで現在と〔いわれる〕、ということである。

（90.14）〔反論：〕空間的に隔てられた月など〔には、離れていても月光によって照らされるなど効果的作用があるの〕と同様、時間的に隔てられていても効果的作用性（arthakriyākāritva）がある、ということになってしまうであろう〔が、実際にはそのような作用性はないから、汝の主張は正しくない〕。

〔答論：〕そのようにいうべきではない。〔時間的に隔たったものには〕関連性（sambandha）が存在しないから。実際のところ、月などは空間的に隔てられていても、人の眼、〔月の出とともに開く〕水蓮の花などとの関連性が存在するということで、効果的作用性（arthakriyākāritva）が正当化される。一方、時間的に隔てられているものは、まさに本質的に存在しないから、いかなるものとも関連性は存在しない。それゆえ、効果的作用性は存在しない。

（90.18）あるいは、それ（効果的作用性）がもし現に存在するとするなら、時間的に隔てられていることと矛盾することになってしまうことになる。というのも、未生起のものも壊滅したものも、どちらも現に存在しているということは正しくないから。

〔反論：〕〔時間的に隔てられたものは〕現に存在していないから〔その知を〕生ぜしめないしまた関連性もないことになるが、その場合、「そ〔の対象〕にはこの知がある」という限定は何を根拠にしてあるのか。

〔答論：〕そのように言うべきではない[111]。〔その限定は〕不可見な力などの集合から生ずるのであるから。それ（＝過去など時間的に隔てられたもの）が〔知に〕顕現することによって(pratibhāsitvena)〔対象の〕限定された知のみが生起するから、それ（＝過去などの顕現）を見ることから、〔その知を〕生ぜしめないものでも〔生起した〕その知と「対象と対象を持つものという関係」(viṣayaviṣayibhāva)という関連性がある、と言われる。あるものが知に顕現していないときは、そのものは〔知を〕生ずるものであっても対象とはならない、感官など〔自体〕が〔知を生ずるものであっても感官の〕対象とならないように。

3.2.1.2.1.5. 過去のものなどはたとえその知を生ぜしめなくても「知る」という行為と関連する。〔91.02-14〕

〔反論：〕「過去などの対象を私は知っている」というが、〔知を〕生ぜしめるものではないのに[112]〔過去などが、〕なぜ、〔「知る」という〕行為（karman）を完成させる要素（kāraka）であるのか。

〔答論：〕そのようにいうべきではない。話者の意向のみによって〔壺などの〕行為完成要素ではないものに関しても（akārakeṣu）[113]行為完成要素（kāraka）という言語活動が経験されるから。たとえば、「私は壺を〔誰かに〕作らせる」「壺が〔誰かによって〕作らしめられる」というように。ここ〔の実例〕では、行為完成要素性（kārakatva）こそが〔今は〕存在していないが〔話者の意向によって〕想定されているのであって、〔壺の〕作成行為（janikriyā）が〔想定されているの〕ではない。ちょうどそのように、〔現に存在しない〕過去などのものにも[114]知るという行為が〔話者の意向によって想定されるのであり、〕非実在〔なる知る行為が想定されているの〕ではない。

---

111 T,P：na なし。B：na あり。B を採用する。
112 T,P：api なし。B：ajanakasyāpi kathaṃ. B を採用する。
113 T,P：akārakeṣvapi. B：akārakeṣṭenāpi. T,P を採用する。
114 T,P：api なし。B：arthasyāpi. B を採用する。

(91.06)〔反論：〕そのようであるのなら、空華の知もまた非実在ではない、ということで、空華の成立もあることになる。
〔答論：〕そのようにはならない。もし、「空華は存在しない」という知が空華の知であったなら、その知はそれ（空華）を否定するものであり[115]、それがどうしてそれ（空華）を肯定するものとなりえようか。

また、もし、〔空華の知が〕「空華は存在する」という知であったなら、その知もまた否定されるべきであるから錯誤知性があることになり、それゆえ、それ（空華）を成立せしめるものとはなりえない。

また、もし、まさに「空華」なる語から〔空華の知が〕生ずるとするなら、そ〔の知〕もまた、それ（空華）の存在を断定するものであるか、疑わしいとするか、それを否定するかのいずれかであろう、ということで、〔三種〕以外の仕方で（anyathā）対象の知は知られない。
〔反論：〕過去・未来の知もまた、そのよう[116]〔すなわち、空華の知のよう〕ではないか。
〔答論：〕そうではない。それ（過去などの知）には[117]、その〔過去などの〕ものを断定したとしても〔空華の知のように〕現に否定されていないから、錯乱知ではないからである[118]。なぜなら、過去のものは[119]「存在しなかった」ということではなく〔「存在した」ものであり〕、未来のものは「存在しないであろう」ということではない[120]〔「存在するであろう」というものである〕から。もしまた、そのもの（過去や未来のもの）が、今も存在しているものであるという知であるとするな

---

115 T,P：pratiṣedhikā kathaṃ. B：pratiṣedhikā satī kathaṃ. T,P を採用する。
116 T,P：buddhir eṣaivam. B：buddhir apyevam.
117 T,P：tasyās. B：tasyāṃ.
118 T：abādhyamānābhrāntatvāt. B,P：abādhyamānatvenābhrāntatvāt. B,P を採用する。
119 T,P：atīto'rtho. B：atītārtho.
120 B,P：na bhaviṣyatīti. T：na なし。B,P を採用する。T の footnote 3 からも T のミスプリントは明らか。

ら[121]、その場合は、そ〔の知〕は、まさに錯乱知である。というのも、その本質から逸脱しているから（tadrūpavyabhicārāt）。

3.2.1.2.1.6. 過去・未来の存在性が容認されなければ推論が三時を対象とすることに矛盾する。〔91.17-92.23〕

さらに、過去などのもの[122]の知識も正しくないものであるとすれば、〔過去・現在・未来の〕三時を対象とする推論は否定されてしまうことになろう。

次のような反論があるであろう。未来の推論とは、〔雨の〕原因〔である雲にある降雨〕の能力を〔「雲があるからこの先雨が降るであろう」と〕推論すること[123]であり、過去の推論とは、〔増水を見て〕河の上流における降雨の場所と関連を有することを〔「河に増水がみられるから上流のある場所に過去に雨が降ったであろう」と〕推論することである、〔三時を対象とする推論が〕否定されることはない、と。

そうであったなら[124]原因（＝雲）に結果（＝雨）を生起せしめる能力と、河の上流における降雨の場所と関連を有することとが、もし、〔未来の雨や過去の雨ではなく〕今、現在において〔雨が〕存在する（降っている）と推論された、(92.01）その場合には、推論は現在を対象とするのみであることになるであろう。どうして過去・未来のものを対象とした推論があろうか[125]。また、もし、現在に存在しないもの（過去・未来）が推論されるというなら、どうして、〔知を〕生じないもの（ajanaka）が[126]認識対象でないことがあろうか。〔知を生じなくても認識対象となる。〕

---

[121] T,B：syāt tadā tasya. P：syātadā tasya はミス。
[122] T,P：atītārtha-. B：atītādyartha-. B を採用する。
[123] T：anumānum は anumānam のあやまり。
[124] T,P：tarhi. B：tad hi. T,P を採用する。
[125] T,P：atītādyarthānumānam. B：atītādyarthaviṣayānumānam.
[126] T,P：nājanakasya. B：na janakasya.T,P を採用する。

〔反論：〕原因（＝雲）の能力（＝雨を降らす力）などが推論される場合、必然的に（sāmarthyād）〔今は存在していない〕未来などのものの認識がある。
〔答論：〕必然的に認識があることが容認されるなら、どうして、〔知を〕生じないもの（ajanaka）が[127] 認識対象でないことがあろうか。〔必然的に認識対象となるではないか。〕
〔反論：〕その知（推論される過去・未来の知）は誤知そのものである〔から〕。
〔答論：〕三時を対象とした推論は〔以前に〕十分確立された。
（92.05）〔反論：〕場所などの特殊性（viśeṣa）が〔推論知を〕生ぜしめるものであるから、それ（特殊性）を限定要素とする場合は、未来のもの（降るであろう雨）が[128]〔推論の〕対象存在(viṣayabhāva)となる。
〔答論：〕そのようなことはない。なぜなら、場所などの特殊性こそが〔推論知を〕生ぜしめるもの（janaka）であるから対象存在となるべきであり、それを限定要素とするもの〔が対象存在であるの〕[129] ではない、それ（特殊性）と〔過去などのものと〕は異なるゆえに。というのも、あるもの（A）が〔知を〕生ぜしめるもの（janaka）であるから、別のもの（B）が対象存在となるというのなら、拡大適用の誤りとなってしまうからである。
（92.09）〔反論：〕過去・未来のもの（artha）は対象存在であるとは認められない[130]、なぜなら、その知識は対象を持たないから〔知が生じたとしても〕正しい認識結果ではないことになってしまうから。さら

127　直前の注 126 に同じ。
128　T,P：anāgatārthānāṃ. B：nātītānāgatārthānāṃ. T,P を採用する。
129　T,P,B：tadviśeṣāṇāṃ. ここは Joshi, L.V.〔1986〕p.369 footnote 35 にある tadviśeṣaṇānām に従う。ちなみに、T の footnote 1 に taddeśaviśeṣaṇānām atītādyarthānānām とある。
130　B,T,P：iṣyate. Joshi は na iṣyate. Cf. Joshi, L.V.〔1986〕p.369. ここは B などを採用する。

にまた、一方で、その二義的存在（upasarjana）である、場所などの特殊性そのものは、ヨーギンの知覚知か、もしくは[131]我々の推論[132]知の対象となる。
〔答論：〕このことも妥当ではない[133]。というのも、もし、過去の知は対象を持たないから正しい認識結果ではないと認められるというなら、それなら、同様に、それ（過去のもの）に限定された場所などの[134]知も、また、実在しない（asad）〔過去のものという〕限定者に限定されて生起するもので、それはまさに錯誤知ということになってしまおう[135]、あたかも「二月」「柱は快楽を有する（sukhī stambhaḥ）」などの知のごとくに[136]。もしそれが錯誤知でないというなら、必然的に限定者として過去などのものを認識すると認められるべきであろう。認識されないものが限定者であることは不適切であるから。あるいは、もし、そのことが〔不適切でないと〕認められるなら、〔知を〕生ぜしめないもの(ajanaka)であっても[137]対象存在である、ということがなりたつ。
（92.16）また、過去などのものの知は、対象を持たないから錯乱知である、ということではない。その性質を持ったものとして認識することは〔過去の対象と〕雑乱しないから。別様に認識することは、実際に、対象が存在していても、雑乱〔知〕であると表現される。〔存在している〕柱に対する人という知のように。
　一方、〔現に〕存在しないものであっても、たとえば「パーンダヴァ

131　T,P：vā. B：ca. T,P を採用する。
132　T：anumānasya. B,P：anumānādijṅānasya.
133　T, P：naitad apy. B：na caitad apy. T,P を採用する。
134　T,P：tadviśiṣṭadeśādi. B：tadviṣṭadeśādi. B はミス。
135　B：prasakto. T,P：prasaktam. T,P を採用する。
136　T,P：ityādijñānavad. B：ityādivad. T,P を採用する。
「柱は快楽を有する」とは、柱を人と見間違ったことを意味していると思われる。快楽を有するのは人であるから。
137　T,P：vā 'janakasya. B：ca janakasya. T,P を採用する。

など[138]は〔過去に〕存在していた〔が、今は存在しない〕」「〔今は存在しないが、未来に〕壺などがあるであろう」などは、雑乱しないものと[139]認識されるという場合には、その知識は〔それを〕否定するものが〔現在は〕存在しないゆえ[140]錯乱知ではない、(92.20) あたかも、「これは壺である」などの知が〔錯乱知でない〕ように。

〔知を〕生ぜしめないものが〔知を〕生じたなら[141]、あらゆる者に全知者性があることになる、というわけではない。輪廻している人の知は、ダルマなどの総体の特殊性によって限定されており、〔そのような人間の知は〕定まったものを対象として〔知が〕生ずるのであるから。しかし、その一方で、ある知、それは原因の総体によって〔対象が一定のものに〕定められて[142]いない、そのような知が、実際に存在し、それは恒常なもので、すべてを対象としており、尊者、Maheśvaraに所属するもので〔、それこそが全知者性をもつ知で〕ある。

3.2.1.2.2.「〔感官〕対象から生起すること」(arthajatva) に関する議論 (2) ――想起も〔感官〕対象から生じたものであるといえる――〔93.02-13〕

また想起もどうして〔感官〕対象 (artha) から生じたものではないのか。「〔感官〕対象 (artha) が〔現に〕存在しなくても[143]想起は生起するから」と〔反論する〕なら、その〔現に〕存在しない〔感官〕対象は何を根拠に想起を生ぜしめる[144]のか。「〔そのものが現に〕存在しないからこそ〔想起を生ぜしめるのである〕」というなら、それなら〔現

---

138 T,B：pāṇḍavādayo. P：pā'nuvādayo.T,B を採用する。
139 B：avyabhicāreṇa. T,P：avyabhicāreṇaiva. T,P を採用する。
140 T,P：bādhakābhāvād. B：bādābhāvād. T,P を採用する。
141 T：janakatve. P：viṣayatve. B：viṣayatvena. T を採用する。
142 T,P：niyamitaṃ. B：niyataṃ. ここでは、対象が一定のものに定められていない全知者性を備えたMaheśvaraの知が言及されている。
143 T,P：arthābhāve'pi. B：tadarthābhāve'pi. T,P を採用する。
144 T,P：smṛtiṃ na janayati. B：smṛtiṃ janayati. B を採用する。

に存在しないゆえに生じる〕過去などのものの知（＝想起）が、どうして〔感官〕対象から生じたもの（arthajatva）ではない[145]のか。

さらにまた、想起は、精神集中（praṇidhāna）など〔の原因〕を伴なった[146]潜在印象（saṃskāra）から生起するもので、その対象が〔現に〕存在するか否かに随伴するものではない。同様に、〔言葉と対象との結合〕関係の想起を伴なった言語知などから生起する新得知（anubhava）も、対象〔が現に存在するか否か〕に随伴するものではない、と我々は考える。近接している対象と近接していない対象との間で（saṃnihitāsaṃnihitārthayos）[147]それ（＝言語知）による理解には差異がないからである。

(93.07)〔反論：〕〔現に〕対象が存在しない時に生起する言語知こそは錯誤知であろうが、〔同じく、現に対象が存在していない時に生起するものであっても〕想起は〔錯誤知では〕ない[148]。

〔答論：〕そうではない。〔現に対象が存在しない時に生起する言語知が錯誤知であるのは〕対象が別様に顕現しているから（anyathārthāvabhāsitvena）こそ誤知なのであるから。同様に想起もまた対象が別様に顕現することによって生じる[149]誤知そのものとなる。たとえば、敵に似た人物を見て誤った想起が起こる[150]「彼奴に私が被害を蒙った、そ

---

145 T,P : katham arthajatvam. B : kathaṃ nārthajatvam. B を採用する。

146 Cf. NS 3.2.41 : praṇidhāna-nibandha-abhyāsa-liṅga-lakṣaṇa-sādṛśya-parigraha-āśraya-āśrita-sambandha-ānantarya-viyoga-akārya-virodha-atiśaya-prāpti-vyavadhāna-sukha-icchā-dveṣa-bhaya-arthitva-kriyā-rāga-dharma-adharma-nimittebhyaḥ.

　上記のスートラでは、想起の原因となるものが、たとえば、想起の目的や想起の対象について精神集中すること（praṇidhāna）からはじまり、現在苦しんでいることからその苦しみの源となる罪過・アダルマを想起することなどの原因が挙げられている。本書、337 ページ、注 471 参照。

147 T,P : saṃnihitāsaṃnihitārthayos. B : saṃnihitāsaṃnihitayos. T,P を採用する。

148 T,P : smṛtir iti. B : smṛter eveti.T,P を採用する。

149 udayam āsādayantī「生起させてしまう〔誤知〕」

150 T,P : bhavati. B : bhati. B はミス。

の私が[151]〔彼奴を〕どうして想起しないことがあろう」と。また、友に似た人物を見て「彼に援助をいただいた、その私がどうして今でも〔彼を〕想起しないことがあろう」[152]と。

このように、テキストの解説などにおいても別様に〔すなわち、本来の解説でない形での誤った〕想起があるとみられるべきである[153]。それゆえ、〔想起もそれを伴なった言語知も、対象の存在・非存在と〕運命を共有するから(tulyayogakṣematvāt)、次のような結論に達する。すなわち、「想起もまた〔感官〕対象から生じたものであり、言語知もまた[154]〔感官〕対象から生じたもの[155]である」と。かくして[156]「〔感官〕対象から生じたこと」(arthajatva)という限定詞は想起の排除のためであるということが正当化される、ということはない。

3.2.1.3. indriyārthasaṃnikarṣotpanna 解釈の結論（バーサルヴァジュニャ自身の見解）〔93.13-23〕

そのようなわけで、〔NS 1.1.4 にみられる〕「感官と対象との接触より生起することによって」（indriyārthasaṃnikarṣotpannatvena）〔という文言を、すべての知覚知の特性にかなうよう換言するならば〕、すなわち、「一つの対象と関係を持ったもの〔たとえば、感官、マナス、あるいはヨーギンのアートマンなど〕によって」（ekārthasambaddhena）、

---

151 T,P : ahaṃ yo'nena. B : aham anena. T,P を採用する。
152 T : iti の後に脱落か。B : iti mitrasadṛśadarśanedyāpi smarāmi yena mamopakāraḥ kṛtaḥ iti. P : mitrasadṛśadarśane nādyapi smarāmi yo'nenopakāraḥ kṛta iti. P を採用するが、nādyāpi ではないか。
153 この一文は、NS の解釈に関して、Bhāsarvajña がニヤーヤの伝統的解釈に従わないケースがしばしばみられることに対する自らの弁明であるとみるのは考えすぎであろうか。
154 T,P : ca. B : vā.
155 T,P,B すべては anarthajatvam。しかし、ここは arthajatvam ではないか。
156 T,P : tatrārthajatvaviśeṣaṇatvaṃ. B : tatrārthajatvaṃ viśeṣaṇaṃ. しかし、前後の意味から、ここにある tatra は tanna ではないかと考えて、本文ではそれに沿って翻訳した。

まさに、直接的新得知性（aparokṣānubhavatva）が〔知識に〕生じる、それこそが知覚の結果知の特性である、というのがスートラ作者の意図したものである[157]。

(93.17)〔知覚知の〕特性理解は次のようにも見られるから〔我々の理解はスートラ作者のそれと合致する〕。すなわち、たとえば、「あの白いものが行くがそれは牛である」「あのものの上に傘をさした人が見られるがそのものは馬である」などの表現においても[158]、行く行為（gamana）などによって暗示される（upalakṣita）、そのものと異ならないものに共通したもの（tadananyasādhāraṇa）である＜牛性（gotva）＞などこそが〔牛などの〕特性であ〔り、牛という言語の発動原因であ〕る、と言語活動をしている一般人は理解する。それと同様に、ここ（知覚知）に関しても、眼などの感官と壺などの対象物との関係（sambandha）の存在・非存在に随伴することによって[159]、「あれは壺である」などの知識が生起するが、「そ〔の知識〕は知覚（pratyakṣa）である」と表現される場合にも、そのものと異ならないものに[160]共通したものであるのは、「接触より生じることによって」〔という文言〕によって暗示されている〔その知識に存在する〕＜直接的新得知性＞（aparokṣānubhavatva）であり、これこそが〔知覚知の〕特性であ〔って、言語活動の発動原因であ〕ると熟慮する人たちによって理解されるべきで、「接触より生じること」〔が発動原因〕なのではない。なぜなら、それ（＝接触）には〔接触を必要としないヨーギンの知覚なども存在するから知覚そのものと〕異ならないものとの共通性（ananyasādhāraṇatva）があるとはいえないから。以上のことがここで言われているのである。

---

157 T,P : abhipretam. B : apyetam. T,P を採用する。
158 T,P : evamādyabhidhāne'pi gamanādy-. B : evam abhidhāyagamanādy-. T,P を採用する。
159 T,P : yad ayaṃ. B : yady ayaṃ. T,P を採用する。
160 T,P : tadanya-. B : tadananya-. ここは B を採用する。

3.2.1.4. indriyārthasaṃnikarṣotpanna と知覚知を規定したニヤーヤスートラ 1.1.4 の存在意義〔94.02-08〕

〔反論：〕それでは何のために、直接的新得知性（aparokṣānubhavatva）が〔NS 1.1.4 においては〕それ (=接触より生じること<saṃnikarṣajatva>) のみ〔によって暗示されているだけ〕で、〔我々仏教徒のように〕「直観的に(sākṣāt)〔生ずること〕」[161] といわれないのか。

〔答論：〕多様なる知覚の存在を知らしめるためである。つまり、〔ヨーギンなどとは異なった〕我々など〔言語活動に関わる一般人〕の知覚は、感官と対象の接触より生じるもののみである、と〔これから後に〕我々は述べるであろう。

あるいは、〔次に見るように〕接触（saṃnikarṣa）など〔に関して〕意見の対立が生じることを知らしめるためでもある。というのも、意見の対立があればその場合には検討があり [162]、その結果その決定知がある。そしてそのことから仏教の刹那滅論者と唯識論者がアートマンなどの真知にかんして悪口を述べ立てる余地もなくなるであろう、ということである。

実に、彼ら〔仏教徒〕は刹那滅論など [163] を立証するために、〔我々ニヤーヤが主張する〕「結合（saṃyoga）などの関係（saṃbandha）」を否定しておきながら、〔作られたものと刹那滅性との同一関係（tādātmya）という〕同一の原因総体に依存していることが、さまざまなものが〔刹那滅という〕同一の結果を生み出す際の「〔本質的〕結合関係」（〔svabhāva〕pratibandha）であると言う [164]。〔否定したはずの

---

[161] 207 ページ、注 9 においても述べた通り Dharmottara は知覚を sākṣātkārijñānam と定義するが、Mokṣākaragupta は「pratyakṣa の pravṛttinimitta は sākṣātkāritva である」という。Mokṣākaragupta の記述については桂紹隆博士の指摘により知りえた。Cf. Kajiyama,Y. [1989] pp.216-217.

[162] T：parīkṣopatteḥ. B,P：parīkṣopapatteḥ. B,P を採用する。

[163] T,P：kṣaṇabhaṅgādisiddhyartham. B：kṣaṇabhaṅgasiddhyartham.

[164] ここで Bhāsarvajña が言わんとしていることは、仏教徒がニヤーヤの主張す

結合関係を自らが認めることであり、これはまさに自己矛盾にほかならない。〕また、唯識論を立証するために、〔単一であるべき知識の内部に〕認識されるもの・認識するもの〔という二つの存在〕の関係(grāhyagrāhakabhāva)を主張する[165]〔というこれまた自己矛盾を生じている〕のである。

3.2.1.5. 「接触」（saṃnikarṣa）をめぐる仏教徒との論争〔94.08-97.18〕

3.2.1.5.1. 感官は対象に非到達・非接触（aprāpyakārin）であるという仏教の見解〔94.08-28〕

〔反論（仏教）：〕そこで、〔ニヤーヤが主張するような感官と対象との〕接触は一切[166]存在しない、ということには実例がなりたつことを示すために〔仏教は〕次のように言う[167]。

る感官と対象との接触関係を否定しておきながら、自分たちが刹那滅論証を行なう場合には、svabhāvapratibandha（実在の本質を介した結合関係＜赤松訳＞）という結合関係を容認したうえで論証を行なっているではないか、という自己矛盾の指摘である。svabhāvapratibandha については、赤松明彦 [1984]、203 ページ以降、ならびに、桂紹隆〔1986〕を参照。さらに、NB II-19 : svabhāvapratibandhe hi satyartho'rthaṃ gamyate「『本有的関係』があった場合に事物が事物を知らしめるであろう」（戸崎宏正 [1979]、171 ページ）という訳文もある。

近年 svabhāvapratibandha をめぐって活発な議論が交わされており、有益な参考資料も多数存在するが、この問題に関して熟知しているとはいえない筆者には、重要な論考をすべて挙げることはできない。ここでは、この問題が集中的に議論され、諸論点が大方提示されていると思われる次の三論文を挙げておく。片岡啓「svabhāvapratibandha 研究の見取り図」インド論理学研究４、2012 年、163-204 ページ; 福田洋一「svabhāvapratibandha の複合語解釈」インド論理学研究４、2012 年、205-222 ページ; 金澤篤「svabhāvapratibandha を解く」インド論理学研究４、2012 年、223-252 ページ。

165 勝義的には単一である知識内に便宜的に認識対象相（grāhyākāra）と認識主体相（grāhakākāra）という二部分を容認する唯識理論に関して、Bhāsarvajña は後に仏教唯識批判を展開する中で、PVin I kk.39-40 を引用し、これを否定している。NBhūṣ p.109, ll.12-15, p.142, ll.2-10. ; 山上證道 [1999]、167-168 ページ参照。

166 T,P : tatra sarvasaṃnikarṣābhāve. B : tatra saṃnikarṣābhāve. T,P を採用する。

167 以下、NBhūṣ. P.97, l.18 までのほとんどは、次の論文において翻訳されている。赤松明彦 [1990]、239-245 ページ。この論文では、感官の到達作用をめぐる諸議論が、NS, NBh, NVTṬ に引用される Dignāga 説、NV, NM, NBhūṣ といった諸文献から紹介されており、論点整理がなされていて有益である。

3.2.1.5.1.1. 視覚器官(眼)は離れている対象を認識するから。〔94.11-12〕

（1）視覚器官（眼）と聴覚器官（耳）とは〔対象に〕到達・接触して作用するものではない。なぜなら、〔それらの感官は〕離れている〔対象〕を認識するから。すなわち、もし、〔対象に〕到達・接触して作用するのであるならば、〔それ自身知覚されない〕視覚器官と対象との、あるいは、聴覚器官と音声との〔間にある〕空間（antarāla）の認識があることはないであろうから、〔対象である樹木に到達する〕斧と〔到達される〕樹木との〔空間の認識がある〕ようには[168)]。

3.2.1.5.1.2. 到達・接触作用論（prāpyakāri-vāda）は常識に反するから。〔94.12-15〕

（2）また、〔汝ニヤーヤのいう〕到達・接触とはどのように〔なされるの〕か。

まず、対象が視覚器官の場所に来て結合されるのか、それとも、視覚器官が対象の場所に行って〔対象と〕結合されるのか。

最初の場合は、一般に承認されている常識（pratīti）と矛盾する[169)]。〔対象が感官のところまで来て結合するというなら〕火を見たときに

仏教からの反論では、感官が対象に到達する（pra-āp）か否かが議論される。一方、NBhūṣ においては、直前まで、NS 1.1.4 にある「感官と対象との接触」（indriyārthasaṃnikarṣa）の語句と Bhāsarvajña 自身の知覚定義との整合性が論じられた後、最後にこの語句に対する仏教からの批判が提示されている。したがって、当然のことながら、ここにおける感官の「到達」は、感官との「接触」と同等の意味を持つ。そのため、ここでは pra-āp を、「到達し接触する」という意味で、「到達・接触する」と訳した。

168 斧と樹木とに空間の認識がある、なし、両方の解釈が可能に思われる。ここは、空間の認識があるとして訳したが、斧が樹木に到達した瞬間は空間の認識がないと考えると、この部分は次のような訳になろう。「すなわち、もし〔対象に〕到達・接触して作用するのであるならば、視覚器官と対象、あるいは、聴覚器官と音声の〔間にある〕空間（antarāla）の認識はないであろうから、たとえば、〔樹木の切断作用をなす〕斧と〔その作用対象の〕樹木との〔空間の認識がない〕ように。」

169 pratītivirodha は、Dignāga や Dharmakīrti の主張する pakṣa-ābhāsa の一種に相当すると思われる。桂紹隆 [1977]、114-115 ページ参照。

は視覚器官など[170]が焼けるということになってしまう。

次の場合も、常識と矛盾する。なぜなら、矢のように視覚器官が〔対象のところまで飛んでいって〕対象と結合しているようなことは[171]誰にも認識されないから。

3.2.1.5.1.3. 視覚器官(眼)は自己より大きいものを認識するから。〔94.16-21〕

(3)「〔視覚器官は〕微細であるので〔対象と結合しているのが〕認識されないのである」と〔ニヤーヤが〕反論しても、そのようなことはない。なぜなら、眼球こそが視覚器官であるとすべて世間の人々が認めているから。そしてそれ(眼球)が壊されたときには対象を見ることはできないから。

また、たとえ微細であると認めたとしても、それは虚空のように[172]形体を持たないということによって微細であるのか、大きさが小さいということによって[173]〔微細であるの〕か。前者の主張では、〔視覚器官が虚空のように〕すべての対象と結合することから〔すべてのものが〕同時に認識されることになってしまうであろう[174]。なぜなら、形体を持たない実体(＝虚空)は遍在しているものであることが〔汝ニヤーヤによって〕認められているから。もし、〔後者の主張、すなわち、〕「大きさが小さいということによって微細である」といっても、それは正しくない。〔視覚器官はそれ自身〕より大きいものを認識するから。すなわち、ある範囲の場所だけに結合しているのがみられる[175]爪切りなどは、〔それ自身と結合しているのが見られる、〕その場所だけに〔切

---

170 T：cakṣurādi. P,B：mukha. ここは T を採用する。
171 T：arthasaṃgataṃ. P,B：arthadeśaṃgataṃ. ここは T を採用する。
172 T,P：tadākāśavad. B：tadavakāśavad. ここは T,P を採用する。
173 T：pramāṇatveneti. P,B：parimāṇatveneti. P,B を採用する。
174 T：-sambaddhatvādyupagrāhakatvaṃ. P,B：-sambaddhatvād yugapadgrāhakatvaṃ. P,B を採用する。
175 T：sambandhaṃ dṛṣṭaṃ. P,B：sambandhaṃ karaṇaṃ dṛṣṭaṃ. T を採用する。

断という〕作用をなすことが知られる。したがって、〔この事実から判断すれば〕大きさが小さい視覚器官が〔それよりも大きな〕山など〔と結合して、それ〕を認識する〔という作用をなす〕ことはありえない〔が、実際には山などを認識するのが知られる。以上のように視覚器官が微細であると認めたとしても矛盾を生じるのみであり、したがって、感官と対象とが結合していることはない〕。

3.2.1.5.1.4. 視覚器官は木の小枝と月とを同時に認識するから。〔94.22-25〕

（4）したがって、また、視覚器官は到達・接触〔して作用〕するものではない、樹木の小枝と月とを同時に認識するから。なぜなら、〔対象に向かって〕進んでいく視覚器官は順序（krama）と結びついている対象[176)]を、まさしく順々に認識していく、というのが〔汝ニヤーヤにとっては〕正しい〔はずである〕が、しかし、〔実際には〕そのようではない[177)]。また、〔視覚器官は〕迅速なものであるから〔小枝と月とを別々に認識していても〕同時に認識されているように思いこまれる、ということもない。月は非常に遠く離れているから〔小枝とは〕必ず[178)]長い時間を隔てて結合があるはず〔であり、したがって、枝と月とは別々に認識されるはず〕である。

3.2.1.5.1.5. 聴覚器官(耳)は音の来た方向と場所とを明らかにするから。〔94.25-28〕

（5）それからまた、「音声が一連の流れとなって到来して聴覚器官と結合することから〔音声の〕認識がある[179)]にちがいない」と言っても、そうではない。〔聴覚器官は音声の来た〕方向と〔発生〕場所をあきらかにするから。〔汝ニヤーヤのいうように〕聴覚器官のところで音声が

---

[176] T,P,B ともに arhasya. しかしここは arthasya であろう。
[177] B には asti の後に grāhakatvam があるがこれは不要。
[178] B には avaśyaṃ の後に hi がある。
[179] T,P：sambandhād upalabdhir. B：sambandhasyopalabdhir.

認識されるというのであれば、東・西などの〔音声の来た〕方向をあきらかにすること、あるいは、村・森などの〔音声の発生した〕場所をあきらかにすること[180]がありえないであろうから。これによって聴覚器官もまた〔対象である音声に〕到達・接触するものではないこと[181]が定まる。かくして、このような実例によっていかなる感官も到達・接触するものであることが否定されるべきである。

3.2.1.5.2. 仏教説の否定〔94.30-97.05〕

3.2.1.5.2.1.「視覚器官（眼）は離れた対象を認識するから」という理由について〔94.30-95.02〕

〔答論：〕これについて〔つまり、仏教による以上の反論について、ニヤーヤの回答が次のように〕述べられる。

（1）まず、最初に、「〔感官は〕離れている〔対象〕を認識するから」と言われたが、こ〔の理由〕は不成立証因（asiddha）〔すなわち、命題の主題である視覚器官に成立しない理由〕であるから正しい論証因ではない。なぜならば、視覚器官など〔の感官〕は〔それ自らの〕感官では認識されないものであるから。(95.01) どうしてそれ（視覚器官）から対象が離れていること(viśleṣa)が知覚によって捉えられようか[182]。しかし、推論によるなら、視覚器官などが対象と結合してこそ、〔光が到達・結合したものを照らし出す〕灯火などの実例から、〔感官が〕対象を照らし出すもの（認識するもの）であることが理解される[183]。

3.2.1.5.2.2. 到達・接触作用論は「常識に反するから」という理由について——眼球から眼光線が出るというニヤーヤ説——〔95.02-13〕

---

[180] T : -ādigdeśavyapadeśo. P : -ādideśavyapadeśo. B : -ādideśāpadeśo. P を採用する。
[181] T,P : tatsiddhaṃ śrotrasyāprāpyakāritvaṃ. B : tatsiddhaṃ ca śrotrasyāpy aprāpyakāritvaṃ. B を採用する。
[182] Udayana は不確定因 anaikāntika であるという。赤松明彦 [1990]、250 ページ、註（30）参照。
[183] Cf. NBhūṣ p.95 footnote.1 : cakṣurādi saṃnikṛṣṭārthaprakāśakaṃ prakāśakatvāt pradīpavat/

(2) また、〔反論において〕「到達・接触とはどのように〔なされるもの〕か」などと述べられたが、それについては次のように答える。

視覚器官が〔眼〕光線 (raśmi) の力によって〔つまり眼光線というかたちで〕対象の場所へ行き、灯火が〔対象に到達・結合してそれを照らす〕ように、〔その対象と〕結合され〔ると、その対象を認識す〕る。そしてその〔眼〕光線はその色が知覚されないもの[184]であるから見られることはない。

〔反論 : 〕その色が知覚されないようなものが対象をあきらかにするというのは正しくない。

〔答論 : 〕そうではない。灯火などの照明に補助されたもの (＝眼光線) には、それが可能であるから。だからこそ、あるもの (動物) たちには不可見力によって、その色が知覚される眼光線がそなわっているが、そのようなもの〔の眼光線〕は外的な照明に依存しなくても[185]対象を照らし出す、たとえば、夜行性動物の〔眼光線の〕ように。そして、ある種の夜行性動物の眼光線は、まさに〔我々の〕知覚によって認識されるのである。

(95.10) あるいはまた、〔外界の〕光の一部分[186]に補助されたそれ (＝視覚器官) の一部分から、その色が実際に知覚される[187]眼光線が生じている。実に、輝き (tejas) はきわめて短時間のうちに生起・消滅が経験されるが〔輝きの〕色と感触とは、知覚されるか、知覚されないかという二者択一的な性質を備えている。知覚されうる色をもって生じている光線でも、別の光線と[188]混合することで別々に認識されない、た

---

184 Cf. NBh ad NS 3.1.38, p.766, l.09 : anudbhūtarūpaścāyaṃ nāyano raśmiḥ tasmāt pratyakṣato nopalabhyate. 赤松明彦 [1990]､250 ページ、註 (31) 参照。
185 T,B : nirapekṣayā eva. P : nirapekṣā eva. T,B を採用する。
186 T の avayaya はミスプリント。P,B : avayava. P,B を採用する。
187 T,P : udbhūtarūpā eva. B : udbhūtā eva. T,P を採用する。
188 T,P : anyasminn samā-. B : anyaraśmisamā-. B を採用する。

とえば、多数の灯火の光線が一つの対象と結合している場合〔光線のひとつひとつが別々に認識されないの〕と同じように。

3.2.1.5.2.3.「視覚器官（眼）は自己より大きなものを認識するから」という理由について〔95.15-16〕

〔仏教の反論（3）のなかで〕「より大きいものを認識するから」と述べられたこ〔の理由〕は不確定証因（anaikāntika）である[189)]。なぜなら、ある大きさの灯火がそれと同じ大きさの対象しか照らさない、ということはない、〔対象に到達した灯火は〕光線の力によって〔自分〕より大きなものをも遍く照らすから（vyāpakatvāt）。

3.2.1.5.2.4.「視覚器官（眼）は木の小枝と月とを同時に認識するから」という理由について〔95.18-96.03〕

さらにまた (4)「小枝と月と同時に認識するから」といわれたこの理由もまた不成立証因 (asiddha) であるから正しい論証因でない。なぜなら、(96.01)〔眼光線は〕素早いものであるから〔別々に認識されていても〕同時〔に認識された〕と思われてしまうからである。

〔反論：〕月はきわめて遠く離れているから〔同時と思われることはない〕。

〔答論：〕そうではない。眼光線は卓越した迅速性ゆえにきわめて高速で進むから、ちょうど太陽光線のように。実際、〔多数の〕太陽光線が〔次々と多数の〕対象と結合するとき〔結合した〕順番に認識される、というようなことはない。

3.2.1.5.2.5.「聴覚器官（耳）は音の来た方向や場所を明らかにするから」という理由について〔96.05-17〕

また、〔（5）の議論中に仏教によって〕「〔聴覚器官は〕音の〔来た〕

---

189 T,P : etad anaikāntikaṃ(T の一部にミスプリントあり). B : etad apyanaikāntikaṃ.

方向や〔発生〕場所を明らかにするから〔聴覚器官は到達・接触して作用するものではない〕」といわれたが、これは正しくない。それ（＝方向・場所を明らかにすること）は〔到達・接触作用論によって〕別の方法でも可能であるから。[190] たとえば、東方に限定された [191] 外耳道（śaṣkuli）の一部にかぎられた虚空（nabhas）の場所において〔波状として到達した〕音を認識した場合には [192]、東の方向で音が生じたと理解されるのである。南方などの方向〔に音が発生したと理解されるの〕も同様にみられるべきである。聴覚器官という感官は、実に、外耳道の部分にかぎられた [193] 虚空の場所である。〔外耳道の虚空にある〕それらの [194]〔多くの〕部分が〔東などの〕あらゆる方向に存在しているということで、それぞれ〔東西南北など〕様々な方向に限定された〔虚空内の〕場所に [195] 音の〔来た方向の〕認識があるというのが正しい [196]。

（96.10）また、非常に遠くで音が発生したという認識は推理による知識である [197]。どうしてかというと、その原因や作用が、知覚や証言によって認識された存在となっている音声が、ある距離離れたところから(yāvato dūrāt)、波状となって到来したとき、その音声のある特徴(yān viśeṣān)を知る人は、たとえ〔発生〕原因がわからない音声であっても、その音声にあるその特徴(tān adṛṣṭakāraṇakasyāpi śabdasya viśeṣān)を [198] 知っているので、その離れたところで(tāvati dūre)〔その〕音声が発生し

190 NBhūṣ p.96, ll.05-09＝NMukt p.118, l.21 - p.119, l.03.
191 T の-viśiṣṭa karṇa-は-viśiṣṭakarṇa-のミスプリント。
192 B では yadā の位置が後に下がって nabhodeśe yadā śabdam upalabhate となっている。
193 T,P,B：karṇaśaṣkulyavayavair avacchinno hi. Cf. NMukt：karṇaśaṣkulyavacchinno hi.
194 T,P：te ca. B：te na. ここは T,P を採用する。
195 T,P：digviśeṣāvacchedena. B：digviśeṣāvacchinne deśe. B を採用する。
196 T,P：yuktā. B：yuktam. T,P を採用する。
197 T,P：pratipattiścānumānikī. B：pratipattiḥ tvānumānikī.
198 T,P：yān viśeṣānupalabdhavāṃ tāvad dṛṣṭakāraṇasyāpi. B：yān viśeṣānupalabdhavā(ṃ?)s tān adṛṣṭakāraṇasyāpi. B を採用する。

たと〔推理によって〕理解する。たとえば、何かある特徴によってホラ貝など〔の音である〕とか、特定の話者であるとかを〔推理によって〕理解するように。

しかし、〔その音の〕そのような特徴に気付かない人にはただ疑いのみがある、と見られる[199]、「この音は何の〔音〕でどこからきたのか」と。そこで特定の方向、場所が推理されると、村などを想定して（grāmādikaṃ sambhāvya）、そこで音が生じたと言う。しかし、〔この村などという〕場所などは、聴覚器官など〔の感官〕で認識されるものではない〔、推理されるのである〕。このようなわけで、視覚器官、聴覚器官の両方とも外的感官であるから味覚などと同様、対象に到達・接触して知覚することが定まった。

3.2.1.5.2.6. 非到達・非接触作用論であればすべてのものが認識されてしまうことになる。〔96.19-20〕

もし、到達・接触なしに〔対象を認識する〕というなら、実に、〔人には〕一切のものの[200]認識があることとなってしまうであろう。というのも、到達・接触なしに〔認識可能〕というなら、他にいかなる〔認識のための〕適性（yogyatā）も存在しないことになろう、そ〔の認識の適性〕によって[201]、〔認識されるための〕適性を備えた場所に存在するもののみに認識があるといえるのであるが。

3.2.1.5.2.7. 磁石などもまた到達して作用をなす。〔96.22-97.03〕

〔反論：〕磁石などのように〔到達・接触なしに作用するものもある〕。
〔答論：〕そうではない。喩例のみでは疑いは拭い去れないから。感官が磁石のように到達・接触なしに作用するのか、あるいは、剣のように到達・接触して作用するのか〔という疑いが〕。というのも、これにつ

199　T,P ： viśeṣān na lakṣyate tasya saṃśaya iti. B ： viśeṣān nopalakṣyate tasya saṃśaya eva iti. B を採用する。

200　B に sarvārtha を二度繰り返すミスあり。

201　T,P,B すべて yena であるが、ここは yayā であるべきであろう。

いて特別な理由は挙げられていないから。

（97.01）さらに、磁石と結合した特殊な風の実体（vāyudravya）が生ずる、あたかも、身体内に息が〔生ずる〕ように[202]。そ〔の実体〕が鉄に到達・接触し[203]〔鉄を〕引き寄せる、あたかも呼吸が水と空気などを〔引き寄せる〕ように。それ(=風の実体)の触感は認識されないが[204]まさにその〔鉄を引き寄せるという〕結果によって、そのようなものとして[205]生起しているもの（＝風の実体）の存在が理解される、ということである。

3.2.1.5.2.8. マントラも到達・接触して作用をなす。〔97.04-05〕

マントラも神本体に関係を持ってはじめて〔神を〕宥める。そして[206]その特定の神格は〔マントラが〕到達・接触してはじめてマントラをとなえる人の意図した[207]目的を叶える。このように、いかなるものも〔対象に〕到達・接触しないで作用するようなものはない[208]。

3.2.1.5.3. バーサルヴァジュニャ自身の到達・接触作用論〔97.07-18〕

〔反論：〕言葉や内的感官（マナス）などは過去などの対象に[209]到達・接触しなくても、その認識を生起せしめるから、どうして〔それらの感官が〕到達・接触せずして作用をなす、とはいわないのか[210]。

〔答論：〕そ〔の質問〕は正しくない。〔到達・接触作用論を〕正しく理解していないから。原因が〔結果を生み出すための〕共働因に[211]到

---

202 T,P：śarīre prāṇavat taccāyaḥ, B：śarīraprāṇavaccāyaḥ. T,P を採用する。

203 T,P,B ともに prāpyeva であるが、ここは prāpyaiva であろう。

204 T,P：anupalambhe 'pi. B：anubhave'pi. ここは T,P を採用する。

205 T,P：tathābhūtasya tasyotpannasya. B：tathābhūtasyaivotpannasya. B を採用。

206 T,P：ca. B：vā. T,P を採用する。

207 B に japitur 欠落。存在する T,P を採用する。

208 T,P：na kasyacid aprāpyakāritvam. B：na kasyacid ca prāpyakāritvam. T,P を採用する。

209 T,P：arthena. B：arthe.

210 T,P：prāpyakāritvam. B：nāprāpyakāritvam. ここは B を採用する。

211 T,P：sahakāriṇaṃ. B：sahakārikāraṇaṃ.

達・接触して結果を生起せしめることを、到達・接触して作用をなすというのであるから。そのようなことは、また、言葉やマナスにもある。一方、過去などの対象は〔認識の直接の〕原因そのものではない[212]、とすでに言われている[213]。それゆえ、それ（過去など）が〔言葉、マナスに〕到達・接触されなくても[214]〔想起などの共働因に到達・接触されるから、言葉、マナスなどが〕到達・接触しないで作用する、とはいえない[215]ということである。

しかし、これと同様に、視覚器官の対象などもまた〔到達・接触されずして認識を〕生ずるとはいえない、ということにはならない。それは光などのように、肯定的随伴関係と否定随伴関係とによって〔認識の〕原因となることがなりたっているからである。

(97.12)〔反論：〕〔視覚器官に〕接触・到達されたものでも目薬（アンジャナ）などは〔視覚器官により〕認識されない〔から、視覚器官は到達・接触して作用するというのは正しくない〕。

〔答論：〕それもまた正しくない。なぜなら、〔視覚〕器官によって到達・接触されたものが必ず認識されるとは定まっていないから。どうかというと、外的感官によって認識されたものは必ず〔感官に〕到達・接触されているということが定まっているのである。

〔反論：〕いかなる原因によってか。

〔答論：〕〔視覚器官などの五つの〕外的感官は〔地、水、火、風、空の〕要素よりなるもの(bhautika)であるから、灯火がそうであるように、到達・接触したものを照らす〔すなわち、認識する〕ものであるから。

〔反論：〕マナスも〔汝ニヤーヤでは〕感官であるから〔到達・接触して照らすという〕過ちに陥ってしまうではないか。

---

212 T：kāraṇatvam eva. P：kāriṇatvam eva. B：kāraṇam eva. Tを採用する。
213 Cf. NBhūṣ p.88, l.04 - p.92, l.23.；本書223-236ページ参照。
214 T,P,B すべて tadaprāpakatve であるが、ここは tadaprāpyatve ではないか。
215 B の nāpyāprāpya はミスか。

〔答論：〕ある場合〔たとえば、アートマンの認識などの場合〕にはそのようなこと（到達・接触すること）もあるから〔過ちとはいえない〕。

(97.16)〔このようなことは〕すでに定まっていることを証明することで〔無意味で〕ある。しかし、必ずそうである〔すなわち、到達・接触して作用をなす〕という主張をした場合には、過去などのものとの矛盾があることはすでに述べられた。さらにまた、肯定的随伴関係と否定的随伴関係とによって[216)]、〔次のようなことが定まる。すなわち、〕外的感官によって、現に存在しているものは必ず〔何かを〕生ずるものであると知られるが、その〔何かを〕生ずる〔複数の〕ものは、壺などの諸原因〔である粘土、ろくろ、陶工などと〕同様、<u>相互に関わりを持ってはじめて</u>(parasparasambaddhānām eva)、一つの結果（＝認識）の原因となる〔のであり、相互にかかわりを持たなければ原因となれず結果も生じない〕ということ〔が定まる。そこ〕で、〔NS 1.1.4 に見られる〕「接触」（saṃnikarṣa）〔の語の有意義性〕が成立し、知識がそれ（接触）から生じるということ〔が確定した〕[217)]。

3.2.2. ニヤーヤスートラ 1.1.4 に見られる「言葉では言い表せない」(avyapadeśya) の語の解釈をめぐる諸議論〔97.20-100.04〕

さて、〔NS 1.1.4 の知覚定義中にある〕「言葉では言い表せない」（avyapadeśya）という語は何のためにあるのか[218)]。

---

[216] T,P,B すべてに anvayavyatirekābhyāṃ があるので、anvayavyatirekābhyāṃ ..... ekakāryahetutvam iti siddhaḥ saṃnikarṣaḥ と理解した。ただ、anvayavyatirekābhyāṃ の語が存在していなくても文章は成立するように思われる。

[217] 前出の **3.2.1.3.**の項目でも明らかとなったが、Bhāsarvajña は NS 1.1.4 に見られる saṃnikarṣa を「接触」に限定することなく、より広範囲に解釈して関係全体を包括できる sambandha の語に置き換えている。ここでもその立場を意識的に表明しているといえよう。Cf. Preisendanz,K. [1989] pp.161-162.

[218] 以下の議論については、山上證道〔1977〕（山上證道 [1999] (1)、351-357 ペ

3.2.2.1.「視覚器官（眼）と聴覚器官（耳）との両方から生起した(ubhayaja)知を排除するためにこの語がおかれた」という見解とその検討〔97.20-98.22〕

あるもの[219]は〔視覚器官と聴覚器官の〕両方から生じた知識[220]を〔知覚の領域から〕排除するためである、という。

3.2.2.1.1.「両方から生起した知の排除のため」という見解の否定（1）〔97.20-98.02〕

〔それに対して〕別のもの[221]は、「それ(=両方から生じた知識)はありえないから、〔この説は〕正しくない」という。すなわち、マナスが聴覚器官に到達して音声の認識をなした後、〔「聞く」〕行為からの分離によって(kriyāvibhāgadvāreṇa)移動して視覚器官に到達するや否や、音声は消えてしまうから[222]、〔聴覚器官は〕作用するはずがない[223][224]。（98.01）そして、マナスが到達しない限り外的感覚器官には作用はありえない。また〔マナスは〕同時に〔二感官に〕到達するものではない、マナスは極微大の大きさであるから〔。このように、両方から生じた知識はありえず、それの排除のために avyapadeśya の語があるということ

ージに所収）参照。

[219] NBhūṣ p.97, footnote 6 には eke＝Trilocana とあるが、これに関しては、山上證道〔1977〕において疑問視している。

[220] 「これはうしである」という言語契約が教示される場合、教えられた人は「うしである」という聴覚器官による知と、眼前に存在する動物を視覚器官でとらえた知とが結びついて、「これはうしである」という言語知が発生する。この場合は聴覚器官と視覚器官の両方から生じた知（ubhayajajñāna）であって知覚知ではない、と考えられる。このような知を知覚知から排除するために avyapadeśya の語がある、という見解がここでは紹介されている。以下、この見解が吟味され否定される。

[221] NBhūṣ p.97, footnote 7 には apare＝Rucikāra とある。これも、山上證道[1977]において疑問とされている。

[222] T：nivarttata. P,B：nivṛtta.

[223] T：vyāpriyeta. P,B：vyāpriyate.

[224] 「同時に〔多くの〕認識が生じないことがマナスの〔存在するという〕証相である。」(NS 1.1.16)　本著 32 ページ 注 33 参照。

に意味はない〕、ということである[225]。

3.2.2.1.2.「両方から生起した知の排除のため」という見解の否定（2）
＝バーサルヴァジュニャ自身による考察〔98.02-22〕

さらに我々（バーサルヴァジュニャ）は、〔avyapadeśya の語が両方から生じた知を知覚から排除するためであることを仮に〕認めたとしても、次のように述べる。その両方から生じた知識は、直接的に作用するもの（＝直接的に認識するもの）（sākṣātkāri）か、否か[226]と。

（a）もし、直接的に作用するものというのなら、それが〔知覚から〕排除されるのは正しくない。直接的新得知（sākṣātkāri-anubhava）は知覚の結果であるとして、どこ〔の学派〕においてもなりたっているから。

（b）（98.05）もし〔そのような知が〕直接的に作用するものでないとしても、その〔ような知の〕対象は、感官の〔直接〕対象ではないということであるから、どうしてそれが「感官と対象との接触より生ずる」（indriyārthasaṃnikarṣaja）ことがあろうか。というのも、感官と関係を持ったものであるから（indriyasambaddhatvāt）という〔理由〕だけで感官の〔直接〕対象となるのではなく、直接作用する知識の対象（sākṣātkārijñānaviṣaya）、それこそが〔感官の直接対象ということ〕であるから。

そうでなかったなら、推論対象であっても、何かあるものが、感官と接触したものであるからということで、〔それが〕感官の〔直接〕対象であるという誤りになってしまうだろう[227]。〔そうすれば、〕そのような〔推論〕知〔が知覚知であること〕を否定するためにも、また、〔「感

---

225 P,B に iti の語あり、T にはなし。P,B を採用する。

226 T : na vā. P : vā na vā. B : vā no vā. T を採用する。

227 NBhūṣ p.98 footnote 4 に kasyacit＝vāristhoṣarbuddhādeḥ とある。水面に反射する暁の光（uṣas）の知など、という意味であろうか。水に反射する暁の光が知られる場合、太陽は直接の対象ではなく水面に反射する光による推論対象である、ということか。もしそうであれば、この部分に次の補訳が有効かもしれない。〔たとえば、水面に反射する暁の光が感官と接触することによって推論される日の出の太陽は感官の対象であるということになってしまうように。〕

官と対象との接触より生ずる」とは異なった〕別の限定語（viśeṣaṇa）を作らなければならないことになってしまうだろう。

あるいは〔また、直接知の対象こそが感官の直接対象であるということでなかったなら、「うし」という〕音声の存在・非存在に随伴して〔生じたり、生じなかったりする「これはうしである」などの言葉の〕知が、どうして感官と対象との接触から生じた〔知覚知である〕と認められるのか。

〔反論：〕〔「これはうしである」というように〕「此性・現前性」[228)]を伴なって（idaṃtayā）生じるから〔このような言語知（śābda）は知覚知である〕。

（98.10）〔答論：〕それは正しくない[229)]。〔熱湯に触れて熱いという〕感触によって〔水中にある〕火が推理される場合でも[230)]、〔「ここには火がある､熱い感触ゆえに」というように〕「此性･現前性」を伴なって〔火の存在という推論〕知の生起が経験されるから。

さらにまた、〔いま問題とされている〕その〔視覚器官・聴覚器官の〕両方から生じる〔現前に見えるもので、以前に教示されて、「うし」と呼ばれるものであるという〕知は、〔視覚器官・聴覚器官〕両方の結果知であるか、あるいは、まったく別の認識手段の結果〔知〕であるかのいずれかである。それがどうして〔「うし」という聴覚器官からの〕音

---

228 「現前性」は桂紹隆博士の教示による訳語である。

229 T : tanna. P,B : na.

230 T,P : anumeye'gnāv. B : anumeyāgnāv.

水に存在する熱（tejas）が知覚されないのは色（rūpa）が存在しないからである、という Naiyāyika の理論がある。Cf. NK (VSS) p.188, ll.24-25 : rūpasya prakāśa udbhavasamākhyato rūpasya dharmaḥ, yadabhāvād våristhe tejasi pratyakṣābhāvaḥ. (= PBh (GJG) p.444, l.15) ; Joshi, L.V.〔1986〕p.378 note 54.

一方、Dharmakīrti は、非認識（anupalabdhi）による推理の説明に関して、熱い感触（sparśa）による火（agni）の存在を推理することを前提として、「ここには冷たい感触（śītasparśa）はない、煙〔がある〕ゆえに」などの実例をあげている。Cf.NB 2-35 : viruddhakāryopalabdhir yathā nātra śītasparśo dhūmād iti/ ; 2-38 : vyāpakaviruddhopalabdhir yathā nātra tuṣārasparśo vahner iti/

声による知・言語知（śābda）にほかならない、と言われるのか。
〔反論：〕ほかならぬスートラ作者によって、実際、このように〔すなわち、両方から生じる知は言語知であり、それを排除するために avyapadeśya（「言葉で言い表せない」）と〕教示されているから。
〔答論：〕実際のところ、スートラ作者の指示を重視するあまりに〔知覚などの〕範疇（padārtha）がそれ自身本来の役割を捨てるべきではないであろう。

もし[231]、熟慮することなしにスートラ作者の言葉が正しい認識の基準（pramāṇa）であるとしたなら〔スートラ作者自身が記した後続の〕検討〔のための〕スートラが無意味なものとなるだろう[232]。それゆえ、両方から生じたものが言語知（śābda）であることに対して、正当な理由が述べられるべきである。
〔反論：〕それ（＝両方から生じた知）は〔「これはうしである」と〕言語表現されるから〔言語知である〕[233]。
（98.15）〔答論：〕それは正しくない。別の方法で〔すなわち、言語理解という方法で〕それ（＝両方から生じた知）が言語表現可能であるから。〔すなわち、〕「この音声・言葉にとって、この対象・意味が表示対象である」という、この[234]〔音声・言葉と対象・意味との言語契約〕関係が、デーヴァダッタによっていわれていると考えて、人は次のように言葉で言い表す。「これ（この音声と対象との言語契約）がデーヴァダッタによって私にいわれている」と[235]。

---

231 T,B：yadi ca. P：yadi vā.
232 上記「スートラ作者の指示を重視するあまり、、、」など、NS 作者の権威を絶対視しない Bhāsarvajña の姿勢がうかがえて興味深い。
233 T：tadavyapadeśād iti. P,B：tadvyapadeśād iti. B,P を採用する。
234 T,P：ity ayaṃ. B：ity evaṃ.
235 Joshi は samākhyāta を mamākhyāta と読んでいるようである。Ms のうち B はそのようにも読める。ここでは Joshi の mamākhyāta を採用する。Cf.Joshi, L.V.〔1986〕p.380：“This denotative relation between word and thing is told to me by Devadatta.”

実際に、それ以外にその〔言語契約〕関係の認識はどうして生ずるであろうか。〔言語契約〕関係が理解されているときのみ、この言語表現が経験されるのであるから。たとえば､何か、〔チャイトラという語の〕言語契約をよく知らない人は、多くの人[236]がいる中で、チャイトラをみても「これがチャイトラである」と理解していないので聞くであろう、「ここでは誰がチャイトラか」と。そこで誰かある人が彼（チャイトラ）を指などでただ指し示す（nirdeśamātraṃ karoti）、そこでその人は指などを見るだけで、言語契約を理解して言葉で述べる、「彼によってこの人はチャイトラと呼ばれる[237]」と。〔このように音声・言語によって言語表現されるのみではなく、音声・言語と対象・意味との契約関係の理解によって言語表現が可能であることが知られるが、この〕関係の理解は､感官と対象の接触から生じるものではない。したがって､それ(=両方から生じた知である言語知)を排除するために「言葉では言い表せない」(avyapadeśya)という語が置かれたということではない[238]。〔以上､聴覚器官・視覚器官の両方から生じた知識を知覚から排除するためにavyapadeśyaの限定詞が置かれたことを、かりに容認して検討してきたが、結局、この見解は認められないことが確定した。〕

3.2.2.2.1. 言語知も感官と対象との接触から生起する知である、という説を否定するためにこの語があるという見解〔98.23-99.02〕

別のもの[239]はまた、次のように言う。「うし」などの〔言語〕知には、〔「うし」という〕名称[240]に限定された対象が顕現しており、限定者（＝名称）と被限定者（＝対象物体）とが〔「うし」という〕一つの知識の基となっている。それゆえ、それ（＝「うし」などの知）が「感

236 T：naika-. P,B：aneka-. P,B を採用する。
237 T：mamākhyāta. B,P：samākhyāta. T はミスプリント。B,P を採用する。
238 T,P：tasmān na tadvyavacchedārtham. B：tasmān naitadvyavacchedārtham.
239 誰であるかは特定できない。
240 T,P：-ādijñāne saṃjñā-. B：-ādijñānasaṃjñā-.

官と対象との接触より生ずる」というのは正しくない。それにもかかわらず、ある人たちは〔感官と対象との接触より生ずることを〕容認する。それゆえ、こ〔のような見解（＝「うし」などの言語知が感官と対象との接触から生起する知である、という見解）〕を否定するためにavyapadeśyaと述べられた、と。

3.2.2.2.2. 上記の見解の否定〔99.03-05〕

もし同様に、推理による知識[241]であるけれど、ある知は〔感官と対象との〕接触より生じたものであるとある人たちが容認するなら、そのことを否定するためにはどのような限定詞が必要か。

〔反論：〕「〔感官と対象との〕接触から生じた」という、まさにこの限定詞がある。

〔答論：〕「うし」などの〔言語〕知が〔知覚であることを〕否定するためにも、それと同じ〔限定詞(=「感官と対象との接触より生じたもの」)〕があるべきである、どうしてavyapadeśyaという語が必要であるのか。

3.2.2.3. 文法学派の言語一元論（śabdādvaita-vāda）の否定のためであるという説とその否定〔99.06-07〕

〔「うし」の知など、あらゆる知識をもたらすのは、ただ、「うし」などという言葉（śabda）のみであるという〕śabdādvaita〔言葉一元（論）〕を否定するためにavyapadeśya（＝言語では言い表せないもの）の語が述べられた、と主張する人[242]は、また、brahmādvaita〔ブラフマン一元（論）〕などを否定するためには〔avyapadeśyaとは〕別の限定詞〔た

241　T,P：ānumānikasya. B：anumānasya.

242　NBhūṣ p.99 footnote 2にはUddyotakaraなどとある。
後にVācaspatimiśraは、VP 1-115（na so'sti pratyayo loke yaḥ śabdānugamāhate/ anuviddhamiva jñānaṃ sarvaṃ śabdena bhāsate//）を引用しつつ、NBhの記述（Cf. NBh p.109, ll.02-05）を解釈して、このNBhの説明はśabdādvaitaを主張する文法学派の見解を否定するためにavyapadeśyaの語が置かれたことを意図している、と述べている。このことから判断して、すでにUddyotakaraがこのような見解をもっていたことは十分ありうることであろう。Cf. NVTṬ p.110, ll.06-07；服部正明 [1969]、348ページ参照。

とえば、abrāhmaṇa（＝ブラフマンから生じたものではないもの）などの語〕を述べなければならないであろう。〔śabdādvaita と brahmādvaita とは一方のみが容認されて他方が容認されない、ということはありえず、両者は〕運命を共有するから（tulyayogakṣematvāt）。

3.2.2.4. バーサルヴァジュニャ自身の見解――avyapadeśya は無分別知覚を示す――〔99.09-100.04〕

それでは、いま、〔NS 1.1.4 の知覚の定義にある限定詞〕avyapadeśya の語は全く無意味であるというのであろうか。〔我々は〕無意味ではない〔と主張する〕。〔NS [243] に定義されている〕確定（nirṇaya）〔が、超感官的なアートマンの確定という特殊なものの確定を目的としているの〕と同様、〔ここ、知覚の定義においても、無分別知覚という〕特殊な（viśiṣṭa）[244] 知覚の定義を目的としているのであるから。そのような無分別という〔特殊な〕知覚、それがこ〔の語 avyapadeśya〕によって定義されているのである [245]。実に、それ（＝無分別知覚）は、すべてのヨーギンによって追及されているものである。分別を有する者にはこころの安寧は不可能であるから。また、それ（無分別知覚）はすべての〔認識の〕根底をなすものである [246]。それがなければ他の認識手段

243 NS 1.1.41. 本書 161 ページ、注 471、ならびに、次注 244 参照。

244 Bhāsarvajña は、NBhūṣ,pp.68-69 において「確定」（nirṇaya）の定義を検討する際、「確定とは事物の決定をなすこと」(arthāvadhāraṇaṃ nirṇayaḥ)だけで充分であるのに、何ゆえ「主張、反論とによって考えを廻らした後」(vimṛśya pakṣapratipakṣābhyām)という限定詞が付加されているのか、という反論に対して、超感官的対象、すなわち、アートマンの確定などが意図されているからである、と説明している。ここにおいてもただ単なる知覚の定義ではなく、最高の知覚である無分別知覚という特殊な知覚の定義を目的としていることが意図されている。

245 avyapadeśya の語が無分別知覚を意図して使用されている、というこの解釈は、次に出る vyavasāyātmaka が有分別知覚を意図している、という解釈と共に注目に値する。この解釈は Vācaspatimiśra が NVTṬ において師 Trilocana の名前を出して紹介していることが知られているからである。Cf. NVTṬ p.108. ll.22-24；p.114,ll.26-30.

246 T,P：sarvamūlaṃ ca tat. B：sarvapramāṇaphalaṃ ca. T,P を採用する。

（pramāṇa）の活動が不可能であるから。実際、〔無分別、有分別の〕知覚がなければ推理など〔の認識手段〕の活動も不可能である。

（99.13）そして、無分別〔知〕が活動しなければ有分別〔知〕の活動もない。それ（有分別知）は名称と想起を前提としているから。一方、想起はその対象を見ることから生起するもので「これはうしである」などの知の原因となるが[247]、単に想起だけでは〔このような知が生じるわけでは〕ない、それ（単なる想起のみ）にはそのような能力が確認できていないから。というのも、限定者〔たとえば、杖(daṇḍa)〕と被限定者〔たとえば、その杖を有する人〕とその両者の結合という〔三者の〕本質を〔無分別のままに〕把握する場合に、その後に「有杖者」(daṇḍin)などの〔有分別の〕知も生ずるのであるから。このようなわけで、有分別〔知（=「これはうしである」という知）〕は無分別〔知（=目の前にいるうしの把握）〕を前提としてはじめて存在するのである[248]。

かくして、「およそ知覚であるもの全ては有分別〔知〕のみである[249]、正しい認識手段であるから、推論のように」とこの〔ように述べる〕ことは、〔無分別知を前提としない有分別知という〕否定されたものを対象としているから(bādhitaviṣayatvād)[250]正しくない、ということである。

（99.18）〔反論：〕〔主張：〕無分別〔知〕は正しい認識手段（pramāṇa）ではない。〔理由：〕言語活動（vyavahāra）の原因とならないから[251]〔、つまり、何らの言語活動を生じさせないから〕、〔喩例：〕あたかも〔何ら言語活動の原因とはならない〕未決定知のように。

〔答論：〕それは正しくない。〔以下に述べるように、無分別知覚も言

---

[247] T,P：-jñānahetur. B：-jñānasya hetur.

[248] T,P：-pūrvakam eva. B：-pūrvam eva.

[249] T,P：evaṃ ca yat pratyakṣaṃ tat sarvaṃ savikalpakam eva. B：evaṃ yat pratyakṣaṃ tat savikalpakam eva. T,P を採用する。

[250] T,P,B ともに vādhitaviṣayatvād. しかしここは bādhitaviṣayatvād であろう。

[251] T,P：vyavahārānimittatvāt. B：vyavahārāniyatatvād. T,P を採用する。

語活動の原因となるから、上記の理由は〕不成立因（asiddha）となるからである。すなわち、蛇やいばらといった、望ましくないもので〔現に存在するか否か〕予測のつかないようなものの非存在を、まさに、無分別知覚によって見て取り、〔存在しないことに〕疑いなき人は〔「ここに蛇はいない」などの言語〕活動をなす。

あるいは、同様の〔望ましくない〕存在を本質とする、〔現に存在するか否か〕予測のつかない対象〔たとえば、いばらの枝など〕を[252]、人は、かつて一度見た後、徐々に、記憶するという原因を獲得して、何度も何度も思い起こして、〔かつて見たものとは〕別のもの〔たとえば、桜の枝など〕についても「これは見たことがる」「これは見たことがない」と語るのである。その見たこと・経験も、また、決して有分別ではない。というのも、そ〔の見たこと・経験〕は「これは青である」といった〔明確な〕形によって生起するものではないからである[253]。

このように、無分別知も正しい認識手段であるから〔知覚として〕正当な定義である[254]。そのことを述べて「言葉では言い表せない」（avyapadeśya）〔すなわち、「無分別な」〕と言ったのである。「〔彼は〕デーヴァダッタである」という知識や「〔彼は〕有杖者（daṇḍin）である」という知識などのように「言葉で言い表される」に相応しいものではない、という意味である。

（100.01）そして、有分別である知覚も〔正しい知覚知であることは〕、「地（pṛthivī）などの属性（guṇa）はそれ（感官）の対象である」[255]という語句によって、また、「一方で、個物（vyakti）、形態（ākṛti）、

---

[252] T,P：vā'parimitam arthaṃ. B：abhāvātmakaṃ cāparimitam arthaṃ. B はミスか。T,P を採用する。

[253] T,P：nīlamidamity ākāreṇānutpatter iti/ B：nīlamity atyākaraṇānutpāda iti/ T,P を採用する。

[254] T,P : nirvikalpakasya yuktaṃ lakṣaṇam. B : nirvikalpakam ayuktaṃ lakṣaṇam. T,P を採用する。

[255] Cf. NS 1.1.14：gandharasarūpasparśaśabdāḥ pṛthivyādiguṇāstadarthāḥ/

種（jāti）は言葉の対象としてあるもの（padārtha）である」[256] という語句によって、簡単に推測がつく。なぜなら、知覚の対象は、〔何らかに〕限定されたものであること（viśeṣyatva）[257] と言葉で語られること（vācyatva）であると理解されるからであり、また、すでに〔知覚され〕理解された対象（adhigataviṣaya）〔の知〕もまた正しい認識（pramāṇa）であると認められるからである [258]。

3.2.3. ニヤーヤスートラ 1.1.4 に見られる vyavasāyātmaka の語は有分別知覚を示す。〔100.04-07〕

あるいは、むしろ「決定を本質とする」（vyavasāyātmaka）という [259]〔NS 1.1.4 の〕語句によってこそ、有分別〔知覚〕も〔知覚に〕含まれる、ということ〔が明確〕である [260]。

〔我々のように〕「正しい」（samyak）と述べるべきところを [261]、「錯誤のない、決定を本質とする」(avyabhicāri-vyavasāyātmaka)という長い語句を使った人（＝NS 作者）は、そ〔の語句〕によって、正しくない知識（asamyagjñāna）を、「錯誤と不決定」（vyabhicāry-avyavasāya）という区分によって [262] 二種にのみ分類するべきであり、〔PBh のよう

---

256 Cf. NS 2.2.66：vyaktyākṛtijātayas tu padārthaḥ/

257 T,P：viśeṣyatva-. B：viśeṣatva-. T,P を採用する。

258 ここは、すでに知られた対象の知・有分別知が pramāṇa であることを絶対に容認しない仏教徒、たとえば、Dharmakīrti の見解を意識していると思われる。（桂紹隆博士の教示による。）

Cf. PV,pramāṇa,k.7a：ajñātārthaprakāśo vā〔PV,vṛtti,p.8,ll.06-07：tad evam avisaṃvādanaṃ pramāṇalakṣaṇam uktam/ idānīm anyad āha—（ajñātetyādi）/ prakāśanaṃ prakāśaḥ, ajñātasya arthasya prakāśo jñānam, tat pramāṇam /〕; HB, p.35,ll.8-9 : tasmād anadhigatārthaviṣayaṃ pramāṇam ity apy anadhigate svalakṣaṇa iti viśeṣaṇīyam.

259 B：vyavasāyātmakam ity akṣaragauravaṃ となっており、T,P にある vyavasāyātmakapadenaiva …vyavasāyātmakam が欠落している。B のミスで T,P が正しい。

260 本書、259 ページ、注 245 参照。

261 T: kaktavye は vaktavye のミスプリント。P,B ともに vaktavye.

262 T,P: vyabhicāryavyavasāyabhedena. B: vyabhicāravadvyavasāyasyābhedena. T,P

に、「疑わしい知」などという[263]〕四種に分類するべきではない、ということを知らしめているのである。こ〔の四分類など〕については以前に詳論した[264]。

3.2.4. ニヤーヤスートラ 1.1.4 にある jñāna の語の必要性〔100.07-10〕

〔反論:〕錯誤のない、決定を本質としている、そのようなものはまさに知識として知られているものであり、それゆえ〔スートラ文に〕「知識」（jñānam）という語が[265]別に述べられる必要はない。

〔答論:〕確かにそうではあるが、あるもの（ジャイナ教徒やヴェーダーンタ学徒など）は、知識なきこと（ajñāna）〔すなわち、無知〕の消滅が正しい認識手段の結果であると主張する[266]。〔「無知の消滅」では知識そのものの消滅も意味することから〕このような疑いを取り除くためと、〔avyapadeśya などの限定詞によって〕限定されたもの〔が何であるか〕を理解させるために「知識」の語が別に〔ニヤーヤスートラ作者によって〕記されたのであり[267]、我々に誤りはない。

3.3. 知覚の分類に二方法――(1)「ヨーギンではない一般人(ayogin)の知覚とヨーギン(yogin)の知覚」という分類、(2)「有分別知覚と無分別知覚」という分類――〔100.12-187.06〕

を採用する。

[263] Cf.PBh (GJG) p.411, l.03 : tatrāvidyā caturvidhā—saṃśayaviparyayānadhyavasāyasvapnalakṣaṇā/「そこで、正しくない知識（avidyā）は四種に分類される。すなわち、疑わしい知、倒錯知、無理解、夢といった特徴を持つ〔四種に〕。

[264] Cf. NBhūṣ p.12ff.「疑わしい知」（saṃśaya）の考察以後のことを指す。

[265] B : jñānam eva.T,P には eva なし。

[266] Cf. NBhūṣ p.100, editor's footnote 8 : tathācāhuḥ—"pramāṇasya phalaṃ sākṣād ajñānanirvartanam"(Nyāyāvatāra 28)/ vedāntino'pi bruvate—brahmāṇyajñānanāśāya vṛttivyāptir apekṣyate/

[267] T,P : apadiṣṭam. B : upadiṣṭam.

以上のように知覚の定義を述べたので[268]、スートラに反することなく〔知覚の〕分類を知らしめんがために、次のように述べる。

（101.02）「それ（＝知覚）は二種に分けられる[269]、ヨーギンの知覚とヨーギンではない一般人の知覚とに。」（NSāra）

〔上記 NSāra の文章には、「だけである」（eva）の語ではなく、〕「と、とである」(ca)という語〔があること〕から、有分別・無分別の区別によってもまた二種に分けられる[270]、ということが知られる[271]。「二種に分けられる」という語は、〔知覚が〕四種に分類されることを否定するためにある[272]。なぜなら、〔仏教徒 Dharmakīrti が主張する〕意知覚（mānasa）と快楽（rāga）[273]など〔自己認識〕の知覚とは〔正しい知覚としては〕存在しえないからである。

3.3.0. 付論——ニヤーヤの認める二種の知覚以外に意知覚と自己認識とを容認する仏教説の否定——〔101.06-102.07〕

268　T：abhibhadhāya. P,B：abhidhāya. T のミス。

269　B には dvividhaṃ pratyakṣam と pratyakṣa の語あり。

270　Bhāsarvajña の意図は、「知覚の分類」は必ず二種分類でなければならない、ということである。すなわち、（1）ヨーギンではない一般人・アヨーギンの知覚とヨーギンの知覚との二種分類か、（2）有分別知覚と無分別知覚との二種分類かのどちらかのみであって、それ以外の分類法は容認しない。ここからは (1) アヨーギンの知覚のみが考察の対象となる。これに関する論争は p.170, l.17 まで続き、その後にヨーギンの知覚に関する議論がなされ(p.170, l.19 - p.173, l.08)、最後に（2）有分別知覚と無分別知覚との二種分類についての議論が知覚章の最後まで（p.173, l.10 - p.187, l.02）行われている。

271　これ以後 p.102, l.07 までのテキストに関しては、山上證道〔1999〕において一度翻訳したが、桂紹隆博士の教示を受けて修正、再訳した。山上證道 [1999]、327 ページ、注 59 参照。

272　Dharmakīrti は知覚（誤りのない概念知）を、1.健全な五感官より生じる感官知、2.内官（意）による知覚、3.修行者（yogin）の直観、4.楽などの心所や概念知の自己認識、という四種に分類する。桂紹隆〔1989〕pp.534-536 参照。Dharmakīrti のこの四種の知覚のうち、感官知とヨーギンの知とはニヤーヤと共通するゆえ、ここでは意知覚と自己認識とが知覚として否定される。

273　後にみるように Dharmakīrti のテキストでは rāga と sukha の両方が用いられている。戸崎宏正 [1979]、349 ページ：「・・・このように楽などの自証は無分別であり、それゆえに現量である。」

実に他のもの（Dharmakīriti）の見解では、「〔感官知〕自身の対象の直後の対象（＝意知覚の対象）を共働因とする感官知によって[274]生じた知識が意知覚[275]である[276]。」「快感などには自己認識〔という知覚〕が存在する。快感などの語は、明瞭な知を示すため〔にある語〕であって、すべての知にも自己認識〔という知覚〕が存在する[277]のである[278]」という、こ〔のような文言〕によって〔意知覚と自己認識とは〕要約されている[279]。そして、この両方〔すなわち、意知覚と自己認識〕はともに[280]知覚であると〔いうこの主張〕は、正しい論拠が存在しないゆえに妥当ではない。

すなわち、〔我々によって〕刹那滅論の否定〔がなされる〕から、〔感官知自身の対象の直後の対象（＝意知覚の対象）を共働因とする、云々と言われている〕意知覚（mānasa）は否定される。さらに、〔これも我々が承認しない〕自己認識（svasaṃvedana）の否定から、また、快感（sukha）など[281]が知を本質としていないことから、快楽（rāga）などの認識（＝自己認識という知覚）も否定される[282]。また、マナス・意（manas）は感官であるから、感官による知覚とは別の知覚〔すなわち、意知覚（mānasa）〕なるものは存在しない。このようなわけで、「〔知覚は〕

---

274 T,P : -jñānena. B : -vijñānena.

275 T,P : mānasaṃ pratyakṣam. B : māsanapratyakṣam.

276 Cf. PVin I 60.1-4 ; NB 1-9, p.57, l.2.

277 T : sarvajñānānām api svasaṃvedanam ity. P: sarvajñānānām api svasaṃvedanaṃ pratyakṣaṃ rāgādisaṃvedanam ity. B : sarvajñānānām api svasaṃvedanaṃ pratyakṣaṃ rāgādisvasaṃvedanam ity.

278 Cf. PVin I 62.7-10.

279 T,P : anena gṛhītaṃ. B : anena saṃgṛhītaṃ.B を採用する。

280 T,P : taccaitadubhayam api. B : taccatadubhayam api.

281 PV, pratyakṣa, k.249 は、伝承によって sukhādi と rāgādi の両方の語が存在する。戸崎宏正 [1979]、348 ページ、註 28 参照。PVin のチベット訳では bde ba la sogs となっている。

282 PV, pratyakṣa, k.250 には、「快楽などは知でない」というニヤーヤからの反論が提示され、k.251 以下において、快楽などが知であり自己認識であるという Dharmakīrti の議論が展開される。戸崎宏正 [1979]、350-362 ページ参照。

ヨーギンの知覚とヨーギン以外の一般人の知覚と〔いう二種〕である」というのが妥当する。

3.3.1. 知覚の分類、その一 ——ヨーギンではない一般人（ayogin）の知覚とヨーギン（yogin）の知覚——〔102.09-173.08〕

3.3.1.1. ヨーギンではない一般人（ayogin）の知覚の定義——（1）照明などの援助をえて感官と対象との結合関係によって、（2）粗大なるもの（sthūlārtha）を認識すること——〔102.09-12〕

ヨーギンの知覚はきわめて勝れているので、まず、最初に提示[283]があ〔り、説明されるべきであ〕るが、しかし、ヨーギンではない一般人（ayogin）の知覚が確立した場合にのみ[284]、それ（＝ヨーギンの知覚）が我々などに理解できる。そこで、〔我々に理解できる知覚の〕実例を示すために、そのうち、つまり、ここなる〔ヨーギンの知覚とヨーギンではない一般人の知覚という〕知覚のグループの中で、まず最初に確定されるべき、ヨーギンではない一般人の知覚（ayogipratyakṣa）が次のように解説される。「〔ヨーギンではない一般人の知覚とは〕照明、場所、時間[285]、ダルマなどに〔よって〕援助〔されること〕から感官と対象との特殊な結合関係によって（sambandhaviśeṣeṇa）、粗大なる対象を認識するもの（sthūlārthagrāhakam）である」と。

3.3.1.1.1. 「照明などの援助を得て感官と対象との結合関係によって」という語句の検討〔102.12-104.04〕

---

283 T,P：uddeśas. B：upadeśas.

284 T：evaṃ. P,B：eva. T のミス、P,B を採用する。

285 NSāra の諸テキストは、この語「時間」(kāla)の存在に関して一致していない。この語が存在するテキストは、NSāraVicāra, p.18 および NSāraPadapañcikā, p.7。また NBhūṣ, p.102, footnote 2 には、"…kālapadaṃ hi vibhajyate jayasinhaḥ—kālo vartamānādiḥ (NSāraTātparyadīpikā, p.72) "とあることからこのテキストにも存在すると思われる。一方、存在しないテキストは NMukt, p.115。なお、次に見るように、NBhūṣ の記述中、この語「時間」(kāla)についての説明はない。

「照明」とは、灯火などといったもので、また、心の精神集中といったようなものもまた〔内なる照明である〕。「場所」とは、我々の面前にある、などに特徴づけられたものである。「ダルマ」とは、望ましいものの認識の場合[286]、それとは反対に、アダルマは望ましくないものの認識の場合に〔助け、もしくは、促進させるものとなる〕。ほかにもここに述べられていない要因があり、それがなければ対象が認識されない、そのようなものすべて〔の要因〕が「など」（ādi）の語によって理解されるべきである[287]。

（103.01）このように[288]、照明などといった要因、「そ〔の要因〕によって[289]援助がなされている[290]」と〔prakāśadeśadharmādi と anugraha とは、第 3 格の格限定複合語(tatpuruṣa)であると解釈〕して、それ（＝照明など）による援助〔があること〕から視覚器官（akṣa）が〔対象を認識するうえで〕最も効果のあるもの（sādhakatama）〔、すなわち、手段〕となる。そして、〔視覚器官をして最も効果あるものたらしめる〕「最も効果あるものという性質」は、視覚器官と対象との特殊な接触（saṃnikarṣaviśeṣa）[291]である、こ〔の接触〕をはたしたその〔視覚〕器官が対象の把握を成就させる[292]、ということ〔であるから〕。

（103.04）〔反論：〕「灯火によって私は見る」というように、灯火にもまた最も効果のあるものという性質がある、と考えられる。この点について否定要因は何一つない。それがどうして視覚器官 (akṣa) のみ[293]

286 T,B：iṣṭopalabdhau. P：iṣṭopalabdhāv.
287 T,P：avagantavyam. B：evāgantavyam.
288 T,B：evaṃ. P：eva. T,B を採用する。
289 T,B：aneneti. P：teneti.
290 T：gṛhyate. P,B：anugṛhyate. T を採用する。
291 NSāra では sambandhaviśeṣeṇa.
292 T：tadindriyam arthagṛhītaṃ. P：hi indriyaṃ artheṇa gṛhītaṃ. B：hi indriyam artheṇa gṛhītaṃ.
293 T,P：akṣameva. B：akṣasyaiva. T,P を採用する。

が最も効果あるものであるのか、そして〔どうして〕灯火は〔単なる一〕要因にすぎないのか。

〔答論：〕なるほど。しかし〔対象知覚ということに関しては、視覚器官の〕主要性という観点から、視覚器官（akṣa）に近接した（prati）〔認識〕が[294] pratyakṣa（知覚）と呼ばれるのである。主要なものというのは、その結果にその〔主要なものの〕名称[295]がつけられるのである[296]。たとえば、「麦の芽」などというように。〔すなわち、麦の種から芽が出た場合、水、太陽など二次的要因は多数あるが、麦の種が主要な要因であるからこそ「麦の芽」と呼ぶのである。〕

（103.07）〔反論者が〕「灯火にもまた最も効果あるものという性質がある」〔という〕のは、〔灯火〕以外の要因を援助する〔という視点〕から〔そのようにいっているのであり、灯火が対象を知覚する上で主要なものであるから、という理由からではない〕。

「〔感官と〕対象との結合関係」（arthasambandha）がある場合にのみ結合関係と間断なく[297]〔知覚知という〕結果が生起するのであるから、結合関係（sambandha）だけが最も効果あるものという性質をもつ（sādhakatamatvam）、といわれる。〔すなわち、NSāra に〕次のように述べられているように。「たとえば、視覚器官あるいは触覚器官との結合(saṃyoga)のまさに直後に壺などの実体の知がある」と[298]。〔暗闇の

---

[294] T,P,B いずれも、akṣaṃ pratyakṣam であるが、ここは、akṣaṃ prati[vartata iti] pratyakṣam ではないか。

[295] Cf.NS 2.1.28 & NBh：taiścāpadeśo jñānaviśeṣāṇām// tair indriyair arthaiśca vyapadiśyante jñānaviśeṣāḥ/ katham? ghrāṇena jighrati cakṣuṣā paśyate…(NBh, p.458, ll.06-08)

[296] T,P：tadvyapadeśyatvaṃ. B：tadvyapadeśārthaṃ

[297] T: arthasambandhe eva (sambandhānena). P: arthasambandha eva (sambandhānena). B: arthasambandha eva sambandhād avyavadhānena. B を採用する。

[298] NBhūṣ p.154, l.01 に NSāra の文として掲載されているが、元来は、ここ、すなわち、p.102, l.02 に引き続き掲載されるべきではなかろうか。ただし、NSāra の文章には anantarameva の文言はない。Bhāsarvajña が NBhūṣ 著作時にこの文言を付加したのではないか。なお B には ghaṭādidravyajñānam の dravya の語なし。

中などでは照明があってはじめて認識可能となるように、〕場合によっては、最終的〔要因〕ではないけれど結合関係に知識の原因たる性質が存在するとしても[299]、常識的観点から[300]、そのように（＝最終的ではないと）いわれたのである。しかし、究極的には[301]、最終的〔要因〕であるもの〔である結合関係〕が、すなわち、感官などに存在する最も効果あるもの性・効果あるそのもの[302]、ということが〔状態・状況をあらわす〕接尾辞 tva の語によっていわれている[303]。

（103.13）〔反論：〕そうであれば、もし、結合関係（sambandha）が最も効果あるもの（＝手段）という性質をもつとするなら[304]、〔ある対象が感官との結合関係により知覚されるとき、その対象は〕全面的に（sarvātmanā）〔すなわち、その対象自身と対象の持つ多数のダルマなどのすべてが、〕対象〔として同時に〕認識されるということになってしまう。なぜなら、対象は全面的に（sarvātmanā）〔その対象の持つ多数のダルマともども、感官と〕結合しているから[305]。

〔答論：〕そうはならない。手段は[306]定まった対象に対して効力を持つから。たとえば、〔切断行為の手段である〕斧が〔樹木と〕結合して

---

299 補訳にあるように、たとえば、暗闇の中で対象と感官との接触があっても、灯火がともってはじめて対象が認識されるから、灯火が最終的なもので接触は二次的と考えられるが、そのような場合でもやはり接触が最も効果あるものである、という意味であろう。

300 T : bāhulyādapekṣayaitad uktam. P : bāhulyāpekṣāyetad?. B : bāhulyāpekṣayaitad uktam. B を採用する。

301 T : paramārthastu. P,B : paramārthatastu. ここは P,B を採用する。

302 T,P : sādhakatamatvam iti 'tva' pratyayavācyam. B : sādhakatamatvanimittatvam.

303「接尾辞 tva によって言われていること」の内容が不明瞭であるが、次のように理解した。確かに感官が最も効果あるものであるが、その感官をして最も効果あるものたらしめているものが、まさに、結合関係である。その意味で結合関係こそが「最も効果あるもの性をもつ」(sādhakatamatva) ものである、と。

304 sādhakatama=karaṇa については、山上證道 [1980](2)（山上證道 [1999]、380-397 ページに所収）参照。

305 T,P : sambaddhatvāditi. B : sambandhitvāditi.

306 T : kāraṇasya. P,B : karaṇasya. T のミス。P,B を採用する。

いるから[307]というだけの理由で、樹木と同じように、それ（＝樹木）に[308]属する〔樹木性など多数ある〕ダルマや空間（ākāśa）などのものも[309]切断してしまうというのは正しくない。また、煙が〔証相（liṅga）、すなわち、推論知をもたらす手段として、結果知である火の存在と同時に〕火の〔熱さや色など火の持つ〕ダルマすべて残らず知らしめる[310]、ということもないからである[311]。〔しかしながら〕汝ら〔仏教徒〕の

---

[307] T,P：paraśuḥ sambaddhatvādeva. B：paraśusambandhitvādeva.

[308] P の taṃdharma-はミス。T,B：taddharma-を採用する。

[309] T,P：cāpi. B：vā.

[310] T,P：dhūmaś cāgnidharmān aśeṣān. B：dhūmo vāgnidharmān aśeṣān.

[311] この答論を引き出した上記の反論は仏教の主張と思われるが、知覚や推理によって対象を認識する際に、その対象の有するダルマ（属性）すべても同時に認識することにならないのはなぜか、というこの問題は Dignāga にとって終生の問題であったといわれる（桂紹隆博士からの私的なメールによる）。因明正理門論（Nyāyamukha）の偈頌を PS にも再度使用してこの問題が論じられおり、それはさらに Dharmakīrti にも引き継がれていく。さらに次も博士からの指摘により知りえた。北川秀則 [1966]、111-120 ページ参照。

PS 2.13,2.19 において Dignāga は liṅga が sādhya にあるダルマすべてを推理させるのではなく、一部のダルマのみを推理させることを述べている。

知覚知の場合は、投入された対象形相性を認識することと、それは概念を離れたもの（kalpanāpoḍha）であることをあきらかにすることで、対象に存在する多くのダルマをともに認識することにはならない、としている。

一方、推理による認識の場合は、証相（liṅga）はそれに随伴するもののみを知らす。しかも、対象に想定されるただ一つのものは、普遍性・共相（sāmānyalakṣaṇa）で、それは、他者の排除（anyāpoha）という否定的な手法によって理解される。

ただし liṅga（たとえば煙）も liṅgin（たとえば火）も様々な属性をもっている。たとえば liṅga・煙の場合、「煙性」以下の普遍性・特殊性（煙の形体性など）は必ず火と随伴するので火を推理させるが、より高度な属性である「実体性」は水にも共通するので火を推理させない。また、liṅgin・火にしても、火より高度の普遍「実体性」は火との必然性があるので liṅga・煙により知られるが、より下位の普遍、特殊性である「高温度性、低温度性、摂氏 100 度性」などは煙からは知りえない。このように見てくると、推理そのものが「他者の排除」にかかわっているのが理解できる。

このように、仏教では推理において、あるダルマ（煙）があるダルミン（火）の知をもたらすこと、したがって、ダルマがダルミン全体を知らせることはないことをアポーハ論によって解決している。仏教の思想では、推理は分別・概念の世界であり、分別はあくまでも、世俗的な話であり、真実の世界ではない。真実では、ダルマもダルミンも区別はない。その意味でダルマとダルミンとは

見解では、ダルマとダルミンとは同一であることが容認されているから[312]、〔それにしたがうと、〕全面的に〔対象とそれが持つ多数のダルマが感官と同時に結合し、その〕対象によって生じたもので、かつ、投入された、自己の形象を持つ〔と仏教徒がいう〕知識[313]が、全面的に〔対象（＝ダルミン）自身と対象の持つ多数のダルマすべてを〕対象〔として同時に〕決定するという誤りとなってしまう。

区別はない、というのが仏教の主張である。次註参照。

Bhāsarvajña は仏教の主張を熟知しており、ダルマ・ダルミンの区別がないという この仏教説を逆手にとって、次にみるように、「仏教はダルマとダルミンとは同一であることを容認するから」と、区別を認めない仏教の主張が導く矛盾を示して、自説の優位性を示しているのである。桂紹隆 [1982]､82-89 ページ参照。Cf. Katsura,Sh. [2016].

312 上記のように、仏教では迷妄のない真実の世界ではダルマ・ダルミンの区別はない、と主張される。要は、迷いの世界の分別が、一つの存在に対して「色は無常である」と無常性（anityatva）というダルマと色（rūpa）というダルミンとをつくりだしているという。

Cf.PV, pratyakṣa, kk.107-109：
tasyaiva vinivṛttyartham anumānopavarṇanam /
vyavasyantīkṣaṇād eva sarvākārān mahādhiyaḥ//107
vyāvṛtteḥ sarvatas tasmin vyāvṛttiviinibandhanāḥ/
buddhayo'rthe pravarttante 'bhinne bhinnāśrayā iva//108
yathācodanam ākhyāś ca so'sati bhrāntikāraṇe/
pratibhāḥ pratisandhatte svānurūpāḥ svabhāvataḥ//109

Dharmakīrti によると、「色は無常である」と推論するのは、愚者の迷妄を除くためで、知恵者は知覚を通して知っているからその必要はない。真実には、一つの存在に「無常性」(anityatva)というダルマと「色」(rūpa)というダルミンという区別はないが、推論には「色は無常である」と区別があるかのように表現される。そのダルマ・ダルミンの区別は、実は、分別知によって作られたものなのである。そして、社会の約束に従ってダルマとダルミンとが結びつけられて「色は無常である」と言語表現される。真実の世界ではダルマもダルミンもまったく区別はないのである。戸崎宏正 [1979]､183-184 ページ参照。

313 Bhāsarvajña は明らかに Dharmakīrti の次の偈文を前提にしている。

PV, pratyakṣa, k.247 : bhinnakālaṃ kathaṃ grāhyam iti ced grāhyatāṃ viduḥ/ hetutvam eva yuktijñā jñānākārārpaṇakṣamam//「もし時を異にしたものがどうして把握されるのか、と問うならば、理に通じた者たちは、まさに知に（自己の）形相を与える能力のある因であることが（対象の）所取性であると認める。（戸崎訳）」戸崎宏正 [1979]､346 ページ参照。

(104.01)このようなわけで､駱駝と乗り手の鞭[314]の譬喩によって[315]、どうしてこれが笑うべきばかげたことではないといえようか[316]。実際､ダルマとダルミンとが[317]別であれば、あるもの(A)が、感官が認識するのに相応しい[318]場合には、その同じもの（A）がダルマであっても、あるいはダルミンであっても、〔感官と〕結合したものは、感官により認識されるのである。

しかし、あるもの（A）は感官が認識するのに相応しくなかったなら、そのもの（A）は[319]、〔感官と〕結合しても認識されることはない。そのために〔ヨーギンでない一般人の知覚は〕「粗大な対象を認識するもの」（sthūlārthagrāhaka）と述べられたのである[320]。

（**3.3.1.1**.2.「粗大なるもの（sthūlārtha）を認識すること」という語句の検討〔104.06-154.20〕）[321]

---

314 T,P：-lakuṭa-. B：-laguṭa-.

315 駱駝は自己の背中に積んでいる乗り手の鞭によって打たれて苦しむ。それと同様、仏教徒も自己の持つダルマ・ダルミン非別体説という論理に鞭打たれ自ら困りはてている、という意味。Cf. NBhūṣ, p.104, footnote 1.

316 T,P：syāditi. B：syād. B に iti の語なし。

317 T,P：dharmidharmāṇāṃ. B：dharmadharmiṇau?

318 T,P：arthatva. B：arhatva. B を採用する。

319 B には sa の語なし。

320 以下、NBhūṣ において、「粗大なるもの」(sthūlārtha=avayavin)の存在をめぐって、Dharmakīrti を中心とした仏教徒との長大な議論が展開される。山上證道 [1999]､125-291 ページ参照。当該部分の翻訳には修正すべき点が多々存在している。拙著の出版後、現在、筑紫女学園大学准教授の小林久泰博士から Prajñākaragupta の Pramāṇavārttikālaṅkāra との対応部分(NBhūṣ p.145, l.15 - p.146, l.01；p.146, ll.08-19；p.146, l.21 - p.147, l.05)について、チベット訳も参照して、より正確な翻訳を送っていただいた。ここに記して謝意を表したい。

また、山上證道〔1999〕の 319-320 ページに訳出した parāmarśa の訳語「照合・吟味」は追手門学院大学教授の正信公章博士のアドヴァイスによる。遅ればせながらここに記して謝意を表する。

321 前注参照。

3.3.1.1.3. ヨーギンではない一般人(ayogin)の知覚の実例 ――感官と対象との特殊な関係(sambandhaviśeṣa)によって生起するあらゆる種類の知覚知をめぐって――〔154.22-170.17〕

3.3.1.1.3.1. 実体の知覚：感官と対象との結合関係（indriyārthasambandha/saṃnikarṣa）〔154.22-156.13〕

〔「それ（＝ヨーギンではない一般の人・アヨーギンの知覚）とは、たとえば、視覚器官と触覚器官の結合より（saṃyogāt）〔生ずる〕壷などの実体の認識などである[322]。」

このニヤーヤサーラの文を注釈して次のように述べる。〕

〔認識の〕対象であっても、それが極微の集積という本質を持っているなら、粗大ではないであろう。しかし、〔対象が、〕それ（＝極微の集積）より生起した特殊な全体（avayavin）である〔から、それは粗大である〕ということを知らしめるために、「壷など」という語がある。「など」（ādi）という語は、我々の感官の対象であるすべての全体（avayavin）を包括するためにある。また、「実体」という語は、それ（＝全体）が〔属性である〕色（rūpa）などとは別のものであることを知らしめるためにある[323]。また、壷などが〔全体であり、〕それ（＝色）とは別であるということは、まさに、知覚（pratyakṣa）により理解される。なぜなら、感官の作用（vyāpāra）の存在・非存在に付随して、「これは壷である」などの知識が、色などの現れとは異なったものとしてすべての人に知覚されるからである。

---

322 NSāra, p.154, l.01. この文は、すでに NBhūṣ, p.102, ll.11-12 において ayogi-pratyakṣa 解説中に引用ずみである。

323 T にある ādigrahaṇaṃ tadarthāntaratvaṃ ca の ādigrahaṇaṃ は、P の ādigrahaṇaṃ tu sarvasyāsmad という誤記に影響されたミスで、削除するか、もしくは、Joshi の avayavitvam を採用するかのいずれかであろう。Cf. Joshi, L.V. [1986] p.494.

3.3.1.1.3.1.1. 実体は属性とともに知覚されることになってしまう、という仏教の反論〔154.27-155.10〕

ある人（ダルマキールティ）は次のように言う。

〔反論（ダルマキールティ）：〕〔暗闇など何らかの原因で、視覚器官の作用が働かない場合に、〕それ（＝壷）は、視覚器官の対象ではないのであるから、存在しないものと相違ない〔、つまり、何ら特性を持たないものである。それゆえ、視覚器官によって知覚されないはずである〕のに、触覚器官によってもそれ（=壷）の知識がある。〔したがって、視覚器官という感官の作用が働かない場合にも、「この壷」という知覚が生ずるではないか。〕もし、〔その壷に特性を持たせて触覚器官によって、〕触れられているのは実体である、〔詳説するなら、ニヤーヤ学派にとっては、実体は視覚器官と触覚器官のどちらによっても把握されるものであるから、触覚器官によって壷という実体の知覚が色とは異なったものとしてあるのは当然であり、かくして、視覚器官の作用がないのに壷という知覚が色とは異なったものとしてあるではないか、という仏教徒の批判は妥当しない、〕というなら、そうではない。「この壷〔は青い〕」という知に、色も現れているから。〔それゆえ、この知覚は、色を対象としない触覚器官から生ずるはずはない。かくして、感官の作用がなくても「この壷〔は青い〕」という知が——それは我々仏教唯識学派にとっては感官知ではなく分別知であるが——色とともに存在するではないか。[324]〕

---

[324] PVin I kk.10-11ab (46.26 - 48.09). Cf. Stern,E.M. [1991].

PVin I kk.9d-11ab は、元来、Kumārila 対 Dharmakīrti の有分別知をめぐる議論であった。しかし、Bhāsarvajña は、PVin I から k.9d を削除して kk.10-11ab だけを取り出し、しかも、PVin における本来の議論とは異なったコンテクストを作成し、Naiyāyika 対仏教徒の議論に組み替えたと推察される。このことについては、Yamakami, Sh. [1995]（山上證道 [1999]、419-428 ページに和訳が所収）において詳論した。

以下に、PVin I における両偈の和訳を、戸崎宏正〔1989〕より引用する。

この〔偈の〕真意は次のとおりである。まず、〔暗闇などなんらかの理由で、視覚器官の作用が働かない場合、〕存在しないものと相違がないのに（k.10a）、つまり、何ら特性を持たないもの（aviśeṣe）であるのに、「壺はどうして知覚されることがあろうか。〔知覚されることはない。〕」と補足説明されるべきである。存在しないものが、感官知の発生に対して能力を持たないように、壺も同様に〔感官知発生の能力を持たない〕、ということで、それ（＝壺）は特性を持たないものである。なぜなら[325]、それ（＝壺）は、視覚器官の対象ではないから（k.10b）。というのも、眼（＝視覚器官）の対象でないものは、自己に対する眼による認識知の生起に対して能力を持たないからである。そして、それ（＝壺）が視覚器官（＝眼）の対象でないことが、なりたたないことはない〔、つまり成立する〕。なぜなら、触覚器官によってもその知識がある(k.10c)から。眼の対象にかんして触覚器官の知があることは合理でないし、触覚器官の対象にかんして眼の知があることも合理でないと考えられるからである。〔したがって、視覚器官の作用がない場合でも、「これは壺である」という知覚が生起するではないか。〕しかし、〔壺に、〕特性があると主張する人（viśeṣaka）〔すなわち、反論者であるニヤーヤ学派、もしくは、ヴァイシェーシカ学派の論者〕は言うであろう。もし、その触れられているものは実体（dravya）であるなら（k.10d）、と。つまり、〔彼などが主張するように〕もし、壺〔という実体〕は〔触覚器官と視覚器官の〕二個の感官[326]により認識されると

「それ（＝闇の中にある瓶の色）が感官（＝眼）の対象でないので（絶対）無（＝兎の角）と相違しないにもかかわらず、それに対して触（感官）によって（「この瓶は赤い」という分別）知が生じる（10abc）。もし触れられるものは実（dravya）である、と言うならば（10d）、（この分別が触感官の対象を把握するということは）ない。なぜならば、「この瓶は（赤い）」という知には色（の共相）が現れているのであるから（11ab）。」(330-331 ページ)

325 T,P は、tasmāt であるが、yasmāt の誤植ではないか。

326 T：dhīndriya. P：dvīndriya. P を採用する。

いう場合には[327]、〔壷は触覚器官によって〕色などとは別のもの〔、すなわち、壷という全体なる実体〕であることがなりたつ、〔それゆえ、仏教徒の批判は当たらない、〕という意図であるなら、それに対しては「そのようではない、この壺は〔青い〕、云々」（k.11ab）と答えられる。つまり、「この壷は〔青い〕」という知識が、〔色を対象としない〕触覚器官により生じることは合理でない。なぜなら、青などの色もまたそこに現れているから。それゆえ、想起である分別（＝「この壷は〔青い〕」という知）は、〔眼により見られた〕色と〔触覚器官によって触れられた〕触との知が結合した[328]意知覚（mānasa）そのものである。〔かくして、視覚器官の作用がなくても「この壷は〔青い〕」という知が色の現れとともに存在することになるではないか。[329]〕

3.3.1.1.3.1.2. 実体は属性とは別に知覚されるというニヤーヤ学派の論理〔155.10-156.13〕

〔答論：〕これはまったく愚かな言葉である。触覚器官によりえられた壷の知識には、色の現れは誰にもない。その壷の知識の直後に色の知が

---

327 ニヤーヤでは、五個の外的感官の内、視覚器官と触覚器官とが実体を把握することができ、それ以外の感官は、属性のみしか知覚しないとされる。古くVS時代からこの二感官のみは実体知覚が可能であるとの説があったことを、Frauwallner がすでに指摘しているが（Frauwallner, E.：Geschichte der Indischen Philosophie II S.176 & 329. Anmerkung 222 においては、darśanaṃ spārśanaṃ ca dravyam というこのスートラは伝承の過程で消失したのであろう、と述べている）、理論的に整備されていくのは、udbhūtarūpa, udbhūtasparśa という概念を導入した NBh 以後と思われる。丸井浩〔1981〕参照。 Cf. Preisendantz, K. [1989]. さらに、NBhūṣ p.95 にも udbhūtarūpa, anudbhūtarūpa についての記述がある。

また、後代では、視覚器官と触覚器官とは、一定の広がりを持つものを知覚できるから実体を知覚できると説明される。Cf. Chatterjee, S. [1965] p.156.

一方、TarS, note p.223 によると、spārśana による実体知覚は、肯定、否定の両方ある。古くは、否定的であった。udbhūtarūpa の主張により、それが実体知覚の条件であった。新しいニヤーヤでは、肯定的である。udbhūtasparśa が知覚可能であるから。Siddhāntacandrodaya(TarS's commentary)は、udbhūtasparśa を知覚条件に加えている。Cf. TarS, p.117.

328 NBhūṣ の T,P は -vijñānānvayo. PVin のチベット訳では -vijñānahetuḥ.

329 ＝PVin I 48.10-19. Cf. Stern, E.M. [1991].

推論知として生ずるのである。このことによって、壷の知が触覚器官より生じない、という〔ダルマキールティの見解〕は正しくない。そうでなければ、触覚器官の知もそれ（＝壷）でないものから生じることになってしまうから。

〔反論：〕触覚器官の知識は、有分別ではない。一方、無分別知であるという場合には、壷は〔眼に〕現れることはない。〔それは〕触覚器官のみに現れるから。

〔答論：〕この場合には、コーシャパーナ（kośapāna）〔という神の裁断〕330) がなさるべきである。何一つ〔決定できる〕論理はないのであるから。

〔反論：〕汝にとっても同じであろう。〔なんら汝らに有利な論理はない。〕

〔答論：〕そうではない。異なった形体を持って現れるものは、異なった形体が決定されていると定まっていて、それらは、青・黄 331) のように〔定まった〕対象と結合するから 332) 。

〔反論：〕異なることのない〔女体という〕一つの対象でも、〔苦行者や欲望に満ちた男などの触覚器官によって〕美女、あるいは、死体など、異なった決定知があるから、一定ではない。

---

330 コーシャパーナについては、本書 197 ページの注 644 参照。
　いま、暗闇の中で壺に触れて認識知が生起する場合が議論となっている。仏教徒は、触覚器官による知覚知は現れないという。他方、ニヤーヤは、視覚器官と触覚器官とには知覚の能力が容認されているから、暗闇の中でも、触覚器官により、「壺」という全体(avayavin)としての知覚知が生ずると主張する。バーサルヴァジュニャの場合、触覚器官と壺とが接触した瞬間は無分別知覚知、それに続いて有分別知覚知「壺」が全体なるものとして生起する。したがって、触覚器官によっては有分別知は生じないという仏教徒の主張はニヤーヤと真っ向から対立し神の裁きを受けねば解決しない，という議論と思われる。

331 T：nīlapītādivad. P：nīlapātādivad. T を採用する

332 T,P:arthanibandhanārthatvāt は、arthanibandhanatvāt と訂正。Cf. Joshi, L.V.〔1986〕p.497.

〔答論：〕そのようなことはない。そこでも〔苦行者や欲望を持つ男には〕ダルマの区別が存在するから。「私が見ているその同じものに触れている」という認識は、色（rūpa）と触（sparśa）という異なる特質をもつ実在が知られないときにはどうして存在しえようか[333]。〔かくして、色、触とは別の実在、すなわち、全体（avayavin）が存在する。〕

〔反論：〕見られた（dṛṣṭa）とは、見る（darśana）という能力と結びついたものである、といわれる。それがどうして触れられることが[334]可能であるのか。

〔答論：〕あるものは次のように言って退ける。

見ること、触れることに限定された一個の対象が、意識（＝マナス）のみによって知覚される。マナスは、あらゆるものを対象とするから。しかし、それは、全知全能（sarvajña）であるとか、眼などが不要にな

---

333 NS 3.1.1 にたいする Dignāga の批判は、Hattori,M.[1968] p.44 ; 戸崎宏正[1993]、76 ページ参照。同類の実例は Vyo pp.272-273 にもみられる。丸井浩[1981] 参照。また、Tarkarahasya にも引かれる。矢板秀臣[1989]、101 ページ参照。

この実例は、元来、NS 3.1.1 にみられるアートマンの存在論証に端を発したものであった。

NS 3.1.1 : darśanasparśanābhyām ekārthagrahaṇāt/（視覚器官と触覚器官の両方によって同一の対象に認識があるから〔その二個の認識を統合するものとしてアートマンが存在するはずである〕）。NBh では、「私が見たその同じものに触れている」という経験は、視覚知と触覚知の二個の知を統合する主体であるアートマンの存在論証に使用されていた。しかし、NV では、視覚器官は色を、触覚器官は触をそれぞれの対象とするから、この二感官が同一の対象を持つということはない、という反論を提示し、それに答えて「視覚器官、触覚器官が色、触という属性を把握しなくても、その属性を持つもの（＝実体）を把握することがある」と述べ、水晶の例などを挙げ、視覚器官と触覚器官によって壷の知が生起することを説き、この二知覚を統合する主体があるからこそ二知覚の対象が同一であることもわかる、と述べている。

ここに見られるように、視覚器官の対象は色であり触覚器官の対象は触であると限定してしまえば、このような表現はありえないことになる。色、触とは別な実在が存在してこそ初めてその経験が説明可能となる。視覚器官と触覚器官の共通の対象として、色、触とは別の「壷」という全体（avayavin）としての実体の存在が容認されねばならない、と Naiyāyika は考える。

334 T : sparṣṭum. P : spraṣṭum. P を採用する。

るとかいったことにはならない。なぜなら、見られたままの共働因に付随されてマナスの活動が認められるから。

また、別のものは次のように言う。

見ること（darśana）に限定された対象の想起に補助された触覚器官によって、見られているもの、それと同じものが私により触れられている、という知が生ずる。様々な総合因（sāmāgrī）により、一つのみの対象に対して性格の異なった知が生起するから、と。

これは、誤った再認識というわけではない、矛盾するものではないから。誤っていても再認識が相似性から生じることがある、灯火などにおいて〔、昨日の灯火と今の灯火の相似性から誤った再認識が生じる〕ように。しかし、色と触との相似性は全くない。誤知によっても、再認識された色と触には対象性はありえない。〔つまり、色と触が再認識されることはない。〕また、誰も、次のように再認識する人はない。「私が見た白性を私は今触れている。」「かつて触れた熱性を今私は見ている。」

「壺などの実体は色などとは別のものである。多くの感官と結合することによって〔色、触など多数のものと、多様に〕結合されていることになるから（pratisaṃdhīyamānatvāt）、自我（ahaṅkāra）のように。」という推論もまた、悪しき論理にかかわっている人々を啓蒙するために述べられたのである。色などが認識されずとも実体は認識される、たとえば、〔冷たい〕触が認識されずとも水が〔認識される〕、〔青などの〕色が認識されずとも水晶が〔認識される〕ように[335]。

〔反論：〕火との結合によって、水の触が熱い〔触として〕生ずる。また、水晶などの色が他の原因と結合することからその〔原因の〕色と相似する。

〔答論：〕そうではない。〔もし刹那滅を承認すれば、水の冷たい触が消滅して、熱い触が生起するなど、反論者の見解どおりになるが、〕刹

[335] Cf. NV ad NS 3.1.38, p.767, l.14 ; NV ad NS 3.1.1, p.711, ll.10-11.

那滅は成立しないから[336]〔そのようにはならない〕。あるいは、刹那滅でなく、そして全体が存在すると定まった場合、どのように速く滅したものでも、滅が何にも〔変化を〕もたらさない（niranvaya）ということはない。原因の属性（guṇa）に付随して結果の属性が生起するということである[337]。〔そうでなかったら〕そのようなこと（＝熱い水や色付きの水晶など）がどうして起こるであろうか。それゆえ、水晶などの実体は色などと別である、ということが定まる。

かくして、次のことも全く不適切である。

> 壺のすべてが見られたという認識は、〔壺の〕色が見られているときには生起しない。それゆえ、真実を知る者の誰が言うであろうか、「壺は知覚されているという〔認識〕もまた〔生起しない〕」と[338]。

かくして、これで実体を対象とした知覚が説明された。

---

336 T：kṣaṇikatvāt siddhe. P：kṣaṇikatvāsiddheḥ. P を採用する。

337 Cf.VS 2.1.24: kāraṇaguṇapūrvaḥ kārye guṇo dṛṣṭaḥ, kāryāntaraprādurbhāvāc cāśabdaḥ sparśavatām aguṇaḥ/

糸と布というより明確な例で説明すれば、部分である実体の構成因である糸（samavāyikāraṇa）から、全体である実体の布という結果が生起するが、布の属性である色は、糸の属性である色（asamavāyikāraṇa）に付随して生起するとされる。布の色が影響を受けるのは asamavāyikāraṇa である糸の色なのである。Cf. PBh(VSS)p.101：rūparasagandhānuṣṇasparśasaṃkhyāparimāṇaikapṛthaktvasneha-śabdānām asamavāyikāraṇatvam ; VS 10.13-15 ; Mishra,U.〔1936〕p.245.

ニヤーヤにとっては、温水とは、水に火の分子が混合している状態である。熱い触が感じられるのは、火の触であり、水はそのままの状態である。火がなくなれば水にはもとの冷たい触が戻ってくる。水晶の場合も、水晶自体は変化なく、近接している布の色が反映されているだけで、布を取り除けば、水晶の色が戻ってくる。水も水晶もそれを構成している部分の色に付随して、水や水晶全体の色があるのであって、単に近接したものによって属性が新たに生起することはない（Cf. Mishra,U.〔1936〕pp.310-311）。したがって、冷たい触が消滅し、新たに生起した熱い触を知覚している、とか、水晶本来の色が消滅して新たに生起した青い色を知覚しているというのは正しくない。かくして、色、触とは別に水晶、水という実体が認識されることは否定できない、と説明される。

338 引用不明。

3.3.1.1.3.2. 属性の知覚：結合したものの内属関係（saṃyuktasamavāya-saṃnikarṣa）〔156.15-157.16〕

さて、属性（guṇa）[339]などを対象とした〔知覚の〕説明に移ろう[340]。〔それは、NSāra において〕「結合したものへの内属関係より」などの文によって〔述べられる〕。〔すなわち、「結合したものへの内属関係より(saṃyuktasamavāyāt)その二個(視覚器官と触覚器官)により、壺性、数、量などの知識が生ずる。色の知は視覚器官のみによってある。味の知は、味覚器官のみによって、香りの知は嗅覚器官のみによってあり、触の知は触覚器官のみによってある。音の知は、聴覚器官によってのみある。快感(sukha)などの知はマナス(manas)のみによってある[341]」と。〕

壺などの実体が視覚器官と結合した場合、それに内属している普遍（sāmānya）、特殊（viśeṣa）や〔属性（guṇa）である以下の 11 個、すなわち、〕数、量、別異性、結合、分離、彼方性、此方性、重さ、流動性、潤性、〔さらに〕運動（karman）について視覚器官による知識がある。触覚器官と実体とが結合する場合、〔その実体に〕内属しているそれらの同じもの（＝普遍ないし運動）についての触覚器官による知識がある。「視覚器官のみと」結合したものの内属から〔色の知がある〕と補充説明される。色の知が〔視覚器官〕以外の感官から生ずることを否定するために、「視覚器官のみ」と限定されている。意識・マナス（manas）にも〔色を見る〕働きがあるとしても、視覚器官こそが、主たるものである、〔視覚器官の〕直接に対象と結合するという性質ゆえ、また、「視覚器官の知である」（cākṣuṣaṃ jñānam）と表現するからである。あるい

339 Cf. VS 1.1.5.　VS は、色・味・香・触・数・分量・別異性・結合・分離・彼方性・此方性・知・快感・不快感・欲求・嫌悪・努力までの 17 の属性をあげるが、PBh は、さらに、重さ・流動性・潤性・潜在力・功徳・罪過・音を加えた 24 属性を挙げる。Cf. PBh (VSS) p.10, ll.11-15.

340 T : ukramyate. P : upakramyate. P を採用する。

341 NSāra, p.156, ll.01-03.

は、〔「視覚器官のみ」という語が、〕触覚器官による補助を否定するためでもある、と後でも説明するであろう。

触覚器官のみにより触の知、嗅覚器官のみにより香りの知、味覚器官のみにより味の知、マナスのみにより快感などの知がある。これらすべてに「結合しているものの内属から〔生ずる〕」と補充説明されると見られるべきである。

3.3.1.1.3.2.1. 快感（sukha）などは知識ではない。〔156.25-157.07〕

〔反論（仏教徒）：〕快感などは知識を本質とするものであるから[342]、自己認識される。また[343]、〔快感などは知識と〕同じ原因より生ずるから、知識を本質とするものである。次のように言われる。

Ａという形を持つもの、あるいはＡ以外の形を持つものは、〔それぞれ〕Ａの形を原因として生じ、またＡ以外の形を原因として生ずる。それゆえ、知識と異なることのない原因から生ずる快感などはどうして知識ではないというのか[344]。

〔答論：〕これは正しくない。知識もまた自己認識されることはない、と以前に十分論じられた[345]。一方、快感などは、まさに、知識を本質としている、ということはない。それがどうして自己認識されるのか。また、〔快感と知識というこの二個が〕同じ原因から生ずることは、〔その二個が〕同一であることを立証するものではない。熱性（pākaja）〔と

342　T：...ātmakavam. P：...ātmakatvam. P を採用する。

343　P に ca あり。

344　＝ PV, pratyakṣa, k.251 ＝ PVin I k.22.（PVin I 64.04-07）これ以外のテキストへの引用については、戸崎宏正 [1979]、350 ページ参照。T の tatsukhādikam は、PV, PVin に従い tatsukhādi kim と訂正。

NM においても、Dharmakīrti のこの偈を引用・批判して、快感と知識とは異なるというニヤーヤの論理が展開されている。ただし、NM の場合は、「NS 1.1.4 の知覚の定義中にある、jñānam の語によって、知覚から快感などを除外することはできない。なぜなら、知識と快感は異ならないから」という仏教の反論に答える形で、知識と快感の同一性を論じている点、Bhāsarvajña とは立場が異なる。Cf. NM I（KSS）p.70, l.15 - p.72, l.10.

345　NBhūṣ pp.119,137,139.

いう同じ原因から生じたものでも、マンゴーの色・味は同一ではない、ということ〕によって不確定（anaikāntika）となるから[346]。汝の見解でも、壷などの破壊から生ずる音は、カパーラの破片などと同じ原因（＝壷の破壊）から生じたものだが、それ（＝カパーラの破片など）の形を持ってはいない、ということで不確定となる。〔知識と快感とが〕あらゆる場合に、同じ原因から生ずるということはなりたたない。快感などは望ましい、望ましくないなどのそれぞれに定まった原因を持っている〔が、知識にはそのような望ましいものなどの原因はない〕から、ということである。

3.3.1.1.3.2.2. 快感などはアートマンの属性である。〔157.07-16〕

〔反論：〕知覚により、喜び、悲しみなどの区別を認識するから、〔それら快感をも含む喜びなどは知識の〕対象としては存在しない〔知識側に属するものである〕、したがって、〔快感と知識が〕別であると立証することは正しくない。疑い、倒錯、決定知などのように、それらは〔知識の〕細分類である。

〔答論：〕そうではない。快感などにおいては、疑わしい知（saṃśaya）におけるようには、「〔云々という〕知識である、〔云々という〕知識である」と〔それに〕付随した概念が認識されないから。また、快感などは、疑わしい知（saṃśaya）のように、もの（artha）を対象としているとして知られることはない。それゆえ、快感などは、知識という形（rūpa）を持ったものではない。

〔反論：〕しかし[347]、快感などが、本質的に知識ではない（abodhātmaka）という場合には、それは外界であることになるし、〔他人と〕共有されるもの（sādhāraṇatva）となってしまうではないか。

〔答論：〕そうではない。なぜなら、それは、アートマンに内属してい

---

346 Cf. Joshi, L.V.〔1986〕p.502.

347 P には tu なし。

るゆえ[348]、そのようなことはありえないから[349]。「それら快感などは、心的なもの(cetana)である、知られるものであるから(saṃvedyatvāt)[350]」というこ〔のダルマキールティの主張〕は〔知られるものである〕形体（rūpa）など〔は cetana ではないということ〕によって不確定となるから[351]正しい理由を持つものではない。無形相の主張（＝ニヤーヤの主張）でも〔ダルマキールティの見解に〕逐一対抗した定見（prati-karmavyavasthā）が立証されるし、さらに、唯識の主張もすでに否定されたということで、〔ダルマキールティの主張の〕不確定は否定されえない。また、自己認識は、詳細に否定されたから快感などが自己認識されるということはない。

3.3.1.1.3.3．属性に内属する普遍などの知覚：結合したものに内属しているものの内属関係（saṃyuktasamavetasamavāyasaṃnikarṣa）〔157.17-165.09〕

「それらの数（saṃkhyā）などに内属している普遍は、自己の基体を認識する感官によって、結合したものに内属しているものの内属関係（saṃyuktasamavetasamavāya）から認識される。[352]」

上記〔NSāra〕の文で、「数など」という語は[353]、壷性（ghaṭatva）など〔に内属する普遍（ghaṭatva-tva）の知覚〕を否定するためにある、〔壷性という〕普遍に内属する普遍〔、すなわち、壷性性（ghaṭatva-tva）〕

348　T,P の samayāyitvena は、samavāyitvena のミスであろう。

349　Cf. PVin I 64.1；戸崎宏正 [1990]､65 ページ参照。

350　Cf. PVin I k.24ab=PV, pratyakṣa, k.274bcd : saṃvedyatvāc ca cetanāḥ/ saṃvedanaṃ na yadrūpaṃ na hi tat tasya vedanam//

　T,P は saṃvedyatvārūpād. Joshi は、saṃvedyatvāt ūhādivato を示唆している。Cf. Joshi, L.V. [1986] p.504. ここは、saṃvedyatvarūpād とするか、PVin I と PV により、saṃvedyatvāt と訂正するかのどちらかであろう。

351　rūpa も saṃvedya であるのに cetana ではないから。

352　NSāra, p.157, ll.01-02.

353　NSāra, p.156 に述べられている ghaṭatvasaṃkhyāparimāṇādijñānam の内、ghaṭatva を除外する意図である。

は理解不可能であるから。「など」(ādi)という語により〔数から〕快感などまでが理解される[354]。「それら（＝数から快感などまで）に内属している」存在性（sattā）、属性性（guṇatva）、数性（saṃkhyātva）[355]などから始まって快感性（sukhatva）にいたるまでの「普遍」が、「自己の基体を認識する感官によって」、すなわち、数から運動にいたるものに（saṃkhyādikarmānteṣu）内属しているものが、視覚器官か触覚器官によって「結合したものに内属している内属関係から理解される。」すなわち、色を基体としているものは、視覚器官により、触を基体としているものは触覚器官により、香りを基体としているものは嗅覚器官により、味を基体としているものは味覚器官により、快感などを基体としているものは意識器官により〔認識される〕、ということであるが、一方、存在性と属性性とは全ての属性を基体としているから全ての感官により認識される、ということである。

3.3.1.1.3.3.1. 属性性（guṇatva）の知覚〔157.25-158.14〕

また、実際に、存在性（sattā）の知覚が存在する[356]時がある。「〔何々が〕存在する」「〔何々が〕存在する」という知覚がどこでも経験されるから。しかし、属性性（guṇatva）はどうして知覚されるのか。なぜなら、〔guṇa は実体（dravya）の属性を意味する、という〕ヴァイシェーシカによって惑わされていないものにとっては、色（rūpa）などに存在する属性性（guṇatva）は〔知識に〕現れることはないから。世間や他の学派やまたそのほかでも guṇa という言語表現は経験されるが[357]、色などに実際、属性性があるとはどうして〔経験されるの〕か。もし、色

---

354 NSāra, p.156 では、saṃkhyā, rasa, gandha, sparśa, śabda, sukhādi と並んでいるから。

355 T,P の...guṇatvasaṃkhyādīnāṃ sukhādīnām は、...guṇatvasaṃkhyātvādīnāṃ sukhatvādīnām と訂正。Cf. Joshi, L.V.〔1986〕p.505.

356 T：bhavati. P：saṃbhavati.

357 guṇa が、ロープという意味で世間的に用いられ、Sāṅkhya では、triguṇa として用いられるなど、多様な意味を持つから。Cf. Joshi, L.V.〔1986〕p.506.

などに実際〔存在性があるように〕属性性があるとするなら、色やあるいは味（rasa）に属性の言語契約（saṃketa）が認識されるから、あらゆるものに、属性の言語表現があることになってしまうであろう、〔全ての牛に牛性があるから、それらの牛に〕牛などの言語表現があるように。なぜなら、〔牛性などの〕普遍は、〔「牛」という〕自己の言語表現のため、〔牛の個体一つずつ〕基体ごとに言語契約を必要とすることはないから。

また、あるものによって〔属性性の存在を示す〕次の推論式が述べられている。

〔主張：〕色（rūpa）などは〔最上位の普遍である〕存在性（sattā）とは異なったそれに次ぐ〔rūpatva よりも〕上位の普遍[358]（parasāmānya、つまり、guṇatva）と結合したものである。

〔理由：〕最上位の普遍（存在性<sattā>）と結合してるゆえに。

〔喩例：〕上昇運動（utkṣepana）のように[359]。

しかし、これも属性性の知覚を立証するものではない。

〔反論：〕〔属性性の〕知覚性は立証されないが、〔それの〕存在性はそれ（上記の推論式）によってなりたつ。

〔答論：〕そうではない。運動（karman）〔の存在〕によって不確定となるから。なぜなら、運動において、存在性とは異なった運動性（karmatva）よりも上位の普遍はないから[360]。

〔反論：〕運動性は、上昇運動性などより上位である。

〔答論：〕それでも、〔色（rūpa）の場合には〕青性などより上位の色

---

[358] T,P：aparasāmānya は parasāmānya であろう、と Joshi はいう。Cf. Joshi, L.V.〔1986〕p.507.

[359] 運動（karman）の1種である上昇運動（utkṣepana）は、最上位の普遍である sattā と結合しつつも、それに次ぐ順位の運動性（karmatva）とも結合している。運動を属性とみなしてしまえば guṇatva が存在することになる。

[360] 色に対する guṇatva という上位の普遍が運動には存在しないからである。

性があるであろう、〔味（rasa）の場合には〕甘味性より上位の味性もあろう、ということで、どのような場合でも、〔運動（karman）以外は上位の普遍が〕指摘されうる。

3.3.1.1.3.3.1.1. 属性(guṇa)から運動(karman)まで属性性(guṇa-tva)があるという主張〔158.08-14〕

〔反論：〕色、味などに結びついた存在性とは別のもの〔、すなわち、属性性という普遍〕の意義はある。

〔答論：〕それなら、運動、色などに結びついた〔存在性とは別の普遍の〕意義もあるであろう、ということで、運動全体の分野（varga）〔つまり、karmatva〕も 25 番目の属性の一つになるであろう。そこ〔、すなわち、属性の場合と運動の場合と〕には、何らの区別は見られないのであるから[361]。

〔反論：〕どうしてそれら（運動と色）が属性であるのか。

〔答論：〕同じ属性の特徴が存在するから。すなわち、色〔、運動〕などの全てのものには、〔実体と異なって、属性である〕触がなく〔普遍と異なり〕普遍性があり、しかも、実体に依存するという性質がある[362]。一方で、属性性は、全ての感官によって知覚される、と先師により認められている[363]。それはそうであるかもしれないし、そうでないかもしれない。なぜなら、それについて我々はこだわらない。〔それを議論する

---

361 Cf. NMukt, p.160, ll.07-08. karman と guṇa とを区別しない Bhāsarvajña の見解は、Kir, p.104, l.20 に tasmād varaṃ bhūṣaṇaḥ karmāpi guṇas tallakṣaṇayogād iti と引用される。Cf. Bhattacharya, D.〔1958〕p.36 ; Halbfass, W.〔1992〕p.227, note 89 ; NSārV, preface, p.14(11) ; Potter, K.〔1977〕pp.414-415.

362 Cf. PBh (GJG) p.227, l.03, PBh (VSS) p.94, l.06 : rūpādīnāṃ guṇānāṃ sarveṣāṃ guṇatvābhisaṃbandho dravyāśritatvaṃ nirguṇatvaṃ niṣkriyatvam/ ; Kir, p.104, l.15 : 'sāmānyavān sparśarahito dravyāśrito guṇaḥ' 'sāmānyavān kāryānāśrayo guṇaḥ' iti cātivyāpakaṃ karmaṇy api gatatvāt...

363 Cf. NV ad NS 1.1.14, p.204, ll.10-11 : tatra pṛthivyaptejāṃsi dvīndriyagrāhyāni, śeṣaś ca guṇarāśiḥ, sattāguṇatve ca sarvendriyagrāhye, samavāyo'bhāvaś ca tathā/ ; Joshi, L.V.〔1986〕p.510.

ことには〕有意義な目的がないから。実体の定義は、実体性を持つことと、属性の基体であることであろうが[364]、あるいはそうでなかろうが、〔いずれにしても、実体が〕内属因（samavāyikāraṇa）であることを誰が否定するであろう。

3.3.1.1.3.3.2. 数(saṃkhyā)――数は属性ではない――〔158.14-160.13〕

〔反論：〕属性としての特徴(lakṣaṇa)は、数(saṃkhyā)などに妥当しない。定義されるもの(＝数)が〔別個の存在として〕成立しないから[365]。

〔答論：〕そうではない。〔数などには属性である〕道理にかなった知（yauktapratyaya）が成立するから。つまり、

〔主張：〕「一」などの知は、限定するもの（「一」という数など）を待つものである（289ページ注370参照）。

〔理由：〕〔限定するものに〕限定された知であるから。

〔喩例：〕〔限定するものである杖に限定されているその知に依存して存在している〕有杖者（daṇḍin）などの知のように[366]。

そうはいっても、〔属性ではない〕存在性と同じような（sattvādivat）、一性（ekatva）がどうして属性であると定まるのか。なぜなら、「存在する」という概念のように、「一」などの概念が、どこにいてもそこには存在しないということはないから。そこに何の区別があるというのか、その区別によって、存在性などは属性（guṇa）にも生起して普遍（sāmānya）と基体を共にしていないと認められるが、一性などはそう

364　Cf. VS 1.1.15 ; Joshi, L.V.〔1986〕p.510.

365　Cf. TarS, p.160は、数などを知覚するというより理解するといった方が適当であろうか、と述べている。

366　Cf. NK (GJG) p.269, NK (VSS) p.113.「eka、dveなどの言語活動の原因がsaṃkhyāである。eka, dve という概念は限定詞（viśeṣaṇa）により作られる。限定された概念であるから、daṇḍinのように。」

Bhāsarvajñaは、数を属性であると一旦は容認したようにみえるが、後に見るように、数を属性と認めるにはいくつかの難点があることを指摘して、数が属性であることを否定している。

ではない、という〔区別が〕。〔要は、数は存在性同様に、どこにでも必ず存在する。数が属性（guṇa）であるとすれば存在性も属性であるはずである。〕
〔反論：〕「一」などの言語活動（vyavahāra）は、属性において、それ（＝一性）が一つの対象に内属することから、または、そのとき（＝内属した時）に[367]〔一性が〕付託されることから〔生ずる〕。しかし、「存在する」という言語活動(vyavahāra)は、そのようには〔生じ〕ない。
（158.21）〔この反論を、我々ニヤーヤ側から詳論してみるなら、〕つまり、もし汝〔反論者〕が、次のように考えたとしよう。すなわち、

「数がもし属性でなかったなら、〔それには〕無常性も非内属因性もないであろう。しかし（ca）、〔数には〕その両方がある、〔それゆえ、数は属性である、PBh において〕次のように言われているから。

＜数は、「一」などの言語活動の原因である。それ（＝数）は一つの実体にあるものと、多くの実体にあるものとがある。

(a) そのうちで、一つの実体にあるものには、〔常住なものにあれば〕常住性が、〔無常なものにあれば〕無常性が生起している、〔無常な〕水などの〔色〕や〔常住である〕極微の色などのように。一方、多くの実体にあるものは、二性（dvitva）から最高の数[368]（parārdha）まである。こ〔の多くの実体にある数〕は、多数を対象とした知識に伴なわれた「一性」（ekatva）によって生じ、また[369]、〔一性をもった A、B、C、D、などという〕待つ〔対象としての〕知（apekṣābuddhi）[370]の

---

367 原文（tadādhyāropād）の通り訳したが、もし、tadadhyāropād であった場合は、「〔内属することによって〕それ（＝一性）が付託されることから」となるであろう。
368 parārdha=100,000 billions（Monier-Williams : Sanskrit-English Dictionary）
369 PBh には ca なし。
370 待つ〔対象としての〕知（apekṣābuddhi）とは、二個のものを見て、A と B という別々の二個の知がまず生ずる。この二個が心で一個になって、「二」という知が生ずる。この「二」を生ずる知を apekṣābuddhi という。宮元啓一[2008]

消滅によって消滅する[371]＞と。

〔上記の文の〕「また」(ca)の意味は、時として、基体の消滅から[372]〔dvitva、多数性などが消滅する場合〕と〔基体と apekṣābuddhi の〕両方の消滅から〔多数などが消滅する場合がある〕ということである。

(b) また、二性と多数性とは量に対して非内属因[373]であるといわれる」と〔このように汝、反論者が考えたとしよう〕。

(159.05)〔答論：〕〔この汝の考えに反論して言う。〕

(a) まず、〔PBh において、一つの実体にある数〕一性（ekatva）は〔常住なものにあれば〕常住であり、〔無常なものにあれば〕無常であると〔述べられた〕が、そうではない。そのようなもの（＝一性）は、「相違」(bheda)と同様に存在しえない。結果の相違性（bhinnatā）について原因の相違性が非内属因（asamavāyikāraṇa）であるとは想定されない、相違性には、生起などがありえないから、存在性〔に生起がない〕ように。「一性」もそれと同様である。それは同一(相違しない)(abheda)と同義語であるから。同一・相違とは、自己と他とに相互に依存したもので、色などにも存在するということから、その二個〔すなわち、同一と相違〕に属性性などがあることは想定されない、ということである[374]。一つである（eka）ことは、同じである（abhinna）ことと同義語である。ちょうどそのように、多数（aneka）は、相違する（bhinna）と同義語で

76-80 ページ参照。Cf.TarS, notes, p.161 ff. Vaiśeṣika にとって dvitva は、apekṣābuddhijanya であり apekṣābuddhijñāpya ではない。それゆえ、dvitva は属性であるといわれる。Cf. Joshi, L.V. [1986] p.514. ; SDS p.221. l.01ff.

371 Cf. PBh (GJG) pp.269-272, PBh (VSS) p.111, ll.03-08.

372 T,P：…janāśād は…vināśād と訂正。

373 280 ページ、注 337 参照。dvyaṇuka の属性としての数は「二」、量は微細であるが、tryaṇuka の数は「三」、量は「大」（mahat）である。「三」という数が「大」（mahat）の asamavāyikāraṇa であるということであろう。

374 つまり、bheda と abheda は、相互依存の関係であるから guṇa とはいえない。ekatva、anekatva も同様であり、guṇa ではない、ということであろう。さらに、guṇa が guṇa に存在することはないから色(rūpa)に存在する数(saṃkhyā)は guṇa ではない。

ある[375]。それゆえ、二性（dvitva）なども多数〔性〕と同義であり、それ（＝dvitva などの属性）の生起など想定されることはない。

（159.12）〔反論：〕それではどのようにして「二」「三」という区別があるのか。また、どうして〔そのような区別が〕ないことになるのか、多数性には〔二、三、四といった〕区別がないから。

〔答論：〕そう〔質問するべき〕ではない。ある待つ〔対象としての〕知（apekṣābuddhi）が〔、それ（＝「二」「三」の区別）を生ずると汝に言われる〕ように〔我々にとっても、〕そのことはなりたつから。たとえば、多数の対象を持つ点で差異はなくても、ある待つ〔対象としての〕知（apekṣābuddhi）〔A、B〕は「二性」を生起させるし、ある知〔A、B、C〕は「三性」を生起させるように。また、〔属性（guṇa）である〕待つ〔対象としての〕知には以前と同様、「二性」などの属性はない。さもなければ、〔属性の属性の属性などと〕無限遡及の誤謬となるから。また、待つ〔対象としての〕知より生じた二性などは無意味である、という間違いとなってしまうから。ある特性から待つ〔対象としての〕知の特性がある、その同じ特性から「二」などの言語活動があるはずである、ということになって、余計で無益な二性などの属性を想定しても何の意味があろうか。実際、このように、〔色などの〕属性などに〔さらに属性 dvitva を設定して〕「二」などの言語活動が〔あると想定しても〕、間違った想定ではないということになってしまうであろう。同様に、〔数を属性とみなさなければ〕計算活動も 6 個の 20 を伴なった (sārdham)100〔つまり、6×20＋100=220〕などと理解しやすいであろう。

それゆえ、まず、一（eka）とは同一（abhinna）であるといわれる。そして、それとは別の同一と一緒になって「二」、さらにそれとは別の同一と一緒になって「三」、さらにそれらとは別の同一と一緒になって

---

375 Cf.Kir, p.124, l.13 : etena svarūpābheda ekatvaṃ svarūpabhedas tu nānātvaṃ dvitvam iti bhūṣaṇaḥ pratyākhyātaḥ/ ; NMukt pp.143-144.

「四」、といった仕方で数学の成立と、「二」という言語活動の原因が知られるべきである。

（159.23）（b）次に、〔数は〕量に対して非内属因である、といわれたが[376]、それもまた正しい根拠に基づいていない。なぜなら、数が量の非内属因であることに対してなんら論拠が存在しないから。

〔反論：〕残余法〔で非内属因と認められる〕[377]。

〔答論：〕そうではない。原因の量が、〔結果の量の〕非内属因である可能性があるから。〔原因（＝糸など）の〕色〔が、結果（＝布など）の色の非内属因になる〕などのように。

〔反論：〕〔もしそうであれば、〕二微果が、極微の量より生じても極微性となってしまう。

〔答論：〕これは正しくない。〔一個の〕原因と〔二個の〕結果とが同じ量である場合の実例は存在しないから。なぜなら、どこでも原因の量より大きい結果の量が見られるから。

〔反論：〕〔一本の〕糸、二本の糸などからできている〔多数の〕もの（＝布）には、〔一本の糸、二本の糸の〕大性と同じ量がある。〔それゆえ、原因の量と結果の量とは等しい。〕

〔答論：〕極微と二微果とは微性という点で区別はなくても、〔極微の方が〕さらに微である、という特性は誰に否定されようか〔、否定されることはない〕。

〔主張：〕極微の数は、量に対して原因ではない。

〔理由：〕数であるから。

〔喩例：〕布などの〔糸の〕数〔が量の原因とはならない〕ように。

同様に、

---

376 Cf.NBhūṣ p.159, l.05.

377 rūpa が mahat（大）の非内属因なら、mahat なものである風にも rūpa があるはずであるはが、それは事実に反するなどと、rasa、gandha と順々に否定していくと、数が大の原因として残る。Cf. Kir, p.139, l.01ff. ; Joshi, L.V.[1986] p.519.

〔主張：〕議論されている対象（二微果）から生じた数は、大性を生起させるものでもない。

〔理由：〕数であるから。

〔喩例：〕双方に認められる数〔が量の原因ではない〕ように。

以上によって、長い、短いということの〔数による〕生起も否定されると見られるべきである。「〔極微の〕特別な配列が、長い、大きいという原因であると考えられる。それが非内属因であり、あるいは、動力因 (nimitta) であると考えられる」というのは我々の考えではない[378]。

〔反論：〕多くの同じ量によって〔結果が〕生じた場合、〔少ない原因から生じたものに比べて〕大性 (mahattva) という卓越性が見られるから、どうして数が〔量の〕原因でないといえるのか。

〔答論：〕それは正しくない。なぜなら、不確定であるから。多くの同じ努力によって、石を持ち上げることなどの卓越性が経験されても、それに関して数が原因であるとはいえない[379]。

〔反論：〕その場合でも動力因であることが理解されるではないか。

〔答論：〕その場合(=量の生起の場合)数が動力因であることは誰にも否定されない。普遍性なども動力因であるから、ということである[380]。

3.3.1.1.3.3.3. 量 (parimāṇa) は属性でないという見解の吟味〔160.15-21〕

一方、他のものたちは、量も属性でないと主張する。大などの言語活

---

378 Bhāsarvajña が、数や極微の特殊な並びかたが大の原因でないと主張することは、Vaiśeṣika の可知覚物の形成に大きな問題を生ずる。山上證道 [1968]、183-184 ページ（山上證道〔1999〕に所収）参照。

379 多くの努力により大きな石を持てたとしても、努力そのものが原因であり、多数という数が原因ではない。

380 Aparārkadeva は、「Bhāsarvajña が、数が属性ではないことを示そうとして sattā のような普遍であると考えているようである」と述べている。Cf.NMukt, p.152, ll.21-22 ; Joshi, L.V.〔1986〕p.522.

動[381]は、待つ〔対象としての〕もの（小など）に結びついているから（apekṣānibandhanatvāt）。しかし、属性には、このような言語活動〔に依存して存在しているようなもの〕はない。なぜなら、色などにおいて、白などの言語活動が黒などに依存して[382]〔生ずる〕ということはないから。

〔反論：〕薪、サトウキビ、竹などにおいて、〔何かと比較して〕二義的に短いという言語活動が使用される[383]。

〔答論：〕それは正しくない。そこでは一義的、二義的という区別にはなんら根拠はないから。なぜなら、〔「ライオンのごとき若者」という場合の〕ライオン、若者などにおいて一義的、二義的の区別は誰にも存在する、それと同様に、二微果には、微細性と短小性が一義的で、それ以外（＝薪など）では二義的であるという理解は誰にもない。単に〔勝手に〕つくり出すことなら、全ての学問で簡単にできることであるから。そのようなことだけから、議論が終結することはない。

3.3.1.1.3.3.4. 別異性（pṛthaktva）も属性でない。〔160.23-29〕

別異性もまた属性ではない。異なること（bhinnatva）がそのまま別であるという言語活動の原因であるから。まず、ある一個のものが他と異なるとみられるとき、その一個のものは、別である（pṛthag）と知られる。また、ある二個のものを知り、〔そのうちの一個が他とは〕異なるある一つの性質と結びついているという理由から、他のものと別であるとみるとき、二個が別であると考えられる。一方、一か所にあるなどの性質により（ekadeśatvādinā）、他の多くのものから別であると見る場合、それらは、それらから別であると知られる。たとえば、色などが実体と別である、というように。このように、別であるという観念を起こ

381　T：vyāpāra. P：vyavahāra. Pを採用する。Cf. Joshi, L.V.〔1986〕p.522.
382　T：apekṣayā. P：apekṣā.
383　Cf. PBh (VSS) p.131, ll.03-04.

させる性質以外には別異性はない。それゆえ、そのような〔ヴァイシェーシカ学派による〕考察は捨てられるべきものである。

3.3.1.1.3.3.5. 分離（vibhāga）〔161.02-162.07〕

3.3.1.1.3.3.5.1. 分離も属性でないが、運動（karman）は属性である。〔161.02-13〕

分離 (vibhāga) もまた属性ではない。なぜなら、それは結合 (saṃyoga) の非存在を特徴とするから。結合がずいぶん以前になくなっていて、どこにも見られないような場合でも、分離という知が知られるから。それ（＝結合の非存在）とは異なった分離を本質とするようなことは知られないから、比喩的な意味でも〔分離という属性は〕成立しない[384)]。

〔反論：〕分離がないというなら、結合の消滅はどうして生じよう。

〔答論：〕それは正しくない。運動（karman）こそが結合を消滅させるから。〔ゆえに、分離は何ら特別な属性でない。〕

〔反論：〕それではいかなる運動からでも結合の消滅があることになってしまう。

〔答論：〕〔運動によって〕結合そのものが消滅することが、たしかに認められている。しかし、特殊な運動から特殊な結合が消滅するのである。汝の考えでも特殊な分離が〔特殊な運動から〕生じる〔ことが認められる〕ように[385)]。

〔反論：〕結合を生じさせるもの（＝運動）が、どうしてそれ（＝結合）を消滅させるか。

〔答論：〕〔汝のように考えるなら、〕運動を生じさせる結合は運動を

384川岸に二本の木が離れて立っている。遠い対岸から見ると一本の木に見えるが、一本の木に対して二義的に離れているとはいえない。一義的な意味を知らないかぎり二義的な意味を使用できないから。Cf.Joshi, L.V. [1986] p.526.

385 Cf.PBh (VSS) p.151,ll.04-05 : sa ca trividhaḥ/ anyatarakarmaja ubhayakarmajo vibhāgajaś ca vibhāga iti/

消滅させるようなことはないことになろう[386]。
〔反論：〕〔運動を生じさせた結合とは〕別のもの（＝結合）がそれ（＝運動）を消滅させるのではないか。
〔答論：〕同じことである。〔ヴァイシェーシカ学派では、〕運動とは結合を終わりとするといわれているから。ある運動によってある結合が生じたとして、その結合はその同じ運動によって消滅する、ということではないからである。〔このように、運動こそが結合を消滅させるものであり、分離という属性は必要ない。〕
〔反論：〕属性は〔音のように〕原因、結果両方が打ち消しあうことがあるが、運動にはそれはない[387]。〔それゆえ、運動は属性でない。〕
〔答論：〕そうではない。言語活動だけからは、〔つまり、ヴァイシェーシカ学派でそう言われているというだけでは、〕議論を終結させることはできないから。肯定・否定随伴関係（anvayavyatireka）によってあるものがあるように知られる、それがそのようである。

〔主張：〕運動もまさに属性である。
〔理由：〕普遍を持ったものが、触〔という属性〕の基体でない場合には、実体に依存するから。
〔喩例：〕〔普遍を持ち触の基体ではなく実体に依存している〕色などのように、と[388]。

3.3.1.1.3.3.5.2.分離から生じる分離(vibhāgajavibhāga)〔161.13-162.07〕
〔反論：〕〔竹が割れるという〕分離から生ずる〔音の〕分離[389]は、

386　VS 2.1.23：saṃyogād abhāvaḥ karmaṇaḥ/と矛盾するではないか、ということであろう。
387　音という属性の場合、第１の音（＝原因）は、第２の音（＝結果）により滅せられる。第２の音は第３の音により消される・・・という形で伝播する。しかし、運動はその結果を打ち消したりしない。それゆえ、結合という結果を打ち消す分離は属性である。
388　本書、287ページ、注362参照。
389　分離から生じる分離(vibhāgajavibhāga)とは、たとえば、竹が割れて(分離して)

音に対して非内属因（asamavāyikāraṇa）であるから、どうして〔分離が〕属性でないのか。

〔答論：〕そうではない。〔分離が音に対する非内属因であることが〕成立しないから。竹が割れる場合、ほかならぬ風との特殊な結合から、特殊な音が生起する〔のであり、分離から生起するのではない〕から。指ではじかれた弦楽器の弦〔が、風との結合から特殊な音を生起せしめる〕ように。風との特殊な結合も特殊な実体の能力によって、ある場合にそのようなものとなるのである、鈴のように。このようなわけで、分離は音を証相と〔した属性として存在〕するものでもない。〔したがって、分離は属性ではない。〕

〔反論：〕意図された部分の運動〔たとえば、結合した二本指の塊という全体(avayavin)の一本の指の運動〕が、〔指と〕虚空(ākāśa)などの場所から分離を生じることにはならない。〔その運動は〕実体（=全体である二本指の塊）を生じさせている結合を破壊する分離(virodhivibhāga)を生じさせているから。さらにまた、〔部分である一本の指の〕虚空などの場所〔から〕の分離をつくるもの（=指の運動）、そ〔の運動〕は、特殊な結合を消滅させる分離を生じさせるものでもない[390]。ちょうど〔一本の〕指の運動が〔他の指との分離を生じたなら、虚空などの場所からの分離を生じず、虚空などの場所との分離を生じたなら他の指との分離を生じないとする〕ように。このようにして、虚空などの場所との分離を生じるような分離が必然的に理解されるはずである。なぜなら、運動が分離を生じさせると、〔その運動は〕停止して〔次の分離を生じるような〕作用が認識されないから。〔ゆえに、分離から生じる分離は成りたち、このような分離は、属性として認められるべきである。〕

その分離から音が分離して生じる場合などである。Cf. PBh (GJG) pp.363-364.

390 Cf. PBh (GJG) p.365, l.03 - p.366, l.03 : tatra kāraṇavibhāgāt tāvat kāryāviṣṭe kāraṇe karmotpannaṃ yadā tasyāvayavāntarād vibhāgaṃ karoti, na tadākāśādideśeāt; yadā tv ākāśādideśād vibhāgaṃ karoti, na tadāvayavāntarād iti sthitiḥ/…

〔答論：〕それは正しくない。〔分離が〕分離を生じるものであることは成立しないから。運動によってこそ結合が消滅すると言われた。

〔反論：〕それ（＝部分である指の運動）は、〔部分と〕虚空などの場所との結合を破壊するものではない。実体を生じさせる結合を破壊するものであるから、ということが意図されている。

〔答論：〕そうであっても、それは、他に共通するものがないという不確定理由（asādhāraṇāno hetuḥ）である。なぜなら、同喩（sapakṣa）である虚空などの場所との結合を破壊するものではないもの、たとえば色などにおいても、その理由は存在しないから。また、〔一つの運動が二個の分離を生じるとしても〕矛盾は存在しない。たとえば、どのような運動でも、一つの部分の運動が虚空などの場所との結合と、実体を生じさせる結合との両方を同時には生じることはないが、特殊な運動は〔その両方を同時に〕生じるというなら、同様に、両方の結合を破壊することも〔特殊な運動により可能で〕あろう。ある種の運動が生じると知られなくても、特殊な〔運動〕は生じるであろう、ということである。

〔反論：〕もし、分離から生じる分離が存在しないなら、手と壁の結合が消滅しても、身体と壁の結合の消滅はないことになってしまう。実際に、手と壁との結合とは別に身体と壁との結合は我々に見えないから。

〔答論：〕そのような、見えないもの[391]がどうして想定されるのか。「手と壁との結合を見ることから想定される」といっても、手の運動を見ることから身体にも運動があるとどうして想定されないのか。どちらも運命を共有するから。また、手と壁との結合がないことから、身体と壁の結合がないことにもなるであろう。分離から生じる分離を想定しても何の意味もない[392]。

391　T：dṛśyamānaḥ. P：adṛśyamānaḥ. P を採用する。Cf.Joshi, L.V.〔1986〕p.534.

392　分離から生じる分離として、手の壁との分離によって、身体と壁の分離が生ずることがあげられるが、Bhāsarvajña は、ここでそれを否定している。

〔他の何かと〕結びついた〔状態の〕消滅だけが消滅という原因と認められる、全て〔の消滅〕がそうなのではない。〔何かと〕結びついていることは、〔学説（śāstra）において〕教示されていることではなく、肯定・否定関係〔つまり、あるときにはあり、ないときにはないという関係〕により理解されるのである。それはここにもある、というように。かくして、結合の非存在とは別に分離は存在しない。

3.3.1.1.3.3.6. 彼方性（paratva）・此方性（aparatva）は属性でない。〔162.09-17〕

彼方性（paratva）・此方性（aparatva）もまた〔属性では〕ない。結合したものと結合とが〔距離的に〕短いとか長いとか、生起の〔時間的〕前・後が、彼方性・此方性の言語活動の原因であるから。あるいは、離れて接触しているものは「彼方」といい、両者が別であると我々には見えない。また、近くで接触しているものには「此方」といい、両者が一つの対象〔のごとく〕である。それゆえ、離れて接触している、近くで接触しているという知によって、彼方性・此方性が生起する、というのも正しくない。なぜなら、壷（ghaṭa）の知に依存して水差し（kumbha）が生起するというのは正しくないから。また、このようであれば、普遍においてもまた、基体が大である・小であるという知に依存して彼方性・此方性が生起すると想定されるであろう、特別に差異はないから。それゆえ、普遍におけるごとく、この彼方性・此方性という言語活動は言語契約に基づくものである。また、結合するもの（対象）と結合（感官）とが〔距離的に〕長いなどは言語契約を基としていると考えられる。また、彼方性・此方性が属性であると認める人によっては、別であること（anyatva）も属性であると認められるべきであろう。時間によってと距離によっての別（anya）という言語活動は共通ではないから。

3.3.1.1.3.3.7. 速度（vega）〔162.19-163.26〕

3.3.1.1.3.3.7.1. 速度も属性でない。〔162.19-25〕

速度（vega）もまた別個の属性ではない[393]。単に運動が速く起こる場合に、速度という言語活動があるのであるから。

〔反論：〕速度を伴なって行く、という知があるから速度は運動とは別のもの（＝属性）ではないか。

〔答論：〕そうではない。速度を伴なって行くということは、速くいく（śīghraṃ gacchati）と同一の意図であるから。たとえば速度を伴なって学問体系（śāstra）を知るとか、速度を伴なって米[394]が成熟する、といったように。連続した流れ（santāna）を伴なって音は届くという場合も、連続した流れというものは音とは異なった属性であるとは理解されない。

〔反論：〕連続した流れとは、音の属性（ダルマ）か、あるいは〔音の〕原因となる音である。

〔答論：〕そうであれば、速度とは運動の運動か、あるいは、〔運動の〕原因となる運動ということ〔になって、属性ではないこと〕になる。

〔反論：〕運動が運動を生じたなら、終わりがなくなって〔無限進行となって〕しまうであろう。

〔答論：〕そうではない。音と同様、それ(=運動)にも停止が起こるから。

3.3.1.1.3.3.7.2.　ヴァイシェーシカ・スートラ（VS）との矛盾〔162.25-163.26〕

〔反論：〕運動が運動によって成立するということはない（＝運動が運動によって造られることはない）、と〔いうスートラ[395]と〕矛盾するではないか。

393　Vaiśeṣika では、saṃskāra を属性と認め、それに、vega, bhāvanā, sthitisthāpakatā の三種を置く。Cf. PBh (VSS) p.266, ll.23-24. vega は karman によりつくり出される。最初の karman が vega をつくり、その vega の助けによって第 2 の karman、それが vega をつくり・・・というように、運動が続いていく。

394　ṣaṣṭika＝六十日間くらいで成熟する米（Monier-Williams Sanskrit-Engllish Dictionary）。

395　VS 1.1.10：karma karmasādhyaṃ na vidyate/

〔答論：〕そうではない。言語だけの矛盾は、〔本当の〕矛盾ではないから。

〔反論：〕〔カナーダは、〕全知者であるゆえに、カナーダ（Kaṇāda）のスートラ (=VS) が言語だけであるというのは適切でない。拳で雷電（vajra）を握りしめている彼（カナーダ）に、インドラが姿を現した、といわれているから。また、彼（カナーダ）に、尊者偉大なる神（Maheśvara）が姿を現したといわれているから[396]。

〔答論：〕確かにそうである。〔しかし、そうであれば、〕ジャイミニ（Jaimini）も全知者であるから、彼のスートラ（＝Mīmāṃsāsūtra）も、単に言葉だけのものというのは適切でない。同様に、彼も拳で雷電を握りしめてその彼にインドラが姿を現したといわれているから。同様にまた、シャリーラカ・スートラ（Śarīrakasūtra＝Brahmasūtra）の作者も、また全知者である。超感官の知を与えるものであるから。次のように言われている。

王よ、超感官の視力と遠方からの聴力を、私は手にしました。パラーシャラの子である父なる賢者の恩寵によって[397]。

（163.07）同様に、カピラ（Kapila）も全知者である。内的な優れた知恵により、優れた力を備えているから。彼（カピラ）は、一瞥するだけで偉大な力と偉大な勇気を持ったサガラ王の６万人の子を灰と化してしまったといわれている[398]。

同様に、アクシャパーダ（Akṣapāda）もまた、尊者偉大なる神（Maheśvara）が直接近づき姿を現してニヤーヤの学問創作の許可を与えたといわれている。このようにこれら偉大な聖人達の学問は、全知者によって述べられたものであるから、我々が〔それらを〕信頼しないこ

---

396 Cf. Kir, pp.3 & 275 ; Joshi, L.V.〔1986〕p.540.

397 引用不明。

398 文献不明。Joshi, L.V.〔1986〕p.541 に Bhāgavata Purāṇa 9.8.12 とある。

とがどうしてあろう。しかし、愚かな我々は、〔それらのいろいろな学問の〕意味が相互に矛盾していない、ということはできない。他のもの（＝注釈者たち？）によっても、説明されたとおりでは、相互に矛盾していると知られる。これら全ての矛盾するものが、正しい根拠（pramāṇa）に基づくと〔我々には〕いえない。ここで[399]その内の誰に我々は味方すればいいというのか。全て〔の聖人〕は全知者であり、そして、敬われるべきものであるから。それゆえ、〔学問体系で〕述べられたままのもので論理との矛盾があるようなものが、ヴェーダの言葉のように、言葉だけで正しい根拠に基づくものであるといわれる[400]、というのは誤りである。ニヤーヤの学問体系を説明するために我々は活動しており、我々のそれ（＝ニヤーヤ学問体系）とヴァイシェーシカの教説の矛盾が誤りをもたらすものではない。ニヤーヤスートラは、運動は同種のもの（=運動性）を生ぜしめる属性であるということを否定してはいないし、数などが属性であると教示しているわけでもない。

〔反論：〕そうであれば、数などを依所としている普遍が、結合しているものに内属しているものの内属関係（saṃyuktasamavetasamavāya）によって認識される[401]、ということは矛盾ではないか。〔なぜなら、このようであれば、数は属性として認められることになるから。〕

〔答論：〕（163.20）そうではない。検討のために、他のものの考えによってそれを比喩的に述べたまでのことであるから。我々の意図は次のことである。〔議論の中の〕主たるものに努力がなさるべきである。主たるものは、至福（niḥśreyasa）に関わる部分（aṅga）というものである。あるもの（A）が成立しない場合は、それ（A）はなりたたないものであるが、そのもの（A）はまた努力によって立証されるべきである。

---

399 T：katam. P：tataś ca katam.

400 T,P：...tvenāprāmāṇyam は、...tvena prāmāṇyam と訂正。Cf. Joshi, L.V. [1986] p.542.

401 NSāra, p.157, ll.01-02.

また、あるもの (A) が成立する場合は、その不成立とそれの否定が〔努力によって〕なさるべきである、ということである。

数などの〔属性であることの〕否定に我々の目的があるのではない。そうではなく、〔ヴァイシェーカでは〕分離が分離から生じるとか、二性 (dvitva) とかについて執着されるべし、という教説が述べられているので、解脱を望む人はそのことのみを主張してはならない。数などが属性であることが成立しなくても、解脱を望む人にはどんな損失もない。このことを知らしめるためにその否定があるとみられるべきである。

3.3.1.1.3.3.8. 重さ(gurutva)は超感官的であるとはかぎらない。〔163. 26-164.03〕

同様に、重さ (gurutva) が超感官であるという考え[402]にも執着されてはならない。なぜなら、ある特殊な実体が手のひらの上にあるとき、〔その物体が〕落ちているのが見えなくても重さは顕現しているから。

〔反論：〕〔重さが超感官でなく知覚されるとするなら、〕埃を始めとするものなどの重さがどうして知られないのか。

〔答論：〕〔基体となる埃が〕知覚に適していないから。適・不適はそれ (＝基体の埃) の知覚があるかないかにより推論される、味〔も基体が知覚されてはじめて知覚される〕ように。さもなければ、香、味なども超感官となってしまうであろう。その基体が知覚されたなら、どこかに〔香などの〕認識があるであろうから。

3.3.1.1.3.3.9. 流動性 (dravatva) が火に関する実体にも存在するとはいえない。〔164.03-09〕

火にかんするもの (taijasa) にも、流動性 (dravatva)[403]があるということにも執着するべきでない[404]。黄金などがアーガマによって火に

---

402 T：tathātīndriyagurutvam. P：tathātīndriyaṃ gurutvam. P を採用する。Cf. Joshi, L.V.〔1986〕p.544.

403 T：dravyatva. P：dravatvam. P を採用する。

404 Bhāsarvajña は、dravatva は地と水のみにあるという。火 (taijasa) にもある

かんするものであると定まっていても[405]、地にかんするものだけにある流動性が、それ（=黄金）と結合しているもの（=地）に内属していても(saṃyuktasamavetasyāpi)知覚が可能であるから。ちょうど、〔味は水に内属するものであるが、黄金と結合している水にも〕味があるように。

〔反論：〕〔主張：〕全ての火のものは、流動性と結びついている。〔理由：〕色を持つものであるから。〔喩例：〕〔色を持つ水すべてには流動性が結びついている〕水のように。〔それゆえ、火にかんするものである黄金も流動性を持つ。〕

〔答論：〕それは正しくない。知覚によって「したたる」[406]という運動の認識がないから〔流動性とは〕矛盾した対象を持つことになるから。

〔反論：〕このような性質のもの、つまり、〔流動性であるとは〕知覚されず[407]、「したたる」運動を生じることはないという〔このような性質として〕流動性が火にある。〔つまり、流動性によって作られた「したたる」運動が、黄金にはないけれども、その原因である流動性は黄金にある、といえる。〕

〔答論：〕もし、それを認めるなら、重さも味もそのような性質を持つことになってしまう。〔なぜなら、火は〕色を持つから。どうして火の実体に〔その二個（＝重さと味）も〕想定できないことがあろうか。同じような間違いが否定されるから。〔それゆえ、流動性は水と地にあ

という PBh 説を批判している。Cf. PBh (VSS) p.264, l.23ff.

405　Cf. Mishra, U.〔1936〕p.345 : Moreover, this assumption of the Naiyāyikas is based on the Āgama that — "gold is the first production of Agni".

Nyāya や Vaiśeṣika にとっては、黄金は taijasa とされる。Cf. TarS, note p.112ff. Vidyābhūṣaṇa（A History of Indian Logic, p.397）によると、Śaśadhara（ca. 1125）の Nyāyasiddhāntadīpa には、suvarṇataijasaprakaraṇa という章がある。一方、Mishra, U.〔1936〕p.344 によると、Mīmāṃsaka は、黄金は pārthiva であると主張し、Nyāya, Vaiśeṣika の taijasa 説に反論している。Cf. Vyo, p.258, l.13ff.

406　T : spandana. P : syandana. P を採用する。Cf. VS 5.2.5: dravatvāt syandanam/ ; PBh (VSS) p.264, l.23 : dravatvaṃ syandanakarmakāraṇam/

407　T,P は ca であるが na と訂正。Cf. Joshi, L.V.〔1986〕p.546.

り、火にはない。〕

3.3.1.1.3.3.10. 潤性（sneha）は水だけの属性であるとはいえない。〔164.11-164.17〕

潤性（sneha）は水だけの属性である、ということにも執着されるべきでない[408]。グリタなどにも潤性があると世間でも医学でも知られているから。

〔反論：〕グリタなどにおいては、他の原因（＝水）によってか、あるいは、比喩的に潤性的であるという考えが生じるのではないか。

〔答論：〕その逆にはどうして考えられないのか。〔つまり、潤性は、本来は、グリタに備わっていて、水が潤性的であると二義的比喩的にいわれる、と。〕つまり、水が混入していても、炊かれたライスとか、〔水分の多い〕肢体においては潤性的であるという認識はないが、グリタが付着している場合には全て潤性があるという認識が必ずあるということであるから。〔水が〕浄化などの原因であるというのは、風、火のように特殊な実体の能力によるものである。〔水にその力があるのであって、潤性のためではない。〕〔また、水の潤性が〕膠着の原因である、というのも、潤性がなくてもミルクから生じるものにもみられるから、潤性を原因とするものではない。このようなわけで、潤性は、水の特殊な属性ではない。

3.3.1.1.3.3.11. 硬・軟の考察〔164.19-165.09〕

もし、硬・軟などのように、潤性もまた属性ではないとあるものが主張する場合は、我々もこだわらない。あまり意義がないから。

〔反論：〕硬などもまた、特殊な結合を持つものであるから、どうして属性でないのか。次のように言われている。「各部分が緩やかに結合し

---

408 PBh の見解を批判したものである。Cf. PBh (VSS) p.266, l.16 : sneho apāṃ viśeṣaguṇaḥ/...

ている場合は、軟らかいといわれる。硬もまた特殊な結合である。[409]」
〔答論：〕これは正しくない。眼と認識対象が結合していても、軟らかさなどは顕現しないから。マットの各部分が緩やかに結合していても、軟らかさは知られないから。一方、特殊な革の各部分が緩く結合していなくても、軟らかさが知られるから。
〔反論：〕どうして、硬い実体が、押しつぶすことなどによって、ある場合には軟らかいものになるであろうか。
〔答論：〕その同じ実体が軟らかくなっているのではない。以前の実体が消滅して別の実体がそのような性質を持って生起しているのである。特殊な結合が軟らかいものを生ずると主張する人によっても、以前の実体が消滅することは承認されねばならない。
〔反論：〕軟らかさなどは実体の性質であるから、壷性のごとく二個の感官によって知覚されることになってしまう[410]。
〔答論：〕そうではない。黄金などのようなあるもの、特殊な種（jāti）を持っている確固たるものは、二個の感官によって知覚されることは知られないから[411]。

あるいは、〔再考するに〕軟らかさ（mārdava）などは触（sparśa）としての属性であるべきであろう。軟らかい（mṛdu）触、硬い（kaṭhina）触という認識があるから。まさにそのことから、触に熱性（pākajatva）〔による影響〕がなりたつのである。壷〔の色に関して、熱性によって粘土の黒い色とは異なった赤い色が生起することが知られているが、こ〕の色と同様に、〔熱性によって、軟らかい触の粘土とは〕異なった

---

409 引用不明。
410 ghaṭatvādivad は、視覚器官と触覚器官の両方が saṃyuktasamavetasamavāya-saṃnikarṣa によって ghaṭatva を知覚するのと同様である、という意味か。
411 金・銀は眼によってのみ知られるということか。黄金は火のものであるが、眼のみによる。熱いという触は表面にあらわれていないので触覚器官では知られない。一方、薔薇の実体は二個の感官により、すなわち、色は眼により、柔らかさは触により知られる。Cf. Joshi, L.V.〔1986〕p.549.

〔硬い〕触が生じるから[412]。〔熱性によって〕触に硬いなどとは別に、異なった他のもの（触）を確定させることはできない。また、〔熱性によって変化を受けず、なんら〕異ならないものにも熱性（pākaja）〔の影響〕があるというのは正しくない。〔火と結合してもなにの変化もない〕量（parimāṇa）などにも熱性（pākaja）があることになってしまうから。また、〔壺の〕硬さ（kāṭhinya）などは火との結合に付随するのが見られるから。ほかでも〔火との結合により、つまり、熱性の影響によって〕別の触が生起することが知られるし、他の実体の生起が知られることから、見えなくても火との結合が推論されるべきである。これで十分であろう。

3.3.1.1.3.4. 音(śabda)の知覚:内属関係(samavāyasaṃnikarṣa)〔165.11〕

〔「聴覚器官との内属関係から、音の知覚がある。[413]」〕

3.3.1.1.3.5. 音性の知覚・内属しているものへの内属関係(samaveta-samavāyasaṃnikarṣa)〔165.11-167.17〕

〔「それに依存した普遍の知覚は内属したものの内属関係からある。[414]」この意味は、「それ」、すなわち、〕音を「基体としている普遍」、すなわち、音性や ka 性など、「それら〔の普遍〕」は聴覚器官に「内属しているもの」である（samavetā ye）音、そ〔の音〕に「おいて（teṣu）内属関係（samavāya）によって知覚される」という意味である。

3.3.1.1.3.5.1. 音(śabda)は虚空(ākāśa)の属性である。〔165.12-23〕

〔反論：〕音が聴覚器官に内属していることがどうして成立するのか。

〔答論：〕虚空（ākāśa）こそが聴覚器官であるから。

---

412 壺が粘土のときは軟らかいが、焼きあがった場合、つまり、熱性(pākaja)の場合には硬いという触が生じる。

413 P には NSāra, p.165, l.01 からの引用あり。

414 P には NSāra, p.165, ll.01-02 の引用あり。

〔反論：〕虚空そのものが〔存在物として〕まずなりたたない。どうしてそれが聴覚器官といえようか。

〔答論：〕これは正しくない。虚空は音を証相として〔存在して〕いるものであるから。

〔主張：〕音はどこかに内属している。

〔理由：〕属性であるから。

〔喩例：〕〔属性・〕色を持つもの〔・実体がある〕ように。

あるところに〔音が〕内属しているそのところが虚空である、という理解が示される。

〔反論：〕〔音が〕属性であることがどうして定まるか。

〔答論：〕それは次のようにいわれる。

〔主張：〕音は属性である。

〔理由：〕〔自己の〕普遍を持ったものであって、〔他の〕普遍を持ったものの基体でないから。

〔喩例：〕色など〔が、色性という普遍を持っていて、壷性などの普遍を持ったもの(=実体など)の基体でない〕ように。

〔反論：〕別の場所への到達が知られるから、音は実体ではないか〔運動を持つのであるから〕。

〔答論：〕そうではない。生起の連続性から、影のように〔運動なくして〕別の場所で認識される[415)]。

〔反論：〕〔主張：〕音は触を持つ。〔理由：〕特殊な苦の原因であるから、〔喩例：〕イバラなどのように。

〔答論：〕そうではない。特殊な苦は強すぎることといった特殊性を原因とするものであるから。それゆえ、音は触を持つというのは誤りである。なぜなら、もし音が触を持つもの（＝実体）であれば、木の葉と同

---

[415] T : deśāntarapratīteḥ. P : deśāntarapratīto. P を採用する。あるいは、T を deśāntara-gatipratīteḥ と訂正するべきであろう。

様、風と逆方向へ行くようなことはないであろう。また、壁の反対側にいる人に、矢や風が〔到達しない〕ごとく、〔音も〕到達することはないであろうに。草などには、〔大きな〕音より生ずる揺れが認識される、速度（vega）を持った特殊な実体（＝風）との結合が運動の原因となるから。〔それゆえ、音は触を持たず、実体でもない。〕このようなわけで、音は属性で連続性を持つものである。

3.3.1.1.3.5.2. 先師（pūrvācārya）の論拠批判〔165.23-166.05〕

先師（pūrvācārya）は〔音が属性である〕次のような理由を述べている。「普遍性を持ち無常であり外的な定まった一個の感官によって知られるから。[416]」ここに「触を持っていなくて」という限定詞もつけられるべきである。さもなければ、〔実体である〕「風」によってこの理由は不確定因(anaikāntika)になってしまうから。なぜなら、〔実体である〕それ（＝風）は触覚器官〔という外的な一個の感官〕のみによって知られるから。また、〔先師の説によると〕触のみが知られる場合、〔それは、音という属性であるということになってしまって、〕それは風〔という実体〕である、という知が生じないことになるから。

〔反論：〕〔そうであれば、風は〕視覚器官の対象でもあることにすればどうか。

〔答論：〕そうはいかない。色を持たない実体（＝風）は、眼の対象ではないから[417]。また、一方、草、埃、木の葉などの運動などの〔風の〕証相が知覚されない場合、風の顕現は存在しないから。〔このように、風は視覚器官で直接には知覚されず、草の運動など、証相の知覚により推論される。〕

〔反論：〕〔そうであれば触覚器官の場合も同じで、〕触覚器官によっ

---

416 引用不明。

417 Cf. VS 4.1.8：rūpasaṃskarābhāvād vāyāv anupalabdhiḥ/ ; PBh (VSS) p.44, l.04：arūpiṣv acākṣuṣavacanāt (VS 4.1.13) sapta saṃkhyādayaḥ/

ても触が知られるから、〔それによって、〕風は推論される〔のであり、風が触覚器官により知覚されるのではない〕。
〔答論：〕そうではない。熱いという触に圧倒されて風〔本来〕の触が知覚されなくても、風の顕現は知られるから。自己の身体の運動（髪の毛の揺れることなど）が知覚されずとも、運動を持つ風が〔知覚対象として〕現れているから。
〔反論：〕「地において〔風と〕異なる触が経験されるから、風はそれ（＝地）の特殊なものである」とあるものは述べる。
〔答論：〕これは正しくない。もしそうであれば、〔地には味や色があるから〕水と火も特殊な地であるということになってしまうから。知覚によって異なった種類のもの（＝地、水など）が認識されるということはここ（＝色・味・触の知覚）でも同じであるから。

さらに、〔風は〕重さを欠いているから特殊な地ではない[418]。
〔反論：〕どうしてそれがいえるか。
〔答論：〕次のように言われている。「空の革袋の重さ、それと同じだけの重さが知られる、革袋が風で一杯にされていても」と。これで議論は十分であろう。したがって、これで「音は属性であり、それ（＝音）には何らかの基体が存在する」ということが成立しない、ということは正しくない。

3.3.1.1.3.5.3. 音の基体がなぜ虚空か。〔166.07-25〕

〔反論：〕それ（＝音の基体）は、地とは異なったものである、とはどうして知られるか。
〔答論：〕〔主張：〕音は地などを基体としない。
　　　　〔理由：〕聴覚器官によって知覚されるから。

---

[418] Cf. PBh (VSS) p.263, l.25: gurutvaṃ jalabhūmyoḥ patanakarmakāraṇam/「重さは地と水の落下運動の原因となる」ということにより、風に重さがないことが述べられている。それゆえ、風と地とは明らかに異なる、といわれるのである。

〔喩例 : 〕〔聴覚器官により知覚される〕音性などのように。
〔反論 : 〕地などの属性であることと、聴覚器官により知覚されることとにはどんな矛盾があるのか。
〔答論 : 〕もし、太鼓などの音が、太鼓など〔の地〕を基体としているなら、太鼓などが離れているか、もしくは、何かに間を遮られている場合、その音が聞こえることはないであろう〔が、実際には聞こえる〕。
〔反論 : 〕属性を持つもの（＝基体）が感官と結合していない場合は、その属性は知覚されえない[419]ということはない。香の〔基体が感官と結合していなくても属性である香は知覚される〕ように。
〔答論 : 〕そうではない。香を持った実体の部分が離れたところまできて嗅覚器官と結合して、その香の知覚があるのであるから。そして風と逆方向では香は知覚されないから。これと同様に、太鼓の部分は、〔遠くへ〕行くことはない。それ（＝太鼓）の部分にそのような音が認識されるのではないから、また、〔そうであれば〕風と逆方向でもその音は聞かれるはずであるから。さらにまた、〔音が〕感官（＝聴覚器官）のすべてに遍充していることもない。もしそうであれば、すべての対象〔の音〕を知覚することになってしまうから。たとえ遍在していても、感官の基体と対象との緊密な結合が必然的に必要となるであろう。以上から、音は太鼓など〔の実体〕に内属しているものではない。
〔反論 : 〕音は〔太鼓などとは〕別の個物に内属している。
〔答論 : 〕そうではない。別の個物は、太鼓などの場所にあるのか、聴覚器官の場所にあるのか。もし、太鼓の場所にあるというなら、前と同じ誤謬となる。〔つまり、太鼓から離れたなら音は聞こえないなど数々の矛盾が残る。〕もし、聴覚器官の場所にあるというなら、どうして〔聴覚とは〕別のところにある太鼓などのものが、聴覚器官と結合した実体

419　T,P : grahītuṃ śakyate は、grahītuṃ na śakyate と訂正。Cf. Joshi, L.V.〔1986〕p.559.

（＝別の個物）に音を発生させるのか。もしそうなら〔音の発生はどこででも、いかなる時にも可能になるという〕拡大適用となるであろうから。これと同じ理由〔、つまり、いつ、いかなる時にも音の発生が可能となるという理由〕で〔音が〕意識（マナス）の属性であることも否定される。

〔反論：〕〔音が内属している〕その別の個物とは遍在しているものである。

〔答論：〕そ〔の個物〕こそが虚空なのである。

〔反論：〕〔汝が〕遍在しているもの〔といっている虚空〕には触などがありえないから、アートマン〔が、その個物〕である。

〔答論：〕そうではない。アートマンは無際限であるから、と我々は述べるであろう[420]。もし、〔音が〕それ（＝アートマン）の属性であれば、〔アートマンが無際限であるから〕ga 音は無際限であり〔ある一個の ga 音が発せられても〔この世界中の〕全ての ga 音が〕同時に認識されることになってしまう。

〔反論：〕それなら、方向（dik）もしくは時間（kāla）が音の基体ではないか。

〔答論：〕そうではない。〔もし、そのように認められたなら、両方とも虚空と同様に単一で遍在であるから、単に、虚空、方向、時間という〕名称の相違のみとなるから。もし、我々が、方向、時間が音の基体とは別であると立証できるなら、我々はその二個[421]〔すなわち、方向・時間〕を〔虚空とは別の存在として〕承認するであろう、そうでなければこの二個には〔それを認める〕意味がなくなってしまうであろう。〔なぜなら、虚空と同じなってしまうから。〕かくして、音の基体は虚空であると定まった。

---

420 Cf. NBhūṣ, p.487.
421 T：tāvat. P：tāv. P を採用する。

3.3.1.1.3.5.4. 虚空そのものが聴覚器官である。〔166.27-167.12〕

〔反論：〕そうであってもそれ（＝虚空）そのものが聴覚器官であるとどうして定まるのか。

〔答論：〕残余法から〔定まる〕。

すなわち、

〔主張：〕聴覚器官は、まず、地に関するもの(pārthiva)ではない。

〔理由：〕感官であるときは、香は知覚しないから。

〔喩例：〕〔香を知覚しない〕味覚器官などのように。

同様に味を知覚しないから水に関するもの（āpya）ではない。色を知覚しないから火に関するもの（taijasa）でもない。触を知覚しないから風に関するもの（vāyavīya）でもない、というように、逆の場合（＝地・水・火・風・虚空の実体のうち、聴覚器官と関わらないもの）が〔虚空以外は〕例示されるであろう。一方、〔次のようにしても残余法で定めることができる。〕

〔主張：〕嗅覚器官は地に関するもののみである。

〔理由：〕色、味、香、触のうち、香だけを生じさせるから。

〔喩例：〕〔反論、答論の〕双方が認める地に関する実体のように。

〔反論：〕夏の雨水により不確定となる。〔夏の雨水には臭い香があるから、水も香りを生じさせるから。〕

〔答論：〕そうではない。それには〔水本来の属性である〕味もまた生じるから。同様に、

〔主張：〕味覚器官は水に関するもののみである。

〔理由：〕それらの内、味のみを生じさせるから。

〔喩例：〕歯から生じる水（＝唾液）のように。

同様に、

〔主張：〕視覚器官は火に関するもののみである。

〔理由：〕それらの内、色のみを生じさせるから。

〔喩例：〕灯火のように。

同様にまた、

〔主張：〕触覚器官は風に関するものである。

〔理由：〕それらの内、触のみを生じさせるから。

〔喩例：〕椰子の葉〔で送る〕風のように。

〔そして、最後に、〕

〔主張：〕聴覚器官は、外的感官により知覚される属性（＝音）が内属しているものである。

〔理由：〕外的感官であるから。

〔喩例：〕〔味を知覚する〕味覚器官のように。

〔このような残余法により、聴覚器官は音という属性を持つ虚空に関するものが定まる。〕

〔反論：〕それが持っている自分の属性は知覚できなくなってしまうであろう。〔たとえば、味覚器官は自身(=舌)の味を知覚できないように。〕

〔答論：〕そうではない。特殊性について矛盾があっても、それは否定されるものではない[422]。

〔反論：〕それでは、立証は自己に依存することになる。

〔答論：〕そうではない。〔自己（＝虚空）以外の〕音が知覚されることで〔この反論は〕否定されるから。

〔反論：〕属性を持たない感官によって音の知覚があることになる。

〔答論：〕そうではない。属性のないものが感官であれば、意識（マナス）〔には定まった対象が存在しない〕ように、〔感官に〕一定の定まった対象が存在しないようになってしまうから。物質的なものである灯火などは一定の定まった〔感官の〕対象であると知られるから。

3.3.1.1.3.5.5.「方向は聴覚器官である」（dik śrotram）というアーガマについて〔167.12-16〕

422 聴覚器官のみは自己の属性（＝音）を知覚できる特殊事例ということか。

〔反論：〕方向は聴覚器官である（dik śrotram）というアーガマ[423]に矛盾するから、聴覚器官は物質的ではない。

〔答論：〕そうではない。〔この〕アーガマは別の意味であるから。〔ムンダカ・ウパニシャッドにあるこのアーガマでは〕方向（dik）はある神格であるといわれる。すなわち、Jaigīṣavya[424]などの学派では、チェータナ（cetana・知性）は、十本の腕を持ち、聴覚器官を統率している神格で、そ〔の神〕が天の聴覚器官を得るための瞑想対象として説明されている。こ〔の神格〕によって統率された[425]聴覚器官が「方向は聴覚である」（dik śrotram）と比喩的に述べられているのである。たとえば、意識（manas）は月であるといわれるように。

3.3.1.1.3.5.6. 音の知覚の確定〔167.16-17〕

それゆえ、外耳道の中の限定された虚空が、聴覚器官であるから、それへの内属から音の知覚がある、と〔NSāra において〕正しく述べられたのである。

3.3.1.1.3.6. 非存在の知覚：限定者・被限定者の関係（viśeṣaṇaviśeṣya-bhāva）〔167.19-170.17〕

〔「そのような五種の関係によって関係づけられたものの限定者・被限定者の関係から、見えるものの非存在と内属とが知覚される[426]。」〕

---

[423] Muṇḍakopaniṣad 2.1.4： agnir mūrdhā cakṣuṣī candrasūryau diśaḥ śrotre vāgvivṛttāś ca vedāḥ/ vāyuḥ prāṇo hṛdayaṃ viśvam asya padbhyāṃ pṛthivī hy eṣa sarvabhūtāntarātmā//（〔その神の〕頭は火・アグニであり、両眼は日・月両者、両耳は方向であって、諸ヴェーダは言葉を開示した。〔その神の〕呼吸は風、心臓はこの世全てで、そ〔の神〕の両足から大地が〔生じ〕、こ〔の神〕はすべてのものの内なるアートマンである。）Cf. Joshi, L.V.〔1986〕p.566.

[424] Jaigīṣavya : an ancient ṛṣi (named Asita Devala). Cf. Monier-Williams Sanskrit-English Dictionary.いかなる学派であるかは不明。神格とされる cetana についても不明。

[425] T,P : tadādhi であるが tadadhi と訂正するべきであろう。

[426] NSāra p.167, ll.1-2.

「そのような」とは、以前に述べられた、「結合、結合したものの内属関係、結合したものに内属しているものの内属関係、内属関係、内属しているものの内属関係」ということであり、この五種の関係で結びつけられているのが対象であり、そ〔の関係〕とともに、非存在と内属には、限定者・被限定者という六番目の関係がある[427]。

3.3.1.1.3.6.1. 六種の関係はニヤーヤスートラ 1.1.4 に求められる。〔167.22-168.09〕

どうして六種の関係が成立するかというと、それは〔NS 1.1.4 に saṃnikarṣa（関係）であると〕sam という語が使用されているから。nikarṣa という語があるのみでは、ただの関係のみが成立するだけであるから。さもなければ、sam という語は無意味となってしまうから。それゆえ、可能な〔かぎりの〕（saṃbhavin）関係（nikarṣa）ということであって、可能とは六種〔まで可能〕ということである。以上のように、先生（ācārya）のアドィヤヤナパーダ（Adhyayanapāda）が〔述べ〕、さらに、ヴィシュヴァルーパ（Viśvarūpa）をはじめとする人たちも同様に説明している[428]。しかし、彼らは、ni という語にも別の目的があることを述べるべきである。

もし、彼らが「〔ni に意味がなければ、〕karṣa の語のみで関係を意味することになってしまうから、また、〔元来、『引く』という意味しか持たない〕動詞語根〔kṛṣ〕が、〔「引く」〕以外に多くの意味を持つようになるから。というのも、karṣa という語は、関係を意味するとは

---

427 限定者・非限定者の関係に言及するのは、Naiyāyika では NV が最初である。しかし、saṃyoga から samavetasamavāya にいたる五種の接触に関しては、Jinendrabuddhi の記述に見られる。Cf. Hattori, M.〔1968〕p.121, note3.1.

428 Cf. Wezler, A.〔1975〕pp.139-141. Adhyayana には、ācārya の語が付加され、Viśvarūpa には、vyācakṣate の動詞がつけられていることを、NM にみられる ācārya と vyākhyātṛ との偶然の一致であろうか、と Wezler は言う。Adhyayana が ācārya であることは、Wezler も確認しているように可能性は高いと思われる。山上證道〔1980〕(2) を参照。

定まっていないのであるから」と説明するなら、nikarṣa という語が、どうして関係を言い表すものであると定まっているか。そうではなく、nikarṣa とは nikṛṣṭi のことで、「低いこと、下げる」ということを表すものとして定まっている。それゆえ、二個の接頭辞(upasarga、すなわち、sam と ni)をともなった kṛṣ が関係を意味しているのである。ちょうど sam と ava をともなった ī〔が、samavāya となって、内属関係を意味する〕ように。学識ある人の用法を見習うことによって、動詞語根に、集合を意味する接頭辞（すなわち、sam）、分離を意味する接頭辞（ni）の能力から〔結合した場合は〕別の意味を、もしくは、〔結合しない場合には〕自己本来の意味が理解されるべきである。もし、語源を持たない偶然にできた言葉（yadṛcchaśabda、Diṭṭha などの固有名詞など）であったなら、接頭辞（upasarga）〔によって別の意味が生ずることなど〕を考察して何になろうか。〔かくして、ni の語の意義を無視して、sam という 接頭辞（upasarga）のみにより可能な限りの関係を意味するという解釈は正しくない。〕

〔反論：〕それでは、六種の関係がどうして成立するのか。

〔答論：〕〔知覚に際して〕灯火などの補助因が〔スートラで明言されていなくても〕認められているように、〔ここで容認される六種の関係のように〕肯定・否定随伴関係によって論理が成立しているものは、また、スートラ作者によって承認されているからである。

3.3.1.1.3.6.2. 限定者・被限定者の関係による知覚の過程〔168.10-19〕

そこで、結合したものの限定者という関係で非存在が知覚される。たとえば、「地面は壷の空（＝無）を持つ[429]」という場合、壷の非存在は感官と結合した地面の限定者として知られる。「地面に壷は存在しない[430]」という場合は、〔壷の非存在が〕被限定者として〔知られる〕

[429] NSāra p.168, l.01
[430] Ibid.

ということである。〔このように〕限定者・被限定者の関係は一定でないから、両方とも例示されるのが正しい。かくして、全ての場合も例示されるべきである。「この触は熱くない（この触は熱性の非存在を持つ）」というように、結合したものに内属したものの限定者として、熱性の非存在が認識される。「水の触には熱性はない」という場合は結合したものに内属したものの被限定者として、〔熱性の非存在が認識される〕ということである。「白くないものは青性の普遍を持つ」「青性には白性がない」という場合は、結合したものに内属しているものにさらに内属しているものの限定者・被限定者の関係によって、白性の非存在が認識される。「ヴィーナーの音は強くない（強い音の非存在を持つ）」「ヴィーナーの音に強い音はない（強い音の非存在がある）」という場合は、内属しているものの限定者・被限定者の関係で強音の非存在が〔知られる〕。「音性は差異の非存在を持つ」「音性には差異がない」という場合には、内属しているものに内属しているものの限定者・被限定者の関係から差異の非存在が音性に知られる。

3.3.1.1.3.6.3. 限定者・被限定者の関係はどこにでも存在するわけではない。〔168.20-28〕

〔反論：〕結合しているものの限定者などの関係で全ての対象は知覚されることになってしまうではないか。〔したがって、結合関係などの五種の関係は不必要となる。〕

〔答論：〕そうではない。望まれた結果を見て原因の能力が想定されるから、しかし、原因の存在から、存在しなくても結果が想定される、ということはないから。そうでないと視覚器官との結合から〔眼によって見られることのない〕アンジャナや虚空も知覚されると想定されることになってしまうから。〔そのために **NSāra** に〕「見えるものの非存在」という言葉で限定されているのであるから。それゆえ、ある場所がありそこに見ることが可能なある対象が存在している、それと同じような場所に同じような対象の非存在が知覚によって知られる、というように結合などが非存在の場合[431]でも感官との接触結合した対象(=地面)と非存在とに特殊な近接関係がある。それ(=その関係)がそれ(=非存在)の知覚の原因であり、それ(=非存在)が見えることにより〔その関係の存在が〕推理される。それは、また特殊な共働因によって限定者・被限定者の関係の原因となるから〔その関係そのものでないが〕限定者・被限定者の関係であるといわれる。そ〔のようにいわれること〕は、結合などの関係とは異なった関係であることを知らしめるためである。しかし、限定者・被限定者の関係のみが関係なのではない。さもないと、結合、内属が無意味となってしまうから。また、限定者・被限定者の関係がどこにでも〔無限に〕存在することになってしまうから。

3.3.1.1.3.6.4. 内属（samavāya）の知覚は論理的要請による。〔168.29-170.12〕

また、ある特殊な不可見なる(adṛṣṭa)関係が存在する[432]ということはできない。そ〔のようなもの〕は感官では知られないから。肯定的否定的随伴関係によって関係が認識されることも、限定された知の生起に能力があることが経験されるから。たとえば、「彼に杖(daṇḍa)がある」ことが「彼は有杖者(daṇḍin)である」と知られるように、杖と人との関係が認識されない場合、有杖者ではないという知がある。〔このように有杖者の知があるためには、結合が認識されなければならないが、〕同じ理由から内属は知覚されるといえる。もしそれ（＝内属）が知覚されなければ、「白い布」などと、属性に限定された属性を持つもの（＝布）に認識は生じないことになる。内属も〔布の〕限定者として、もしくは、それに限定されるものとして知られる。

---

431 T,P : samyogādyabhavo'pi は、Joshi により samyogādyabhave'pi と訂正。Cf. Joshi,L.V.〔1986〕p.574.

432 NBhūṣ, p.168 footnote に、Vyomaśiva の見解を否定して述べる、とある。

〔反論：〕そのことから、それ（＝内属）とは別の関係の認識もあることになって、無限進行となろう。

〔答論：〕そうはならない。内属が〔他の〕関係認識を示すものとして現れないから。なぜなら、知覚によって「この二個には内属がある」とか「これはここに内属している」とか、あるいはまた、「それは内属を持つ」などという知は誰にも生じない、「地面に壷が存在しない」という知が、全ての人に生じるようには。

（169.10）それゆえ、内属にも〔内属しているもの（＝布）とは別の、さらなる〕関係は必要ではない。「この二個には結合がある」とか、「これは結合している」という知は、結合と結合を持つものの関係の認識〔の存在〕を示すものであるが、それと同様に、内属と内属をもつものとの関係の認識〔の存在〕を示すものが何かある、とはいえない[433]。

---

[433] Nyāaya や Vaiśeṣika の主張する内属(samavāya)をめぐって交わされる他学派との論争の最大のポイントは、ここにも論じられているように、内属と内属を持つもの(samavāyin）との関係にある。他学派によって次のように非難される。結合(saṃyoga)という関係の場合には、属性(guṇa)である結合が、結合を持つもの(saṃyogin）と内属によって関係づけられて saṃyoga-saṃyogin の関係となる。これと同様に、もう一つの関係である内属も、内属を持つもの(samavāyin)と samavāya-samavāyin の関係にあるのが当然である。とすると、 saṃyoga と saṃyogin の間に内属が介在したように、samavāya と samavāyin の間にも別の関係が介在するはずである。そして、その別の関係とその関係を持つものとの間にさらにもう一つの関係が介在することになって、無限進行となってしまう。Cf . ŚV, pratyakṣa, k.147.; BSŚBh ad BS 2.2.13, p.437, l.10 - p.439, l.3. 戸崎宏正[1993]、74 ページ参照。

この無限進行を避けるために Nyāya は、内属を独立の範疇(padārtha)とし、本質(svarūpa)として内属を持つものに内属が存在するものと考える。したがって、内属と内属を持つものとが不可分離(ayutasiddha)の関係にあり（PBh (VSS) p.324, l.19ff.）別個のものではなく一体となっていると考える。

ところが、このような Nyāya の見解に対して、不可分離の関係であれば原因が先で結果が後であるという Nyāya の前提を破壊していることになる。さらに、内属と内属を持つものとを同一視することは、原因と結果の同一視を意味することであり、原因と結果がありもしない内属によって関係づけられているというより、同一性(tadātmya)により結びついているというのが相応しく、そうすると、Nyāya や Vaiśeṣika が主張する因中無果ではないことになる。このよう

〔反論：〕論理的に二個に関係があるという知によって〔内属とは〕別の関係が成立するではないか。

〔答論：〕それは正しくない。無限進行となってしまうから。

〔反論：〕無限進行は承認されるべきではないか。

〔答論：〕そのようにしてみるがよい、もし、〔それ(=無限進行)を〕完成することができるなら。一個の関係を否定したいという願望によって無限の関係を認める人（反論者）が、自ら望まないこと（相手の主張）を否定するという幸運を述べることになる。〔つまり、一個の関係を否定する人が、無限の関係を認めて自分の主張を正当化するとは、なんと幸運なことか。〕

（169.16）〔反論：〕我々は無限の関係を認めるものではない。そうではなく、〔無限の関係が生じてしまうことによって〕最初の関係（＝内属）をなりたたせる理由が不確定を生じてしまうというのである。

〔答論：〕そうではない。眼から生じた知が理由であるといわれたから。眼から生じた限定された知は、限定者とその関係の認識なくしては存在しないといわれた。しかし、眼から生じない知（＝内属などの知）は、別の本質（svarūpabheda）を想定することによっても存在する。たとえば、実体などに存在する存在性（sattā）などのように。しかし、感官からこのような現れ（＝内属の現れ）があるわけではない。〔もし、そうであるなら、ニヤーヤという〕学問の勉強をしなかった人々にも〔そのような内属が〕あることになる。それゆえ、「しかし、内属は時として知られる。たとえば、壷に色の内属があるように」[434] というのは、一部の人の考えであるとみられるべきである。あるいは、それ（＝内属が知覚されること）は、我々のつまずきであるかもしれない。熟慮

に、Sāṅkhya や Vedānta からの反論を受けるのである。Cf. BSŚBh ad BS 2.2.17, p.443, l.06 - p.449, l.05; TarS, pp.98-99.

[434] NSāra p.168, ll.02-03.

が足りずに本を作成したから[435]。

〔反論：〕ある人は言う。「感官によって壷の非存在が地面の限定者として、もしくは、被限定者として知覚される。それと同様に、内属も壷などの限定者として、もしくは、被限定者として知覚される」と。それゆえ、それ（＝内属）にも〔知覚されうるような〕何らかの関係が理解されるべきである[436]。

〔答論：〕そのようなもの（＝関係）はない、そ〔の関係〕によって、時として、内属が知識に、壷の色の内属がある、というように現れるような〔そのような関係は存在しない〕。不正な教示によってねじ曲げられた知を持つ人にこそ内属がそのようなものとして現れるのであって、非存在が、全ての言語活動を行う人の知に〔現れる〕ごとくに、〔現れる〕のではない、という意味である。

このようなわけで、内属が知覚されるというのは道理にかなった理由（yauktika）によるものである。

（169.28）〔反論：〕〔感官と〕関係していない（asaṃbaddha）内属は

435　NSāra の作成から NBhūṣ の作成までに一定の時間がかかったこと、さらにその間に考察を重ねたことを暗示していて興味深い。

436　samavāya の認識に関しては、Nyāya と Vaiśeṣika とでは見解が異なる。PBh は、samavāya は知覚されることはなく、推論されると考えていた。Cf. PBh (VSS), p.329,l.03 :tasmād ihabuddhyanumeyaḥ samavāya iti/ それ以後、Vaiśeṣika では、一貫して samavāya は推論の対象とされたようで(Cf.TarS p.97)、PBh の注釈者は samavāya を知覚するという説は他のものの見解であるとしている。Cf. Potter,K.H.〔1977〕p.51.

一方、Nyāya では、samavāya 自体の認識について NBh までは明確な記述がなく、NV になって、本論文で扱われている六種の接触説と共に、samavāya を限定者・被限定者の関係により知覚する(NV, p.97, ll.08-09 : samavāye cābhāve ca viśeṣaṇaviśeṣyabhāvād iti/）という説を採るようになったと思われる。それ以後 Nyāya の諸文献では samavāya は知覚されると述べられる。Cf. Kār, k.61 : tadvṛttīnām samavetasamavāyena tu grahaḥ/ pratyakṣaṃ samavāyasya viśeṣaṇatayā bhavet// ; Tarkadīpikā ad TarS, p.62, ll.03-05 : nīlo ghaṭa iti viśiṣṭapratītir viśeṣaṇa-viśeṣyasaṃbandhaviṣayā viśiṣṭapratyayatvād daṇḍīti pratyayavad iti samavāyasiddhiḥ/

ただ、Bhāsarvajña は、ここに見られるように、samavāya を推論の対象としてみており、「時として知覚される」という NSāra の自らの記述を疑問視している。

どうして認識されるのか。〔内属にはなんら関係は存在しないといわれたから。〕

〔答論：〕そうではない。知覚される能力を持つ両方の結合者（saṃbandhi、壷と色）が、感官と接触することから、不可見な力などに補助されて関係の知覚が生起するのであるから。関係にも別の接触がさらに求められることはない。存在性に別の存在性が〔求められない〕ごとくに。そしてその内属[437]は、二個の内属を持つもの、その両方とも感官と接触した限定者・被限定者であるが[438]、その両方にとって知の原因となるから、結合したものに対して限定者の関係〔と被限定者の関係〕のどちらかである、と表現されるのである。あるいは、その関係〔によって別の接触がさらに求められるような、そのような関係〕が承認されるというなら無限進行が承認されることになる。ニヤーヤ学派の目的を否定するために、長々とした議論によって、内属を否定しようとする人に対して、ニヤーヤ学派によっても内属弁護のため、長々とした議論によって属性と属性を持つ〔実体〕との同一性が否定されるべきである[439]。あるいは、その否定の論理は、他者の排除（anyāpoha）の否定の箇所[440]か、不確定の否定の箇所[441]で我々は示すであろう。このようなわけで、結合などの関係が成立し、学派全体の意味が確立した。

3.3.1.1.3.6.5. 結合と内属の区別〔170.13-17〕

そこで、結合とは〔元来〕分離している二個のものの接合関係である。〔元来〕分離しているものとは、二個の実体が続いて存在していても部分と全体の関係にないことである。かくして、「〔元来〕分離している関

437　T：samavāyasamavāyinor, P：samavāyaḥ samavāyinor. P を採用する。Cf. Joshi, L.V.〔1986〕pp.583-584.

438　T,P：nirviśeṣaṇaviśaṣyayoḥ は viśeṣaṇaviśeṣyayoḥ と訂正。Cf. Joshi, ibid.: NMukt p.176, ll.03-04fb.

439　320 ページ、注 433 参照。

440　Cf. NBhūṣ, p.250ff.

441　Cf. Ibid. p.555ff.

係が存在しないことから、遍在しているものには結合はない[442]」というのは正しくない。〔遍在しているものに、あるものが結合することがあるから、この〕理由は不成立であるから。また、遍在しているものどうしの結合は、〔次の推論という〕認識手段により成立する。たとえば、〔主張：〕アートマンは虚空と結合する。〔理由：〕〔虚空が遍在する〕身体と結合するから。〔喩例：〕地面の〔上に虚空が遍在している〕ように。内属は、〔元来〕不可分離の二個のものに間違いなく実在する[443]関係である。かくして、内属は、地面における壷の非存在などの関係(=限定者・被限定者の関係)と区別がない、ということにはならない。

3.3.1.2. ヨーギン（yogin）の知覚〔170.19-173.08〕

3.3.1.2.1. ヨーギンの知覚(yogi-pratyakṣa)の定義と説明〔170.19-171.09〕

〔（170.01-05）「一方、ヨーギンの知覚は、場所的、時間的、本質的に〔感官から〕きわめて遠く離れた対象を認識するものである。そして、それは二種に分類される。すなわち、精神統一された状態と、それがなされていない状態とによって。そのうち、精神統一された状態の場合には、〔ヨーギンは〕アートマンとマナスとの結合、〔しかも〕その結合はダルマ・功徳などに補助されているが、そのような結合のみからあらゆる対象を認識する。精神統一がとかれている状態では〔ヨーギンは〕四、三、二〔という各種〕の接触から〔対象を〕認識する。それぞれ可能であるがままに〔それらのいくつかが〕結びつけられるであろう。ここ（＝ヨーギンの知覚）にこそ、聖人の知覚（ārṣa）が含まれる。きわめてすぐれたダルマから生ずるという点で〔ヨーギンと〕異なることが

---

442 Cf. PBh (VSS) p.141, ll.05-06.

443 T: ayutasiddhyoḥ saṃśleṣaḥ, P: ayutasiddhyor vastur eva saṃśleṣaḥ. P にしたがって訳してみた。

ないから。」以上、NSāra からの引用。〕

（170.19）〔上記 NSāra において述べられた、ヨーギンの知覚の定義文中にある〕[444] 場所的に離れているものとは、真実界 [445] などといった、〔地上〕極めて遠くにあるものと、ナーガの世界 [446] など〔地下に〕隠れた存在とである。それに対して〔定義文中にある〕時間的に離れたものとは、過去・未来のことであり、本質的に〔感官から〕離れたものとは、極微、虚空などということである。これらの三種のあり方で離れたものを、全体的にも個別的にも、把握し知覚するのがヨーギンの知覚であるといわれる。そしてそれには状態によって二種がある。精神統一された状態と精神統一がとかれた状態とにおいて〔という二種のヨーギンの知覚〕である。

そのうち、精神統一された状態の場合には〔ヨーギンは〕アートマンとマナスとの結合、〔しかもその結合は〕ダルマ・功徳などに補助されており、その結合のみからあらゆる対象を認識する。そしてこのことは、最高のヨーギンを意図して述べたのであって、単なるヨーギンでは、残りのものすべてを認識することはできない。アートマンとマナスとの結合のみによって、という強調は〔ヨーギンの感官と〕対象との接触を否定するためである。

しかし、一切の共働者を否定するものではない。というのも、ダルマなどに補助された〔結合〕から、と言われているから。対象と〔ヨーギ

---

444 P には tatra の前に、NSāra p.170, l.01 の「一方、ヨーギンの知覚は、場所的、時間的、本質的に〔感官から〕きわめて遠く離れた対象を認識するものである。」がある。

445 Satyaloka. 七世界の最高の世界として Bhāgavata Purāṇa などに記される。Cf. Monier-Williams Sanskrit-English Dictionary.

446 Nāgabhuvana. ヒンドゥー教文献ではナーガはパーターラ(Pātāla)と呼ばれる地底界に住むとされる（上村勝彦）『南アジアを知る事典』（平凡社）、505 ページ参照。Pātāla : one of the 7 regions under the earth and the abode of the Nāga or serpents and demons（Monier-Williams Sanskrit-English Dictionary）.

ンの感官と〕の結合の否定があることなどは以前にすでに述べられたことである[447]。

（170.27）[448]〔「精神統一がとかれたヨーギンの知覚」を説明すれば、精神統一がとかれた状態、〕そ〔の状態〕では、舌、眼、皮膚は、どれも対象の認識にあたり、四の結合、つまり、四つのものの結合がある、という意味である。すなわち、アートマンがマナスと結合して、マナスが感官と、感官が対象と〔結合する〕ということである。

（171.01）耳が対象を認識する場合は、三つのもの、すなわち、アートマン、マナス、耳（聴覚器官）とが結合する。マナスが対象を認識するときは、二つのもの、アートマンとマナスとが結合する、ということである。

また、同様に、聖者の知(ārṣa)がまさにここ（＝ヨーギンの知覚）に含まれるのであり、個別の他の認識手段ではない。ヨーギンの知覚定義に内包されるのであるから。場所的な面などできわめて離れている対象についての「正しい直接的新得知」、実際のところ、それがヨーギンの知覚の定義である。〔ヨーガスートラに注釈を記した〕ヴィヤーサ（Vyāsa）など〔の聖人たち〕にもこれと同じような新得知が、きわめてすぐれたダルマから生じているのである。

一方、きわめてすぐれたダルマはヨーガの〔八〕階梯（aṅga）の実践からもありえよう。あるいは、タパスの卓越性からもありえよう。祭儀などの執行方法の卓越性からもあるであろう、ということである。その〔それら各種のすぐれたダルマの〕特性によって認識手段の違いがあるということはない。そのようなことになれば〔無数の異なったヨーギンの知覚を容認するという〕過大適用となってしまうから。

447　P の記述に混乱あり。

448　p.170, l.26 と l.27 との間に P には、NSāra p.170, ll.04-05「精神統一がとかれている状態では〔ヨーギンは〕四、三、二〔という各種〕の接触から〔対象を〕認識する。それぞれ可能であるがままに〔それらのいくつかが〕結びつけられるであろう」(viyuktāvasthāyāttu <u>catuṣṭatraya….yojanīyam)</u>の文あり。

一方、ヨーギンの真理は、シュルティ、スムリティ、プラーナ、イティハーサなど多数のヨーガ文献において成立している、ということである。それを避け、否定する人は、最悪そのものであるナラカなど無限の苦しみ（yātanā）などの原因を生ぜしめる。推論もまたヨーギンの存在を知らしめるもの（āvedaka）であることについては後に説明するであろう[449]。

(3.3.1.2.2. 仏教の yogi-pratyakṣa 論〔171.11-172.06〕)

山上證道 [1999]、299-300 ページ参照

(3.3.1.2.3. バーサルヴァジュニャによる仏教の yogi-pratyakṣa 論批判〔172.08-173.08〕)

山上證道 [1999]、300-301 ページ参照

3.3.2. 知覚の分類、その二 ——有分別知覚（savikalpaka-pratyakṣa）と無分別知覚（nirvikalpaka-pratyakṣa）——〔173.10-187.06〕

〔NSāra に、「それは、また、二種に分類される、有分別と無分別と〔の二種に〕」と述べられているが、〕それ（tad）とは、ヨーギンの知覚であり、「また」（ca）の語によって、ヨーギンでない一般人の知覚もまた二種に分類されるということが意味されている。

---

449 Bhāsarvajña は pp.100-101 において知覚を、まず、ヨーギンの知覚とヨーギンではない一般人の知覚とに二分した。それ以後は、ヨーギンではない一般人の知覚の吟味を優先して行ない、その中にニヤーヤ学派内の諸解釈や他学派とのさまざまな議論、特に、仏教との長大な議論を展開した。

ここで述べられるヨーギンの知覚説明文は、その「ヨーギンではない一般人の知覚」の検討の終了を受けて「ヨーギンの知覚」を説明したことを意味する。さらに、ヨーギンの知覚を説き終えた Bhāsarvajña は、このことに関して見解を異にする仏教のヨーギン知覚論を取り上げて批判するのである。山上證道 [1999]、299-301 ページ参照。

3.3.2.1. 有分別知覚とその説明〔173.10-14〕

「そのうちで、名称（saṃjñā）などとの関係を述べることに伴なって（ullekhena）知識発生の原因（nimitta）となるのが有分別なる知覚である。」（NSāra）そして、それ（＝知識発生の原因・知覚手段）は感官では捉えることのできないもの（atīndriya）であるから、それを直接（sākṣāt）言明することはできない[450)]。その結果のみが次のように言明される。「〔この〕デーヴァダッタは有杖者（daṇḍin）である」（NSāra）など[451)]と。「デーヴァダッタ」という〔知覚〕知は、〔ある人にかんして〕単なる名称との関係[452)]を述べることによって発生する。「有杖者」と〔いう知覚知〕は、〔ある人と実体である杖という〕限定者との関係を述べている。同様に、属性（guṇa）などが〔壺などの実体の〕限定者であるという関係を述べるものである〔知覚〕知も〔「この壺は白い」などと〕言明されるべきである[453)]。

---

[450] T：na śakyate. P に na なし。T を採用する。

[451] NSāra には、yathā devadatto 'yaṃ daṇḍītyādi/(p.173, l.02）とあるが、NBhūṣ テキストには、yathā devadatto daṇḍītyādi/（p.173, l.12）と ayam の語がない。

[452] T：-sambandhollekhen-, P：-sambaddhollekhen-.

[453] そもそも、ニヤーヤ・ヴァイシェーシカ学派では、認識知（pramā＝pramāṇa-phala）としての知覚と、認識手段(pramāṇa)としての知覚との区別が曖昧であった。NS 1.1.4 には、知覚は「感官と対象との接触より生起する知」と定義されており、この定義が、認識手段（pramāṇa）を意図していると考えられないとのディグナーガの反論をよぶのである（山上證道 [1988]、305-306 ページ参照）。これらの点を修正して、認識手段（pramāṇa）としての知覚と、認識知（pramā）としてのそれとを区別しようとする意図が見られる。

ちなみに、Bhāsarvajña によると、"samyaganubhavasādhanaṃ pramāṇam" (NBhūṣ, p.11, l.01), "samyaganubhavaḥ pramā" (Ibid, p.62, l.01) と pramāṇa と pramā とが明確に別記されている。

TBh になると、無分別知覚→有分別知覚というプロセスが明確に述べられ、それに伴なって、pramāṇa, pramā が段階的に存在するといわれる。

（1）最初に感官と対象の接触が起こったとき、感官によって「これはあるものである」という無分別知が生起する。この段階では、無分別知が結果知であり、その手段は感官である。接触は、あたかも、斧と木との結合のような媒介作用である。

（2）次の段階では、無分別知の直後に、名称や種概念との結合により、「彼

3.3.2.1.1. 限定知（有分別知覚知）の認識対象（ālambana）の考察による反論〔173.15-174.16〕

さてここで、〔「デーヴァダッタは有杖者である」という〕限定された〔有分別知覚〕知とは、ただ被限定者のみ（kevalaviśeṣya）を認識対象（ālambana）としたものであるのか、それとも、限定者（viśeṣaṇa）と被限定者（viśeṣya）〔の両方〕を対象としたものであるのか。それでどうなるか、というと。

3.3.2.1.1.1. 反論 1(1)と 1(2)：ただ被限定者のみが認識対象であることはない。〔173.16-21〕

〔反論：〕もし、ただ被限定者のみを対象としているなら、〔それは、ただデーヴァダッタなる人を対象としているにすぎないから、〕「有杖者」という〔限定知・有分別知覚〕知はないであろう、杖を持たない人に対して〔「有杖者」という知がない〕ように[454]。たとえ存在していたとしても、顕現していないものは、存在していないのと同じである。

「〔杖〕自身の知に限定された杖によって生じた、「人」の知が、どうして〔杖に〕限定されていない〔、すなわち、有杖者と知覚されない〕といえるのか〔、換言するなら、杖自身が知られるとき、その杖の存在ゆえに知られる「人」の知は「有杖者」という知になるに違いない〕」と〔ニヤーヤ論者が〕いっても、それは正しくない〔、次にあげる二理由によって〕。

(1) なぜなら、まず、〔煙〕自身の知に限定された[455]証相（liṅga）

はデーヴァダッタである」などの有分別知が生起するが、この段階では、その結果知に対して、手段は感官と対象との接触である。媒介作用となるのが無分別知である。

(3) さらに、次の段階では、有分別知の直後に、捨てる・取る・無関心の知が生ずる。このような結果知に対して手段となるのは無分別知であり、媒介作用となるのが有分別知である。（TBh p.33, ll.04-15）

454 T：yathā,とコンマであるが、P：yathā/ と P にはダンダあり。

455 T,P：svajñānaviśiṣṭe. これは svajñānaviśiṣṭena の誤りであろう。

〔すなわち煙〕などによって、推論対象などの知〔、つまり、山に存在する火の知〕が生じるのであり、〔「デーヴァダッタは有杖者である」という有分別知覚知と同様の〕「それ（＝山）は有煙物である」など（taddhūmītyādi）[456] の形として生じて〔有分別知覚知として〕認識されないから。

（2）さらに、〔「デーヴァダッタは有杖者である」と同様に〕「この場所は火を持つ」という知識は〔推論知ではなく〕知覚の結果になってしまうであろう。なぜなら、〔被限定者である〕場所のみが感官と接触して〔いて、知覚の対象とされて〕いるからである。〔以上のように、まず、限定知（有分別知覚知）がただ被限定者のみを対象とすることはない。〕

3.3.2.1.1.2. 反論 2：被限定者と限定者の両方が対象となることもない。〔173.21-23〕

次にもし、〔有分別知覚が、限定者（杖）と被限定者（人・デーヴァダッタ）の〕両方を対象としていたとしても、「杖と人」〔という知〕と〔なって、「有杖者」という知にはならないことに〕なるであろう。

また、それら〔杖と人と〕は同一の知識の対象という点では差異はないから [457]、〔人に持たれている杖という〕従属するものと〔杖を持つ人という〕主体の関係もなくなるであろう。

また、〔「デーヴァダッタは有杖者である」という知であれば、デーヴァダッタの知と杖の知の両者には共通の基体が存在するが、「杖と人」という知であるなら、〕デーヴァダッタなどの知と〔杖の知とに〕共通の基体がない、という望ましくない結果になってしまうからである。〔このように、有分別知覚知が、限定者・被限定者の両方を認識対象とすることもない。〕

456　T：taddhūmīyetyādi-. P：taddhūmītyādi. P を採用する。

457　T：-āviśeṣe guṇa-. P：-āviśeṣaguṇa- あるいは -āviśeṣa guṇa-.

3.3.2.1.2. バーサルヴァジュニャの答論：有分別知覚の確立〔173.24-176.06〕

3.3.2.1.2.1. ヴァイシェーシカの見解とその否定 ――反論２への対応――〔173.24-28〕

〔答論（バーサルヴァジュニャ）：〕〔上記の反論に答えよう。だがその前に、これに関連した解釈を紹介する。すなわち、〕他の者たち（＝ヴァイシェーシカ）[458]は、「〔有分別知覚知の認識対象は〕経験するとおりである」という。すなわち、「芳香をもつ実体」〔という知覚知〕の認識対象は、〔芳香によって限定されている実体、すなわち、〕被限定者のみであり、〔「あの山は火を有する」という〕推論対象などの知には、両方[459]〔すなわち、限定者である火と被限定者の山と〕が認識対象となる、と[460]。

しかし、これは正しくない。〔上記のような有分別知覚知と推論知とに〕区別[461]を認める根拠がないからである。推論対象などの知[462]（＝

---

458 T の footnote に、Vaiśeṣika とある。Cf. Joshi, L.V.〔1986〕p.416.; NK, see PBh (GJG) pp.276-278.

459 T : jñānasyobhayālambanam. P : jñānasyobhayam ālambanam

460 Śrīdhara は、dvitva の議論に関連して、限定知の対象（ālambana）にふれている。「限定要素（viśeṣaṇa）と被限定者（viśeṣya）とが単一なる知の対象になると主張する人々は、＜芳香の栴檀＞という〔知〕に関してどのように説明するであろう。」（NK, see PBh (GJG) p.276, l.09 - p.277, l.01）

彼は、結論的に次のように述べている。「このようであるから他の被限定者の知についても、次のような規定を定める。＜議論されている限定された知は、ただ被限定者のみを対象とする。知覚される場合には限定された知であるから。芳香の栴檀という知のごとし。＞この「知覚される場合に」という語は、推論知を除外するためにあるのである。」（NK, see PBh (GJG) p.278, ll.01-03）

この議論の直前に「〔主張：〕＜この実体は二個である＞という知は限定要素の「二」という知を前提としている、〔理由：〕被限定知であるから、〔喩例：〕有杖者のように、というように、〔二性(dvitva)という〕属性（guṇa）の知が推論される場合、その知もまた被限定知であるから限定要素の知を前提とすることが推論される」（NK, PBh (GJG) p.276, ll.07-08）とある。これが推論の場合は、限定要素・被限定者の両者を対象とする説であろう。

461 T : viśeṣyā-. P : viśeṣā-. P を採用する。

462 T の pratyasya は pratyayasya の誤植であろう。

山に存在する限定者である火の知）と〔被限定者である〕山などの知とは基体を共にするのが知られるから〔有分別知覚知同様、推論知の認識対象も被限定者である山のみである〕。

〔反論：〕〔「国家・軍隊などはその指導者・国王をもつ」という推論知の場合、被限定者の〕国家・軍隊などの知は、〔国家などの前提となる重要な存在である限定者たる〕その指導者〔・国王〕の知と基体を共にするから、〔限定者と被限定者の両方を認識対象とすることになり、被限定者のみが認識対象であるために提示された「共通の基体が知られるから」という理由は〕不確定（anaikānta）ではないか。

〔答論：〕それは正しくない。その場合にも、国家などという言語活動によって比喩的に表現されるもの[463]〔で、実体の伴なわないもの〕が、国王などを認識対象とすることは容認されないから〔国王などの知と基体を共にするということはない〕。

〔以上によって、反論 2 の内容どおり、共通基体をもたない限定者と被限定者の両方が認識対象となることはないことは明らかである。〕

3.3.2.1.2.2. 限定者が対象となることはない。〔173.28-174.16〕

〔次に、限定者が認識対象（ālambana）とはならないことを明言しておこう。〕

〔主張：〕「〔彼は〕有杖者である」という知は、〔限定者である〕杖を対象としたものではない。

〔理由：〕〔被限定者である〕人の知と共通基体を持っているから。

〔喩例：〕「〔彼は〕デーヴァダッタである」などという知〔が、被限定者である人の知と共通の基体を持っているから、限定者である「デーヴァダッタ」という名称を認識対象としていない〕ように。

この〔論証式が示す〕ように、〔「被限定者の知と基体を共にするか

463　T：vyavahāropacaritasya. P：vyavahārasya upacaritasya. T を採用する。

ら」という理由によって〕すべての知識は、限定者（viśeṣaṇa）を認識対象としたものではないこと[464]が立証せしめられるべきであろう、ということである。

〔反論 : 〕〔上記の推論式において、有杖者という知と人という知とが〕共通基体を持つというこ〔の理由句の内容〕は誤知である〔からこの推論式は成立しない〕。

〔答論 : 〕それは仏教徒の見解〔に陥ってしまうこと〕になってしまう。すなわち、〔その仏教徒の見解〕では、すべての分別知は対象領域（viṣaya）[465]を持たないからその認識対象（ālambana）を考えることが不可能となる、ということである。しかし、〔このような〕仏教の見解は否定されるから、「有杖者」という知が誤知でないのと同様に[466]「その同じ有杖者が食事をする」というなどの知も、まさしく、誤知ではない。〔「有杖者」（被限定者）の知と、「食事をする」（限定者）の知とが共通基体を持つから。〕

（174.06）〔反論 : 〕〔デーヴァダッタという〕部分に〔有杖者という〕

---

[464] T : viśeṣaṇālambanaḥ. P : viśeṣaṇānālambanaḥ. P を採用する。

[465] viṣaya は「感官の及ぶ領域、たとえば、色形一般」、ālambana は「（注意集中された）特定の対象、たとえば、対象領域から選ばれた特定の色形」を示すことが倶舎論第一章に明示されていることを桂紹隆博士から教示された。AbhKBh,p.80,ll.09-10 : kaḥ punar viṣayālambanayor viśeṣaḥ/ yasmin yasya kāritraṃ sa tasya viṣayaḥ/ yac cittacaittair gṛhyate tad ālambanam/ (Yaśomitrakṛtasphuṭārthā-vyākhyā : yasmin yasya kāritraṃ sa tasya viṣaya iti/ kāritraṃ=puruṣakāraḥ/ cakṣuḥ-śrotrādīnāṃ rūpaśabdādiṣv ālocanaśravaṇādikāritram/ yacca svacittacaitān praty āśrayabhāvaśaktiviśeṣalakṣaṇaṃ veditavyam/ taccittacaittair gṛhyate daṇḍāvaṣṭambhanayogena tad ālambanaṃ rūpādi/ tad evaṃ sati cittacaittānām evālambanam/ viṣayaḥ punaś cakṣurādīnām api na kevalaṃ cittacaittānām/)
Cf. Matilal,B.K.〔1985〕pp.218-219 : "The Abhidharmakośa notes the following distinction between a viṣaya and an ālambana. A viṣaya is the potential object of a perceptional consciousness, in the sense that when a cognizing state arises it has to select its viṣaya. For example, the eye-consciousness has to select the visible(rūpa)..."

[466] T : sa eva. P : sa evam.T を採用する。

集合体（＝全体）〔の名称〕が比喩的に適用されるから（upacārāt）〔有杖者という知と人という知とが共通基体をもつわけではない〕。

〔答論：〕その比喩的に意味される〔有杖者という全体(avayavin)の〕知識は（1）誤知であるのか（2）誤知でないのか。

（1）もし、誤知であるというなら、それは正しくない。それは〔すでに、全体の議論の箇所で全体が誤りであることは〕否定されたから[467]。

（2）また、もし、〔比喩的に適用された「有杖者」という全体の知識が〕誤知ではないというなら、つまり、もし、比喩的表現からであっても「有杖者」という知は誤知ではなく、〔しかも被限定者である〕単なる人を認識対象としていることがなりたつというのであるならば、その場合には、両方（＝杖と人）を認識対象とする一義的な〔知〕（mukhyam）が〔有杖者の知とは〕別に存在する、といういかなる根拠があるというのか。〔そのようなものはないはずである。〕もし、そのほかに〔すなわち、「有杖者」の知以外に〕一義的な〔知〕がなりたつというような場合は、〔「有杖者」という〕比喩的表現を思考すること〔自体〕が正しくない〔、なぜなら、「有杖者」の〕過大適用となるから。

〔反論：〕一義的存在（pradhāna）に関して共通基体性がある〔、すなわち、基体を共有することがある〕。つまり、「有杖者」という知において一義的であるもの、それと同じものが、「デーヴァダッタ」などの知においても〔一義的であろう、かくして〕共通基体性が妥当すると、このように考える。

〔答論：〕これは正しくない。〔そのような一義的なものは〕顕現していないから。なぜなら、次のような認識は誰にも存在しないから。つまり、「＜有杖者＞という知において〔＜有杖者＞以外の〕一義的なものが＜デーヴァダッタ＞という知においても一義的なものである」と〔いうこのような認識は〕。むしろ、「＜有杖者＞はまさに＜デーヴァダッ

467　Cf. NBhūṣ, p.104, l.06 ff.　山上證道［1999］、159-212ページ参照。

タ＞である」とか、「＜デーヴァダッタ＞はまさに＜有杖者＞である」、と〔いう認識が存在する〕。

「それは〔比喩的表現ではなく〕一義的なるものの表現に他ならない」と〔反論する〕なら、一体、いかなる敵が友好的な振る舞いをするであろうか。「有杖者」という、こ〔の表現〕によって、まさに一義的なるものが言葉で表現されているのであれば、一義的なるものこそが認識対象である、という我々の望んでいることがなりたつのである。同様にまた、ある人に杖があるその同じ人が有杖者である、と表現されるのである。「知とは言語によって表現されるそのままのもの」という〔我々ニヤーヤの主張そのままの〕ことである。

〔かくして「限定者は認識対象となることはない」という推論式の証因は正しいことが確定した。〕

3.3.2.1.2.3. 反論 1 への答論〔174.17-175.13〕

3.3.2.1.2.3.1.「それは有煙物である」など（taddhūmītyādi）についての考察・反論 1 (1) への答論 ——言語契約（samaya）の想起などの働きにより限定者と被限定者との関係の知が生じて有分別知・限定知が生ずる——〔174.17-24〕

〔さて、次に、被限定者のみが認識対象となることはない、という反論 1 に答えよう。〕

そこで、「〔煙〕自身の知によって限定された証相（liṅga）〔すなわち、煙〕などによって、推論対象などの知〔、つまり、山に存在する火の知〕が生じるのであり、〔＜デーヴァダッタは有杖者である＞という有分別知と同様の〕＜それ（＝山）は有煙物である＞[468] などの形として（taddhūmītyādirūpeṇa）〔有分別知覚知として〕生じ〔て認識されることは〕ない」と〔反論者によって〕述べられたが、これは正しくない。

---

[468] 330 ページ、注 456 参照。

なぜなら、それだけの原因だけが、〔すなわち、自身の知に限定された「杖」や「煙」などの存在という原因だけが、「有杖者」や「有火物」などの〕限定された知識の生起にかかわっているのではないから。それならどうかといえば、言語契約（samaya）[469]の記憶を共働因とした、限定者（＝煙や杖）とそれ（＝被限定者＝火や人）との関係の知によって限定された知識（＝「有火物」や「有杖者」）が生ずるのである。文法学においてなりたっている所有を示す接尾辞（matub）[470]などのさまざまな習慣的用法に従うように。

そしてさらに、記憶の原因は一定ではない（＝さまざまである）ということが、「精神集中（praṇidhāna）など〔の原因により想起がある〕」

---

[469] Cf. NBhūṣ, p.379, ll.03-04 : āgamasyedānīṃ lakṣaṇam ucyate—samayabalena samyakparokṣānubhavasādhanam āgamaḥ/

また、Bhāsarvajña は、NBhūṣ, p.398, l.18 - p.399, l.13 において、「言葉と対象との関係は本質的なもの」というミーマーンサー学派に対し、それは習慣的用法（samaya）によるからそうではないと答えている。

ニヤーヤ・ヴァイシェーシカでは、初期から言葉と対象との関係は本来的に定まったものではなく習慣的用法(samaya)からなるとされている。Cf. VS 7.2.24 : sāmayikaḥ śabdād arthapratyayaḥ/ (Candrānanda's commentary: tasmāt saṃketanimittaḥ śabdād arthe pratyayo na saṃbandhāt/); NS 2.1.55 : na sāmayikatvāc chabdārthasaṃpratyayasya/

しかし、後代には、神の定めたものとも言われるようになる。Cf. TarS #59 p.50, ll.08-10 : ...vākyaṃ padasamūhaḥ/ yathā gām ānayeti/ śaktaṃ padam/ asmāt padād ayam artho bodhavya itīśvarasaṃketaḥ śaktiḥ//（〔意味を生じる〕能力を持っているものが語である。その語からこの対象が知られるべし、という神の定めた規定が〔意味を生じる〕能力である。); VS(U) 7.2.20 (24　Candrānanda) : …yaḥ śabdo yasmin arthe bhagavatā saṃketitaḥ sa tam arthaṃ pratipādayati/ tathā ca śabdārthayor īśvarecchaiva saṃbandhaḥ/ sa eva samayas tadadhīna ityarthaḥ/

Faddegon は、PBh は、言葉と対象との関係は論じていないとして、Upaskāra のこの注記を疑問視する。Cf. Faddegon, B. [1918] p.309. しかし、TarS に見られるように、後代にはこのような解釈が定着していたようである。Cf. TarS, note p.333 ; Chatterjee,S. [1965] pp.324-5. もし、後代のこの見解を取るとすると、言葉と対象との関係は神により本来的に定められたものとなり、それが本来的なものであるとするミーマーンサーなどの見解と異ならないことになろう。服部正明 [1989]、79-83 ページ参照。

[470] PāṇS 5.2.94: tad asyāsty asminn iti matup/

というスートラ[471]で述べられている。それによって、一個の対象に多くの言語契約(samaya)が適用されても、印象の目覚めることから記憶が生ずるごとに、それに応じて共働因である感官によって同一の対象に対して[472]、それぞれ特殊な知が生ずるのである。〔推論の場合は、「煙」という証相により、「火」が想起されるのであり、〕「火」との結合を伴なって、その場にある「煙」が認識されるのではない。もしそのようなことになれば、それ(=証相である煙)が火に対して「有煙物」という知を生ぜしめるという不都合となって非難されることになるであろうが。

3.3.2.1.2.3.2.「この場所は火を持つ」について・反論 1(2)への答論〔174.24-175.26〕

3.3.2.1.2.3.2.1.「この場所は火を持つ」という知は、推論としてよく知られているわけではなく、知覚知である。〔174.24-175.02〕

また、「〔被限定者のみを対象とするなら〕『この場所は火を持つ』という知は知覚の結果であることになってしまう」と〔反論が〕述べられたが、その場合、もし、感官と対象との接触から〔つまり、場所が知覚されている上で〕「この場所は火を持つ」という分別知が生じた場合には、どうして、それが知覚の結果であるとは認められないのか。

〔反論：〕〔それは〕推論としてよく知られているから。

〔答論：〕そうではない。比喩的表現からも〔推論などの〕一般認識はありうるから。「〔本来の〕推論対象である火に限定された場所もまた

471　237 ページ、注 146 参照。スートラの翻訳を以下に記す。「〔想起は次のような原因から生起する。すなわち、〕精神集中・編集(nibandha)・反復学習(abhyāsa)・証相(liṅga)・特徴(lakṣaṇa)・類似(sādṛṣya)・把捉(parigraha)・指導者(āśraya)・被指導者(āśrita)・関係(sambandha)・次第相続(ānantarya)・別離(viyoga)・同一結果(ekakārya)・相違(virodha)・卓越(atiśaya)・獲得(prāpti)・浄化(vyavadhāna)・快楽(sukha)・苦痛(duḥkha)・欲望(icchā)・嫌悪(dveṣa)・恐怖(bhaya)・切願性(arthitva)・効果結果(kriyā)・執着(rāga)・功徳(dharma)・罪過(adharma)の原因から。」(NS 3.2.41)

472　T：evārthe. P：evārthena.T を採用する。

『推論対象』である」と〔比喩的に〕言われているから[473]。

（174.28）また、〔推論対象が火であれば、〕煙が主辞の属性（pakṣadharma＝証相・証因）でないという不都合に陥ることもない。なぜなら、立証さるべき属性（sādhyadharma＝火）に限定された、属性を持つもの・ダルミン（dharmin＝場所）が主辞であると述べられており[474]、そして、それが推論対象であろうがなかろうが[475]、そこ（＝主辞＝場所）に存在している証因[476]（hetu＝煙）は主辞（pakṣa＝場所）に必ず存在しており、同じそこに存在している火が推論されているのであるから[477]〔証因（煙）の知と推論対象（火）の知とが〕基体を異にしているということもない。

また、〔煙の知によって火を推論するのに、煙の知を限定するような別の限定者の知を前提とすることはないから、どこまでも続く〕知識の大いなる連続[478]か、あるいは、相互依存となってしまうことはない。

473　anumeya の語が指示するものは何であるかについては、古来より議論があった。NBh は、dharmiviśiṣṭadharma (例 śabdasyānityatvam) と dharmaviśiṣṭadharmin (例 anityaḥ śabdaḥ) の二とおりを挙げている(NBh, p.308, ll.01-03)。一方、Dignāga は、anumeya にたいする自身の定義として、dharmaviśiṣṭadharmy anumeyaḥ（Svavṛtti ad PS 1.5c-d）と述べている（北川秀則 [1966]、96 ページ参照）。もっとも、彼自身、anumeya/sādhya/pakṣa の語を、sādhyadharmaviśiṣṭadharmin(論証される属性に限定された基体、たとえば、火に限定された山)、sādhyadharma(論証される属性、たとえば、火)、dharmin(基体、たとえば、山)の三者に適用していることも知られているので (桂紹隆 [1984]、119-121 ページ参照)、必ずしも、彼の主張は明確ではないが、NV は、この dharmaviśiṣṭadharmin の否定に最も力を入れており (p.153, l.04ff.)、NVTṬ は、これを Dignāga の見解と述べていること (p.153, l.06ff.)などから判断して、これが Dignāga 説である可能性は高い。（これにかんしては、山上・竹中・赤松・黒田 [1983]、31 ページ、注 31 にも詳論されている。）

Bhāsarvajña は、このような Dignāga 説を受けて、「この場所は火を持つ」が、推論対象であるという見解は、比喩的にいわれている俗説にすぎず、決して推論として成立していると断言できるものではないことを示そうとしていると思われる。

474　Cf. NSāra p.301, l.03

475　T：bhūt. P：bhūvat. T を採用する。

476　T：hetupakṣa-. P：hetuḥ pakṣa-. P を採用する。

477　T：anumīyamānāt, のコンマ不要。

478　T：na; mahatī. P：na ca mahatī. P を採用する。

なぜなら、限定者の知が他の限定者の知を前提としているという規則は容認されないから。それゆえ、推論からは、火とそれ（火）との結合を対象とした一個だけの知（＝火の知）が、言葉で表現されることなしに（anirdeśyam）生ずる。それゆえ、〔感官と対象との接触から生じた〕「この場所は火を持つ」という知は知覚からも生ずるといえる[479)]。

479 感官によって場所が知覚されていて、「この場所は火を持つ」という分別知が生じた場合、これをどう理解するか。Bhāsarvajña はこれが知覚から生じた知であることを否定しきれないと論じているものと思われる。この議論において、彼がこれを知覚から生じたものであることを否定する明言はどこにも見られない。彼の論点を整理すれば、（1）それは推論ではない、（2）限定要素（火）が超感官であるからといってこれを知覚の結果でないと判断することはできない、の二点である。煙によって推論されるものは、あくまで「火」であって、それは「場所」ではない。ことに場所が知覚されていて「この場所は火を持つ」と述べられた場合は、あきらかに知覚がかかわった分別知である、と彼は主張しているものと思われる。

ニヤーヤ・ヴァイシェーシカの知覚のプロセスを考えると、前述のように、感官が対象と接触した瞬間には、限定要素・被限定者などに関する個々の知が無分別知として生じる。次の瞬間に、対象・基体（ālambana）である被限定者や諸々の限定要素、およびそれらの関係、名称の想起、習慣的用法などを把握して、それらを綜合して限定された知が生起するのである。かくして、「有杖者」「白い牛」などといった限定知が知覚として成立すると考えられる。今、ある場所を感官で知覚し、その場所に証相との照合・吟味（liṅgaparāmarśa）から生じた「火がある」という知が限定要素として存在する場合も、上記の知覚過程とそれほど大きく異なることはないのではないか、と考えられる。このような釈然としないことになるのは、要は、ニヤーヤ・ヴァイシェーシカの知覚理論が仏教論理学派のように感官による直感知と判断知を区別せず、判断知をも含む感官との接触から生じた広範囲な知をすべて知覚知と考えたことに起因する。

Bhāsarvajña は、場所が知覚されていない場合には言及していない。一方、Vācaspati は、場所について、「場所は山の向こうに隠れているから知覚されることはない。それゆえ、場所についての推論は生起しない。また、もし、場所が知覚されたら火も知覚されるから推論の必要はない」と述べて、場所が推論対象となることを否定している。Cf.　Potter, K.H. [1977] p.190; NVTṬ pp.154-155.

いずれにしろ、NV の主張しているように、場所はたまたまそこに煙が存在しているだけであって、そのような場所が推論の対象になるはずがない。今、たちのぼっている煙を見て火が推論されるのであるから、その場所が知覚されるか否かは推論に関係のないことである。今見えている煙という基体に存在するダルマ（たとえば、上昇性などという煙の持つ特性）によって、同じく基体に存在する火という別のダルマが推論されるのである。山上・竹中・赤松・黒田[1983]、33-34 ページ、注 51 参照。

3.3.2.1.2.3.2.2. 感官では捉えられない限定者(=火)に限定された知「この場所は火を持つ」は知覚知ではない、という見解は正しくない。——upalakṣaṇa,viśeṣaṇa,vyavacchedaka の三語は同義語——〔175.02-13〕

しかし、ある者は、感官では捉えられない限定者（＝火）により限定されたものが知覚されるというのは正しくないと考えるが、その者の考えでは、〔本来得られるべきである〕有分別の知覚が得られないことになる。なぜなら、〔実際には〕デーヴァダッタという名称に限定された人が、「デーヴァダッタである」と〔有分別知覚知として〕知られるから。そして、デーヴァダッタという名称は〔感官によって〕知覚されておらず、それでいて、その名称が限定者（viśeṣaṇa）となっている、〔あたかも〕杖などが〔、杖を有しない人から有杖者を区別〕するように、〔デーヴァダッタという名称がデーヴァダッタを他の人から〕区別するもの（vyavacchedaka）であるからである[480]。たとえば、「数あるバラモンのうちで、有杖者をよんで食事させよ」というように、あるバラモンを他のバラモンから杖によって区別する。それと同様に、「多くの人々のうちで、デーヴァダッタに話しかけてほしい」というように、ある人が他の人々から、〔感官で捉えられない〕名称のみによって[481]区別されるのである。〔したがって、感官で捉えられるものも捉えられないものも、限定者となって被限定者を他から区別することができれば、有分別知覚知は得られる。〕

（175.07）〔反論：〕〔そうであるなら、杖や名称などは、偶然にカラスがデーヴァダッタの家にとまっていることから、「あのカラスが、とまっているところ（kākin）はデーヴァダッタの家である」という時の、その〕カラスのように（kākavat）〔それら（＝杖や名称）は、〕単なる

480　T,P：na ca tadā devadattasaṃjñāpratyakṣaḥ saṃjñāyaś ca viśeṣaṇatvaṃ, daṇḍādi-vyava-. Joshi を参考にして、na ca devadattasaṃjñā pratyakṣā ..., daṇḍādivat vyava- と訂正。Cf. Joshi, L.V.〔1986〕p.423, footnote 64.

481　T：saṃjñayaiva. P：saṃjñāyaiva.

指示子（upalakṣaṇa）[482] にすぎない〔ということになる〕から〔バーサルヴァジュニャの理屈は正しくない〕。

〔答論：〕そのよう〔に言うべき〕ではない、同義語であるから。つまり、指示子（upalakṣaṇa）、限定者（viśeṣaṇa）、区別要素（vyavacchedaka）の三語はまさに同義語である。

〔反論：〕〔そうではない。もし、同義語であるとしたなら、カラスも限定者であるから〕「カラスがとまっているところ（kākin）はデーヴァダッタの家である」という常識・一般認識があることになってしまうから。〔実際、この認識は、偶然、カラスがとまったことによって生じたもので、いつカラスがそこから飛び去ってしまうかしれず、この認識は一般認識としては定まっていない。〕

〔答論：〕それは間違いである。すでに説明されたから。〔言葉と対象との〕言語契約に従って（yathāsamayam）一般常識はつくられる、と。「杖によって遊行者・苦行者が〔理解される〕」「カラスによってデーヴァダッタの家が〔理解される〕」というこの二者を区別する違いは存在しない。

それゆえ、同類からか[483]、異類からか、あるいは他の状態からか〔あるものを〕区別するもの(vyavacchedaka)、それらすべては限定者であるといわれる。それゆえ、＜うし＞などの名称とそ〔の名称と〕の結合関係という両者が想起されていても、「＜うし＞である」などという限定された知を生ぜしめてはじめて両方が〔一括して一つの〕限定者となるのである。

---

482 NK には、upalakṣaṇa は viśeṣaṇa および vyavacchedaka とは異なる点があることが述べられている。Cf. NK p.278, l.10 - p.279, l.12. また、Wada,T. [1990] p.46 には "…samānādhikaraṇam avacchedakaṃ viśeṣaṇam ", "…avacchedakāviśeṣe 'pi vyadhikaraṇam upalakṣaṇa "(Kir.p.130) と両者の違いに触れている。

指示子という訳語、および、upalakṣaṇa に関しては以下を参照。谷沢淳三〔1997〕; Wada,T〔1990〕pp.46-47.

483 T：sajātīyād vā. P には vā なし。

3.3.2.1.2.3.2.3.「＜うし＞である」などの知の場合は＜うし＞性のみが限定者である、という反論とそれへの答論〔175.13-26〕

〔反論：〕この場合は＜うし＞性（gotva）のみが限定者である。

〔答論：〕そうではない。＜うし＞性を見ても、〔＜うし＞などの名称と対象との〕言語契約がなりたっていない人には、「＜うし＞である」などの知が生起しないから。ということで〔＜うし＞などの名称とそれとの結合関係の〕両方[484]が限定者である。

これに関してあるものたちは次のように述べている。

〔反論：〕名称が限定者であれば、〔「あれは＜うし＞である」という知ではなく、〕「あれは＜うし＞という名称を持つものである」「あれは＜うし＞という言葉で述べられるものである」という知があることになろう。さらに、それ（限定者）は推論されるものであると認められる。なぜなら、〔ある対象が〕＜うし＞という名称を持つことは、＜うし＞という言葉を共働因とすることにより、自己を対象とする知を生起せしめることであり、そしてそれ（＝名称）は、〔推論における火のように〕感官では捉えられないものである。

また、「＜うし＞である」という知は＜うし＞性という限定者のみから生起したもので、それゆえ、知覚である[485]と認められる。たとえば、「あれは＜うし＞である」〔という知〕と「あれは＜うし＞性を持っている」〔という知〕と〔が存在するが〕対象は一個である。〔言葉と対象との〕言語契約も、これと全く同様に教示され、理解される。〔それゆえ、「＜うし＞である」という限定された知覚知では、＜うし＞性のみが限定者であり、感官でとらえられない名称は限定者とはいえない。〕

〔答論：〕（175.19）これは正しくない。なぜなら、言語契約を定めるときに、＜うし＞性と結合しているもの〔が、＜うし＞である〕とは誰

484　T：ubhayaviśeṣaṇam. P：ubhayaṃ viśeṣaṇam.

485　T：pratyakṣam. P：pratyaksaphalam.

も知らず、あるいは、〔そのように〕教示もしない。そのようなこと (=<うし>に<うし>性が結合していること）は、言語契約が知られずとも知覚で成立するから。というのも、言語契約を理解していない人でも[486] バッファローから区別された[487] シャーバレーヤ牛などの〔牛類に属する〕物体に〔存在する〕類似性（＝＜うし＞性）を認めることができるから。〔このように、＜うし＞性のみが「＜うし＞である」という知の限定者であるとはいえない。〕それゆえ、名称と名づけられるものとの関係こそが言語契約を理解せしめた後に、「あれは＜うし＞である」「あれは＜うし＞という名のものである」「あれは＜うし＞という言葉によって表されるものである」などと知らしめる。このように一個の対象を表現する多くの〔言語の〕うちの一個の言葉によって認識者もそのように知るのである。

それゆえ、「＜うし＞である」などの知は知覚の結果であると認めたい者（＝我々ニヤーヤ論者）は、限定者と被限定者とが一個の知の認識対象であると認めるべきとは思わない。また、感官ではとらえられない限定者より生じた被限定者の知は〔推論知であって〕知覚の結果ではない[488] ということにはならない。

3.3.2.1.2.3.2.4.「＜多様＞（citra）である」という知の場合も、被限定者が対象である。〔175.26-176.06〕

〔反論：〕多くの限定者によって限定されている対象の知識が「それは＜多様＞（citra）である」などという形をもった〔単一の知識である〕のはどうしてか。

〔答論：〕それは〔説明〕不可能なことではない。なぜなら、〔一〕限定者と被限定者とだけは〔限定者と被限定者という〕順番に把握される

486　T：agṛhītasaṃketo hi. P：agṛhītasaṃketo 'pi hi.

487　T：vyāvṛttatām. P：vyāvṛttanām. P を採用する。

488　T：-jñānapratyakṣa-. P：-jñānam apratyakṣa-. Joshi, L.V.は-jñānaṃ pratyakṣa-とするが、ここは P を採用する。Cf. Joshi, L.V. [1986] p.426, footnote 67.

と理解されるが、〔多くの〕限定者とそれらの〔被限定者との〕関係〔の把握〕は〔そのように順々には理解されるわけでは〕ない。というのは、それら〔の多くの限定者との関係〕は一つひとつ〔が別々の〕知の認識対象でると理解されるから。ある場合には、〔多くの限定者との関係が〕順々に理解されても、一個の記憶の対象となっていればそれは〔一括して〕限定者なのである。一方、順々に理解されるもの（＝連続した音）が、どのようにして〔単語という〕一個の想起の対象となるのかということを、文の考察（vākyavicāra）の箇所[489] で述べるであろう。

このように、被限定者の知は、〔限定者と被限定者の〕両方を対象にするのではなく、被限定者のみを対象とするということが確立した。

〔反論（仏教徒）：〕有分別の知であるから、言葉などの関係した知識は感官から生じた知ではなく、また、感官対象（artha）を対象としたものでもない。

〔答論：〕そうではない。有分別の知識が感官から生じること、さらに、感官対象（artha）を認識対象とすることに何の誤りもないから。汝により注釈説明された〔誤った〕理解は、〔この論書の〕先の方で否定するであろう[490]。かくして、有分別知覚が確立した。

---

489 Cf. NBhūṣ p.273, l.27 - p.282, l.11.

ニヤーヤでは、一時には一個のものしか知覚できない。単語を構成する一音ずつが順々に知覚され、最後の音を知覚したときにそれ以前の印象が想起され、その共働によって単語の意味が習慣的用法に従って理解されるといわれる。Cf. Chatterjee, S.〔1965〕pp.332-333.

「単語(pada)は、音(varṇa)の集合であるが、〔この〕集合は、単一である知の対象となる。このように順々に生ずる音はすばやく滅するから、一時に多くの音を知覚することはできない。それゆえ、先の音を〔順々に〕知覚していって最後の音を聞いたときに、最後の音との結合が先の音の知覚から生起した印象と共に働き、言語契約(samaya)の認識に助けられた聴覚器官によって、一時に、〔まだ〕存在している〔音〕、または、〔消えてしまって〕存在しなくなった多くの音の理解がなされて、単語の理解が生ずるのである。それはちょうど、再認識が共働因の力によって〔生起する〕ようなものである。」(TBh p.49, ll.08-13)

490 この否定さるべき反論は、有分別知覚を容認しない仏教論理学派の見解である。この見解は、NBhūṣ において、この直後 p.176, l.12 以下において、引用さ

3.3.2.2. 無分別知覚の説明〔176.08-10〕

〔無分別知覚とは、存在しているもの、そのもののみの顕現である（vastumātrāvabhāsakaṃ nirvikalpakam）<NSāra, p.176, l.01>。〕〔すなわち、感官と対象とが〕接触した最初の瞬間に生じた知識は言語契約、想起、特徴の把握に依存することなしに生起したものである。それゆえ、それは無分別である。ヨーガ、三昧、一点集中と言われる。この中で、精神の安定したヨーギンには無分別そのものの知覚がある、ということである。分別するものには一点集中は不可能であるゆえに[491]。

（**3.3.2.2.**1. 仏教の無分別知覚論〔176.12-180.20〕）

山上證道 [1999]、301-311 ページ参照。

（**3.3.2.2.**2. 仏教の無分別知覚論に対するバーサルヴァジュニャの批判〔180.22-187.06〕）

山上證道 [1999]、311-329 ページ参照。

れ批判されている。山上證道 [1999]、301 ページ以下参照。

491 すなわち、精神の安定した（yukta）ヨーギンの知は無分別知のみであるということである。Cf. Issacson, H.〔1993〕p.156, note 31.

ANALYSIS OF THE FIRST CHAPTER (*pratyakṣapariccheda*) OF THE NYĀYABHŪṢAṆA

1. Introductory [Text **1.04-11.18**] **(**page **23** of this book**)**

1.1. ***Maṅgalaśloka*** **(Dedicatory verse)** [1.04-08] **(23)**

Maṅgalaśloka **of the Nyāyasāra** [1.04-05]

Maṅgalaśloka **of the Nyāyabhūṣaṇa** [1.07-08]

1.2. The purpose of ***Maṅgalaśloka*** [2.02-13] **(23)**

1.3. The purpose and the meaning of producing the systematic teaching (*śāstra*) of the Nyāyabhūṣaṇa [2.15-11.18] **(24)**

1.3.1. Relation (*sambandha*), purpose (*prayojana*) and subject matter (*abhidheya*) [2.15-5.09] **(24)**

1.3.2. Division of the subject matter――the primary matter: the right means of cognition (*pramāṇa*) and so on, i.e., 16 categories (*padārtha*s) and the secondary matter: their definitions (*lakṣaṇa*s)――[5.11-6.01] **(27)**

1.3.3. Discussion regarding ***lakṣaṇa*** **as the primary matter** [6.01-09] **(28)**

1.3.3.1. Cārvākas' objection that *lakṣaṇa* of *pramāṇa* is meaningless, followed by Bhāsarvajña's answer [6.10-7.13] **(29)**

1.3.3.1.1. Cārvākas' objection [6.10-21] **(29)**

1.3.3.1.2. Bhāsarvajña's answer [7.02-13] **(30)**

1.3.3.2. *Avyāpakadharma* (property not pervading generally) and *ativyāpakadharma*(property pervading unwarrantably too much) are also regarded as *lakṣaṇa*s. [7.15-9.15] **(31)**

1.3.4. ***Śāstra*** **is necessary for removing an erroneous knowledge (*bhrānti*).** [10.02-19] **(36)**

1.3.5. The purpose of Nyāyaśāstra and the necessity of defining ***pramāṇa*** ――settlement of emancipation (*apavarganiścaya*) ← settlement of the right means of cognition (*pramāṇaniścaya*) ← settlement of the definition of the right means of cognition (*pramāṇalakṣaṇaniścaya*)――[10.21-11.18] **(38)**

2. The right means of cognition (*pramāṇa*) [11.18-83.20] (41)

2.1. Definition (*lakṣaṇa*) of the right means of cognition (*pramāṇa*): "*samyag* (right) *-anubhava* (new-born cognition) *-sādhanam* (the means)" [11.18-20] **(41)**

2.1.1. Examination of the definition (*lakṣaṇa*) 1 ——Examination of the meaning of "*samyak*" ——[11.22–43.15] **(41)**

2.1.1.1. The erroneous new-born cognition (*asamyaganubhava*) —— *saṃśaya* (doubtful knowledge) and *viparyaya* (false knowledge)——[12.07] **(42)**

2.1.1.1.1. The erroneous new-born cognition 1: *saṃśaya* (doubtful knowledge) [12.09-25.05] **(42)**

2.1.1.1.1.1. General definition (*sāmānyalakṣaṇa*) of *saṃśaya*: "the cognition which is unsettled" [12.09-13.16] **(42)**

2.1.1.1.1.2. Specific definition (*viśeṣalakṣaṇa*) of *saṃśaya* as described in NSāra is not contradictory with NS 1.1.23. [13.18-20] **(45)**

2.1.1.1.1.3.1. *Saṃśaya* arises from common characteristics (*samānadharma*) and so on together with other cooperators. [13.20-14.07] **(46)**

2.1.1.1.1.3.2. *Saṃśaya* also arises cooperated with seeking specifics (*viśeṣāpekṣā*) or with unsettlement of being perceived or unperceived. [14.08-15.08] **(47)**

2.1.1.1.1.4.1. *Saṃśaya* occurs from common characteristics (*samānadharma*). [15.08-14] **(49)**

2.1.1.1.1.4.2. *Saṃśaya* occurs from specific characteristics (*anekadharma)*. [15.15-17.11] **(50)**

2.1.1.1.1.4.2.1. *Anekadharma=asādhāraṇadharma* (specific characteristics) [15.15-16.17] **(50)**

2.1.1.1.1.4.2.2. *Anekadharma="anekas cāsau dharmaś ca iti karmadhāraya,"* which means "many characteristics" [16.18-17.11] **(54)**

2.1.1.1.1.4.3. *Saṃśaya* occurs from difference of opinions (*vipratipatti*). [17.12-15] **(56)**

2.1.1.1.1.4.4. Interpretation of *upalabdhyanupalabdhyavyavasthā* [17.15-18.02] **(57)**

2.1.1.1.1.4.5. Five sentences implied in NS 1.1.23, followed by Bhāsarvajña's explanation [18.02-15] **(57)**

2.1.1.1.1.5. Investigation of deliberation (*ūha*) and unsettled knowledge (*anadhy-avasāya*) [19.03-19] **(59)**

2.1.1.1.1.5.1. Investigation of *ūha* [20.03-24] **(61)**

2.1.1.1.1.5.2. Purpose of separate mention of doubtful knowledge (*saṃśaya*) is to prompt for inference and logics to work effectively. [20.24-21.19] **(64)**

2.1.1.1.1.5.3. Purpose of separate mention of *tarka* in NS [21.20-23.07] **(66)**

2.1.1.1.1.6. *Anadhyavasāya* is included in *saṃśaya*. [23.09-19] **(70)**

2.1.1.1.1.7. Denial of *saṃśaya* followed by its disapproval [23.21-25.05] **(72)**

2.1.1.1.1.7.1. Denial of *saṃśaya* [23.21-24.06] **(72)**

2.1.1.1.1.7.2. Disapproving denial of *saṃśaya* [24.08-25.05] **(73)**

2.1.1.1.2. The erroneous new-born cognition 2: *viparyaya* = *khyāti* (the false knowledge) [25.07-38.17] **(75)**

2.1.1.1.2.1. Definition of *viparyaya* [25.07-19] **(75)**

2.1.1.1.2.2. Factors which bring forth *viparyaya* [25.19-26.07] **(77)**

2.1.1.1.2.3. Discussing the object of *viparyaya* [26.08-32.13] **(78)**

2.1.1.1.2.3.0. Mentioning eight views regarding *viparyaya* [26.08-11] **(78)**

2.1.1.1.2.3.1. Suggestion of the *akhyāti* theory [26.13-18] **(79)**

2.1.1.1.2.3.2. Refutation of the *akhyāti* theory followed by suggestion of the *asatkhyāti* theory [27.01-10] **(80)**

2.1.1.1.2.3.3. Refutation of the *asatkhyāti* theory followed by suggestion of the *prasiddhārthakhyāti* theory [27.12-19] **(81)**

2.1.1.1.2.3.4. Refutation of the *prasiddhārthakhyāti* theory followed by suggestion of the *alaukikārthakhyāti* theory [27.21-28.02] **(82)**

2.1.1.1.2.3.5. Refutation of the *alaukikārthakhyāti* theory followed by suggestion of the *smṛtipramoṣa* theory [28.04-13] **(83)**

2.1.1.1.2.3.6. Refutation of the *smṛtipramoṣa* theory followed by suggestion of the *ātmakhyāti* theory [28.15-30.22.] **(84)**

2.1.1.1.2.3.6.1. Refutation of the *smṛtipramoṣa* theory [28.15-29.19] **(84)**

2.1.1.1.2.3.6.2. Suggestion of the *ātmakhyāti* theory [29.21-30.22] **(87)**

2.1.1.1.2.3.7. Refutation of the *ātmakhyāti* theory followed by suggestion of the *anirvacanīyakhyāti* theory [30.24-31.19] **(89)**

2.1.1.1.2.3.7.1. Refutation of the *ātmakhyāti* theory [30.24-31.06] **(89)**

2.1.1.1.2.3.7.2. Suggestion of the *anirvacanīyakhyāti* theory [31.08-19] **(90)**

2.1.1.1.2.3.8. Refutation of the *anirvacanīyakhyāti* theory followed by suggestion of the *viparītakhyāti* theory of the Naiyāyikas [31.21-32.13] **(92)**

2.1.1.1.2.4. Discussions on the object of the dream-cognition [32.15-33.15] **(94)**

2.1.1.1.2.5. Discussions on cognizing the falsity(*bhrāntatva*) and the non-falsity (*abhrāntatva*) [33.17-38.17] **(97)**

2.1.1.1.2.5.1. Cārvākas' view: Neither the falsity nor the non-falsity cognized. [33.17-34.14] **(97)**

2.1.1.1.2.5.1.1. The falsity is never cognized. [33.17-23] **(97)**

2.1.1.1.2.5.1.1.1. The falsity is not cognized through perception (*pratyakṣa*). [33.17-19] **(97)**

2.1.1.1.2.5.1.1.2. Nor cognized through inference (*anumāna*). [33.19-23] **(97)**

2.1.1.1.2.5.1.2. The non-falsity is never cognized. [33.23-34.14] **(98)**

2.1.1.1.2.5.1.2.1. Being produced by faultless causes is not an inferential mark (*liṅga*). [33.23-27] **(98)**

2.1.1.1.2.5.1.2.2. Nor is the non-arising of negative cognition an inferential mark. [33.27-34.04] **(99)**

2.1.1.1.2.5.1.2.3. Nor is the efficiency of the activity. [34.04-14] **(99)**

2.1.1.1.2.5.2. Bhāsarvajña's refutation of the above argumentation of Cārvākas' [34.16-38.17] **(100)**

2.1.1.1.2.5.2.1. Cognition of the falsity [34.16-36.17] **(100)**

2.1.1.1.2.5.2.1.1. Refuting that the falsity is never cognized [34.16-35.13] **(100)**

2.1.1.1.2.5.2.1.2. Proving that the falsity is cognized [35.13-36.17] **(102)**

2.1.1.1.2.5.2.2. Cognition of the non-falsity [36.18-38.17] **(106)**

2.1.1.1.2.5.2.2.1. Approving that being produced by faultless causes is not an inferential mark [36.18] **(106)**

2.1.1.1.5.2.2.2. Refuting that the non-arising of negative cognition is not an inferential mark [36.19-37.16] **(106)**

2.1.1.1.2.5.2.2.3. Refuting that the efficiency of the activity is not an inferential mark [37.16-38.17] **(108)**

2.1.1.2. The right new-born cognition (*samyaganubhava*) ——the examination of credibility of the right knowledge (*prāmāṇyavāda*)—— [38.19-43.15] **(110)**

2.1.1.2.1. Kumārila's view ——*svataḥ prāmāṇya* (intrinsic truth) and *parataḥ aprāmāṇya* (extrinsic falsity)—— [38.19-39.12] **(110)**

2.1.1.2.1.0. ŚV *codanā* k.52 [38.19-39.01] **(110)**

2.1.1.2.1.1. In case of cognition's origination (*utpatti*) [39.01-09] **(112)**

2.1.1.2.1.2. In case of cognition's functioning (*pravṛtti*) [39.09-10] **(113)**

2.1.1.2.1.3. In case of cognition's ascertainment (*jñapti*) [39.10-12] **(113)**

2.1.1.2.2. Bhāsarvajña's refutation——*parataḥ prāmāṇya* and *parataḥ a-prāmāṇya* [39.14-43.14] **(114)**

2.1.1.2.2.1. In case of cognition's origination (*utpatti*) [39.14-40.01] **(114)**

2.1.1.2.2.1.1. *Prāmāṇya* would not arise without special characteristics such as light and so on. [39.14-17] **(114)**

2.1.1.2.2.1.2. *Prāmāṇya* of *liṅga* depends on *anvayavyatireka* relation and that of *anumeya* depends on that of *liṅga.* [39.17-18] **(114)**

2.1.1.2.2.1.3. *Parataḥ aprāmāṇya* leads to *prāmāṇya*'s dependence on right reason. [39.19-20] **(114)**

2.1.1.2.2.1.4. *Prāmāṇya* depends on non-existence of *doṣa.* [39.21-26] **(115)**

2.1.1.2.2.1.5. Syllogism for proving *parataḥ prāmāṇya* [39.26-40.01] **(116)**

2.1.1.2.2.2. In case of cognition's functioning (*pravṛtti*) [40.01-09] **(116)**

2.1.1.2.2.3. In case of cognition's ascertainment (*jñapti*) [40.09-43.14] **(117)**

2.1.1.2.2.3.1. Syllogism for proving *parataḥ prāmāṇya* [40.09-11] **(117)**

2.1.1.2.2.3.2. General rule (*utsarga)* and exception (*apavāda)* [40.11-41.13] **(118)**

2.1.1.2.2.3.3. *Doṣajñānābhāva* leads to *anavasthā.* [41.13-42.10] **(120)**

2.1.1.2.2.3.4. Occurrence of cognition = *pramāṇa'*s making its object known [42.10-43.06] **(123)**

2.1.1.2.2.3.5. Sharp impression [43.06-14] **(124)**

2.1.1.3. The end of the discussion on "*samyak*" [43.14-15] **(125)**

2.1.2. Examination of the definition 2, the meaning of "*anubhava*" as described in the definition of the means of right cognition [43.17-19] **(125)**

2.1.3. Examination of the definition 3, the discussions on the meaning of "*sādhana*" as described in the definition of the means of right cognition [44.03-62.09] **(125)**

2.1.3.1. *Sādhana=sādhakatama* [44.03-08] **(126)**

2.1.3.2. The meaning of "*sādhakatama*" ——Discussion on the nature of instrumentality (*karaṇatva*)——[44.10-62.09] **(126)**

2.1.3.2.1. Kumārila's interpretation followed by Bhāsarvajña'a refutation [44.10-45.22] **(126)**

2.1.3.2.2. The Grammarians' interpretation followed by Bhāsarvajña's refutation [46.02-11] **(131)**

2.1.3.2.3. The Buddhist interpretation followed by Bhāsarvajña's refutation [46.13-58.12] **(132)**

Cf. 山上證道 [1999] (『ニヤーヤ学派の仏教批判——ニヤーヤブーシャナ知覚章解読研究——』平樂寺書店、1999 年) pp.429-430.

2.1.3.2.4. A variety of interpretations among the Naiyāyikas [58.14-63.04] **(132)**

2.1.3.2.4.1. Superiority (*atiśaya*) as described by Uddyotakara [58.14-59.09] **(132)**

2.1.3.2.4.2. The view that the final being (*caramabhāva*) has instrumentality, followed by Bhāsarvajña's refutation [59.11-60.06] **(134)**

2.1.3.2.4.3. Rucikāra's interpretation [60.06-12] **(136)**

2.1.3.2.4.4. Jayanta's interpretation followed by Bhāsarvajña's refutation [60.14-61.14] **(136)**

2.1.3.2.4.5. Bhāsarvajña's interpretation [61.16-62.09] **(139)**

2.2. NS 1.1.1 and NS 1.1.2 ——The purpose of *nyāyavidyā* (the science of

logics): the emancipation—— [62.11-79.18] **(141)**

2.2.1. NS 1.1.1——The meaning and the purpose of the *padārtha*s such as the object of right cognition (*prameya*) and so on——[62.11-72.13] **(141)**

2.2.1.1. The meaning and the purpose of the object of right cognition (*prameya*) [62.11-27] **(141)**

2.2.1.2. The meaning and the purpose of the doubtful knowledge (*saṃśaya*) [62.27-63.04] **(143)**

2.2.1.3. The meaning and the purpose of the incentive (*prayojana*) [63.06-64.04] **(144)**

2.2.1.4. The meaning and the purpose of the corroborative example (*dṛṣṭānta*) [64.06-65.05] **(146)**

2.2.1.5. The meaning and the purpose of the proved doctrine (*siddhānta*) [65.07-67.30] **(149)**

2.2.1.5.1. The general definition of the proved doctrine [65.07-22] **(149)**

2.2.1.5.2. The variety of the proved doctrine [65.22-67.30] **(151)**

2.2.1.5.2.1. *Sarvatantrasiddhānta* (NS 1.1.28) [66.11-16] **(153)**

2.2.1.5.2.2. *Pratitantrasiddhānta* (NS 1.1.29) [66.17-26] **(153)**

2.2.1.5.2.3. *Adhikaraṇasiddhānta* (NS 1.1.30) [67.01-11] **(155)**

2.2.1.5.2.4. *Abhyupagamasiddhānta* (NS 1.1.31) [67.12-30] **(156)**

2.2.1.6. The meaning and the purpose of the components of syllogism (*avayava*s) [68.02-10] **(158)**

2.2.1.7. The meaning and the purpose of the speculation (*tarka*) [68.12-23] **(159)**

2.2.1.8. The meaning and the purpose of the ascertainment (*nirṇaya*) [68.25-70.04] **(161)**

2.2.1.9. The meaning and the purpose of the discussion (*vāda*) / disputation (*jalpa*) / wrangling (*vitaṇḍā*) [70.06-15] **(164)**

2.2.1.10. The meaning and the purpose of the pseudo-reason (*hetvābhāsa*) / fallacy of ambiguity (*chala*) / fallacy of irrelevance (*jāti*) / point of defeat (*nigrahasthāna*) [70.17-71.11] **(165)**

2.2.1.11. *Nyāyavidyā* (the science of logic) as stated in NS 1.1.1 is vital to all the sciences. [71.13-72.13] **(167)**

2.2.1.11.1. Four kinds of sciences [71.13-72.05] **(167)**

2.2.1.11.2. The reason of *nyāyavidyā*'s superiority over any other sciences [72.05-13] **(169)**

2.2.2. NS 1. 1. 2 ——*saṃsāra* (transmigration) and *apavarga* (emancipation) ——[72.15-73.12] **(170)**

2.2.2.1. Discussion on the interpretation of NS 1.1.2 [73.14-79.18] **(174)**

2.2.2.1.1. Objections against NS 1.1.2 [73.14-74.03] **(174)**

2.2.2.1.1.1. Objection 1: *Mithyājñāna-apāya* (annihilation of a false knowledge) is impossible to occur. [73.14-20] **(174)**

2.2.2.1.1.2. Objection 2: *Mithyājñāna-apāya* does not necessarily lead to *doṣa-apāya* (annihilation of defect). [73.21-27] **(174)**

2.2.2.1.1.3. Objection 3: *Doṣa-apāya* does not necessarily lead to *pravṛtty-apāya* (annihilation of an activity), and finally to *duḥkha-apāya* (annihilation of pain), ie., *apavarga.* [73.27-74.03] **(175)**

2.2.2.1.2. Bhāsarvajña's replies [74.05-79.18] **(176)**

2.2.2.1.2.1. Answer to objection 1: *Mithyājñāna-apāya* is possible. [74.05-76.04] **(176)**

2.2.2.1.2.2. Answer to objection 2: *Mithyājñāna-apāya* leads to *doṣa-apāya.* [76.06-77.18] **(181)**

2.2.2.1.2.3. Answer to objection 3: *Doṣa-apāya* leads to *pravṛtty-apāya*, and finally to *duḥkha-apāya*, ie., *apavarga.* [77.19-79.18] **(186)**

2.3. Bhāsarvajña's view about the division of *pramāṇa*s (the valid means of knowledge) [79.20-83.20] **(192)**

2.3.1. *Pramāṇa* consisits of three kinds, i.e., *pratyakṣa* (perception), *anumāna* (inference) and *āgama* (verbal testimony). [79.20-80.03] **(192)**

2.3.2. Examination of various views [80.05-81.05] **(193)**

2.3.2.1. Cārvākas' view that *pratyakṣa* is only admitted as a *pramāṇ*a, followed by its denial [80.05-09] **(193)**

2.3.2.2. Either *anumāna* or *āgama* is admitted as an only one *pramāṇa*,followed by its denial. [80.11-15] **(193)**

2.3.2.3. Jainas' view that two kinds of *pramāṇa*s are admitted, i.e., *pratyakṣa* and *parokṣa,* followed by its denial [80.17-81.05] **(194)**

2.3.3. Answering the opponent who points out inconsistency with NS 1.1.3, which lists four *pramāṇa*s [81.07-21] **(195)**

2.3.4. The three *pramāṇa*s sometimes do and sometimes do not co-exist. [81.23-83.14] **(198)**

2.3.5. Three kinds of *pramāṇa*s should be established. [83.14-20] **(202)**

3. The perception *(pratyakṣa)* [84.03-187.06] (205)

3.1. Bhāsarvajña's definition and explanation of *pratyakṣa* [84.03-85.18] **(205)**

3.1.0. Bhāsarvajña's definition of *pratyakṣa* "samyag-aparokṣa-anubhava-sādhanam" [84.03] **(205)**

3.1.1. *Vyutpatti* (etymology) of the word *"pratyakṣa"* [84.04-11] **(205)**

3.1.2. *Vyutpatti* and *pravṛtti-nimitta* (signifying factor) are quite different. [84.13-85.08] **(209)**

3.1.3. *Pratyakṣa-phala*'s characteristics (*lakṣaṇa*) is its species of directness (*aparokṣatva-jāti*) that is *pravṛtti-nimitta.* [85.09-18] **(211)**

3.2. Bhāsarvajña's interpretation on NS 1.1.4 [85.20-100.10] **(213)**

3.2.1. Investigation of "*indriyārthasaṃnikarṣotpannam*" [85.20-97.18] **(213)**

3.2.1.1. *Pratyakṣa* is restricted with *aparokṣatva-jāti* (species of directness). [85.20-87.19] **(213)**

3.2.1.1.1. Denial of *aparokṣatva-jāti* inherent in knowledge, followed by Bhāsarvajña's refutation that occurrence from *indriyārthasaṃnikarṣa* (the close contact of sense organs with the objects) is not a signifying factor (*pravṛtti-nimitta*) of species of directness (*aparokṣatva*) [85. 20-86.01] **(213)**

3.2.1.1.2. Buddhist theory of *arthāvabhāsitva* (species of manifestation of object-form), followed by Bhāsarvajña's refutation [86.01-10] **(215)**

3.2.1.1.3. Occurrence from *indriyārthasaṃnikarṣa* is meant to be restricted with both *anubhavatva-jāti* (species of new-bornness) and *aparokṣatva-jāti*. [86.10-17] **(216)**

3.2.1.1.4. Non-perception (*anupalabdhi*) of a hindered object may have the contact's (*saṃnikarṣa*'s) existence made known. [86.17-87.05] **(217)**

3.2.1.1.5. Bhāsarvajña's concluding remarks on the relation between cognition restricted with *aparokṣatva-jāti* and its object [87.06-19] **(219)**

3.2.1.2. "*arthajatva*" (being produced from the object) is not necessarily a characteristic of *pratyakṣa* as including *yogi-pratyakṣa*. [87.21-93.13] **(222)**

3.2.1.2.1. Examination of "*arthajatva*" (1)——The past and the future as an object of knowledge (*artha*)—— [88.04-92.23] **(223)**

3.2.1.2.1.1. Essential nature (*svarūpa*) of the past and so on is the real existent (*bhāva*). [88.04-89.11] **(223)**

3.2.1.2.1.2. [Objection:] The past and so on are related with the non-existence (*abhāva*) just like a fiction. [89.13-22] **(227)**

3.2.1.2.1.3. [Answer:] The past and so on are related with the existence as a memory. [89.24-90.08] **(228)**

3.2.1.2.1.4. What really exists now can make known the fact of the past. [90.10-23] **(229)**

3.2.1.2.1.5. The past and so on have some connection with some action of "knowing", although not bringing about any knowledge. [91.02-14] **(231)**

3.2.1.2.1.6. Without the past and the future, inference (*anumāna*) could not be possible to work. [91.17-92.23] **(233)**

3.2.1.2.2. Examination of "*arthajatva*" (2)——Memory (*smṛti*) is also regarded as "*arthajatva.*"——[93.02-13] **(236)**

3.2.1.3. Bhāsarvajña's interpretation of *indriyārthasaṃnikarṣotpannam* [93.13-23] **(238)**

3.2.1.4. Raison d'etre of NS 1. 1. 4 which mentions ''*indriyārthasaṃnikarṣot-panna*'' [94.02-08] **(240)**

3.2.1.5. Bhāsarvajña's dispute with the Buddhists on the term "(*indriyārtha-*) *saṃnikarṣa*" [94.08-97.18] **(241)**

3.2.1.5.1. Buddhist refutation of Naiyāyikas' *prāpyakāri-vāda* (the theory of the sense organs' being effective only when they reach and have direct contact with their objects) [94.08-28] **(241)**

3.2.1.5.1.1. "Because of the ocular sense organs (the eyes) cognizing their objects apart from themselves" [94.11-12] **(242)**

3.2.1.5.1.2. "Because of being contrary to common sense" [94.12-15] **(242)**

3.2.1.5.1.3. "Because of the ocular sense organs perceiving bigger objects than the sense organs themselves" [94.16-21] **(243)**

3.2.1.5.1.4. "Because of the ocular sense organs' simultaneously perceiving the moon and the twigs" [94.22-25] **(244)**

3.2.1.5.1.5. The aural sense organs (the ears) can show us the direction and the places where the sounds come from. [94.25-28] **(244)**

3.2.1.5.2. Bhāsarvajña's answers to the above Buddhist refutations [94.30-97.05] **(245)**

3.2.1.5.2.1. Refuting the Buddhist reason "because of the ocular sense organs (the eyes) cognizing their objects apart from themselves" [94.30-95.02] **(245)**

3.2.1.5.2.2. Refuting the reason "because of being contrary to common sense," and Naiyāyikas' doctrine of eye-beams (*nāyanaraśmi*) revealed [95. 02-13] **(245)**

3.2.1.5.2.3. Refuting the reason "because of the ocular sense organs perceiving bigger objects than the sense organs themselves" [95.15-16] **(247)**

3.2.1.5.2.4. Refuting the reason "the ocular sense organs simultaneously perceiving the moon and the twigs" [95.18-96.03] **(247)**

3.2.1.5.2.5. Refuting the reason that "the aural sense organs (the ears) can show us the direction and the places where the sounds come from" [96. 05-17] **(247)**

3.2.1.5.2.6. Pointing out that *aprāpyakāri* theory leads us to the ridiculous conclusion that we can perceive everything. [96.19-20] **(249)**

3.2.1.5.2.7. Magnetics are *prāpyakārin*. [96.22-97.03] **(249)**

3.2.1.5.2.8. Mantras are also *prāpyakārin*. [97.04-05] **(250)**

3.2.1.5.3. Bhāsarvajña's own theory of *prāpyakāri-vāda* [97.07-18] **(250)**

3.2.2. Discussion over interpretation of the word "*avyapadeśya*" in NS 1.1.4 [97.20-100.04] **(252)**

3.2.2.1. The view that this word is adopted in order to remove the cognitions produced from two sense organs, i.e., both the eyes and the ears [97.20-

98.22] **(253)**

3.2.2.1.1. Refuting the above view 1 [97.20-98.02] **(253)**

3.2.2.1.2. Refuting the above view 2 = Bhāsarvajña's examination [98.02-22] **(253)**

3.2.2.2.1. This word is adopted in order to remove the view that the words (*śābda*s) such as "cow" and so on are produced from the contact of sense organs with the objects. [98.23-99.02] **(253)**

3.2.2.2.2. Refuting the above view [99.03-05] **(258)**

3.2.2.3. This word adopted in order to refute *śabdādvaita-vāda*, followed by its refutation [99.06-07] **(258)**

3.2.2.4. Bhāsarvajña's own view——*avyapadeśya* means *nirvikalpakapratyakṣa*——[99.09-100.04] **(259)**

3.2.3. Bhāsarvajña's own view that "*vyavasāyātmaka*" in NS 1.1.4 means *savikalpaka-pratyakṣa* [100.04-07] **(262)**

3.2.4. The necessity of the word "knowledge(*jñāna*)" in NS 1.1.4 [100.07-10] **(263)**

3.3. The two ways of dividing *pratykṣa*s (perceptions)——(1) *ayogi-pratykṣa* and *yogi-pratykṣa*, and (2) *savikalpaka-pratykṣa* and *nirvikalpaka-pratykṣa*——[100.12-187.06] **(263)**

3.3.0. Refuting the Buddhist *mānasa* and *svasaṃvedana* as a *pratykṣa*. [101.06-102.07] **(264)**

3.3.1. The division of *pratykṣa* (1) ——*ayogi-pratykṣa* and *yogi-pratykṣa*——[102.09-173.08] **(266)**

3.3.1.1. The *ayogi-pratykṣa*; its definition: (1) supported by light and so on (*prakāśādy...anugrahāt*), by specific contact between sense organs and objects (*indriyārthasambandhaviśeṣeṇa*), (2) perceiving the gross objects (*sthūlārthagrāhakam*) [102.09-12] **(266)**

3.3.1.1.1. Regarding the contact (*sambandha*) between sense organs and the objects, being supported by light and so on [102.12-104.04] **(266)**

3.3.1.1.2. Perceiving the gross objects (*sthūlārtha <=avayavin>-grāhakam*) [104.06-154.20] **(272)**

Cf. 山上證道 [1999] pp.430-439.

3.3.1.1.3. Practical examples of *ayogi-pratyakṣa*——various determinate perceptions (*savikalpaka-pratyakṣa*s) through distinct relations (*viśiṣṭa-sambandha*/*saṃnikarṣa*s)——[154.22-170.17] **(273)**

3.3.1.1.3.1. Perception of substance (*dravya*): conjunction (*saṃyoga*) of the sense organs with the objects (*indriyārthasambandha* / *saṃnikarṣa*) [154.22-156.13] **(273)**

3.3.1.1.3.1.1. Buddhists' view that substance might be perceived together with quality (*guṇa*) [154.27-155.10] **(274)**

3.3.1.1.3.1.2. Bhāsarvajña's reply that substance is perceived alone as distinct from quality [155.10-156.13] **(276)**

3.3.1.1.3.2. Perception of qualities which inhere in substance: inherence (*samavāya*) in the conjoined (*samyuktasamavāyasaṃnikarṣa*) with sense organs [156.15-157.16] **(281)**

3.3.1.1.3.2.1. Pleasure(*sukha*) and so on is not a knowledge. [156.25-157.07] **(282)**

3.3.1.1.3.2.2. Pleasure and so on is a quality of *ātman*. [157.07-16] **(283)**

3.3.1.1.3.3. Perception of the universal (*sāmānya*) and so on which inhere in quality: inherence in what inheres in the conjoined (*samyuktasamavetasamavāyasaṃnikarṣa*) with sense organs [157.17-165.09] **(284)**

3.3.1.1.3.3.1. Perception of qualityness (*guṇatva*) [157.25-158.14] **(285)**

3.3.1.1.3.3.1.1. Qualityness (*guṇatva*) inheres in *guṇa* and *karman.* [158.08-14] **(287)**

3.3.1.1.3.3.2. Number (*saṃkhyā*) is not a quality (*guṇa*). [158.14-160.13] **(288)**

3.3.1.1.3.3.3. Dimension (*parimāṇa*) is not a distinct quality. [160.15-21] **(293)**

3.3.1.1.3.3.4. Separateness (*pṛthaktva*) is not a distinct quality. [160.23-29] **(294)**

3.3.1.1.3.3.5. Disjunction (*vibhāga*) [161.02-162.07] **(295)**

3.3.1.1.3.3.5.1. Disjunction is not a distinct quality, but *karman* is quality. [161. 02-13] **(295)**

3.3.1.1.3.3.5.2. Disjunction arising from disjunction (*vibhāgaja-vibhāga*) [161. 13-162.07] **(296)**

3.3.1.1.3.3.6. Proximity (*paratva*) and remoteness (*aparatva*) are not a distinct quality. [162.09-17] **(299)**

3.3.1.1.3.3.7. Velocity (*vega*) [162.19-163.26] **(299)**

3.3.1.1.3.3.7.1. Velocity is not a distinct quality. [162.19-25] **(299)**

3.3.1.1.3.3.7.2. Discrepancy with VS [162.25-163.26] **(300)**

3.3.1.1.3.3.8. Heaviness (*gurutva*) is not necessarily beyond the sense organs (*atīndriya*). [163.26-164.03] **(303)**

3.3.1.1.3.3.9. Fluidity (*dravatva*) is not a quality of luminous substance (*taijasa*). [164.03-09] **(303)**

3.3.1.1.3.3.10. Viscidity (*sneha*) is not an exclusive quality of water. [164.11-17] **(305)**

3.3.1.1.3.3.11. Discussions about hardness (*mṛdutva*) and so on [164.19-165.09] **(305)**

3.3.1.1.3.4. Perception of sound (*śabda*): inherence (*samavāyasaṃnikarṣa*) [165.11] **(307)**

3.3.1.1.3.5. Perception of quality which inheres in sound: inherence in what inheres (*samavetasamavāyasaṃnikarṣa*) [165.11-167.17] **(307)**

3.3.1.1.3.5.1. Sound is a quality of ether (*ākāśa*). [165.12-23] **(307)**

3.3.1.1.3.5.2. Refutation against the ancient teacher (*pūrvācārya*) [165.23-166.05] **(309)**

3.3.1.1.3.5.3. The reason why ether is the substratum of sound [166.07-25] **(310)**

3.3.1.1.3.5.4. Ether itself is the auditory sense organ. [166.27-167.12] **(313)**

3.3.1.1.3.5.5. Āgama: "Region is the auditory sense organ (*dik śrotram*)." [167.12-16] **(314)**

3.3.1.1.3.5.6. Perception of sound (*śabda*) settled [167.16-17] **(315)**

3.3.1.1.3.6. Perception of absence (*abhāva*): the qualifier-qualified relation (*viśeṣaṇaviśeṣyabhāva*) [167.19-170.17] **(315)**

3.3.1.1.3.6.1. The sixfold contact is suggested by the author of NS 1.1.4. [167.22-168.09] **(316)**

3.3.1.1.3.6.2. Perception of the absence through the qualifier-qualified relation [168.10-19] **(317)**

3.3.1.1.3.6.3. The question that the qualifier-qualified relation would be everywhere possible is refuted. [168.20-28] (318) **(318)**

3.3.1.1.3.6.4. Perception of inherence is known through logical reasoning. [168.29-170.12] **(319)**

3.3.1.1.3.6.5. The distinction between conjunction and inherence [170.13-17] **(323)**

3.3.1.2. *Yogi-pratyakṣa* [170.19-173.08] **(324)**

3.3.1.2.1. The definition of *yogi-pratyakṣa* [170.19-171.09] **(324)**

3.3.1.2.2. Buddhist *yogi-pratyakṣa* [171.11-172.06] **(327)**

Cf. 山上證道[1999] p.440.

3.3.1.2.3. Bhāsarvajña's refutation of the Buddhist *yogi-pratyakṣa* [172.08-173.08] **(327)**
Cf. 山上證道[1999] p.440.

3.3.2. The division of *pratyakṣa* (2) ——determinate perception (*savikalpaka-pratyakṣa*) and indeterminate perception (*nirvikalpaka-pratyakṣa*)—— [173.10-187.06] **(327)**

3.3.2.1. Cognition resulting from determinate perception illustrated [173.10-14] **(328)**

3.3.2.1.1. The opponent views through examining the basis (*ālambana*) of qualificated determinate cognition (*viśiṣṭajñāna* = resulting cognition of *savikalpaka-pratyakṣa*) [173.15-174.16] **(329)**

3.3.2.1.1.1. The opponent's view 1: The qualified (*viśeṣya*) alone cannot be an object of determinate cognition. ——(1) *dhūmīty ayaṃ pradeśo* (2) *agnimān ayaṃ pradeśo*—— [173.16-21] **(329)**

3.3.2.1.1.2. The opponent's view 2: Both the qualifier and the qualified can not be the basis. [173.21-23] **(330)**

3.3.2.1.2. Bhāsarvajña's argumentation to establish determinate perception (*savikalpaka-pratyakṣa*) [173.24-176.06] **(331)**

3.3.2.1.2.1. Vaiśeṣikas' view, followed by Bhāsarvajña's refutation: Answer to the opponent's view 2 [173.24-28] **(331)**

3.3.2.1.2.2. The qualifier cannot be the basis. [173.28-174.16] **(332)**

3.3.2.1.2.3. Bhāsarvajña's refutation of the opponent's view 1 [174.17–175.13] **(335)**

3.3.2.1.2.3.1. Examination of "*dhūmīty ayaṃ pradeśo*": Answer to the opponent's view 1. (1) [174.17-24] **(335)**

3.3.2.1.2.3.2. Examination of "*agnimān ayaṃ pradeśo*": Answer to the opponent's view 1. (2) [174.24-175.26] **(337)**

3.3.2.1.2.3.2.1. Is it already accepted as *anumāna*? No! It should be accepted as *pratyakṣa.* [174.24-175.02] **(337)**

3.3.2.1.2.3.2.2. The qualifier (e.g., *agni*) cannot be perceived. ——*upalakṣaṇa, viśeṣaṇa* and *vyavacchedaka* are synonymous—— [175.02-13] **(340)**

3.3.2.1.2.3.2.3. The cowness (*gotva*) cannot be the only qualified. [175.13-26] **(342)**

3.3.2.1.2.3.2.4. The qualified alone is the basis also in case of the cognition "It is variegated (*citram*)." [175.26-176.06] **(343)**

3.3.2.2. Indeterminate perception (*nirvikalpaka-pratyakṣa*): Bhāsarvajña's explanation [176.08-10] **(345)**

3.3.2.2.1. Buddhist indeterminate perception (*nirvikalpaka-pratyakṣa*) [176.12 -180.20] **(345)**

Cf. 山上證道 [1999] p.440.

3.3.2.2.2. Bhāsarvajña's refutation of Buddhist indeterminate perception (*nirvikalpaka-pratyakṣa*) [180.22-187.06] **(345)**

Cf. 山上證道 [1999] pp.440-441.

索　引

I.　和漢語索引

II.　欧語・梵語索引

1.　(　　) 内の語は、それを含む場合と含まない場合がある。
たとえば、「（印象）余力」は「印象余力」「余力」。
2.　〔甲/乙〕は、甲の場合と乙の場合がある。たとえば、「一義的〔存在/なもの〕は、「一義的存在」「一義的なもの」。
3.　バーサルヴァジュニャ、Bhāsarvajña, NBhūṣ (Nyāyabhūṣaṇa) は、本書の主題であるため頻出するので省略した。

I.　和漢語索引

あ

アートマン　26, 27, 29, 32-39, 52, 53, 57, 114, 128, 134, 140, 143, 161-163, 172, 178-180, 182-184, 198, 215, 220, 221, 240, 252, 259, 278, 283, 312, 315, 324-326
アートマン性　33, 34, 52, 179, 180
アートマンとマナスとの結合　324, 325
アートマンの浄化　38, 183
アートマンの真理　27
アートマンの存在論証　278
アートマンの知(覚)　37, 220, 221
アートマンの認識　35, 221, 252
アートマンなどは存在しない　37
青性　212, 286, 318
赤松明彦　171, 241, 245, 246
明かり　112, 114, 116, 131
アクシャパーダ　179, 185, 301
アダルマ　23, 94, 172, 175-177, 182, 186, 187, 189, 191, 225, 237, 267
熱い感触　255
アドィヤヤナパーダ　316
アヌメーヤ・anumeyaの語が指示するもの　337
アビダルマ　184
アポーハ論　270
誤った決知　177, 181, 182
誤った決定知　75, 101
誤った定説　152, 154, 157, 158, 166
誤った認識　78, 97, 124, 171-181, 183, 184
誤った認識手段　37
誤った認識の消滅　171, 174, 176, 181
誤った論難　165-167
アヨーギン　264, 273
アルタシャーストラ　167

い

為格　131, 138, 139
異議申し立ての主張　149
行く行為　239
移行性　56
意識　112, 172, 185, 191, 207, 209, 214, 252, 262, 278, 281, 312, 314, 315

意識器官　285
異種　35, 216
意知覚　264, 265, 276
一義的[存在/なもの]　26, 139, 334
一性　282, 288-290, 320, 323
一塊の土塊　131
一瞬ごとに滅しては生ずる変化　100
一点集中　345
一般(的)定義　42, 47, 149
イティハーサ　327
糸　68, 75, 102, 116, 189, 280, 292
意とアートマンとの結合　127
意と感官との結合　127
稲妻　82
異喩　147
異類(のもの)　41, 47, 341
(印象)余力　177, 178, 180, 186, 187, 190
インドラ　301
因明正理門論　270

う

ヴァーツヤーヤナ　66
ヴァイシェーシカ学派　55, 114, 154, 275, 295, 296, 328
ヴィシュヴァルーパ　316
ヴィヤーサ　326
ヴェーダーンタ　90, 188, 263
ヴェーダ学　167-169
ヴェーダの証言　201
ヴェーダは無常であること　37
有煙物　330, 335
有火物　336
有形体性　55
有香性　60
有杖者　260, 261, 288, 328-336, 339, 340
疑わしい知　31, 37, 39-46, 48-51, 53- 66, 69-77, 101, 102, 110, 121, 134, 143, 161, 164, 165, 169, 210, 212, 213, 263, 283
疑わしさ　212, 213
ウッドヨータカラ　75, 132-134, 136
宇野惇　39, 91, 92, 94, 111-113, 118, 120, 122, 128, 194
ウパニシャッド　37, 39, 168
有分別知　260, 262, 264, 274, 277, 328-330, 332, 335, 340
有分別知覚　71, 135, 259, 263, 264, 277, 327-331, 335, 340, 344
ウラパ草　138
運動(性)　32, 33, 54, 56, 281, 285-287, 295-298, 300, 302, 304, 308-310
運命を共有する　142, 238, 259, 298

雲母　218

お

黄金　303, 304, 306
多くの性質　54
於格　131, 138, 139
沖和史　208, 215
音性　307, 311, 318
斧　130, 135, 220, 242, 269, 328
重さ　281, 303, 304, 310
温水　280
音声　34, 50, 51, 53, 58, 156, 242, 244, 248, 253, 255-257

か

カーマ　168
貝殻　78, 80, 84-89, 107
貝殻の知　85, 86
貝殻を銀と見る　84
快感性　285
下位区分　202
外耳道　248, 315
下位分類　142, 166, 169
[外遍充/外的必然性]　146
外遍充の場　147
壊滅　174, 176, 178, 223, 224, 226-228, 230
輝き　131, 246
格限定複合語　27, 49, 207-209
学説　148, 151-154, 157, 170, 175, 299
学説体系　42, 70, 170, 182, 189
拡大適用　234, 312
確定を本質とした　59
格変化語尾　206
陽炎　79, 80, 82, 83, 87-90, 92, 96, 97
過去　84, 88, 95, 103, 149, 223-237, 251, 252, 325
過去・現在・未来(のもの)　228, 233, 234
仮構　227-229
過去などの対象　89, 222, 250, 251
過去の推論　233
過去のもの　97, 98, 104, 224, 225, 229, 231, 232, 235
梶山雄一　147
可触性　54, 55
風　100, 115, 250, 251, 292, 297, 305, 309-311, 313-315
風との特殊な結合　297
風に関するもの　313, 314
風の実体　250
過大適用　113, 229, 326, 334

過大遍充　46, 47
片岡啓　241
桂紹隆　142, 222, 240-242, 255, 262, 264, 270, 271, 333, 338
カナーダ　301
金澤篤　241
彼方性　281, 299
狩野恭　59
カパーラの破片　283
かまど　104, 105, 146, 147, 194
雷　199
[神の裁き/コーシャパーナ]　197, 277
髪の集合　95
神の目的　146
神本体　250
上村勝彦　325
ガラス　218
カラスがとまっているところ　340
カラスと椰子の実の喩　68
空の革袋　310
勧戒　38
考えを巡らした後　161
感官対象性　180, 220
感官と対象との結合　127, 266, 273
感官と対象との接触　46, 208, 210, 213, 214, 216-220, 241, 242, 254, 255, 257, 258, 328, 337, 339
感官と対象との接触より生起すること　213, 214, 217, 238
感官と対象との特殊な結合関係　266
眼球　115, 243, 245
眼光線　245-247
感触　246, 255
間接性　213, 216
観念によって仮構されたもの　228
眼病者　72
甘味性　287
関連性　179, 191, 230, 231
甘露と毒　180

き

偽　58, 96, 97, 111-114, 116-122, 124, 125
記憶　77, 83-87, 103, 104, 125, 261, 336, 344
記憶知　33, 86
記憶による奪取　79
記憶の想起　76, 84, 85
聞こえるものであること　53
疑似実例　149
疑似知覚　41
疑似定説　150
疑似認識手段　41, 42, 150, 151

既成対象認識　79, 81, 82
基体不成立　64
北川秀則　55, 270, 338
偽知　111, 112, 114, 115, 117, 118, 120-122, 124
偽の確認　113
偽の水　96, 97
帰謬　147, 161
詭弁　165-167
己滅無　224
嗅覚　217
嗅覚器官　281, 282, 285, 311, 313
究極的な真実の世界　137
牛糞とパーヤサの喩え　73
共通基体　332-334
共通のタントラ・学説　153, 154
共働因　177, 189, 250, 265, 279, 319, 336, 337, 342, 344
共同因　36, 46-49, 54-56, 58, 75, 77, 107, 210
共有されるもの　212, 283
教令　34, 38, 39
虚構された世界　137
虚無論者　148
禁戒　183
禁止　39, 172, 175, 225
銀の知　80, 85, 87, 88
吟味　62, 64, 66, 67, 70, 71, 125, 132, 156, 157, 159, 164, 193, 196, 197, 211, 253, 293, 327

く

杭　50, 60, 62, 71, 75, 77, 93, 95, 101, 122
杭性　72, 73, 101
空間　230, 242, 270
空華(の知)　81, 91, 232
具格　131, 136
功徳　168, 172, 281, 324, 325, 337
苦の絶対的消滅　176, 192
クマーリラ　110, 114, 115, 121, 122, 125, 126
グリタ　305
黒田泰司　78

け

経済学　167, 168
形相　72, 79, 81, 84, 85, 89, 90, 94, 177, 270, 271
形体　54, 79, 80, 95, 96, 137, 243, 270, 277, 284
形態　55, 261
形体を持たない実体　243

計量器　132
計量器の分銅　135
解脱　23, 24, 33, 38, 40, 141, 157, 158, 168-174, 176, 179, 180, 182-186, 191, 192, 303
解脱したアートマン　32
解脱の獲得　38
解脱の決定知　38, 40
解脱の原因　143
解脱の手段　39, 40
解脱論　171, 174, 185
結果知　210, 211, 213, 214, 216, 239, 255, 270, 328, 329
欠陥　85, 98, 111-115, 118, 120, 121, 123, 171-175, 179-183, 186, 187, 190
欠陥の種子　183
欠陥の消滅　175, 181, 186, 187, 190
結合関係の想起　220, 221
決知　177, 181, 182, 194
決定知　27, 28, 33, 35, 38-40, 42, 44, 55, 67-69, 72, 101, 121, 122, 162, 163, 240, 277, 283
決定を本質とする　43, 44, 262
結論　55, 125, 159, 207, 211, 219, 238, 331
弦　297
原因に欠陥ありという知　118
原因に欠陥がないという認識　111
原因の欠陥知　120
原因の欠陥の非存在　111
原因の集合体　44, 47
原因の絶対的な消滅　192
原因の総体　236
原因の妥当性　159
嫌悪　70, 172, 175, 179-182, 281, 337
見解の相違　46, 56, 57, 65, 111, 148, 185
顕現(性)　72, 78-81, 83-85, 87-94, 96, 99, 106-110, 215, 226, 227, 231, 237, 257, 303, 306, 309, 310, 329, 334, 345
言語一元論　258
言語契約上のみ　115
言語知　237, 238, 253, 255-258
言語の対象　86, 226
言語表現　60, 82, 206, 256, 257, 271, 285
現在性　223, 226
見神　189, 192
限定されたものであること　262
限定詞　42, 125, 150, 217, 222, 223, 238, 257-259, 263, 288, 309
限定者・被限定者の関係　315, 317, 318, 322, 324
検討のスートラ　39

こ

硬・軟 305
行為が焼かれる 188, 190
行為手段 219
行為対象 88, 126, 219
降雨 233
効果あるもの 126, 127, 132, 136, 137, 139, 267, 269
効果的作用性 230
後期仏教論理学 147
恒常性 52, 53, 181
恒常なもの 52, 53, 119, 128, 236
高速 247
肯定 57, 113-115, 165, 232, 276, 296, 299, 317, 319
肯定的随伴関係 251, 252
肯定と否定 225
行動基体 32
行動の有・無 29
行動を促す能力 100, 108
小枝と月 244, 247
虚空 32, 33, 50, 53, 54, 148, 243, 248, 297, 298, 307, 308, 310, 312-315, 318, 324, 325
虚空の場所 248
極微性 292
極微の集積 273
極微 143, 253, 273, 289, 292, 293, 325
語源 43, 125, 207, 209, 211, 317
語源解釈 205, 207
語源の説明 209, 210
心動かされる知 25
誤知 36, 37, 72, 73, 78-85, 87, 88, 91, 92, 94-96, 112, 114, 234, 235, 237, 279, 333, 334
誤知論 80, 82, 84
国家・軍隊などの知 332
言葉では言い表せない 252, 257, 261
此方性 281, 299
木の葉 308, 309
語の発動原因 209, 239
好ましい対象 67, 69, 124
好ましい要素 112, 113, 120
小林久泰 272
個物 43, 63, 179, 261, 311, 312
固有な属性 46, 47, 50, 56, 57
固有の原因 133
此性・現前性 255

さ

サーンキャ学派 154
罪過 172, 237, 281, 337

再確認　36, 229
最高神　24, 145, 146, 185, 189, 191
最高のアートマン　145
最高の数　289
祭式行為　33, 125
最終的共働者　130
最終的な[原因/存在]　133, 134, 135
最上位の普遍　286
最初の随伴関係　104
再認識　85, 164, 279, 344
財宝　40, 93
サガラ王　301
錯誤知　78-85, 87-95, 97, 222, 232, 235, 237
作成行為　231
錯乱知　78, 232, 235, 236
サトウキビ　294
サナットクマーラ　185
作用原因　131
作用者　35
作用主体　126-131, 136- 140
作用手段　126, 130, 131, 136- 140
作用性　135, 230
作用対象　35, 126, 130, 131, 133, 136, 138-140, 242
作用場所　131
作用要因　126, 127, 129-131, 133, 136, 138, 140
作用利益享受者　131, 138, 139
三種の認識手段　199
暫定的容認　151, 156, 158
暫定的容認の定説　152, 156, 157
三昧　345
残余法　292, 313, 314

し

自我　165, 279
資格者　25
視覚知　278
時間　92, 95, 106, 119, 143, 189, 229-231, 244, 246, 266, 299, 312, 322, 324, 325
色　48, 75, 78, 88, 135, 246, 255, 270-276, 278-281, 283, 285-287, 289-292, 294, 296, 298, 304, 306, 308-310, 313, 321-323, 333
自形相対象認識　79, 84, 87, 89
思考器官　172
自己認識　264, 265, 282, 284
自己の主張　148, 149, 158, 162, 165
自己のための推論　65, 148
指示子　164, 341
事実からの推定　37, 130, 196

磁石 249, 250
四聖諦 184, 185
思所成 175, 183, 184
舌 196, 314, 326
実在 73, 79, 91, 92, 139-141, 226, 235, 241, 278, 324
実体の定義 32, 288
実利 168
実例 30, 35, 47, 50, 51, 76, 104, 105, 113, 117, 146-148, 154, 181, 199, 231, 241, 245, 255, 266, 273, 278, 292
ジネンドラブッディ 222
シヴァ神 23, 24, 187
至福 25, 26, 37, 145, 162, 163, 170, 302
至福の獲得 28
至福をもたらすもの 24
シャーバレーヤ牛 343
ジャイギーシャヴィヤ 185
ジャイナ教徒 128, 194, 195, 263
ジャイナ教徒・空衣派 91
ジャイミニ 301
シャリーラカ・スートラ 301
集合体 47, 136, 137, 333
十四の学問 167
修習 179, 182, 184
修所成 184
重性 107
執着 146, 172, 175, 179-183, 185, 186, 189, 190, 303, 305, 337
執着の鎮静 175
十六原理 144, 196
主格 131, 133, 136
熟考 55, 59, 60-64, 67, 69, 71, 72, 121, 159, 161
熟慮した後 32, 124
主辞 146, 147, 338
主辞の属性 338
取捨選択 48
主題 23-28
主張主題の欠如 166
主張の主辞 156
出生直後の赤子 104
樹木 49, 216, 220, 242, 244, 269
樹木性 216, 270
樹木の切断行為 135
主要性 268
シュルティ 326
順解脱分 184
順決択分 184
順々に認識 244
純粋固有属性 35
潤性 281, 305
証因 55, 64, 66, 116, 155, 247, 335, 338
障害の除去 160

生起の連続性 308
障碍 23, 89, 90, 118-120, 217-219
証言 61, 148, 158, 159, 162, 192-196, 198-200, 202, 211, 213, 218, 248
照合・吟味 272, 339
常識的観点から 269
常識と矛盾する 86, 243
上昇運動 286
正信公章 191, 272
証相 98-100, 106, 108, 109, 114, 117, 162, 182, 194, 198, 201, 214, 218, 222, 253, 270, 297, 308, 309, 329, 335, 337-339
証相を持つもの 98, 201
照明 246, 266, 267, 269
所依不成 226
贖罪 189, 190
所成者 139, 140, 160
触覚器官 268, 273-279, 281, 282, 285, 306, 309, 314
触覚知 278
所有格の格限定複合語 49
自立性 139
自律的 112, 113, 117, 118, 120, 122-125
自律的真 110, 111, 115, 116, 118, 121, 123
真 23, 26, 28, 38, 42, 58, 72-74, 87, 91, 95, 96, 111-125, 146, 158, 159, 163, 164, 170, 171, 173-184, 186, 187, 190, 228, 270, 271, 275, 277, 280, 325
真実で[ある/ない]もの 72, 73, 229
真実の認識の不生起・生起 171
人生目的 168, 169, 183
身体性 33
真知 26, 73, 110-119, 124, 158, 160, 163, 164, 170, 184, 191, 192, 240
心的なもの 284
新得知 33, 41, 42, 44, 61, 77, 84-87, 103, 110, 125, 141, 205, 211, 212, 214, 215, 221, 229, 237, 254, 326
新得知性 33, 216, 217, 239, 240
新得力 58, 200
真の水 96
信頼される人の言葉 113
真理 23, 27, 28, 39, 91, 94, 159, 163, 165, 208
真理の知 28, 143, 160
真理の破壊 74

す

水晶 77, 218, 278-280
随伴関係 98, 104, 105, 108, 113-

115, 145-147, 165, 221, 252, 319
推論対象 86, 114, 201, 219, 220, 254, 329, 331, 335, 337-339
推論知 162, 216, 219, 222, 234, 270, 277, 330-332, 343
数性 285
捨て去るべきもの 183
捨てること 42
スムリティ 326

せ

政治学 167, 168
精神集中 237, 267, 336
精神統一された状態 324, 325
生存 130, 171, 173, 176
聖典シヴァ派 168
精神統一がとかれた状態, 325, 326
世界の滅亡時 180
接触 77, 114, 206-210, 215, 217-221, 239-242, 244-246, 249-252, 254, 257, 258, 267, 269, 277, 299, 316, 319, 322-326, 328, 330, 339, 345
切断行為 130, 269
切断という行為結果 220
刹那滅 37, 147, 240, 265, 279
刹那滅論証 241
接尾辞 336
接尾辞 tva 269
先生 67, 70, 134, 164, 316
前世の印象 104
全体 29, 34, 49, 100, 135, 252, 270, 273, 276-278, 280, 287, 297, 323, 325, 333, 334
全知者性 236
全知全能 99, 278
全能性 155

そ

相違(性) 56, 60, 80, 184, 209, 274, 275, 290, 312
相違決定 55, 162
想起 43, 48, 51, 71, 77, 84-86, 177, 184, 185, 208, 216, 221, 222, 228, 229, 236-238, 251, 260, 276, 279, 335-337, 339, 341, 344, 345
想起の種々の原因 337
相互依存(の誤謬) 98, 290, 338
総合因 279
相互的共働因 130
相似性 279
総体 137, 236, 240
属性 28, 31, 32, 46-58, 65, 72, 75-77,

119, 129, 134, 156, 194, 200, 215, 221, 226, 261, 270, 273, 274, 276, 278, 280, 281, 283-291, 293-297, 299, 300, 302, 303, 305-314, 319, 320, 323, 328, 331, 338
属性性　285, 286, 287, 290
属性の知覚　281
属性を持つ性質　33
速度　299, 300, 309
存在性　73, 181, 213, 217, 224-226, 233, 285-288, 290, 321, 323
粗大なる対象　266
属格　28, 131

た

対格　131, 133, 136
太鼓(の音)　207, 311
第 5 格　206
第 3 格　206
第 7 格　206
対象顕現性　215, 216
対象と対象を持つものという関係　231
対象物体　257
対象領域　333
大性　188, 292, 293
太陽光線　247
卓越性　132, 133, 136, 138, 157, 158, 201, 293, 326
竹　294, 296, 297, 338, 339
他者の排除　270, 323
多数(性)　30, 45, 54, 56, 71, 73, 78, 128, 130, 134, 154, 192, 215, 241, 247, 268-270, 289-293
正しい新得知の手段　40, 202
正しい知識　88, 103, 107, 108, 112, 114, 196
正しい認識根拠　124, 125
正しい認識手段　33, 36, 41, 46, 59, 60, 62, 150, 152, 154, 196, 260, 263
正しい立証性　66
正しい論理的根拠　83, 84
正しくない論理の活動　68
奪格　131
掌　33, 72, 81, 162, 199
谷貞志　147
タパスの卓越性　326
タモリ　133, 136
多様　71, 81, 172, 240, 279, 285, 343
他律的　113-118, 120, 122, 124, 125
他律的偽　110, 111, 115, 118, 120
他律的真　114-117
ダルマ　23, 46, 54, 72, 73, 104, 111,

119, 131, 147-149, 156, 167, 168, 172, 175-177, 182, 184, 186, 187, 189-191, 200, 207, 225, 226, 236, 266, 267, 269-272, 278, 284, 300, 324-326, 339
ダルマ・ダルミン非別体説　272
ダルマキールティ　274, 277, 284
ダルマシャーストラ　168
ダルミン　51, 65, 72, 73, 75, 119, 147, 156, 194, 200, 226, 270-272, 338
胆汁　78, 115
短小性　294

ち

チェータナ　315
知覚の基礎　207
知覚の定義　46, 71, 205, 206, 214, 259, 264, 266, 282, 326
知覚の分類　263, 264, 266, 327
知識根拠　116, 122, 170
知識主体　58
知識性　43, 113, 118, 122
知識対象　58
知識なきこと　263
知識の大いなる連続　338
知識の自己認識論　89
地性　60
知という火　186, 188, 190
地に関するもの　313
チャールヴァーカ　29, 30, 58, 72, 96, 97, 100, 193
中間的種　216
中観派　80, 81
超世間対象認識　79, 83
超感官的な特殊性　200
超人的状態　188
直接性　208, 212-217, 219, 220, 222
直接知　194, 208, 214, 255
直接知覚　194, 198
直接的な　205, 211, 212
直接的に作用するもの　254
直立性　50, 63, 72, 122
直観性　215, 220
直観知　207, 215
直観的に　240
埃　303, 309

つ

杖　260, 288, 319, 328-330, 332-336, 340, 341
角　32, 140, 182, 227, 228, 275
[壷/瓶]　24, 52, 53, 131, 116, 117, 273-278, 280, 281, 283, 284, 299, 306, 308,

317, 320-323
[壺性/瓶性]　52, 216
壷性性　284
壷の非存在　317, 322, 324
壺の未生無　227, 228
爪切り　243
冷たい感触　255
剣　249

て

定義されるもの　29, 30, 32, 33, 162, 288
定義の決定知　40
定説　51, 149-156, 158, 166
デーヴァダッタ　86, 130, 256, 261, 328-330, 332-335, 340, 341
デーヴァダッタの家　340, 341
デーヴァダッタは有杖者である　329, 330, 335
適性　65, 249
適用　37, 43, 57, 118, 131, 159, 208, 333, 334, 337, 338
天界　58, 169, 172
転生　172

と

同一関係　240
灯火　178, 245-247, 251, 267-269, 279, 314, 317
同格限定複合語　43, 49, 54, 205
動機　194, 201
同義語　32, 36, 61, 160, 161, 215, 220, 290, 341
陶工　131, 252
倒錯性　97-105, 109
倒錯対象認識　79, 92, 93
倒錯知　41, 42, 59, 65, 66, 73, 75-78, 83, 97, 106, 108, 263
同時に認識　243, 244, 247, 270, 312
同種　35, 52, 180, 216, 227, 302
同体であるということ　128
到達・接触作用論　242, 245, 248, 250
到達・接触して作用する　242, 248, 249, 251
同喩　147, 298
道理にかなった[知/理由]　288, 322
動力因　293
兎角　227, 228
特殊性　30-32, 36, 44, 45, 48, 51-54, 56-58, 65, 80, 87, 109, 110, 114, 138, 151, 155, 156, 199, 200, 234-236, 270, 308, 314
特殊性の想起　51, 53

特殊性の知覚 44
特殊性を持つもの 60, 87, 114
特殊性を求めようとする気持ち 47, 48
特殊定義 45-47, 142
特殊な関連性 179
特殊な混合 86
特殊な接触 267
特殊な属性 50, 53, 305
特定の原因 216
特定の種 214-216
特定の話者 249
特別な配列 293
戸崎宏正 127, 207, 215, 241, 264, 265, 271, 274, 278, 282, 284, 320

な

内感 33, 47, 114, 172
内属 129, 134, 135, 140, 159, 221, 281, 282-284, 289, 302, 304, 307, 308, 311, 312, 314-316, 318-324
内属の知覚 319
内属因 129, 141, 288, 292
内属関係 281, 284, 285, 302, 307, 316, 317
内属しているものへの内属関係 307
内的感官 221, 250
内的欠陥 182
内的必然性 147
内遍充 147
縄 174, 179
ナンダ牛 71

に

二月の知 106
二個性 227
二性 289, 290, 291, 303, 331
二微果 292-294
ニヤーヤの学問創作の許可 301
ニヤーヤサーラ 23, 26, 27, 36, 40-42, 45-47, 61, 75, 125, 141, 192, 198, 199, 202, 273
ニヤーヤ実在論 135
ニヤーヤスートラ 1.1.1 141, 143, 169, 196, 197, 202
ニヤーヤスートラ 1.1.2 57, 141, 170, 171, 174
ニヤーヤスートラ 1.1.3 196, 197, 202
ニヤーヤスートラ 1.1.4~1.1.7 196
ニヤーヤスートラ 1.1.9 27
ニヤーヤスートラ 1.1.12 196, 197
ニヤーヤスートラ 1.1.26 152

ニヤーヤスートラ 1.1.28~31　153
ニヤーヤスートラ 3.1.53　197
ニヤーヤスートラ 4.2.50　39
ニヤーヤスートラの作者　38, 49, 59, 66, 67
ニヤーヤ論者　67-69, 329, 343
ニャーヤ論者の一部の見解　152
認識・非認識の不確定　47, 49, 54, 55, 57
認識根拠　116, 117, 122-124
認識者　35, 90, 99, 106, 109, 210, 343
認識主体　125-127, 130, 133, 141, 142
認識主体相　241
認識手段　23, 26-30, 35, 36, 38, 40, 41, 52, 61, 64-67, 74, 109, 110, 125, 127, 130, 133-135, 141-144, 150, 151, 159, 163, 167, 192-202, 205, 210, 211, 213, 216, 217, 260, 324, 326, 328
認識手段が別存　199
認識手段などの数　192
認識手段の結果　59, 76, 125, 162, 255
認識手段の決定知　38, 40
認識手段は三種に分類される　192, 198
認識対象　27, 29, 35, 36, 41, 51, 65, 86, 126, 133-135, 141-144, 171, 172, 179, 180, 183, 184, 223-225, 233, 234, 306, 329-335, 344
認識対象相　241
認識知　29, 36, 81, 89, 130, 132-134, 142, 275, 277, 328
認容(された事柄)　152

ぬ・ね・の

布　35, 68, 75, 77, 79, 102, 187, 189, 280, 292, 319, 320
熱　255, 270, 279, 280, 306, 310, 318
熱性　279, 282, 306, 307, 318
粘液　115
粘土　252, 306, 307
能成者　125, 126, 141, 160
野澤正信　174

は

パーニーニ・スートラ　132
ヴァイシェーシカ　55, 114, 154, 174, 226, 275, 285, 295, 296, 300, 302, 328, 331, 336, 339
排除　23, 30, 35, 41, 47, 53, 55, 59, 99, 103, 158, 165, 178, 208, 222, 238, 253, 254, 256, 257

[敗北の立場/負処] 64, 151, 157, 158, 165-167, 170
秤と神の裁き 105
蓮(性) 43, 211
機織り人 68
パタンジャリの学説 154
罰と救済 145
服部正明 55, 112, 113, 119, 150, 199, 207, 258, 336
バッファロー 343
バドラ牛 71
パナサ樹 49
早島理 184
原実・上村勝彦 169
バラモン殺し 189
範疇・原理 23, 62, 143, 144, 146, 149, 159, 161, 164, 165, 167, 170

ひ

光 167, 187, 230, 245-247, 251, 254
被限定者 257, 260, 316, 317, 319, 322, 323, 329-337, 339, 340, 343, 344
微細(性) 243, 290, 294
非錯誤知 91
非実在 79, 80, 91, 92, 141, 231, 232
非実在対象認識 78, 80, 81
微性 292
非存在 74, 79-81, 115, 119, 133, 145, 176, 186, 196, 218, 223-228, 238, 239, 255, 261, 273, 295, 299, 315-318, 322
非存在の知覚 224, 315
非知識 125, 141
非壺 224
否定する知 95, 97, 99, 106, 118, 120
否定する論拠 160
否定知の不生起 108
否定随伴関係 251, 296
人性 72, 73, 101
非内属因 290, 292, 293, 297
非内属因性 289
非認識 46-48, 57-59, 217, 218, 255
被遍充者 148
比喩的に表現されるもの 332
比喩的表現 334, 335, 337
表示対象 256

ふ

不快感 281
不確実性 59, 60
不確定 42, 43, 45-48, 57, 59-61, 63, 70-73, 87, 99, 100, 102, 122, 166, 189, 245, 247, 283, 284, 286, 293, 309, 313,

321, 323, 332
不可見(なるもの)　44, 47, 49, 78, 98, 104, 114, 182, 221, 222, 231, 246, 319, 323
不可見の能力　104
不可分離関係　221
複合語　49, 50, 54, 152, 205-209, 241, 267
福田洋一　241
不決定　55, 56, 65, 76, 77, 221, 262
不決定知　56
不生起　174, 176, 177
不正な新得知　42, 75
不成立証因　245, 247
仏教(徒)　59, 80, 89, 132, 137, 145-147, 149-151, 157, 158, 174, 184, 185, 194, 201, 207, 215, 216, 222, 240-242, 245, 247, 262, 264, 270-272, 274, 276, 277, 282, 327, 333, 344, 345
仏教などの見解　37
仏教のヨーギンの知覚論　327
仏教唯識派の修道論　184
仏教唯識批判　241
仏教論理学　339, 344
不二論　92
普遍　56, 59, 64, 75, 135, 150, 152, 179, 180, 270, 281, 284, 286-288, 293, 296, 299, 302, 307-309, 318
不変化詞　206
不変化複合語　206
プラーナ　168, 326
プラシャスタパーダ　56
ブラフマン一元(論)　258
分銅　132, 135
分別知　43, 259, 271, 274, 327-329, 333, 337, 339
文法上の格要因　126
分離　51, 54, 253, 281, 295-299, 303, 317, 320, 323
分離から生じる分離　296-298
分量　50, 281
分類スートラ　195, 196, 197

へ・ほ

並列複合語　208
別異性　281, 294
蛇　77, 174, 179, 261
遍在　243, 311, 312, 324
包括的論拠　151, 152, 155
包括的論拠による定説　152, 155
方向　50, 57, 78, 143, 244, 247-249, 309, 311, 312, 314, 315
芳香の梅檀　331

芳香をもつ実体　331
他に共通するものがないという不確定理由　298
補助因　136, 317
ホラ貝　249
本有的関係　241
本来的規則　118

ま

マナス　32, 85, 103, 114, 197, 208, 218-221, 238, 250, 251, 253, 265, 278, 281, 282, 312, 314, 325, 326
マナス性　33
マナスの欠陥　85
丸井浩　276, 278
マンゴー　71, 283
マンダナミシュラ　78
マントラ　78, 197, 250

み

ミーマーンサー(学派)　58, 110, 111, 117, 118, 130, 151, 168, 170, 336
味覚　182, 208, 249
味覚器官　281, 282, 285, 313, 314
未決定[知/な知識]　43, 44, 260
未生起　223, 227, 230
未生無　224, 227, 230
水差し　299
水に関するもの　313
水の知　80, 82, 87, 91
宮元啓一　33, 211, 289
宮元啓一・石飛道子　33, 211
未来の推論　233
ミルクと水　85

む

無意味ではないかという疑わしい知　25
無意欲　65
麦の[種/芽]　207, 268
無形相　284
無形体性　55
無限進行　300, 320, 321, 323
無限遡窮　25, 29-31, 34, 44
無限定の限定者　215
無限に続く選択肢　99
無誤謬を非難する　151
無常[性/なるもの]　34, 35, 52-54, 156, 271, 289
無対象認識　78-80, 83
無知　45, 59, 76, 181-183, 186, 263

無倒錯性 97-101, 103, 106, 108, 109
無分別知 43, 103, 135, 259-261, 263, 264, 277, 328, 329, 339, 345
無分別知覚 43-45, 71, 102, 135, 259, 260, 264, 277, 328, 345
村上真完 78

め

明言不可能対象認識 79, 89, 92
明示されえない特性 215
名称と名づけられるものとの関係 343
名称などとの関係の想起 221
瞑想 182, 183, 185, 191, 198, 221, 315
命題の主題 245
眼の欠陥 78

も

毛髪の知 78, 95
目的 23-27, 29, 35, 36, 46, 58, 64-66, 101, 127, 133, 142-146, 148, 149, 157-159, 161-169, 175, 197, 201, 202, 237, 250, 259, 303, 316, 323
最も効果あるもの 126, 127, 132, 134, 136, 138, 139, 141, 267-269
最も効果あるもの性 269
護山真也 146
聞所成 184

や

矢板秀臣 278
夜行性動物 246
谷沢淳三 341
矢の作り手 71
山上・竹中・赤松・黒田 201
山上證道 46, 89, 92, 96, 132, 135, 136, 144, 150, 161, 173, 211, 241, 252, 253, 264, 269, 272, 274, 293, 316, 327, 328, 334, 345

ゆ

唯識論 240, 241
有意義な目的 288
有効性 97, 99
瑜伽五階梯 184
夢 36, 76-78, 80, 94, 95, 263
喩例 116, 117, 147, 149, 159, 187, 194, 249, 260, 286, 288, 292, 293, 296, 304, 308, 311, 313, 314, 324, 331, 332

よ

要因　44-46, 61, 120, 124, 126, 127, 129-131, 133, 137, 138, 140, 267-269
要素よりなるもの　251
ヨーガ　37, 38, 104, 154, 160, 182, 185, 187-191, 220, 326, 345
ヨーガ学説　38, 154, 188
ヨーガスートラ　187, 326
ヨーガ論書　37
ヨーギン　104, 175, 183, 185, 187, 188, 190, 191, 211, 214, 219-223, 235, 238-240, 259, 263, 264, 266, 272, 273, 324-327, 345
ヨーギンではない一般人の知覚　266, 327
ヨーギンの真理　326
ヨーギンの知　185, 214, 219-223, 235, 239, 264, 266, 324-327, 345
ヨーギンの知覚　219-223, 235, 239, 264, 266, 324-327
吉田哲　222
欲求　25, 26, 29, 32-34, 97, 157, 164, 199, 281
四種の修習　183

ら・り

雷電　301
楽・苦　134
楽性　134, 135
駱駝と乗り手の鞭　272
落下運動　115
立証さるべき属性　338
立証者　148
立証手段　70
立証するもの　100, 106, 146-148, 282, 286
立論者　65
流動性　281, 303, 304
両方の結果の享受を同時に経験する　188
リンガ　194, 214
輪廻　104, 146, 171, 173, 174, 178-180, 187, 190, 201, 236
輪廻の原因　37, 178, 179, 191

る・れ

類似したもの　103, 108
類似していないもの　103
類似性　77, 103, 343
類推　159, 192, 196, 202
ルチカーラ　136, 138
例外的規則　111, 118, 119

列挙　27, 39, 142-145, 148, 159, 163, 165-167, 170, 196, 197, 337
レフェリー　68
連続した存在物　109
連続体　100
連綿と続く実例　104

ろ

ローカーヤタ　59
ロープ　77, 285
六種の関係　316, 317
六範疇・原理　50, 170, 171, 173
六番目の関係　316
ろくろ　116, 252
論議　59, 66-70, 97, 149, 164-166
論詰　39, 158, 164, 165
論拠　79, 130, 151, 153-156, 188, 265, 292, 309
論書　23-26, 36-39, 193, 194, 223, 344
論証　104, 147, 158, 161-163, 241, 245, 247, 338
論証学　159, 171, 191
論証さるべきもの　104
論証式　36, 64, 67, 70, 116, 117, 332
論証式の各部分　64
論証と反証　67
論証の前段階　39
論諍　70, 158, 159, 164, 165
論駁手段　161, 162
論理　23, 26, 34, 39, 61, 64-69, 83, 128, 129, 147, 158, 167, 169-171, 197, 241, 272, 276, 277, 279, 282, 302, 321, 323
論理的学問体系　170
論理的欠陥　165
論理的整合性　196
論理的探求　167-169

わ

話者(の意向)　131, 153, 231
渡辺重朗　193

II. 欧語・梵語索引

A

abhāva 196
Abhidharmakośabhāṣya 184
Abhidharma 207
abhidheya 23, 25-27
abhinna 290, 291
abhivyakti 226
AbhKBh 333
abhyupagamasaṃsthiti 152
abhyupagamasiddhānta 156
abhyupagato 'rtha 152
abodha 141
Abrative 206
ācārya 134, 136, 189, 316
adharma 23, 176, 225, 237
adhigataviṣaya 262
adhikaraṇasiddhānta 155
adhikārī 25
adhyavasāya 75, 177
Adhyayana(pāda) 136, 316
adṛṣṭa 44, 47, 49, 78, 169, 182, 221, 222, 319
aduṣṭakāraka 98
advaita 92
advaitatva 37
āgama 61, 159, 162, 190, 192, 202, 211
ahaṅkāra 279
aiśvarya 188
aitihya 196
ajanaka 223, 233-235
ajñāna 33, 179, 263
ākāṅkṣā 48
ākāra 89, 122, 177
ākāśa 148, 270, 297, 307
akhyāti 78-80, 83, 84, 86, 95
ākṛti 261
akṣa 206, 208, 209, 267, 268, 273
Akṣapāda 179, 185, 301
alam 209
ālambana 80, 88, 89, 95, 96, 329, 331-333, 339
alaukikārthakhyāti 79, 82, 83
anadhyavasāya 56, 59, 70, 72
anāgata 224
anaikāntika 63, 99, 100, 122, 245, 247, 283, 309
ananyasādhāraṇatva 239
anarthajatva 224
anarthasaṃśaya 25
anavadhāraṇajñāna 43
anavadhāraṇatva 59
anavasthā 44, 98, 120
aneka 50, 54, 58, 78, 257, 290
anekadharma 47, 49-51, 54, 56

B

C

D

daṇḍa 260, 319
daṇḍanīti 167, 169
daṇḍin 260, 261, 288, 319, 328
dhāraṇā 183, 185
dharma 24, 28, 48, 50, 58, 72, 76, 147, 168, 169, 215, 237
Dharmakīrti 207, 215, 242, 255, 262, 264, 265, 270-272, 274, 282
dharmaviśiṣṭadharmin 337
dharmin 51, 72, 147, 156, 194, 338
dharmiviśiṣṭadharma 337
Dharmottara 207-209, 240
Dignāga 55, 207, 241, 242, 270, 278, 337, 338
dik 143, 312, 314, 315
dik śrotram 314, 315
doṣa 112, 114, 120, 171, 181
doṣābhāva 111
dravatva 303
dravya 32, 129, 268, 275, 285
dṛṣṭānta 26, 66, 146, 149, 194
duḥkha 169, 171, 184
Durvekamiśra 136
dūṣaṇa 161
dūṣaṇamātra 162
dvandva 208
dvitva 227, 289-291, 303, 331
dvyaṇuka 290

E・F

ekatva 288-290
eke 111, 188, 193, 253
Faddegon, B. 336
Franco, E. 72, 105
Frauwallner, E. 119

G

gamaka 99
gamana 239
gamanatva 56
gamikā 100, 106, 108
gandhavattva 51, 60
gati 206, 209
gatisamāsa 206
ghaṭatva 216, 284, 306
ghaṭatva-tva 284
godāna 139
gotva 43, 52, 103, 211, 239, 342

grāhakākāra 241
grāhyagrāhakabhāva 241
grāhyākāra 241
guṇa 50, 112, 120, 129, 261, 280, 281, 285, 287, 288, 290, 291, 320, 328, 330, 331
guṇatva 285, 286
guṇavattva 33
gurutva 107, 303

H・I

Halbfass,W. 287
hāna 184
hānopāya 184
Hari 175, 194
Hattori,M. 207, 278
HB 262
heya 183-185
heyahetu 184
Hiraṇyagarbha 175
icchā 29, 32, 237
indriyārthasaṃnikarṣajatva 214
indriyārthatva 180
Instrumental 206, 267
Iṣṭasiddhi 81, 92
iṣṭhan 132
Īśvara 188, 191

J

Jaigīṣavya 185, 315
Jaimini 301
Jaina 112
jalpa 26, 39, 66, 70, 158, 164, 165
janaka 88, 234
janakatva 223
janikriyā 231
janma 171
jāti 26, 43, 165, 211-217, 225, 262, 306
jātiviśeṣa 214
Jayantabhaṭṭa 51
Jinendrabuddhi 316
jñānāgni 186
jñapti 111, 112
jñātṛ 58
jñeya 58
Joshi,L.V. 25, 27, 32, 38, 67, 76, 82, 105, 115, 131, 143, 149, 167, 171, 172, 175, 177, 185, 186, 188, 191, 198, 200, 205, 207, 209, 234, 255, 256, 273, 277, 283-288, 290, 292-295, 298, 301, 302, 304, 306, 311, 315, 319, 323, 331, 340, 343

K

kāca 115
kākin 340, 341
kāla 143, 266, 312
kalpanā 228, 229
kalpanāpoḍha 270
kāma 168, 169
kāmala 115
Kamalaśīla 185
Kāmandakīya-nītisāra 168

L

M

Mīmāṃsā 80, 83, 84
Mīmāṃsaka 304
Mīmāṃsāsūtra 301
Mishra,U. 280, 304
mithyājñāna 112, 171
Modern Naiyāyika 208
moha 181, 182
Mohanty,J. 111
mokṣa 169, 173, 191
mokṣabhāgīya 184
mūla 152
Muṇḍakopaniṣad 2.1.4 315

N

nabhas 248
Naiyāyika 51, 54, 112, 161, 208, 221, 255, 274, 278, 316
NAv 29
NB 241, 255, 265
NB II-19 241
NBh 39, 45, 51, 64, 66, 76, 114, 143, 145, 147, 149-151, 156-161, 164, 165, 167, 170-173, 183, 184, 188, 191, 199, 207, 220, 241, 246, 258, 268, 276, 278, 322, 337
NBh ad NS 1.1.3 39
NBh ad NS 3.2.6 188
NBh ad NS 4.1.21 191
NBṬ 206, 207, 209, 215
ni 28, 206, 316
nigamana 159
nigrahasthāna 64, 165, 170
niḥśreyasa 26, 170, 302
nikṛṣṭi 317
nīlatva 212
nimitta 44, 139, 211, 212, 293, 328
nirahaṃkāra 165
nirmala 112
nirṇaya 32, 61, 62, 66, 161, 163, 259
nirodha 184
nirvartya 140
nirvedabhāgīya 184
nirvikalpaka-pratyakṣa 43, 327
nirviśiṣṭaviśeṣaṇa 215
niścaya 43
niyama 31, 191
NK 83, 255, 288, 331, 341
NKo 94
NM 58, 83, 92, 112, 113, 117, 118, 120, 121, 134, 136, 152, 154, 156, 167-171, 173, 186, 187, 241, 282, 316
NMukt 32, 115, 116, 125, 209, 215-217, 248, 266, 287, 291, 293
NR 111, 117
NS 1.1.1 26, 39, 167, 170
NS 1.1.2 171, 184
NS 1.1.3 171, 195
NS 1.1.4 60,114,214,238, 240, 242, 252, 259, 262, 282, 316, 328
NS 1.1.9 27, 143, 171-173
NS 1.1.10 32
NS 1.1.11 32
NS 1.1.14 261, 287
NS 1.1.16 32, 253

NS 1.1.23 45, 51, 76
NS 1.1.24 145, 146
NS 1.1.25 147
NS 1.1.26 151
NS 1.1.27 151
NS 1.1.28 153
NS 1.1.29 154
NS 1.1.30 155
NS 1.1.31 156
NS 1.1.36~37 149
NS 1.1.40 59, 160
NS 1.1.41 32, 62, 259
NS 1.2.1 67
NS 2.1.16 135
NS 2.1.28 268
NS 2.1.55 336
NS 2.2.66 262
NS 3.1.1 278, 279
NS 3.1.38 246, 279
NS 3.1.53 197
NS 3.2.41 237
NS 4.1.3 181
NS 4.1.6 181
NS 4.1.63 187
NS 4.2.46 183
NS 4.2.47 179
NS 4.2.48 164
NS 4.2.50 39
NS 5.1.1 151
NSāra 36, 41, 59, 61, 75, 76, 125, 126, 141, 173, 205, 264, 266-268, 273, 281, 284, 285, 302, 307, 315, 317, 318, 321, 322, 324-328, 338, 345
NSāraPadapañcikā 266
NSāraTātparyadīpikā 266
NSāraVicāra 266
NSārV 287
NV 35, 46, 51, 61, 75, 134, 156, 161, 167, 184, 188, 207, 222, 241, 278, 279, 287, 316, 322, 338, 339
NVTṬ 35, 80, 207, 241, 258, 259
NyāyaKośa 94
Nyāyamukha 207, 270
Nyāyasiddhāntadīpa 304
Nyāyavārttikatātparyapariśuddhi 38
nyāya-vidyā 167

O・P

Oberhammer,G. 173, 188, 191
padārtha 27, 50, 62, 141, 167, 256, 262, 320
pākaja 282, 307
pakṣa-ābhāsa 242
pakṣadharma 338
paṅkaja 43, 211
PāṇS 1.4.42 126
PāṇS 1.4.54 127
PāṇS 5.2.94 336
PāṇS 5.3.55 132
paramaiśvarya 188
paramāṇu 143
parāmarśa 272
paramātmadarśana 189
paramātman 145, 191
paramātman＝īśvara 191
parameśvara 145, 146, 185

parārdha 289
parasāmānya 286
parataḥ aprāmāṇya 115
parataḥ prāmāṇya 115, 117
paratva 299
parīkṣāsūtra 39, 171
parokṣa 194, 213
parokṣatva 213, 215, 222
pārthiva 304, 313
Pātañjala 154
Patañjali 187
PBh（VSS） 55, 226
pitta 115
PKM 72, 79, 91-93, 111, 112, 117, 123
Potter,K. 287, 322, 339
pra 25, 27, 36, 82, 111, 125, 141, 143, 206, 242, 328
Prabhākara 41, 80, 84, 86
pradhvaṃsābhāva 224
prādi-samāsa 206, 207
prāgabhāva 224
prāgasat 176
Prajñākaragupta 272
prakāśa 131, 255
prakṛtajana 73
pramāṇa 26-29, 36, 41, 59, 61, 66, 79, 94, 101, 109, 111, 124, 130, 141, 150, 152, 159, 167, 170, 192, 194, 198, 256, 260, 262, 302, 328
pramāṇābhāsa 37, 41
Pramāṇanayatattvāloka 194
Pramāṇasamuccayaṭīkā 222
Pramāṇavārttikālaṅkāra 272
prāmāṇya 110, 111, 119, 194
prāmāṇyavāda 112
pramātṛ 35, 210
prameya 26, 27, 29, 35, 41, 66, 126, 134, 141, 143, 171, 172, 184, 223
pramiti 130, 142
praṇidhāna 191, 237, 336
prasaṅga 58, 61, 149, 158, 161, 225
Prasannapadā 207
Praśastapāda 55, 56
prasiddhārthakhyāti 79, 81, 82
prati 34, 117, 129, 206, 207, 210, 268
pratibandhakṛt 106
pratijñāhāni 166
pratikarmavyavasthā 284
pratitantrasiddhānta 153, 154
pratītivirodha 242
pratyakṣa 41, 60, 61, 83, 159, 192, 194, 205, 207-211, 217, 239, 240, 264, 265, 268, 271, 273, 320, 324, 327, 343
pravṛtti 67, 111-113, 145, 171, 173, 186, 209, 211
pravṛtti-nimitta 209, 211
prayojana 23, 25, 26, 29, 37, 66, 144, 194
Preisendantz,K. 276
pṛthaktva 294
pṛthivī 51, 60, 261, 315
pṛthivītva 60
PS 55, 270, 338

PS III k.25 55
puruṣārtha 168, 169, 183, 201
pūrvācārya 160, 309
PV pratyakṣa 207, 215, 282, 284
PVBh 83
PVin I 241, 265, 274, 276, 282, 284
PVin I kk.39-40 241

R

rāga 175, 237, 264, 265, 337
raśmi 246
Rucikāra 136, 138, 253
rūpa 135, 255, 271, 273, 278, 283-286, 290, 292, 333

S

śābda 29, 255, 256
śabdādvaita-vāda 258
sadasattvādyanirvacanīyakhyāti 79
sādhaka 132
sādhakapramāṇa 62
sādhakatama(tva) 126, 132, 134, 138, 139, 211, 267, 269
sādhana 41, 104, 125, 141, 146-148, 160, 161, 163, 173, 175, 186, 193, 205, 210, 211, 213
sādhanamātra 162
sādhāraṇa 212
sādhya 63, 104, 140, 146-148, 155, 156, 160, 162, 270, 338
sādhyadharma 338
sahakārin 136
śaivasiddhānta 168
sākṣāt 240, 254, 328
sākṣātkāri-jñāna 207, 215
sākṣātkāritva 208, 215, 220, 240
sam 45, 184, 239, 316, 317
sāmagrī 44, 47, 136
samānadharama 46
samānajātīya 35
sāmānya 45, 49, 58, 135, 138, 195, 201, 220, 227, 281, 288
sāmānyalakṣaṇa 46, 270
sāmānyalakṣaṇasūtra 45
samāsa 49, 207
samavāya 159, 307, 317, 319, 320, 322
samavāyasaṃnikarṣa 281, 307
samavāyikāraṇa 129, 141, 280, 288
samaya 213, 335, 336, 337, 344
samayamātra 115
sambandha 23, 25, 230, 237, 252, 268, 269
sambandhaviśeṣeṇa 266, 267
saṃbhava 196
saṃgati 25
saṃjñā 257, 328
saṃketa 286, 336
saṃkhyā(tva) 284, 285,288, 290
Sāṃkhya-Yoga 184, 188
saṃnikarṣa 210, 215, 220, 240, 241, 252, 273, 316
saṃnikarṣajatva 215, 240
saṃnikarṣaviśeṣa 267

T

70, 159, 161, 164
Tarkadīpikā 322
Tarkarahasya 278
TarS 25, 276, 288, 290, 304, 321, 322, 336
tatpuruṣa 27, 206-209, 267
tattva 28, 96, 163, 184
tattvajñāna 143, 163, 170, 184, 185, 192
Tattvavaiśāradī ad YS 3.22 188
tāttvika 72
tattvopaplava 74
TBh 51, 208, 215, 222, 328, 329, 344
TBV 111, 117, 121, 123
tejas 246, 255
trayī 167, 168, 169
triguṇa 285
Trilocana 253, 259
trivarga 169
tryaṇuka 290
TS 117
tulā 135
tulyayogakṣema 142
TUS 72, 96, 98, 100

U

ubhayaja 253
udāharaṇa 159
Udayana 32, 38, 245
udbhūtarūpa 276
uddeśa 39, 170
uddeśasūtra 171
Uddyotakara 51, 75, 132-134, 171, 174, 188, 213, 258
ūha 59, 61, 62, 64, 72, 160, 161
Umbeka 83
upadeśa 90, 92
upalabdhi 57, 58
upalakṣaṇa 164, 340, 341
upalakṣita 63, 239
upamāna 159, 192
upanaya 159
upasarjana 235
upāya 25, 34, 37, 101, 184
upeya 34, 37
ūrdhvatva 50, 63
utkṣepana 286
utpatti 111, 112, 192
utsarga 118

V

vācyatva 262
vāda 26, 59, 65-67, 69, 70, 110, 158, 164, 242
Vādavidhi 222
vaidyaśāstra 168
Vaiśeṣika 25, 174, 205, 208, 215, 290, 293, 300, 304, 320, 322, 331
vajra 301
vaṃśa 100
varga 34, 61, 63, 171, 287
varṇa 344
vārtā 167, 169
vartamānatva 226
vāsanā 89

W・Y

あとがき

前著を上梓してから 20 年という歳月が経ってしまった。この間、読み残した 100 ページ余りを読み進めていたが、途中で一旦頓挫した状態になっていた。理由は筆者の怠慢の一言に尽きるが、もう一つの理由は、バーサルヴァジュニャの知覚論の中核をなすともいえる個所の読解が困難を極め遅々として進まない状態であった。

翻訳作業を中断していた筆者に常に励ましの言葉をかけてくださったのが桂紹隆博士であった。機会あるごとに、ニヤーヤブーシャナの知覚章を読了するよう激励し続けていただいた。博士の深い学識と考察力からのご助言・ご教示、さらに慈悲溢れる温かい励ましのお言葉を得てやっと「インド学チベット学研究」に発表できる原稿が 2 本完成した。それとともにニヤーヤブーシャナ知覚章を読了することができたのである。博士には、感謝という簡単な言葉では表しきれない深い謝念がわいてくる。誠心誠意心からお礼を申し上げたい。

翻訳部分にはいまだ誤りも多く含まれていると思われる。また、時間がかかった分、訳語や文章表現などに不統一がみられたので統一をはかったが、まだ残っているかもしれない。本来なら、先に上梓した『ニヤーヤ学派の仏教批判』にいただいたご指摘により訂正した訳文を示して、今回上梓した著書内に取り込み、知覚章全体の翻訳を出版するべきであるが、それができなかったことが残念である。ご指摘・ご意見をいただいた諸先生方に申し訳ない思いである。とにもかくにも知覚章のすべてを翻訳出版したことでお許しいただきたい。

長年にわたって多くの方々からご厚情をたまわったが、なによりも学生時代から60年近くにわたってご薫陶をたまわった服部正明先生がきわめてご健勝でおられる今これが出版できたことを私個人として何よりうれしく思う。先生よりたまわった深いご恩にお報いすることが何時までもできなかったからである。

また、前著の出版以後にいただいた多くのご協力や貴重なご意見のなかで、特に、以下に記す方々のご厚情は忘れられない。

2001年当時ウィーン大学で研究中であった室屋安孝博士は、多忙な時間をさいてBHU所蔵のマニュスクリプトの写真（2001年9月14日撮影）を送っていただいた。以前、大前太博士(島根県立大学教授)、山口英一教授(有明工業高等専門学校)両氏を通じていただいた同マニュスクリプトのゼロックスコピーと突き合わせることにより、より正確な読解ができた。ここに記して謝意を表したい。

また、以前、東海大学に勤務されており、現在、追手門学院大学でご研究中の正信公章教授からは数回にわたり貴重なご意見と多数のミスプリントを指摘していただいた。教授の提案された、<ニヤーヤ「学派」ではなく、ニヤーヤ「学」と表記するほうが相応しい>とのご意見には全く同意を示すものである。それ以外にも、ヴェーダーンタ、特にバースカラを熟知された教授から興味深い多くの助言をいただいたが、そのいくつかは本著の注釈に記すなどして生かすことができた。ここに記して謝意を表したい。さらに、また、これも本著に注記したが、筑紫女学園大学の准教授・小林久泰博士は、前著の不十分であった翻訳に対してチベット資料からより正確な訳文を作成して送付いただいた。感謝に堪えないと同時に上にも記したように博士のご厚意を生かせなかったことが残念でならない。また、今回の出版にあたって、広島大学の根本裕史博士からは、メールにて貴重なアドヴァイスをいただき、大いに勇気づけられた。心からお礼を申し上げたい。京都産業大学が長年にわたり筆者に良好な研究環境をあたえていただいたことにも改めて謝意を表したい。また、平樂寺書店の井上一社長には編集など諸般にわたって仔細に相談に乗っていただき、この著書が出版できるようご苦心いただいたことを心から感謝申し上げる。また、ご令息の井上知也氏にも、なにかにつけお世話になった。お礼を申し上げたい。

最後に、やっとのことでたどり着けたこの出版にあたって、著書の内容がまったく意味不明であるにもかかわらず、長期間にわたって、我慢強く、叱咤激励、協力し続けてくれた家族全員に、心中からの謝辞を送りたい。

2022年3月21日　　滋賀・鈴鹿山系の山里にて　　山上 證道

著　者　山上證道（やまかみしょうどう）
生　誕　1939年滋賀県蒲生郡日野町鎌掛2691に生まれる
現　在　京都産業大学名誉教授
共　著　ニヤーヤ学派の知識論・ジャヤンタバッタとバーサルヴァジュニャ
（「岩波講座東洋思想第五巻インド思想１」所収），その他
著　書「ニヤーヤ学派の仏教批判－ニヤーヤブーシャナ知覚章解読研究」
現住所　〒529-1631　同上生誕地に同じ

続・ニヤーヤ学派の仏教批判――ニヤーヤブーシャナ知覚章解読研究――

2022年８月20日　第１刷発行

著　　者	山　上　證　道
発 行 者	井　　上　　一
印刷・製本	亜 細 亜 印 刷 ㈱

発 行 所　京都市中京区東洞院通三条上ル　〒604-8691・電話075-221-0016　㈱ 平 樂 寺 書 店

 Printed in Japan.　ISBN 978-4-8313-1127-6　C3015

ニヤーヤ学派の仏教批判（本編）

ニヤーヤブーシャナ知覚章解読研究

山上證道著

序　論　Ⅰ　ニヤーヤ諸文献と Nyāyabhūṣaṇa
　　　　Ⅱ　Bhāsarvajña の仏教認識論批判の構造
本　論　ニヤーヤブーシャナ知覚章解読研究
第１章　認識手段と認識知をめぐる仏教とニヤーヤ学派の論争
第２章　認識対象をめぐる仏教とニヤーヤ学派の論争
第３章　ヨーギンの知覚と無分別知覚をめぐる仏教とニヤーヤ学派の論争
付　論　Ⅰ　Nyāyamañjarī と Nyāyabhūṣaṇa とに伝承された諸解釈
　　　　Ⅱ　avayavin 余論

Ａ５・上製・512頁・ヨコ組
在庫僅少　定価 本体8,400円（税別）

平樂寺書店